LA
VALEUR DU CORPS HUMAIN

DEVANT LES TRIBUNAUX

ET

LES LOIS SUR LES ACCIDENTS DU TRAVAIL

EN FRANCE

PAR

PAUL ZEYS

PRÉSIDENT DU TRIBUNAL CIVIL DE SENLIS

AVEC UNE PRÉFACE DE

PAUL RECLUS

PROFESSEUR DE CLINIQUE CHIRURGICALE A LA FACULTÉ DE MÉDECINE
CHIRURGIEN DE L'HOTEL-DIEU
MEMBRE DE L'ACADÉMIE DE MÉDECINE

LIBRAIRIE
DE LA SOCIÉTÉ DU
RECUEIL SIREY
22, Rue Soufflot, PARIS, V°
L. LAROSE et L. TENIN, Directeurs
—
1912

LA

VALEUR DU CORPS HUMAIN

DEVANT LES TRIBUNAUX

ET

LES LOIS SUR LES ACCIDENTS DU TRAVAIL

EN FRANCE

OUVRAGES DU MÊME AUTEUR

Code annoté de la Tunisie. — Deux volumes grand in-8, 1901. Recueil de tous les documents composant la législation écrite de ce pays au 1er janvier 1901, avec annotations, jurisprudence, trois tables et une préface par M. Bompard, ambassadeur à Constantinople, Paris, Berger-Levrault, éditeurs.

Suppléments au Code de la Tunisie. — Pour les années 1901, 1902, 1903, 1904, 1905, 1906-1908, 1909, 1910, avec une table quinquennale en 1905, une table triennale en 1908, des tables annuelles en 1909 et 1910. Huit volumes grand in-8. Paris, Berger-Levrault, éditeurs.

Les dix volumes du Code avec ses Suppléments renferment, en 2.830 pages, 4.226 documents et 1.440 décisions de jurisprudence.

Le Règne de Si ali Bey ou vingt ans de protectorat en Tunisie. — *Bulletin de la réunion d'Etudes algériennes.* Paris, Challamel, éditeur.

La Saisie immobilière. — Répertoire de droit français. Paris, Larose et Tenin, éditeurs.

Le régime des mines, carrières et phosphates en Tunisie. — Législation et industrie, 1 vol. 1912. Paris, Berger-Levrault, éditeurs.

POUR PARAITRE PROCHAINEMENT

Tables générales du Code de la Tunisie constituant une refonte de cet ouvrage, législation et jurisprudence de 1842 à 1912. Paris, Berger-Levrault, éditeurs.

LA
VALEUR DU CORPS HUMAIN

DEVANT LES TRIBUNAUX

ET

LES LOIS SUR LES ACCIDENTS DU TRAVAIL

EN FRANCE

PAR

PAUL ZEYS

PRÉSIDENT DU TRIBUNAL CIVIL DE SENLIS

AVEC UNE PRÉFACE DE

PAUL RECLUS

PROFESSEUR DE CLINIQUE CHIRURGICALE A LA FACULTÉ DE MÉDECINE
CHIRURGIEN DE L'HOTEL-DIEU
MEMBRE DE L'ACADÉMIE DE MÉDECINE

———————o◇o———————

LIBRAIRIE
DE LA SOCIÉTÉ DU
RECUEIL SIREY
22, Rue Soufflot, PARIS, V°
L. LAROSE et L. TENIN, Directeurs

1912

PRÉFACE

La loi du 9 avril 1898 n'est pas sortie tout armée du cerveau de nos parlementaires. D'abord, nous sommes loin d'être les initiateurs en la matière : l'Allemagne nous a précédés de quatorze ans, l'Autriche de onze, la Norvège de quatre, l'Angleterre de un et même notre sœur latine l'Italie a pu aboutir un mois avant nous. Puis des retouches ont été jugées nécessaires, le 22 mars 1902, le 31 mars 1905 ; les limites de sa protection ont été étendues le 30 juin 1899 et le 12 avril 1906. Nous espérons d'ailleurs qu'on ne s'arrêtera pas en chemin et qu'on la doublera d'une loi sur les maladies professionnelles : elles sollicitent, autant que les accidents du travail, nos devoirs de solidarité sociale.

Malgré tant et de si utiles modifications, la loi resterait obscure et insuffisante si la jurisprudence n'était intervenue pour l'éclairer et pour la compléter. Voici douze ans que s'est groupée parmi nous une phalange d'auxiliaires ardents, avocats, médecins, législateurs, légistes et surtout juges de tous ordres ; ils ont commenté les textes, rendus des jugements et des arrêts sur des questions vraiment capitales et qui, si elles n'avaient pas été résolues, auraient pu faire sombrer la loi. Et c'est ainsi que s'édifie peu à peu une « Coutume » dont l'autorité, sanctionnée par la Cour suprême, crée une imposante unité là où les lacunes de l'œuvre primitive auraient pu laisser s'introduire un intolérable arbitraire.

Déjà bien des problèmes ont reçu leur solution : ni le texte de 1898, ni les retouches de 1902 et de 1905 n'ont défini « *l'accident* » ; l'usage, pensait-on, en a suffisamment fixé le sens. Cette confiance ne fut pas heureuse et les gloses des commentateurs, loin d'éclairer la question, ont plutôt forgé une équivoque dont la répercussion s'est fait sentir jusque dans nos juridictions les plus élevées. Qu'on relise nos auteurs les plus éminents, Marestaing, Sachet, Thoinot dont les formules ont eu le plus de succès auprès des magistrats et des experts et l'on y voit s'amorcer une insupportable confusion : on nomme accident du travail, nous disent-ils, « toute *blessure*, toute *lésion*, toute *atteinte* au corps humain... » Telle est la première partie, la plus essentielle, semble-t-il, de leur définition qu'ils complètent par ces mots : « résultant de l'action soudaine d'une violence extérieure ».

Certes, nous ne méconnaissons pas la nécessité qu'il y a de lier la lésion provoquée par l'accident à l'accident qui a provoqué la lésion, puisque c'est la lésion qui ouvre à la victime le droit à une indemnité : un « assujetti » tombe d'un quatrième étage sans se blesser et reprend sur l'heure sa tâche habituelle : la responsabilité patronale n'entre pas en jeu. Mais il faut s'expliquer nettement pour éviter dans nos esprits — et surtout dans les expertises et dans les jugements — une confusion constante de notre langage courant où le mot « accident » s'applique aussi bien à la lésion elle-même qu'à la cause de la lésion, à la fracture de cuisse qu'a provoquée une chute qu'à la chute qui a provoqué la fracture de cuisse. Or cette équivoque n'est pas innocente et, en dix années d'expertises, nous avons saisi sur le vif, les lourdes erreurs dont elle était la cause.

Nous avons vu des experts — et il y a eu des jugements pour « entériner » leurs conclusions — considérer, par exemple, l'issue de l'intestin au travers de l'anneau élargi et la douleur qu'elle provoque, comme l'accident proprement dit et ne pas rechercher si le cours du travail n'avait pas été troublé par un événement imprévu et soudain, en un mot par « l'accident » pour lequel la loi a été faite. Or, sans cet accident, la hernie produite est une hernie-maladie que la loi actuelle n'indemnise pas... Comment distinguer de l'accidenté du travail le taré par la profession si on laisse ainsi déchoir l'accident de sa prééminence causale ? Il est temps d'y prendre garde ou bien l'anévrisme spontanément rompu, la fracture due à la raréfaction de l'os par une gomme syphilitique ou par un cancer rentreront bientôt dans le cadre des affections protégées par la loi de 1898 : il suffira que la catastrophe éclate par chance sur le lieu et pendant les heures du travail.

Si nous ne voulons pas nous laisser entraîner sur cette pente dangereuse et pour protester contre ce membre de phrase aux termes contradictoires : « l'accident survenu au cours du travail normal », il faut une meilleure définition. Nous en proposons une assez courte pour être retenue par les mémoires les plus rétives et qui a surtout l'avantage de supprimer toute équivoque en mettant au premier plan l'accident proprement dit et non « l'atteinte au corps humain » qui, chronologiquement ne doit être qu'au second. Et c'est pourquoi nous avons défini l'accident du travail « un événement imprévu et soudain, survenu du fait ou à l'occasion du travail, et qui provoque, dans l'organisme, une lésion ou un trouble fonctionnel permanent ou passager ».

La jurisprudence a fixé un autre point des plus délicats : la loi indemnise les accidents, survenus « par le fait ou à l'occasion du travail », termes très généraux et dont il a fallu, dès les premières années, déterminer les limites précises. Plusieurs arrêts de la Cour de cassation s'en sont chargés et avec une largeur d'idées qu'on ne saurait méconnaître : doivent être considérés, nous disent-ils, comme accidents du travail ceux qui arrivent « dans le lieu et le temps où s'effectue le travail » et ce, en conformité de la loi qui ne distingue pas entre les accidents survenus par le *fait*, de ceux survenus à l'*occasion* du travail. Le lieu du travail n'a même pas été restreint au poste assigné à l'ouvrier : des arrêts bien connus déclarent victime du travail un ouvrier blessé revenant à son poste quitté pour emprunter du papier à cigarette ; victime aussi celui qui, malgré la défense du patron, était entré dans une partie de l'atelier où il n'avait que faire. » Vraiment, on ne saurait donner à ces mots une plus large interprétation.

Cependant, bien que survenus « à l'occasion du travail » les accidents dus à l'action des forces de la nature, foudre, soleil, cyclones, ouragans, inondations, n'entraînent pas l'application de la loi et l'on ne comprendrait guère qu'un industriel devienne responsable des ouvriers noyés dans une tranchée par un débordement imprévu, à moins, — et cette restriction de la jurisprudence est très importante, — que le patron ait négligé de prendre certaines précautions essentielles. C'est ainsi que nombre de jugements relatifs à l'insolation déclarent qu'elle ouvre le droit à l'indemnité forfaitaire lorsque l'employeur a exigé de l'ouvrier un travail excessif par une température exceptionnelle. Il s'agit donc en définitive d'une question de fait et qui, selon les circonstances, devra être tranchée dans un sens ou dans l'autre, ce qui nous paraît la sagesse même.

Au lendemain de la promulgation de la loi, un autre problème fut posé qui malgré les arrêts réitérés de la Cour suprême soulève encore, parmi les experts, des controverses passionnées ; elles se poursuivent dans nos revues, dans nos congrès et actuellement elle est à l'ordre du jour de la Société de Médecine légale. « Ne serait-il pas équitable de ne faire payer au patron que le déchet professionnel dû à l'accident lui-même et de ne pas le « handicaper » des tares dont, avant la blessure, était atteint le blessé ? Un ouvrier borgne perd son second œil au chantier, l'employeur devra-t-il l'indemniser de la perte des deux yeux ? Une coupure sans importance et qui guérirait en trois jours, une piqûre qui n'a même pas interrompu le travail provoque, chez un individu au sang vicié, diabétique ou albuminurique, un phlegmon gangreneux qui, souvent, entraîne la mort ; un syphilitique se fait une contusion légère qui « déclanche » une paralysie générale. En vérité, est-ce que, dans ces cas, la responsabilité patronale ne doit pas presque disparaître au regard de l'énormité de « l'état antérieur du blessé », de ses dyscrasies héréditaires ou acquises, de ses diathèses, de tout son bagage pathologique ?

Au début de sa carrière, le jeune expert répond « oui ! » sans hésitation. Et puis il ne tarde pas à se rendre compte des hautes raisons invoquées par la jurisprudence pour affirmer et maintenir la règle contraire. D'abord la loi sociale de 1898 est une loi forfaitaire, c'est un compromis entre patrons et ouvriers pour se partager les dommages que peut entraîner « le risque professionnel ». A la suite d'un accident du travail, un employé a dû interrompre sa tâche pendant six mois et, lorsqu'il retourne à l'atelier sa capacité a diminué de 50 °/₀ ; eh bien ! d'après la convention du 9 avril 1898, l'employeur et l'employé endosseront chacun la moitié de la perte : l'employé recevant de l'employeur son demi-salaire jusqu'à la reprise du travail et une rente viagère équivalente à la moitié de la diminution de salaire qu'il a subie du fait de l'accident ? Si tout travail est devenu impossible, si l'incapacité, au lieu d'être partielle, est absolue, ce n'est plus la moitié, mais les deux tiers du salaire, qui sont dus par le patron.

Ce contrat n'est-il pas léonin et, dans le silence de la loi, la jurisprudence a-t-elle le droit moral de l'aggraver encore en ne tenant pas compte de « l'état antérieur » pour atténuer la responsabilité patronale lorsqu'une tare organique du blessé a, pour ainsi dire, envenimé la blessure ? — Nous trouvons, nous, qu'elle a fait acte de haute sagesse en imposant, pour le règlement des indemnités, la brève formule : « Que gagnait l'ouvrier avant l'accident, qu'est-il susceptible de gagner après ? » Il faut songer que tout adulte est au moins atteint d'une diathèse ou d'une dyscrasie, qu'il est, ou qu'il a été touché par la tuberculose ou par la syphilis acquise ou héréditaire, par l'alcoolisme ou par le tabagisme, qu'il a eu, peu ou prou, de l'albumine ou du sucre dans les urines, qu'il est sous l'empire de la goutte, de l'arthritisme, de l'herpétisme ou du rhumatisme, tous états antérieurs qui peuvent imprimer une marche plus grave à la lésion traumatique. En ces temps de spécialisation à outrance, a-t-on songé à la nuée d'experts qu'il faudrait pour s'y reconnaître dans un pareil chaos ?

A-t-on songé que l'avocat du patron, même sans être doué d'un esprit de chicane très vif, saura toujours trouver, dans les antécédents du blessé, une tare pour innocenter le traumatisme et pour diminuer la rente. Nous le voulons bien, mais le double but que la loi veut atteindre sera manqué : elle veut d'abord que le litige entre ouvriers et assureurs soit vite réglé afin que la malheureuse victime du traumatisme sache le plus tôt possible sur quelles ressources elle peut tabler. Jusqu'alors, on comptait des mois, il faudrait des années pour vider un litige qui ne finirait qu'après avoir épuisé toutes les juridictions. Ne vaut-il pas mieux que l'argent dépensé par les compagnies dans ces interminables procédures aille aux blessés plutôt qu'aux avoués, aux médecins et aux juges ? Et puis cette loi veut mettre autant que possible la paix entre ouvriers et patrons ; or ces contestations, ces chicanes, ces misères accumulées mueraient bien vite en loi de haine une loi de conciliation.

Nous prétendons même qu'on ne pourrait aboutir : ces diathèses, ces états antérieurs ne sont pas choses nouvelles dans la science. Il y a quelque trente ans, elles furent étudiées

par Verneuil et ses élèves, justement dans leur rapport avec
le traumatisme et, avouons-le, les résultats obtenus restèrent
obscurs. Certainement les contusions et les plaies prennent
souvent une allure inquiétante chez les dyscrasiques; des phleg-
mons diffus, des gangrènes envahissantes peuvent survenir,
des gommes chez les syphilitiques et des abcès froids chez les
tuberculeux. Mais il n'est pas rare aussi de voir la blessure
évoluer sans produire ces complications qui, d'autre part, —
et ceci est capital —, peuvent éclater chez des accidentés
exempts de ces états antérieurs. Alors quelles conclusions
avons-nous le droit d'en tirer ? D'autant que si la diathèse
peut aggraver le traumatisme, le traumatisme aggrave la diathèse et nous défions l'expert le plus sagace de s'engager sur
un terrain aussi hasardeux sans péril de léser un des deux
intérêts en présence. Et puis enfin, comment faire admettre à
l'esprit simpliste de la victime qu'une diathèse le plus souvent
latente, et qui ne l'empêchait pas de gagner son plein salaire,
autorise le tribunal à diminuer sa rente?

Ces arguments ont fait leur chemin et, sauf illusion, il nous
semble que les tenants de l'état antérieur mènent leur cam-
pagne avec moins d'âpreté. Dans une discussion, au Congrès
de Rome, un collègue fort qualifié disait à ses contradicteurs:
Nous passerons condamnation sur les diathèses, nous admet-
trons que l'on paie au tarif des deux yeux la perte de l'œil
unique de l'employé borgne, mais du moins concédez-nous que
la hernie, dite de faiblesse, apparue grâce à des tares congénitales ou acquises, en tous cas indépendantes de l'accident,
ne doit pas être indemnisée; déclarez avec nous que le traumatisme ne peut ni créer, ni localiser la tuberculose et que
s'il paraît l'aggraver quelquefois, la mort qui peut survenir
est due moins à la violence extérieure qu'à la marche fatalement envahissante de l'infection bacillaire.

Pour ce qui est de la hernie, nos divergences sont dues
surtout à ce que le problème est mal posé. La hernie qui apparaît tout à coup, à travers des parois abdominales solides, sous
la pression d'un traumatisme énergique, est désignée sous le
nom de hernie *de force*, tandis que la hernie *de faiblesse* est
celle qui se dessine peu à peu, progressivement, sous l'influence
d'efforts médiocres mais multipliés, au niveau d'anneaux élar-
gis et de sangles musculo-aponévrotiques débilitées par des

tares congénitales. Et pour nombre d'experts, il suffit de constater ces tares pour prononcer le mot de hernie de faiblesse, ce qui entraîne, comme corollaire, la conclusion que l'issue de l'intestin, commandée par l'état antérieur, était pour ainsi dire fatale et que l'accident du travail, même surabondamment démontré, n'est pour rien dans sa formation. « Attendu, lisions-nous dans un rapport, que les muscles de la paroi abdominale sont sans résistance, que l'aponévrose du Grand Oblique est éraillée et que l'orifice inguinal externe est élargi, l'accident doit être écarté : il s'agit d'une hernie de faiblesse. »

Cette doctrine nous paraît d'autant plus redoutable que, actuellement, nombre de chirurgiens — et des plus qualifiés — déclarent que toutes les hernies sont congénitales, si on veut bien laisser de côté ces rarissimes issues intestinales provoquées par des ruptures sous-cutanées de la paroi dues à la pression violente d'un timon de voiture ou d'un volant d'automobile et qui sont d'ailleurs plus une éventration qu'une hernie. Toute vraie hernie serait donc de faiblesse et de ce fait n'engagerait jamais la responsabilité patronale. Certes, la pratique des expertises nous montre qu'elle la sollicite très peu, mais il n'en existe pas moins des cas où, le traumatisme et l'effort exceptionnel ont joué dans l'élargissement subit d'un anneau, lâche mais encore inviolé par l'intestin, un rôle prépondérant. Nous avons proposé de donner à ces hernies le nom de « hernies de force sur un ventre de faiblesse ».

Ou mieux, nous voudrions voir disparaître ces dénominations trompeuses ; plus de hernies de force, plus de hernies de faiblesse, mais du moins dans notre petit monde des expertises, des hernies accidentelles et des hernies professionnelles. Or les hernies accidentelles peuvent survenir en des régions prédisposées et où l'état antérieur favorise certainement l'issue intestinale, mais où, et j'insiste sur ce point, cette issue pourrait ne jamais s'observer si une violence extérieure et surtout un effort exceptionnel n'était intervenu. Et ceci nous paraît un argument irréfutable ; de quel droit, au nom de quel principe refuserait-on à l'accident la réparation forfaitaire puisque la lésion observée a été provoquée par lui ? Et si l'on nous répond qu'ici le canal péritonéo-vaginal ouvert et le sac préformé sont tout et que tôt ou tard l'intestin aurait effectué son issue, nous répliquerons que rien n'est moins sûr, car, non seulement cette hernie n'apparaît souvent que, lorsque pendant déjà dix, vingt ou trente ans, l'ouvrier a pu gagner son plein salaire, mais que même, malgré ce ventre de faiblesse, elle pourra ne jamais se former. Donc l'accident joue parfois un rôle indiscutable de cause à effet et l'écarter, sous prétexte d'état antérieur, serait un déni de justice.

Et ne dites pas que cette doctrine ouvre la porte aux revendications les plus injustifiées et que tout porteur de hernie professionnelle, vieille ou récente, sera tenté de l'inscrire au compte d'un accident réel ou illusoire. La pratique m'a démontré le contraire, car, si les demandes en indemnités sont fréquentes, du moins le plus grand nombre sont rejetées, d'abord, point essentiel, parce que l'expertise démontre souvent qu'il n'y a pas eu d'accident au sens juridique du mot ; et puis le tableau clinique qui s'est déroulé, au moment où aurait apparu la hernie, ne rappelle en rien les douleurs caractéristiques de l'issue de l'intestin au travers des anneaux violentés. Un interrogatoire serré, la lecture attentive de l'enquête, le récit de la victime et des assistants suffisent pour faire la lumière et l'on constate que c'est au cours du travail normal que la tumeur, préexistante et méconnue, aurait pour la première fois appelé l'attention du porteur ; elle se serait manifestée par une « piqûre », une « gêne », une « douleur » dans l'aine, mais sensations au demeurant médiocres puisqu'elles ont permis, au prétendu accidenté, de continuer le travail. Donc pas d'accident, pas de signe clinique révélateur du « forcement » des anneaux, donc enfin pas de hernie traumatique à indemniser.

Les rapports de « l'accident » avec la tuberculose mettent encore les experts aux prises, et ce fut pendant longtemps la crise du laboratoire contre la clinique. On peut dire que, de tous temps, les chirurgiens admirent que le traumatisme crée dans les tissus « un lieu de moindre résistance » propice au développement des abcès froids, des adénites, des ostéo-arthrites chroniques. Un instant même, après la fameuse expérience de Max Schüller, on crut avoir démontré que, chez un lapin, il suffit d'entorser une jointure pour y voir apparaître une tumeur blanche, du moins après injection dans la trachée de crachat de tuberculeux. Mais bientôt Lannelongue et Achard montrèrent, d'abord que l'assertion du savant Allemand était erronée et puis, par des recherches poursuivies avec une rigoureuse méthode, ils prouvaient qu'après une injection de cul-

ture pure de bacille de Koch dans les jointures, les veines ou
le tissu cellulaire, en aucun cas le traumatisme ne « locali-
sait » la tuberculose au point contusionné.

Cependant, malgré la haute autorité de ces deux maîtres,
la Clinique accumulait les observations où la relation de cause
à effet entre le traumatisme et la tuberculose était si précise
qu'on ne pouvait la récuser ; aussi de nouveaux expérimen-
tateurs se mettaient à l'œuvre et il semble que maintenant un
peu de jour filtre à travers tant d'obscurités. Des travaux
de Petrow et de José Ribera y Sans, résulte que les bacilles
de Koch qu'on savait déjà semés à la surface de toutes les
muqueuses, en particulier sur les amygdales et dans le naso-
pharynx, pénètrent dans les vaisseaux blancs et rouges et
s'arrêtent au niveau des ganglions lymphatiques, des séreu-
ses articulaires, dans la moelle osseuse des épiphyses ; là ils
vivent à l'état de saprophytes, de germes neutres et tenus en
échec par les cellules vivantes des tissus ambiants ; ils ne réa-
gissent pas, et l'on ne voit s'édifier autour d'eux aucune formation tuberculeuse.

Mais qu'un traumatisme survienne, joint sans doute à certaines conditions dyscrasiques, latentes ou encore inconnues,
la défense organique de la région est paralysée ; de saprophytes
les bacilles deviennent pathogènes, les granulations grises, les
noyaux caséeux apparaissent et l'on voit, à la suite d'une
entorse, d'une luxation, d'une contusion ganglionnaire, d'un
heurt sur les bourses se développer une ostéo-arthrite, une
synovite, une adénite, une épididymite tuberculeuse.— D'autre
part, n'oublions pas que la bacillose est très fréquente, qu'elle
survient très souvent, spontanément, sans le secours d'une violence extérieure ; aussi pour admettre entre celle-ci et celle-là,
une relation de cause à effet, il faudra que le traumatisme ait
été des plus nets, qu'on en puisse fixer le jour et l'heure, qu'il
se soit traduit par des signes non équivoques, rougeur, douleur, gonflement, ecchymose ; il faudra que peu à peu, mais sans
interruption, sans période de guérison apparente, on voie se sub-
stituer, aux signes de la contusion, les signes de la tuberculose.
Dans ces cas, mais dans ces cas seulement, nous aurons le droit
de conclure au développement d'une tuberculose traumatique.

Tels sont quelques-uns des points les plus délicats où les
juges ont dû s'associer les médecins pour régler la jurisprudence ;

il en est d'autres, infiniment troublants et que notre incompétence nous interdit d'aborder, ceux des névroses et des psychoses sur lesquelles les recherches de notre ami Edouard Brissaud jetaient déjà quelques lueurs. Mais nous ne saurions nous récuser lorsqu'il s'agit de la question capitale de l'évaluation des indemnités. Le problème qu'on pose à l'expert lui apparaît presque comme une de ces amusettes dont se délectait notre enfance : « Etant donné la hauteur du grand mât, quel est l'âge du capitaine ? » Ne nous dit-on pas en effet : Etant donné un accident du travail et le salaire d'un ouvrier quelle est l'indemnité que doit verser le patron ? Notre éminent collègue M. Périer, chirurgien en chef de la Compagnie du Nord, a écrit sur ce sujet des pages pleines d'humour et de bon sens. Eh bien, malgré tant de difficultés et grâce à la bonne volonté de tous, l'écheveau se démêle, maintenant les jugements sont à peu près uniformes : nous ne voyons plus payer 30 % la perte d'un petit doigt et 70 % l'apparition d'une hernie plutôt professionnelle qu'accidentelle.

Mais nous ne saurions oublier notre reconnaissance pour nos premiers éducateurs. Quel fut notre soulagement lorsque parut le livre où le vice-président Duchauffour nous apprenait notre rôle d'expert et surtout nous communiquait ses tableaux, infatigablement copiés et recopiés depuis par tous nos Manuels et tous nos Dictionnaires ; nous pouvions y voir, en regard des diverses invalidités, le taux des rentes viagères correspondantes, d'après « les évaluations résultant des conciliations faites au Tribunal de la Seine pendant quinze mois, en 1902 et en 1903». L'auteur nous avertissait bien que les évaluations fruit d'une entente entre les deux parties « peuvent être parfois plus faibles, parfois plus élevées que ce que le Tribunal eût alloué ». Mais certes, il avait le droit d'ajouter que, telles quelles, elles pouvaient fournir d'utiles indications.

Le livre que M. Zeys, président du Tribunal civil de Senlis, me demande de présenter au public n'est pas, comme celui de M. Duchauffour, un « Manuel de conciliation ». Son programme est plus restreint et il ne traite que de « la valeur du corps humain » ; il nous dit, comme son prédécesseur, ce que coûtent, au patronat, les incapacités permanentes totales et partielles causées par les accidents du travail. Mais ses « tableaux » diffèrent de ceux de M. Duchauffour par des traits essentiels : d'abord il ne s'agit plus de conciliation mais de jugements des tribunaux et d'arrêts de Cours d'appel et de la Cour de cassation dont les évaluations n'ont pas eu à se ressentir des fluctuations et des caprices des parties ; puis la plupart de ces arrêts et de ces jugements sont postérieurs à 1903 et, par conséquent, d'une époque où une plus longue pratique et une sorte d'entente inconsciente entre les experts ont mieux uniformisé les indemnités ; d'autre part, jugements et arrêts atteignent le chiffre énorme de 2.200 et nous donnent des exemples de toutes les espèces pour lesquelles nous pouvons être commis ; enfin nous y trouvons les raisons médicales qui légitiment le taux de la rente allouée ce qui constitue, pour l'expert, un magnifique traité d'éducation.

Il est bien qu'un tel livre, appelé à nous rendre de tels services et qui comble une telle lacune, ait été écrit par celui dont le père fut, à la Chambre des requêtes, comme Reynaud à la Chambre civile de la Cour de cassation, et dès la promulgation de la loi, le principal rapporteur des questions intéressant les accidents du travail. Aux confins de chaque problème, dans ce qu'on pourrait appeler les espèces limites, les intérêts en cause peuvent être défendus par des arguments à peu près d'égale valeur et cependant il faut conclure pour mettre fin au litige. C'est dans ces cas surtout qu'on reste émerveillé des ressources de souplesse et de bon sens où puisait M. Zeys pour rédiger ces arrêts qui ont fixé, d'une façon si précise, une jurisprudence si délicate.

Pr PAUL RECLUS,
de l'Académie de Médecine.

AVERTISSEMENT

La loi du 9 avril 1898 sur les accidents du travail décide que l'ouvrier blessé a droit à une rente égale aux 2/3 de son salaire annuel si l'accident a entraîné pour lui une incapacité permanente absolue, à une rente de la moitié de la réduction que l'accident a fait subir à son salaire en cas d'incapacité permanente partielle, à une rente de 20 °/₀ en cas de décès et au profit du conjoint survivant, à une rente de 15, 25, 35, 40 °/₀ au profit des enfants suivant leur nombre, à une rente de 10 °/₀ au profit des ascendants, mais elle ne détermine pas les cas dans lesquels l'ouvrier est dans l'incapacité permanente absolue de travailler ; elle ne précise pas de quel chiffre le salaire annuel est diminué par telle ou telle lésion, tel ou tel accident ayant causé une incapacité permanente partielle ; elle ne définit pas plus l'accident du travail.

Le législateur ne pouvait donner ces précisions et ces définitions parce qu'il ne pouvait prévoir tous les cas et l'ensemble de la jurisprudence intervenue depuis 1899 démontre bien cette impossibilité par l'innombrable diversité des espèces tranchées.

La loi laisse donc aux tribunaux le soin d'apprécier l'étendue de la réduction de capacité subie par le blessé, et la tâche de définir les cas où il y a « accident » ; tarifer tous les accidents, comme en Italie, ne permet pas de tenir compte des circonstances multiples, variables suivant chaque cas, qui entourent l'accident, comme notamment l'âge de l'ouvrier, sa profession, son état antérieur, ses fautes ou celles du patron ; dans chaque espèce le juge a ainsi reçu la faculté d'apprécier suivant les conditions mêmes de l'accident, quel est l'état de l'ouvrier au point de vue de ses facultés de travail, en rapprochant son salaire antérieur du salaire normal qu'il pourra gagner à l'avenir, parce qu'une lésion physique identique chez deux individus différents peut entraîner une réduction de salaire élevée chez l'un et presque nulle chez l'autre ; le juge ne peut pas même se référer à une sorte de barème général établi par lui, car il ne peut prononcer par voie de disposition générale et réglementaire : en un mot, il doit dans chaque affaire raisonner d'après les données de la loi et les éléments qui lui sont apportés.

Ces éléments sont les plus différents ; la loi ne les entrevoyait pas même, la jurisprudence les a introduits, précisés et l'on assiste à une véritable évolution, considérable, dans laquelle les efforts les plus louables sont faits pour juger à la fois équitablement et juridiquement. Il ne s'agit pas seulement de fixer la réduction de capacité qu'entraîne l'amputation d'une jambe, une fracture de côte, mais de déterminer aussi l'influence sur la lésion de circonstances différentes : le refus de l'ouvrier de se laisser soigner, de subir une opération chirurgicale ; l'adaptation, c'est-à-dire des moyens que par accoutumance, par intelligence, l'ouvrier emploiera pour arriver à se priver du membre détruit par l'accident; l'influence sur le salaire des petites incapacités de 0 à 5 %, qui sont en principe rejetées et ne donnent pas droit à une rente ; la faute inexcusable de l'ouvrier dans laquelle l'ivresse est comprise dans certains cas ; la simulation entre dans l'appréciation des tribunaux, la sinistrose, la névrose, l'hystéro-traumatisme jettent un jour particulier sur l'état psychique du blessé, certaines grandes maladies ayant leur origine et leur cause précise dans le travail comme la syphilis chez les verriers, le charbon chez les tanneurs trouvent leur champ d'application juridique, les maladies ou lésions provenant de l'exercice prolongé de la profession comme l'ampoule simple sont rejetées, les affections pathologiques accidentelles comme le saturnisme sont créées de toutes pièces, et la grande théorie sur l'état antérieur, sur les prédispositions morbides, se fait jour : est-ce une question de fait échappant au contrôle de la Cour de Cassation et laissée à l'appréciation des tribunaux ; est-ce une question de droit ? un patron doit-il supporter les conséquences qu'un accident bénin entraîne sur un sujet atteint à l'état latent de prédispositions morbides et qui en meurt ; la différence entre le salaire de l'ouvrier antérieur et postérieur doit-elle être la mesure légale de la réduction de capacité parce que le patron est censé avoir tenu compte de l'état antérieur dans la fixation

du salaire ? L'accord se fait sur certains points, mais des divergences subsistent sur d'autres parce que chaque espèce entraîne
une solution différente et que la recherche de la vérité, de l'état
exact du blessé n'est pas souvent plus facile pour l'expert que
pour le juge.

C'est assez dire combien la jurisprudence a pris un rôle capital, combien l'expert chargé de rechercher l'état d'un blessé
a besoin de consulter les précédents, pour répondre aux questions qui lui sont posées, combien le magistrat de tous les
degrés est dans la nécessité d'avoir sous la main un guide à
ses décisions. C'est pour les uns et pour les autres que j'ai
tenu à dresser le relevé rigoureusement impartial de nombreuses et importantes décisions : ce répertoire n'a aucune prétention : j'aurais pu, j'aurais peut-être dû, ne relever que la
jurisprudence récente, depuis 1904 par exemple, pour ne pas
fausser l'esprit de qui voudra consulter cet ouvrage : je n'ai
pas cru avoir le droit de le faire parce que j'ai voulu donner
aux magistrats, aux experts, un relevé complet dans la haute
mission qui leur est confiée : que le lecteur prenne note seulement en parcourant ce très modeste essai de classement *que
les deux ou trois premières années d'application de la loi
ne doivent pas être envisagées comme des modèles ;* l'exagération y était flagrante, la perte d'un bras, de deux jambes
entraînait une rente d'incapacité absolue, l'amputation partielle de l'annulaire donnait droit à une rente de 35 °/₀ ; un
tassement s'est produit, la valeur du corps humain a diminué
notablement depuis 1904 : un œil valait 50 °/₀ en 1901, il ne
vaut plus que 33,33 °/₀ pour un ouvrier d'art, que 25 °/₀ pour
un portefaix. Ces décisions sont éminemment plus justes que
celles rapportées dans tous les ouvrages qui nous ont devan-
cés dans cet ordre d'idées et qui ne donnent que le degré
d'invalidité dans la période 1900 à 1903, devenue la moins
intéressante.

Ce classement m'a donc paru intéressant et utile mais devais-
je ne relever que des décisions de Cours, de Tribunaux, ou
relater de préférence les ordonnances de conciliation rendues
par les Présidents de tribunaux. Le premier système était pré-
férable : à qui a fait de la conciliation il n'a pas échappé que
deux accidents de même nature sur deux ouvriers placés dans
des conditions semblables sont souvent conciliés sur un taux
différent : cela tient à l'esprit que chacune des deux parties

ties apporte à la conciliation, des efforts de chacune d'elles vers ce but ; ces ordonnances ne sont pas publiées et restent ignorées de celui qui les veut collectionner ; rarement elles renferment d'autres éléments que les bases mêmes du calcul de la rente ; le côté médical de l'accord est négligé ; de plus aucune conciliation n'intervient dans les grandes espèces, celles où les maladies jouent un rôle.

J'apporte donc ici 2.200 litiges solutionnés par les juridictions les plus différentes et pris dans les 46 recueils différents que j'énumère à la page des abréviations ou bien souvent dans les minutes mêmes d'un greffe, grâce à l'amabilité des nombreux magistrats qui ont consenti à m'en faire délivrer copie, ce dont je les remercie à nouveau bien sincèrement.

La simple énonciation du taux de réduction de capacité telle que mes devanciers l'ont donnée dans des tableaux très concis, très sommaires, ne m'a paru suffisante ; j'ai relevé la partie médicale de chacune des décisions de jurisprudence, souvent dans une forme des plus brèves, sans phrases ; souvent j'ai pu y joindre les constatations matérielles de l'expert, la description de l'accident, les principes juridiques posés dans l'espèce, les raisons du rejet du pourvoi en cassation, les motifs de la cassation de l'arrêt, ne me préoccupant pas de fournir une décision en dernier ressort et relatant souvent jugement et arrêt dans la même espèce.

Le classement de ces décisions était délicat ; j'ai cherché le système le plus simple : les amputations, ankyloses, inerties, lésions quelconques des membres, des organes sont classées à l'organe, à la partie du corps que l'accident a atteint ; la perte d'un pouce, l'ankylose d'une épaule, la diminution de vision d'un œil se retrouveront aux chapitres : Pouce, Epaule, OEil, et c'est ainsi que j'ai pu passer en revue près de 300 parties différentes du corps dont l'énumération est reproduite dans la première partie de la deuxième table qui termine l'ouvrage.

Si l'accident révèle ou provoque une maladie, une affection quelconque, un état morbide consécutif ou antérieur, tuberculose, diabète, syphilis par exemple, si un phénomène passager a une influence quelconque sur l'accident, alcoolisme, électrocution, suicide, par exemple, cet accident n'est plus classé à l'organe atteint, mais à la maladie elle-même, au phénomène lui-même : qu'un ouvrier se blesse à l'orteil et qu'un diabète se révèle, ce n'est pas l'orteil qui sera le plus

intéressant : le point capital du débat, c'est l'influence du diabète. Voir n° 400. Voir n° 1643 pour une fracture de côtes
placée au chapitre « Tuberculose latente ». Je donne ainsi
près de 500 cas qui sont résumés dans la deuxième partie de
la deuxième table finale.

La troisième partie de cette table a aussi son importance car
elle renvoie aux grandes définitions, aux principes, aux circonstances diverses, événements quelconques ayant ou non une
influence sur l'accident. C'est là que sont collectionnés les
infirmités préexistantes ou consécutives, les affections pathologiques accidentelles, les refus d'opération, les fautes inexcu-
sables, que sont énumérés les cas de rentes minimes, les incapacités absolues, etc...

*Nous conseillons donc de lire attentivement la deuxième
table qui termine l'ouvrage ; elle reproduit le titre de tous
les chapitres de celui-ci.*

Lorsque plusieurs parties du corps sont atteintes, l'accident
est classé le plus souvent au premier organe dans la suite de
l'alphabet. Voir par exemples : Jambe gauche, main droite :
n° 1076. Mâchoire, nez, pied droit, n° 1125. Les accidents
survenus à un seul doigt sont placés aux chapitres correspon-
dants : Annulaire, pouce, par exemple ; les accidents survenus
à deux, trois, quatre, cinq doigts, au chapitre : Doigts ; les
accidents survenus à la main elle-même, au mot : Main.
Chaque membre est étudié dans toutes ses divisions et c'est
ainsi que tous les accidents survenus aux membres supérieurs
se trouveront, suivant la localisation de la lésion aux différents chapitres suivants : annulaire, auriculaire, avant-bras,
bras, carpe, coude, cubitus, doigts, humérus, index, main,
médius, métacarpiens, ongles, poignet, pouce, radius. En un
mot la méthode de classement est analytique et non synthé-
tique.

Les décisions de même nature, de même objet, sont groupées
sous un numéro identique : c'est ce qui fait que 1.780 numéros ont suffi pour renfermer 2.200 décisions de jurisprudence;
c'est à ce numéro que renvoie la première table finale, chrono-
logique, de toutes les décisions citées, qui sont données à leur
tour dans l'ordre normal des juridictions : Cour de cassation,
Cours d'appel, Tribunaux, Justices de paix.

Chaque chapitre est subdivisé en autant de sections que le
sujet le comportait : Cas d'incapacité absolue, cas d'incapacité

permanente, cas d'application et de non-application de la loi, rentes minimes accordées ou refusées, rentes de veuves ou d'ascendants ; ces dernières, quoique tarifées toutes au même taux, étaient des plus intéressantes parce qu'elles m'ont permis d'introduire dans l'ouvrage les maladies et des espèces sur l'état antérieur, sur l'électrocution, sur l'insolation et tous les phénomènes passagers ou non qui ont une influence quelconque sur le décès. Les rentes accordées aux enfants des ouvriers décédés ont été éliminées parce qu'elles soulèvent les mêmes principes que pour les veuves.

Certains chapitres se terminent encore par des renvois aux autres parties de l'ouvrage qui visent le même organe, la même maladie. Voir dans ce cas par exemples : Sur la main droite, page 164 après le n° 1159. Sur la syphilis, page 228 après le n° 1600.

Souvent les décisions de jurisprudence ne précisent pas si le membre atteint est gauche ou droit : je n'ai pas cru devoir les éliminer pour cette seule raison, car elles constituent aussi un enseignement profitable. C'est ainsi que plusieurs chapitres ont été créés pour l'œil (œil, œil droit, œil gauche) pour la jambe (jambe, jambe droite, jambe gauche).

Les rentes sont souvent fixées à un chiffre des plus précis: à 5,42 °/₀ (voir au n° 51), à 57,50 °/₀ (n° 197 par exemple); si ce taux n'est pas indiqué dans la décision rapportée, il provient cependant du mode de calcul·que j'ai adopté pour déterminer le chiffre de la rente, qui ne résulte pas des termes mêmes de la loi mais d'une pratique devenue courante dans les tribunaux. Il est bon de le préciser en terminant. Si l'on désigne par S le salaire antérieur de l'ouvrier, par T le taux de la réduction de capacité, les différentes rentes se calculent ainsi : la rente d'incapacité absolue $= \dfrac{S \times 2}{3}$; d'incapacité permanente $= \dfrac{S \times T}{100 \times 2}$; du conjoint survivant $= \dfrac{S \times 20}{100}$; de l'ascendant $= \dfrac{S \times 10}{100}$.

Telles sont les raisons qui m'ont engagé à entreprendre ce répertoire médico-légal ; tel est le plan que j'ai adopté et dont je dois compte au lecteur pour lui en donner le maniement pratique.

Senlis, 1ᵉʳ décembre 1911.

P. ZEYS.

ABRÉVIATIONS

A	Arrêt de la Cour d'appel de.
A. Caen, sur renvoi Cass.	Arrêt de la Cour de Caen, saisie par renvoi de la Cour de cassation.
Assurance mutuelle, 1909, 280.	L'Assurance mutuelle, année 1909, page 280.
Bert, 1909, 25	Revue judiciaire des accidents du travail, par E. Bert, année 1909, page 25.
Bulletin Cassation, 1908, 25	Bulletin des arrêts de la Cour de cassation rendus en matière civile, année 1908, arrêt numéro 25.
Cass... Cass. rejet . . .	Arrêt de la Cour de cassation du... Arrêt de rejet du. .
Dalloz, 1910, II, 121. .	Recueil chronologique de Dalloz, année 1910, 2° partie, page 121.
France judiciaire, 1900, 2, 49	La France judiciaire, année 1900, 2° partie, page 49.
Gaz. com. Lyon, 27 octobre 1906	Gazette judiciaire et commerciale de Lyon du 27 octobre 1906.
Gaz. Midi, 27 septembre 1908	Gazette des tribunaux du Midi du 27 septembre 1908.
Gaz. Palais, 1910, I, 375.	Gazette du Palais, année 1910, 1er semestre, page 375.
Gaz. Palais, 4 juin 1910.	Gazette du Palais du 4 juin 1910.
Gaz. tribunaux, 1910, I, 2. 29	Recueil de la Gazette des tribunaux, année 1910, 1er semestre, 2° partie, page 29.
Gaz. tribunaux, 20 octobre 1910	Gazette des tribunaux, du 20 octobre 1910.
J	Jugement du tribunal de...
J. com	Jugement du tribunal de commerce de...
Journal Amiens, 1901, 116	Journal des audiences de la Cour d'Amiens et des tribunaux du ressort, année 1901, page 116.
Journal Assurances, 1910, 134	Journal des Assurances par Badon-Pascal, année 1910, page 134.
J. paix; J. P	Jugement du juge de paix de...

Jurisprud.Douai,1908,97. Jurisprudence de la Cour d'appel de Douai, année 1908, page 97.

La Loi, 17 juin 1905 . . La Loi du 17 juin 1905.

Le Droit, 27 avril 1909. Le Droit du 27 avril 1909.

Le Greffier, 1904, 335. . Le Greffier, année 1904, page 335.

Minutes. . . . . . . Arrêt ou jugement relevé dans les minutes d'un greffe.

Moniteur Lyon, 23 juillet 1909 . . . . . . Moniteur judiciaire de Lyon du 23 juillet 1909.

Moniteur Midi, 9 novembre 1902. . . . . . Moniteur judiciaire du Midi du 9 novembre 1902.

Moniteur Paix, 1910, 129. Le Moniteur des Juges de Paix, année 1910, page 129.

Nord judiciaire,1900,140 Le Nord judiciaire, année 1900, page 140.

P. . . . . Page.

Palais, 1907, II, 98 . . Journal du Palais, année 1907, 2ᵉ partie, page 98.

Pandectes, 1902, II, 25. Pandectes françaises, année 1902, 2ᵉ partie, page 25.

Recueil Aix-Marseille, 1910, 61 . . . . . Bulletin de jurisprudence civile, criminelle et administrative d'Aix et de Marseille, année 1910, page 61.

Recueil Alpes, 1907, 10. Recueil judiciaire des Alpes-Maritimes, année 1907, page 10.

Recueil Assurances, 1910, 134 . . . . Recueil périodique des Assurances, par Saincteletle, année 1910, page 134.

Recueil Besançon, 1902, 172 . . . . Recueil des arrêts de la Cour de Besançon, année 1902, page 172.

Recueil Bordeaux, 1902, I, 20. . . . . Journal des arrêts de la Cour d'appel de Bordeaux, année 1902, 1ʳᵉ partie, page 20.

Recueil Caen et Rouen, 1900, 28 . . . . . Recueil des arrêts des Cours d'appel de Caen et de Rouen, année 1900, page 28.

Recueil Chambéry, 1903. 29. . . . . Journal de la Cour de Chambéry, année 1903, page 29.

Recueil Dijon, 1910, 19. Recueil périodique de jurisprudence de la Cour d'appel de Dijon et des tribunaux du ressort, année 1910, page 19.

Recueil Grenoble, 1910, 108 . . . . Journal de la Cour de Grenoble, année 1910, page 108.

Recueil judiciaire Nord, 1910, 29 . . . . . Recueil judiciaire du Nord, année 1910, page 29.

Recueil Lyon, 1901, 26. Jurisprudence de la Cour d'appel de Lyon et des tribunaux du ressort, année 1901, page 26.

Recueil Marseille, 1901, 25. — Bulletin de jurisprudence civile, criminelle et administrative de Marseille, année 1901, page 25.

Recueil Nancy, 1901-1902, 125 . . . . . — Recueil périodique d'arrêts de la Cour de Nancy et des jugements du ressort, année judiciaire 1901-1902, page 125.

Recueil Nantes, 1901, I, 58. — Recueil de Nantes, année 1901, 1re partie, page 58.

Recueil Rennes, 1906, 1909, 125. — Jurisprudence de la Cour d'appel de Rennes. — Recueil des arrêts de la Cour d'appel de Rennes et des jugements du ressort, année 1906, 1909, p. 125.

Recueil Riom et Limoges, 1906-1907, 226. . . — Recueil de la jurisprudence des Cours de Riom et Limoges, année judiciaire 1906-1907, page 226.

Revue Paix, 1903, 417 . — Revue des Justices de paix, année 1903, page 417.

Segard, 1911, I, 14 . . — Revue judiciaire des accidents du Travail, par Segard, année 1911, 1re partie, page 14.

Sirey, 1907, II, 125 . . — Recueil de Sirey, année 1907, 2e partie, page 125.

Sommaires, 1909, 121 . — Recueil Phily: sommaires de la jurisprudence française, année 1909, sommaire numéro 121.

Travail, I, II, III, IV, 25. — Recueil des accidents du travail du Ministère du Commerce, 1re, 2e, 3e, 4e brochures de 1900 à 1901, page 25.

Travail, 3, 35 . . . . . — Recueil des accidents du travail du Ministère du Commerce (mars 1902 à mars 1906) et du Ministère du Travail (depuis octobre 1906), fascicule no 3, page 35.

V . . . . — Voir.

Villetard, VII, 202. . . — Recueil spécial des accidents du travail, par Villetard de Prunières, tome VII, page 202.

LA VALEUR DU CORPS HUMAIN

DEVANT LES TRIBUNAUX ET DEVANT LES LOIS

SUR LES ACCIDENTS DU TRAVAIL EN FRANCE

ABDOMEN. — *Incapacité permanente absolue;* Rente des 2/3:
1. Déchirure de la paroi abdominale (*J. Narbonne, 5 nov. 1902: Bert, 1903, 73*).

Incapacité permanente partielle :
2. Lésions internes, rente de 60 % (*J. Lille, 8 mars 1900: Nord Judiciaire, 1900, 190*).

3. Contusion et déchirure du muscle grand droit de l'abdomen d'un ouvrier d'usine, rente de 20 % (*J. Senlis, 25 fév. 1903: Minutes*).

4. Persistance de douleurs abdominales ayant pour cause un état névralgique et pour origine un effort, sans lésion anatomique et sans rupture musculaire à la paroi abdominale, rente de 5 % (*J. Marseille, 3 août 1909 : Recueil Aix-Marseille, 1910, 65*).

La veuve a droit à une rente de 10 %.
5. Décès par écrasement de la masse intestinale de son mari charretier; par suite de faute inexcusable de l'ouvrier la rente est réduite de 20 à 10 % (*J. Rouen, 1er décembre 1900: Travail, 3, 465*).

ACCIDENT. — *Définition:* Lésion corporelle provenant de l'action soudaine et violente d'une cause extérieure d'origine et de date déterminées: *albuminurie : 7 ; ampoule : 17 à 19 ; 21 ; 24 à 30 ; 38 ; aorte : 85 ; asphyxie : 102 ; brûlures : 275 ; congélation : 324 ; 325 ; coup de fouet : 348 ; delirium tremens : 393 ; dermatite : 396 ; 397 ; durillon, érysipèle : 566 ; éblouissement, chute : 575 ; eczéma : 578 ; émotion : 595 ; 598 ; hernie : 662 ; 665 ; 674 ; 685 à 693 ; 697 ; 700 ; 701 ; 705 ; 710 ; 714 ; 738 ; 748 ; 749 ; 751 ; 756 ; 763 ; lumbago : 1110 ; 1111 ; pneumonie : 1495 ; saturnisme : 1569 ; 1570 ; synovite : 1592 ; syphilis : 1596 à 1598 ;* l'accident doit être sinon la cause exclusive, du moins la cause efficiente de l'infirmité : *pouce droit : 1524 ;* V. aussi *Affections pathologiques accidentelles. Forces de la nature. Maladies professionnelles. Rente est fixée. Salaire.*

ACCIDENT ALLÉGUÉ. — *Genou : 638; hernie : 776 ; 778 ; 779; 782; 784; 785.*

ACCIDENTS ANTÉRIEURS. — V. *Accidents successifs.*

ACCIDENT DE TRAITEMENT. — *Trouble de l'intelligence : 13 ; anesthésie : 40 à 44; cuisse gauche : 384; grippe : 654; hernie : 666 ; 674; 675 ; 834; jambe : 964 ; 965 ; 972 ; 975; pneumonie : 1499.*

ACCIDENT PROVOQUÉ PAR L'OUVRIER. — *Doigts droits : 478 ; suicide : 1589;* V. *Simulation.*

ACCIDENTS SUCCESSIFS. — **Principes :** *259; 381 ; 403 ; 458 ; 1052 ; 1094; 1097; 1203 ; 1341.* **Applications :** *Bras gauche : 236 ; 259; clavicule : 300 ; cuisse gauche : 381; doigts : 403 ; 404 ; 405; doigts droits : 458 ; 465; hernie : 675; jambe gauche : 1052; 1076 ; jambe, main : 1080; jambes : 1086 ; 1094; 1097; mains : 1172; médius gauche : 1203 ; œil : 1268; œil gauche : 1341; pied gauche : 1485 ; pieds : 1487; poignet gauche: 1508 ; sinistrose : 1575; 1712 à 1719; 1724; 1725; 1727 à 1730; 1739 ; 1758; 1773.*

ACCOUTUMANCE, ADAPTATION DE L'OUVRIER. ATTÉNUATION. — **Il en est tenu compte :** *Auriculaire : 131 ; avant-bras : 171 ; bras : 181 ; doigts droits : 467; jambe : 974 ; pied gauche : 1476 ; 1479; 1480.* **Il n'en est pas tenu compte** *et la rente est fixée d'après l'état actuel : avant-bras : 156 ; bassin : 174; bras : 238; 252; 265 ; crâne : 351; cuisse : 366; doigts droits : 414; épaule : 601 ; jambe droite : 1003 ; jambes : 1104 : mâchoire : 1119; névrite : 1232; pied gauche : 1482; pleurésie : 1489.* V. *Amélioration. Rente décroissante.*

ACIDE CARBONIQUE. — V. *Asphyxie.*

ACIDE SULFURIQUE. — *Absorption : 599.*

ADAPTATION. — V. *Accoutumance.*

AFFECTIONS CONSÉCUTIVES, POSTÉRIEURES A L'ACCIDENT. — *Aliénation mentale : 10; 12 à 16 ; 1582; céphalalgie : 350 ; cirrhose du foie : 631; commotion cérébrale : 282 bis; congestion cérébrale : 327; 332; 333; 335; delirium tremens : 392; épididymite : 1612 ; 1620; état cardiaque : 302; épilepsie : 614 ; fièvre typhoïde : 623; gangrène : 633; hystérie : 836; hystéro-neurasthénie : 842 ; 844; hystéro-traumatisme : 849; 1587; infection générale : 925; neurasthénie : 1231; névrose : 1586; orchite : 1619; pleurésie : 1488; pneumonie : 1492 à 1498; sinistrose : 1574 à 1584; suicide : 1590; syphilis : 1593 à 1600; tabès : 1608; 1609; 1611; tétanos : 1586; 1625 à 1628; troubles cérébraux : 280; troubles nerveux : 1601; 1602; tuberculose : 1681 à 1691; varicocèle : 1621; 1623; variole : 1709 à 1711.* V. *Affections pathologiques accidentelles. Hernies. Maladies professionnelles.*

AFFECTIONS PATHOLOGIQUES ACCIDENTELLES. — *Principes: L'origine se rattache à un fait déterminé rentrant dans les conditions normales de l'exercice du travail.* **Applications** : *charbon : 291 ; 292 ; 295 ; 297 ; congélation : 324 ; 325 ; congestion pulmonaire : 335 ; durillon : 566 ; phlébite : 1451 ; saturnisme : 1565 ; 1566 ; syphilis : 1593 à 1600 ; variole : 1709 ; yeux : 1775.* V. *Maladies professionnelles.*

AGE. — V. *Mineurs de 21 ans, Vieillesse.*

AGGRAVATION. — *Par le fait de l'ouvrier : Bassin : 179 ; bras : 247 ; 266 ; épaule gauche : 610 ; gangrène : 635 ; index droit : 869 ; 874 ; jambe : 966 ; 971 ; jambe gauche : 1049 ; 1075 ; main droite : 1143 ; 1155 ; oreilles : 1406 ; pied : 1457 ; tétanos : 1626 ; 1628.* V. *Accident de traitement. Refus de traitement. Refus d'opération.* **Par le fait de l'accident** : V. *Infirmités aggravées.*

AIR VICIÉ. — 86 ; 1174 ; 1571.

ALBUMINURIE. — *La veuve a droit à une rente de 20 %* :

6. Fracture ayant entraîné le décès par suite de l'importance des blessures et de l'albuminurie dont était atteint un cocher (*J. Lille, 8 nov. 1900 : Nord Judiciaire, 1901, 18*).

La loi ne s'applique pas :

7. Plaie avec phlegmon à la main se prolonge non du fait de l'accident, mais du fait d'une albuminurie, maladie constitutionnelle dont l'ouvrier était atteint antérieurement ; il n'y a pas lésion corporelle provenant de l'action soudaine et imprévue d'une cause antérieure. Si cette lésion organique a retardé ou rendu incomplète la guérison de la blessure, le patron ne saurait l'indemniser au delà du préjudice que le même accident aurait causé à un blessé non atteint de cette maladie constitutionnelle. Simple incapacité temporaire. (*J. Paix Le Mans, 4 mai 1900 : Gaz. Palais, 1900, II, 105*).

ALCOOLISME, ÉTHYLISME. Son influence dans les cas suivants : *aliénation mentale : 8 ; artério-sclérose : 94 ; cerveau : 281 ; 285 ; clavicule, thorax : 301 ; cœur : 305 ; delirium tremens : 389 ; 391 ; 393 à 395 ; estomac-foie : 621 ; foie : 630 ; hystéro-neurasthénie : 845 ; jambe gauche : 1065 ; méningo-encéphalite : 1227 ; neurasthénie : 1228 ; tabès : 1605 ; 1610.* V. *Ivresse.*

ALIÉNATION MENTALE. Abolition des facultés de l'intelligence. — *Incapacité permanente absolue.* Rente de 2/3 :

8. En plus de l'impotence provenant du traumatisme, lorsqu'il est constaté que la démence d'un ouvrier qui a entraîné son internement dans un asile d'aliénés est la conséquence d'un accident, la démence devient un élément essentiel dans l'appréciation de l'incapacité. En vain le patron argumenterait-il des prédispositions de l'ouvrier à la folie pour diminuer la portée de l'accident originel et pour atténuer sa responsabilité s'il est acquis que si, à ces prédispositions et à l'appoint alcoolique n'était venu se joindre l'accident, l'ouvrier serait encore sain d'esprit et gagnerait encore normalement sa journée sans être incommodé plus que par le passé, dans l'exercice de sa profession de charpentier (*A. Lyon, 26 nov. 1902 : Dalloz, 1906, 2, 379*).

9. Aliénation mentale provenant des nombreuses opérations chirurgicales pratiquées sur une jambe blessée dans un accident ; impossibilité de diminuer le taux de la rente, à raison d'un état constitutionnel, prédisposant à aliénation mentale (*J. Marseille, 15 déc. 1905 : Villetard, VII, 252*).

10. Aliénation mentale à la suite de fracture de la cuisse au tiers supérieur de la jambe d'un ouvrier d'usine (béquilles indispensables) et de plaies contuses au front et bras droit ; internement dans un asile d'aliénés (*A. Amiens, 30 juin 1911 : Minutes*).

11. Commotion cérébro-spinale ayant engendré un état général de torpeur et d'amnésie post-traumatiques, rendant le manœuvre impropre à tout travail (*A. Rennes, 27 juill. 1904 : Recueil Rennes, 1904, I, 18*).

12. Blessures de la jambe gauche et du crâne après une chute, suivies six semaines après de troubles mentaux qui vont jusqu'à une intensité extrême et jusqu'à une abolition graduelle des facultés et une déchéance physique progressive jusqu'au décès survenu 22 mois après l'accident, alors que l'équilibre mental était parfait avant l'accident et qu'à l'autopsie aucune relation anatomo-pathologique n'a été découverte entre la blessure et la mort. L'arrêt confirme un jugement intervenu avant le décès et réserve les droits de la veuve (*A. Rennes, 28 juin 1904 : Recueil Rennes, 1903-1904, I, 134*).

13. Atteinte à l'intelligence et à la mobilité d'un ouvrier qui fait une chute par suite d'un évanouissement survenu pendant le pansement d'une blessure survenue par accident du travail ; une éruption de la base du crâne se produit à la suite de la chute ; la chute a été déterminée par une syncope suite de l'émotion nerveuse ; ce fait est la conséquence directe de l'accident. Incapacité absolue de tout travail (*J. Seine, 28 janv. 1903 : Travail, 9,73*).

14. Commotion cérébrale d'un ouvrier de constructeur en fer qui tombe sur la tête ; état comateux ; état permanent de torpeur ; obtusion des facultés intellectuelles ; inconscience complète ; internement dans un asile d'aliénés (*J. Nancy, 12 déc. 1899 : Gaz. Palais, 1900, I, 64*).

La loi est applicable :

15. Aliénation mentale peut être un accident du travail à la condition que l'ouvrier établisse une relation de cause à effet entre la chute qu'il allègue et la folie qui l'a frappé consécutivement à

cette chute et que la chute se soit produite par le fait ou à l'occasion du travail (*J. Villefranche, 14 mai 1901 : Moniteur Lyon,
10-11 octobre 1901*).

16. Le droit à indemnité est né au moment de l'accident et ne
peut être diminué ou supprimé par suite d'événements ultérieurs
et notamment par l'état d'aliénation mentale survenu postérieurement à l'accident (*A. Montpellier, 2 mai 1902 : Moniteur Midi,
2 nov. 1902*).

Sur l'aliénation mentale, V. aussi 280.

AMBLYOPIE, 1771.

AMÉLIORATION DÉPEND DE L'OUVRIER. — *Annulaire, épaule, hanche,-
poignet : 66 ; annulaire gauche : 76 ; jambe : 974 ; névropathie :
1247 ; os : 1438 ; psychose : 1559 ; sinistrose : 1574 à 1584.*
V. *Accoutumance. Aggravation.*

AMPOULE, DURILLON FORCE. — *Incapacité permanente partielle :*

17. Durillon forcé ayant entraîné un phlegmon de la main avec
rétraction tendineuse de deux doigts et légère difficulté de flexion de
l'annulaire ; rente de 7 % à un terrassier. *Principes :* Le durillon
ordinaire n'est que l'épaississement partiel et exagéré de l'épiderme
avec formation consécutive d'une bourse séreuse sous-jacente et
provenant de l'exercice prolongé d'une profession; il constitue une
protection pour les téguments; le durillon forcé au contraire est un
état morbide dû à la pénétration de microbes dans les tissus profonds jusqu'à la bourse séreuse sous-tégumentaire et qui n'a son
origine que dans un choc, une violence ; ce n'est là que l'action
soudaine et fortuite d'une force extérieure (*A. Limoges, 22 juill.
1904 : Recueil, Riom et Limoges, 1903-1904, 255*).

La veuve a droit à une rente de 20 % :

18. Durillon forcé avec phlegmon consécutif qui a entraîné le
décès. Le durillon forcé est non une maladie professionnelle mais un
véritable accident lorsqu'on peut en rattacher l'apparition à un
traumatisme, conséquence du travail de l'ouvrier. Le durillon forcé,
à la différence du durillon professionnel, simple, est le résultat de
l'inoculation septique succédant à une rupture d'épiderme laquelle
ne peut se produire que par une violence ou un choc quelconque.
(*A. Limoges, 24 fév. 1904 : France Judiciaire, 1904, II, 118*).

La loi est applicable :

19. Durillon forcé chez un tailleur de pierres. *Principes :* On ne
saurait considérer comme constituant une maladie professionnelle
le durillon simple qui se forme sur la peau à la naissance des doigts
de la main de toute personne qui manie pendant un temps plus ou
moins long un outil servant à effectuer un travail exigeant des efforts plus ou moins grands; tant qu'il est simple il n'est qu'un en-
durcissement ou un épaississement de l'épiderme de la peau ne don-

nant lieu à aucune douleur, protégeant en quelque sorte contre l'atteinte d'un coup extérieur et ne présentant aucun caractère morbide ; ce caractère se révèle si le durillon s'enflamme à la suite d'une lésion produite par l'action soudaine et violente d'une force extérieure et devient durillon forcé ; celui-ci présente les deux caractères reconnus indispensables mais suffisants pour qu'il y ait accident, action soudaine et violente provenant d'une cause extérieure et lésion de l'organisme ; s'il survient dans l'exercice du travail et s'il occasionne une incapacité de travail, il donne droit à indemnité (*J. Paix Paris, 29 août 1900 : Travail, 13,18*).

20. Durillon forcé n'est pas une maladie professionnelle mais un accident du travail lorsqu'il est, non la conséquence inévitable de la profession exercée par l'ouvrier mais celle d'une excoriation ou éraillure septique causée fortuitement par l'action d'une force anormale : il en est ainsi spécialement au cas d'un pelletage plus actif que d'habitude au cours duquel l'ouvrier a ressenti dans un doigt droit une gêne qui le lendemain le mettait dans l'impossibilité de travailler (*J. Paix Clichy, 28 oct. 1909 : Revue Paix, 1910,415*).

21. Phlegmon à la paume de la main gauche. L'accident se différencie de la simple maladie professionnelle, en ce qu'il dérive d'un traumatisme plus ou moins accentué que ne suppose pas celle-ci. Par suite lorsqu'un ouvrier est atteint de phlegmon, il faut rechercher si ce phlegmon n'a pu avoir pour cause occasionnelle qu'un choc, une violence même assez légère pour passer inaperçue, se rattachant intimement au maniement du lourd marteau dont se servait journellement l'ouvrier, auquel cas on se trouverait en présence des conséquences de l'action soudaine et fortuite d'une cause extérieure, c'est-à-dire d'un véritable accident et non d'une affection dont l'origine ne pourrait être déterminée avec précision (*J. Limoges, 17 déc. 1909 : Gaz. Palais, 1910, I, 682*).

22. Phlegmon ne provenant ni d'une piqûre, ni d'une excoriation, ni d'une brûlure, mais uniquement de la manipulation prolongée d'un outil : c'est une maladie professionnelle (*J. Paix Rive de Gier, 22 déc. 1908 : Villetard, XI, 202*).

23. Ampoules forcées occasionnent un phlegmon à la main (*J. Paix Nantes, 23 avril 1907, et Marseille, 9 janv. 1907 : Villetard, VIII, 58*).

La loi ne s'applique pas :

24. Durillon forcé chez un serrurier est une maladie professionnelle et non un accident lorsqu'il n'a été accompagné d'aucune plaie et que la maladie à laquelle il a donné naissance a été le résultat d'un traumatisme chronique dérivant de l'usage des outils et des travaux de sa profession et non d'un traumatisme ou choc soudain. *Pourvoi rejeté* : parce que ces constatations de fait sont souveraines (*J. Paix Tours, 25 mars 1910 et Cass. rejet, 8 nov. 1910 : Sirey Palais, 1911, I, 40*).

25. L'inflammation d'un durillon forcé produite dans les mêmes conditions que ce durillon ne peut être considérée comme accident du travail qu'autant qu'elle procède d'un traumatisme, c'est-à-dire de l'action soudaine d'une force extérieure au cours de l'ouvrage. Par suite ne tombe pas sous le coup de la loi, l'inflammation d'un durillon, lorsqu'elle s'est développée peu à peu par les glissements de l'outil dont se servait l'ouvrier au cours du travail et qu'elle n'a eu d'autre cause que l'exercice normal de la profession (*J. Paix Cambrai, 21 avril 1909 : Revue Paix, 1910, 132*).

26. Durillon forcé se produit sous la forme d'une maladie résultant de l'exercice normal d'une profession provenant d'une cause continue et durable et constituant un état également continu et durable, une lésion lente et progressive. *Principes :* Il n'y a pas là atteinte au corps humain, provenant de l'action soudaine, subite et violente d'une force extérieure survenue dans l'exercice ou à l'occasion du travail et produisant une lésion corporelle immédiate (*J. Paix Montereau Fault Yonne, 7 juin 1903 : Revue Paix, 1904, 91*).

27. Durillon forcé est un état morbide dû à la pénétration de microbes infectieux dans les tissus profonds jusqu'à la source séreuse sous-tégumentaire ; il n'est un accident du travail que lorsqu'il procède de l'action soudaine et fortuite d'une force extérieure au cours de l'ouvrage, mais non pas quand l'affection dérive d'une cause toute différente et spécialement quand l'enflure est antérieure au jour où, sous l'action de la souffrance, l'ouvrier a été dans la nécessité de cesser son travail. (*J. Paix Paris, 2 août 1906 : Gaz. Palais, 1906, II, 312*).

28. Abcès sous-cutané à la paume de la main droite consécutif à une ampoule forcée survenue par suite de l'usage d'outils auxquels l'ouvrier n'est pas habitué ; la continuité de l'effort, cause de cette ampoule, est absolument volontaire et ne constitue nullement un cas fortuit et imprévu ; il n'y a pas lésion corporelle ni action soudaine et imprévue d'une cause extérieure. (*J. Paix Lorient, 10 janv. 1903 : Revue Paix, 1903, 417*).

29. Durillon qui s'ouvre, et forme une plaie, n'est pas le résultat d'une action soudaine et subite d'une violence extérieure ; il s'est produit par l'exercice continuel du travail; la blessure est attribuée à une maladie professionnelle (*J. Paix Paris, 15 avril 1909: Travail, 37, 29*).

30. Ampoule forcée est un état morbide dû à la pénétration de germes infectieux dans les tissus profonds ; elle ne peut donner lieu à application de la loi que s'il est établi qu'un traumatisme si léger soit-il, provenant d'une cause soudaine et violente, a, en lésant la peau et les tissus sous-jacents, donné passage aux germes infectieux (*J. Marseille, 3 janv. 1908 : Recueil Aix-Marseille, 1908, 157*).

31. Durillon forcé n'est pas un accident mais une maladie professionnelle (*J. Paix Levallois-Perret, 12 mai 1909 : Villetard, X, 98*).

32. Durillon forcé n'est pas la conséquence d'une blessure reçue au cours du travail, mais la conséquence naturelle de l'exercice de la profession et de la manipulation prolongée d'un pique-feu (*J. Paix St-Etienne, 29 avril 1908 : Villetard, IX, 147.*)

33. Ampoule forcée par frottement constant de cordes chez un emballeur ; pas de traumatisme (*J. Avignon, 6 juin 1907 : Villetard, VIII, 224*).

34. Tumeur, conséquence naturelle du maniement du rabot chez un menuisier (*J. Paix Versailles, 23 mai 1907 : Villetard, VIII, 202*).

AMPOULE, DURILLON SIMPLE. — *La loi ne s'applique pas :*

35. Ampoule chez un serrurier, en l'absence de tout traumatisme, au cours normal du travail, constitue une maladie professionnelle ; la contamination est exclusive de l'application du risque professionnel ; la synovite des tendons fléchisseurs est sans rapport avec un accident du travail ; la contamination n'est pas due au contact des outils septiques et des poussières de l'atelier ; lente et progressive elle a revêtu un caractère morbide (*A. Paris, 7 déc. 1909 : Recueil Assurances, 1910, 338*).

36. Ampoules formées peu à peu ne peuvent avoir été produites par l'accident ; si une simple ampoule se trouve percée au cours du travail, cette lésion peut résulter de l'usure naturelle de la peau et non d'un événement imprévu qu'on doive qualifier d'accident (*J. Seine, 13 fév. 1906 : Villetard, VI, 412*).

37. Excoriations par usure lente et progressive de la peau au cours du travail ; durillons par épaississement progressif de l'épiderme ; dermatites produites par contact réitéré de substances caustiques (*J. Seine, 23 mars 1907 : Villetard, VIII, 2*).

38. Ampoule à la main est résultat d'un excès de travail et doit être considérée comme une maladie professionnelle et non comme un accident du travail. Elle ne s'est pas produite par une cause fortuite, violente, extérieure (*J. Paix, Marseille, 24 déc. 1909 : Recueil Aix-Marseille, 1910, 392 ; J. Paix Montereau, 30 mai 1903 : Villetard, IV, 135*).

39. Excoriations de la main produites par les rugosités du marteau (*J. Paix Rive-de-Gier, 31 déc. 1909 : Villetard, X, 403*).

AMNÉSIE DU CERVEAU post traumatique : 11 ; 283 à 287.

ANESTHÉSIE HYSTÉRO-TRAUMATIQUE : 90 ; 836.

ANESTHÉSIE PROVOQUÉE. — *La veuve a droit à une rente de
20 °/₀* :

40. Décès de syncope cardiaque au cours d'une opération au
chloroforme (désarticulation de la phalangette de l'annulaire gauche) rendue nécessaire par un accident, il est la conséquence directe
de l'opération et non de l'évolution d'une maladie latente et donne
droit à une rente, même si le chloroforme a été mal donné ; le
patron doit en subir les conséquences, sauf son recours contre
l'opérateur (*A. Douai, 14 déc. 1908 : Jurisprud. Douai, 1909, 94*).

41 Décès d'un journalier au cours de l'opération de l'ablation
de l'œil est dû à l'influence du chloroforme, bien que l'autopsie ait
révélé qu'il était atteint d'une maladie de cœur si légère que le
médecin assistant l'opérateur ne l'avait pas constatée à l'ausculta-
tion, du moment où il n'est pas établi que le décès soit dû à cette
affection (*J. Avranches, 8 fév. 1907 : Recueil Assurances, 1907,
184*).

La loi est applicable :

42. Décès des suites de l'anesthésie à laquelle il a été procédé
avant la consolidation de la blessure et en vue d'une amputation
jugée nécessaire pour diminuer l'incapacité permanente ultérieure.
Principes : Lorsque l'aggravation d'une blessure résultant d'un accident du travail est due à une cause non imputable à la victime, elle
doit être considérée comme la suite naturelle de l'accident (*J.
Lyon, 8 oct. 1910 : Moniteur Lyon, 15 mars 1911*).

43. Décès des suites de l'anesthésie provoquée en vue de l'opération chirurgicale nécessaire, mais sans gravité, de l'amputation
des deux dernières phalanges de l'annulaire droit, et non par l'accident au doigt (*A. Paris, 3 août 1909 : Bert, 1909, 304*).

La loi n'est pas applicable :

44. Décès de l'ouvrier au cours de l'anesthésie pratiquée pour
amputer un doigt. Pour qu'on puisse considérer le décès comme
étant la suite d'un accident de travail, il faut que l'opération que
l'ouvrier allait subir ait une relation avec le traitement de la blessure produite par cet accident ; quand l'opération ne survient
qu'après la guérison de la blessure, après sa consolidation, dans le
but d'éviter une gêne, sur la demande expresse de l'ouvrier, sans
la participation du patron ou du médecin de ce dernier et sans
leur consentement, on ne peut considérer l'opération et la mort
qui s'en est suivie comme conséquence de l'accident ; il en serait
autrement si l'opération avait pour but de diminuer l'incapacité de
travail et la rente ; même alors, si l'opération a été pratiquée à l'insu
du patron, elle devrait être considérée comme suite de l'accident.
(*J. Lyon, 28 oct. 1910 : Villetard, XI, 300*).

ANÉVRISME. — *Ne constitue pas un accident du travail* :

45. Décès par suite de la rupture d'un anévrisme antérieur à la dernière journée de travail alors qu'on ne peut affirmer qu'elle ait été le résultat d'une tâche abusivement imposée à l'ouvrier (manœuvre) en dehors des conditions du contrat de louage, ni d'un effort excédant la capacité d'un ouvrier ordinaire (*A. Agen, 25 oct. 1909 : Gaz. Tribunaux. 1910, I, 2,451*).

ANNULAIRE. COUDE ET ÉPAULE GAUCHES. ORTEIL. — *Incapacité permanente partielle :*

46. Gêne fonctionnelle de l'épaule et du coude gauches ; avec lésions de l'annulaire gauche et du gros orteil droit; rente de 40 % à un cocher (*J. Senlis, 17 mai 1907 : Minutes*).

ANNULAIRE. — V. *Doigts. Main.*

ANNULAIRE DROIT. — *Incapacité permanente partielle :*

47. Amputation totale du doigt, rente de 16 % (*A. Rennes, 8 mai 1907 : Recueil Rennes, 1907, 1, 72*) ; rente de 12 % (*J. Seine, 7 juillet 1900: Travail, III, 378 ;* rente de 10 % pour un mécanicien (*A. Caen, 23 juill. 1903, sur renvoi de Cass., 18 mars 1903: Recueil Caen, 1903, 187, et Gaz. Palais, 1903, 460*).

48. Amputation d'une phalange et demie, rente de 10 % à un chef conducteur de machine (*A. Paris, 4 août 1900: Bert, 1901, 49*).

49. Amputation de la phalangine et de la phalangette, rente de 8,25 % à un maçon (*J. Senlis, 23 janv. 1901: Minutes*).

50. Amputation de la moitié de la deuxième phalange, rente de 10 % à un journalier (*J. Caen, 19 déc. 1906: Recueil Caen, 1907, 92*).

51. Perte d'un tiers du doigt, rente de 5,42 % (*J. Lille, 25 mai 1900 : Nord Judiciaire, 1900, 191*).

52. Amputation de la dernière phalange, rente de 5 % à un manœuvre (*J. Senlis, 9 fév. 1909 : Minutes*).

53. Perte de la phalangette, rente de 8 % à un manœuvre (*A. Rennes, 12 mai 1903: Recueil Rennes, 1902, I, 107*).

54. Amputation du doigt à la base de l'ongle, rente de 5 % à un rattacheur de filature qui par sa profession a besoin d'une grande dextérité des doigts (*J. Lille, 5 avril 1900 : Nord Judiciaire, 1900, 142*).

Rentes minimes accordées :

55. Amputation partielle du doigt ; l'ongle rudimentaire qui subsiste est traversé par un sillon qui en sépare la partie inférieure ; un bourrelet de peau protectrice surplombe le rudiment d'ongle, le laissant parfois exposé aux contusions; légère raideur de l'articulation unissant la phalangine à la phalangette ; la rente est de 3 % pour un tourneur sur métaux, profession qui exige la liberté complète de chacun des doigts, alors que la lésion constatée rend le travail plus lent, plus défectueux et moins lucratif. *Principes posés:* Une rente de 3 % n'est pas purement théorique ; la mesure légale de la rente due à un ouvrier est déterminée par la proportion s'établissant entre le salaire touché par lui précédemment et le salaire réduit qu'il demeure susceptible de gagner et pour l'appréciation de la réduction, le juge doit tenir compte de toutes les circonstances essentiellement variables spéciales à chaque cas, telle lésion physique identique chez deux individus de profession différente pouvant entraîner une réduction du salaire de l'un et rester sans répercussion sur le salaire de l'autre (*A. Dijon, 6 fév. 1911 : Recueil Dijon, 1911, 51*).

56. Gêne permanente produite par une lésion au niveau des deux dernières phalanges ; rente de 1 % (*A. Nancy, 25 nov. 1905 : Villetard, VI, 315*).

Incapacité permanente nulle ou légère. Aucun droit à rente :

57. Déformation avec ankylose en extension de l'articulation située entre les deux dernières phalanges n'est pas de nature à réagir sur la capacité ouvrière du blessé, la deuxième articulation étant intègre et le blessé pouvant mettre en contact la pulpe de l'extrémité de ce doigt avec la paume de la main (*A. Paris, 25 avril 1911 : Villetard, XII, 70*).

58. Demi-ankylose de l'articulation de la deuxième avec la troisième phalange. Une incapacité de 1 % n'a pas d'influence sur les facultés de travail d'un manœuvre (*A. Rennes, 30 juil. 1909 : Recueil Rennes, 1909, 158*).

59. Impossibilité dans laquelle une ouvrière se trouve d'étendre complètement la dernière phalange de ce doigt (*J. Lille, 4 nov. 1909 : Villetard, X, 304*).

60. Limitation de l'articulation de la phalangine avec la phalangette, l'ongle étant repoussé (*A. Nancy, 10 juin 1910 : Villetard, XI, 180*).

61. Bride cicatricielle mettant obstacle au redressement complet du doigt (*J. Lille, 20 janv. 1910 : Villetard, X, 451*).

62. Arrachement de l'ongle et du ligament latéral externe de l'articulation qui unit la phalangine à la phalangette ; réduction de 2 % sans influence sur le salaire d'un ajusteur (*J. Senlis, 25 mai 1909 : Minutes*).

63. Extraction de l'os de la phalangette qui laisse à l'ouvrier l'usage de ses mains et de ses doigts (*A. Caen, 13 juin 1910 : Villetard, XI, 444*).

64. Mutilation de l'extrémité de la phalangette d'un camionneur (*J. Seine, 12 déc. 1905 : Villetard, VI, 305*).

65. Perte de substance à l'extrémité d'une phalangette d'un fumiste (*J. Versailles, 10 déc. 1908 : Minutes*).

Sur l'annulaire droit : *Tuberculose,* V. 1662.

ANNULAIRE, ÉPAULE, HANCHE, POIGNET GAUCHES. — *Incapacité permanente nulle.* Aucun droit à rente :

66. Raideurs de l'épaule, de la hanche et du poignet exagérées, avec ankylose de la première phalange, de l'annulaire ; cette ankylose est peu gênante et n'empêche pas le fonctionnement de la main du terrassier ; les raideurs doivent disparaître quand l'ouvrier le voudra (*A. Nancy, 1er août 1901 : Recueil Nancy, 1900-1901, 272*).

ANNULAIRE GAUCHE. — *Incapacité permanente partielle :*

67. Amputation partielle ; la rente est de 35, 50 % pour un dégauchisseur, sans tenir compte de ce que le patron offre de reprendre son ouvrier au même salaire (*A. Grenoble, 5 nov. 1900 : Dalloz, 1902, II, 366*).

68. Amputation de deux phalanges ; rente de 12 % (*J. Narbonne, 7 juin 1900 : Travail, III, 319*).

69. Amputation de la troisième phalange, rente de 2 % à un ouvrier doubleur : (*A. Amiens, 6 avril 1909 : Minutes*).

Rentes minimes accordées :

70. Perte de l'extrémité du doigt ; sensibilité reste dommageable ; rente de 2 % à un ouvrier d'arrimeur (*J. Bordeaux, 12 juil. 1909 : Travail, 41, 45*).

71. Perte d'une partie de la troisième phalange : rente de 5 % à un mineur (*A. Riom, 13 mars 1902 : Recueil Riom-Limoges, 1901-1902, 193*) ; rente de 6 % à un ouvrier scieur (*J. Lyon, 7 août 1900 : Travail, 3, 403*).

72. Ankylose de la deuxième articulation ; rente de 4 % (*J. Seine, 15 janv. 1910 : Segard, 1910, I, 32*).

Incapacité permanente nulle ou légère. Aucun droit à rente:

73. Ankylose de la dernière phalange ; n'a pas d'influence sur le salaire d'un mécanicien (*A. Angers, 3 fév. 1910 : Recueil Assurances, 1910, 250*).

74. Ankylose partielle de l'articulation métacarpo-phalangienne ne diminue pas la capacité de travail ; la réduction serait de 3 % (*J. Briey, 16 juil. 1908 : Recueil Assurances, 1910, 251*).

75. Simple raideur de la deuxième phalange n'entraîne qu'une gêne inappréciable (*J. Nancy, 19 oct. 1910 : Villetard, XI, 395*).

76. Raideur de l'articulation n'amoindrit en rien l'aptitude au travail et peut être considérée comme négligeable alors qu'elle doit disparaître par une mobilisation fonctionnelle dépendant de la volonté seule de l'ouvrier (*A. Bordeaux, 14 nov. 1910 : Villetard, XI, 347*).

77. Flexion légère de l'articulation phalango-phalangettienne avec épaississement de la pulpe de l'extrémité du doigt ; infirmité des plus minimes ; incapacité théorique sans répercussion sur le salaire (*J. Marseille, 21 déc. 1909 : Travail, 41, 53*).

78. Limitation de la flexion de la phalangine sur la phalange ; réduction trop minime (*J. Seine, 14 juin 1909 : Villetard, X, 146*).

79. Ankylose de la dernière articulation (*J. Seine, 12 janv. 1907 : Villetard, VII, 394*).

80. Raideur dans l'articulation phalangetto-génienne (*J. Marseille, 28 déc. 1900 : Villetard, I, 361*).

81. Ablation de la phalangette ; n'a pas de répercussion sur les salaires d'un mineur. (*A. Douai, 5 avril 1909 : Sirey-Palais, 1910, II, 117*).

82. Perte de la phalangette, avec cicatrice terminale sensible, et légère raideur de l'articulation voisine et de la dernière articulation. Réduction serait de 4 % ; sans influence sur le salaire. (*J. Lille, 8 déc, 1910 : Villetard, XI, 347*).

83. Légère déformation de la phalangette sans raideur articulaire, ni gêne, n'atteint pas les facultés de travail de l'ouvrier et n'abaisse pas son salaire. (*A. Douai, 19 déc. 1910 : Jurisprud. Douai, 1911, 40*).

Sur l'annulaire gauche : *Ankylose*, V. 66.

ANUS. — *Incapacité permanente partielle* :

84. Violent traumatisme sur la région ano-périnéale ; plaie cicatrisée allant des bourses à l'anus, ayant intéressé surtout les sphincters de l'anus, celui-ci étant resté un peu béant ; dépression à gauche sur le sphincter externe qui a été sectionné à cet endroit et qui s'est cicatrisé en laissant une encoche ; cette section sphinctérienne remonte jusqu'au sphincter interne et peut produire une striction suffisante pour fermer presque complètement l'ouverture anale et s'opposer partiellement à la sortie des matières fécales. Les organes essentiels du travail ne sont pas atteints ; il y a cependant gêne et cause d'interruptions partielles de travail, et complications possibles d'infection qui entraînent une rente de 17 %. (*A. Amiens, 9 mai 1911 : Minutes*).

AORTE. — *La veuve n'a droit à aucune rente* :

85. Décès de son mari, garde-frein, par suite de rupture de l'aorte dont le tissu était très altéré et que le moindre effort de toux, le simple éternuement devait perforer ; l'effort ordinaire fait pour lever un poids de 17 kilos, a provoqué la rupture, qui n'a pas de caractère traumatique. *Principes posés* : L'accident s'entend d'une blessure attribuée à une cause extérieure, soudaine et violente et non d'une lésion se manifestant dans un organe défectueux au cours d'un travail normal (*A. Paris, 1er déc. 1908 : Bert, 1909, 165*).

Sur l'aorte : *Aortite*, V. 304 ; *Dilatation*, 310.

AORTITE CHRONIQUE. — 1558.

APOPLEXIE. — *La veuve n'a droit à aucune rente* :

86. Décès de l'ouvrier dû à une hémorragie méningée de l'artère sylvienne gauche qui a provoqué une attaque d'apoplexie foudroyante, alors que la preuve n'est pas rapportée que la position accroupie de l'ouvrier et l'air vicié dans lequel il travaillait aient favorisé l'apoplexie (*A. Riom, 23 oct. 1903 : Recueil Riom et Limoges, 1903-1904, 136*).

APOPLEXIE CÉRÉBRALE, 596.

APOPLEXIE PULMONAIRE, 595.

ARTÈRES. — *La veuve a droit à une rente de 20 %* :

87. Décès de l'employé de batteuse, dû à la coupure de l'artère fémorale (cuisse) par un couteau (*A. Riom, 9 fév. 1905 et Cass. rejet, 7 août 1906 : Sirey-Palais, 1909, I, 95*).

SUR L'ARTÈRE SYLVIENNE : *Hémorragie, V. 86.*

ARTÉRIO-SCLÉROSE. — *Incapacité permanente absolue.* Rente des 2/3 :

88. Lésions au thorax et aux reins d'un charron qui entraînent une aggravation d'une artério-sclérose latente qui n'était pas gênante avant l'accident (*A. Bordeaux, 6 juin 1905 : Recueil Bordeaux, 1906, I, 130*).

89. Lésions graves articulaires et dorsales avec affaiblissement psychique et physique, torpeur intellectuelle, troubles cérébraux ; il était atteint d'artério-sclérose avant le traumatisme ; tout travail est impossible ; l'incapacité est en relation directe avec l'accident car l'affaiblissement physique coïncide avec l'accident et les suites de l'accident ; le traumatisme a hâté le développement des affections: *Pourvoi rejeté,* parce que les constatations des juges du fond qui décident que le traumatisme a aggravé l'état de l'ouvrier sont souveraines (*A. Nancy, 26 fév. 1907 (sur révision) et Cass. rejet, 25 mars 1908 : Bert, 1908,136*).

Incapacité permanente partielle :

90. Demi-anesthésie hystéro-traumatique ; l'incapacité de travail provient en partie de cette anesthésie, mais tient surtout à la déchéance organique (artério-sclérose, bronchite chronique), à l'âge (68 ans), et aux varices volumineuses des membres inférieurs (surtout le gauche); rente de 40 % à un cocher qui ne peut plus exercer un métier actif (*J. Seine, 25 nov. 1904 : Villetard, V, 315*).

91. Traumatisme grave du crâne. Antérieurement à l'accident, l'ouvrier était atteint d'artério-sclérose, de surdité relative, d'otite double catarrhale chronique mais le traumatisme physique et psychique a imprimé une certaine accélération aux phénomènes d'artério-sclérose; les troubles nerveux imputables à l'accident (maux de tête, rêves, cauchemars, faiblesse générale surtout dans les jambes et qui avaient rétrogradé pour se remonter à nouveau mais moins intenses) ainsi que les troubles psychiques, faibles avant l'accident, imputables à l'accident et qui avaient disparu se sont reproduits, aggravés et empêchant le blessé de se livrer à un travail capable d'assurer pleinement son existence. On ne doit tenir compte que des troubles nerveux certainement imputables au traumatisme et on ne doit pas faire état des phénomènes attribuables à l'artério-sclériose, qui ont

pu seulement être accélérés par le traumatisme. Rente de 40 %
(*A. Paris, 28 juin 1910 : Segard, 1910, I, 192*).

92. Vertige attribué à l'état artério-scléreux provoque une chute
et des contusions : l'accident n'a pas produit seul l'état actuel, le
vertige dû à l'artério-sclérose a précédé et amené la chute ; l'état
actuel de déchéance intellectuelle, s'explique par une progressive
artério-sclérose à la localisation cérébrale. Il y a part à faire entre les
symptômes qui sont les conséquences de l'accident lui-même et
ceux qui ne sont que la manifestation du développement d'une maladie antérieure et qui auraient pu se produire indépendamment de
tout accident et dont la présence ne peut être attribuée avec certitude à l'accident. L'accident contribue à produire les troubles pour
1/3 et l'incapacité étant des 2/3 (absolue), l'accident proprement
dit a entraîné le droit à une rente de 33,33 % à un maçon. *Arrêt
cassé* : parce que les prédispositions morbides de la victime qu'elles
aient facilité l'accident ou qu'elles en aient aggravé les suites ne
doivent pas être prises en considération dans la fixation de l'indemnité qui doit être établie en tenant compte du salaire précédent
et des facultés de travail après l'accident (*A. Montpellier, 10 juil.
1908, cassé par Cass., 27 mai 1910 : Travail, 41, 183*).

La veuve a droit à une rente de 20 % :

93. Décès d'un modeleur, neuf mois après une contusion ayant
entraîné une tumeur volumineuse dans le flanc droit ; il avait été
constaté une insuffisance rénale due à une artério-sclérose généralisée qui existait avant l'accident. La chute est bien la cause de la
maladie et de la mort et dans le cas où il y aurait eu prédisposition, cette chute n'a pu que faire évoluer la maladie plus rapidement ; chez un homme sain la chute n'aurait entraîné qu'une incapacité temporaire ; chez l'ouvrier déjà atteint d'artério-sclérose,
l'accident n'a pas causé de lésions graves mais a amené cette insuffisance qui a fait évoluer plus rapidement la maladie ; il y a relation de cause à effet entre l'accident et la mort par l'aggravation
de la maladie ; quoique le terme de l'existence de l'ouvrier ne devait pas être éloigné, à cause de cette maladie, il suffit que quoique
malade il travaillât et vécût et que sans l'accident il eût pu encore
travailler et vivre quelque temps pour que sa veuve ait un droit.
(*J. Saint-Quentin, 15 juill. 1901 : Journal Amiens, 1901, 124*).

La veuve n'a droit à aucune rente :

94. Décès d'un gardien de dépôt provenant d'une lésion cardiaque, d'un accident cardio-pulmonaire, conséquence de l'artério-
sclérose, de la vieillesse (76 ans), des antécédents éthyliques, et non
d'une chute qui a fracturé la jambe gauche. (*J. Nancy, 4 nov.
1908 : Travail, 35, 33*).

La loi ne s'applique pas :

95. Il n'y a aucune corrélation de cause à effet entre des lésions scléreuses et l'accident quand il est constaté qu'après avoir été complètement guéri de ses blessures, l'ouvrier se trouve impotent d'une façon définitive par le fait de l'artério-sclérose et de la cataracte double dont il est atteint, lésions qui ne relèvent pas du traumatisme subi le jour de l'accident (*A. Lyon, 26 déc. 1906 : Minutes*).

ARTHRITE TUBERCULEUSE. — 1635; 1636; 1681; 1686.

ASPHYXIE. — V. aussi *Congestion pulmonaire.*

ASPHYXIE PAR RESPIRATION DE GAZ MÉPHITIQUES. — *La veuve a droit à une rente de 20 %:*

96. Décès par absorption des gaz de fosses d'aisances (*A. Nancy, 1er fév. 1905: Villetard, V, 404); d'un maçon (J. Senlis, 4 déc. 1907 : Minutes); d'un employé de vidangeur (A. Rouen, 28 fév. 1900 : Recueil Rouen, 1900, 14*).

97. Décès d'un chaufournier par absorption d'oxyde de carbone se dégageant d'une bouche de four à chaux (*J. Laval, 3 janv. 1907 : Gaz. Palais, 1907, I, 150*).

98. Décès d'un fondeur par émanations de gaz d'éclairage (*A. Grenoble, 10 avril 1908 : Recueil Grenoble, 1908, 167*).

99. Décès d'un mineur par suite de dégagements subits d'acide carbonique (*A. Riom, 7 nov. 1902: Recueil Riom et Limoges, 1906-1907, 246*).

100. Décès d'un chauffeur de nuit par asphyxie dans un incendie (*J. Lyon, 18 nov. 1905 : Moniteur Lyon, 14 décembre 1905*).

101. Décès d'un fumiste par asphyxie par l'expansion de gaz et brûlures par la vapeur (*J. Lyon, 30 nov. 1900 : Travail, 3, 463*).

La loi ne s'applique pas :

102. Intoxication lente provenant de l'action de l'oxyde de carbone se dégageant d'une cheminée n'a pas le caractère de soudaineté essentiel à l'accident (*J. Seine, 27 janv. 1911 : Villetard, XI, 399*).

ASPHYXIE PAR SUBMERSION. — *La veuve a droit à une rente de 20 %:*

103. Décès (*J. Montbéliard, 6 mars 1903 : Travail, 9, 87*); d'un chauffeur de drague (*A. Paris, 28 juin 1910 : Segard, 1910, I, 145*); d'un débardeur (*A. Paris, 4 juin 1907 et Cass. rejet, 2 mai 1908 : Dalloz, 1911, I, 91 ; J. Senlis, 18 fév. 1908 : Minutes*); d'un chauffeur de bateau (*J. Andelys, 26 mai 1909 : Gaz. Palais, 1909, II, 528*) ; d'un marinier (*J. Senlis, 23 fév. 1909 : Minutes*); d'un employé de bateau; la rente est diminuée de 10 % à cause des aptitudes de l'ouvrier à être bon nageur grâce auxquelles il se serait sauvé sans son état d'ivresse (*J. Segré, 30 mai 1905 : Villetard, VI, 137*).

La veuve n'a aucun droit:

104. Décès d'un batelier (*A. Bordeaux, 26 fév. 1901, cassé* par *Cass.*, *10 nov. 1903 : Gaz. Tribunaux, 1904, I, 1,65*).

105. Décès d'un marinier, qui ne s'est pas produit par le fait et à l'occasion du travail. *Arrêt cassé :* parce que l'obligation de vivre à bord expose le marinier à tous les dangers de sa vie et ses ayants droit ont droit à une rente, s'il se noie en satisfaisant un besoin naturel ou en cherchant à se rendre compte de la violence du vent ; le travail commence dès que l'ouvrier est à la disposition du patron, et ne prend fin que lorsque l'ouvrier recouvre sa liberté (*A. Lyon, 25 nov. 1903, cassé par Cass., 26 juil. 1905 : Sirey-Palais, 1908, I, 414*).

106. Décès dans une inondation dès lors que le travail n'a pas contribué à amener la mort pas plus qu'il n'a contribué à aggraver les forces déchaînées de la nature (*J. Marseille, 19 mai 1908 : Recueil Assurances, 1908, 591*).

107. Décès de l'ouvrier, surpris au cours de son travail par une tempête violente, c'est-à-dire une force de la nature alors qu'il fait les efforts les plus énergiques pour gagner la rive et lutter contre la tempête, et disparaît avec la barque qui sombre ; le fait d'extraire du sable dans une rivière n'a pu en rien contribuer à déchaîner cette tempête ou à en aggraver les effets ; *Principes posés :* La loi ne s'applique pas aux accidents dus à l'action des forces de la nature, même quand ils sont survenus pendant le travail ; il n'en saurait être autrement que si le travail a contribué à mettre ces forces en mouvement ou à en aggraver les effets (*A. Toulouse, 11 juin 1903 : Journal Assurances, 1904, 329*).

ASPHYXIE PAR SUFFOCATION. — *La veuve a droit à une rente :*
108. Décès du scaphandrier qui manque d'air au cours d'une plongée ; la rente est portée de 20 % à 40 % par la faute inexcusable du patron constituée par l'interruption de la pompe qui envoie l'air (*A. Bordeaux, 12 fév. 1908 : Minutes*).

109. Décès du puisatier, par un éboulement dans un puits en cours de construction ; la faute inexcusable du patron augmente la rente de 20 % à 41,50 % et en tenant compte également d'une faute de l'ouvrier (*A. Caen, 19 nov. 1900 : Bert, 1901, 22*).

ASTIGMATISME. — 1332, 1392, 1393, 1712.

ASTRAGALE. — *Luxation :* 1153.

ATAXIE. — V. *Tabès.*

ATTÉNUATION. — V. *Accoutumance.*

AURICULAIRE. — V. aussi *Doigts. Main.*

AURICULAIRE DROIT. — *Incapacité permanente partielle :*
110. Amputation complète, rente de 8 % à un ouvrier aléseur (*J. Lille, 25 janv. 1900 : Nord Judiciaire, 1900, 124*) ; rente de 16,66 % à une ouvrière de filature : (*J. Lille, 22 fév. 1900 : Nord Judiciaire 1900, 144*) ; rente de 10 % (*J. Lille, 17 fév. 1900 : Nord Judiciaire 1900, 190*) ; rente de 30 % à une ouvrière d'usine

(*A. Rouen, 8 août 1900 : Travail, 3,664*) ; rente de 33 % à un mécanicien qui a des fonctions délicates (*A. Amiens, 7 fév. 1906: Journal Amiens, 1907, 170*).

111. Perte des deux première phalanges et d'une partie de la troisième, rente de 6 % à un charpentier (*J. Senlis, 2 août 1904: Minutes*).

112. Déformation du doigt avec ankylose, rente de 8 % à un apprenti tourneur (*A. Dijon, 23 juin 1909 : Gaz. Palais, 1909, II, 258*).

113. Le doigt est fléchi et recouvre l'annulaire ; diminution de vitalité qui l'expose à des ulcérations; rente de 8 % à un ajusteur (*J. Senlis, 2 fév. 1909 : Minutes*).

Rentes minimes accordées :

114. Perte de la troisième phalange, rente de 4 % (*J. Marseille, 12 janv. 1904: Recueil Aix-Marseille, 1904, 391*).

115. Perte d'une phalange, rente de 2,30 % (*A. Rennes, 5 mars 1902 : Recueil Rennes, 1902, I, 32*).

116. Subluxation de la deuxième phalange d'où il résulte que l'extension de la deuxième phalange sur la première se fait incomplètement et ne dépasse guère que la demi-flexion ; le doigt ferme un peu moins bien que les autres doigts. Cet ouvrier magasinier n'a d'aptitude qu'aux travaux manuels et il est appelé par sa profession à manœuvrer des objets lourds avec dextérité et sûreté dans la préhension; rente de 3 % (*A. Dijon, 7 fév. 1911 : Recueil Dijon, 1911, 54*).

117. Immobilisation d'une phalange, rente de 5 % à un raboteur de pièces métalliques (*A. Rennes, 23 déc. 1901 : Recueil Rennes, 1902, I, 32*).

118. Amputation de l'extrémité du doigt, rente de 2,50 % (*A. Rennes, 18 déc. 1901 : Recueil Rennes, 1902, I, 31*).

119. Perte de la dernière phalange, rente de 1 % à un scieur (*J. Nancy, 24 mai 1904: Recueil Nancy, 1903-1904, 206*).

Incapacité permanente nulle ou légère. Aucun droit à rente:

120. Perte d'une phalange et demie n'a pas d'influence sur le salaire d'un tuilier (*J. Brioude, 16 mars 1910: Recueil Assurances, 1910, 664*).

121. Ablation de la phalangette ; la réduction serait de 3 % mais n'a pas de répercussion sur le salaire (*J. Arras, 21 avril 1909 : Villetard, X, 98*).

122. Ankylose de l'articulation métacarpo-phalangienne n'a pas, d'influence sur le salaire d'un menuisier de 18 ans (*J. Lille, 18 fév. 1910 : Recueil Assurances, 1910, 424*).

123. Impossibilité de relever la phalangette d'un chauffeur d'usine (*J. Seine, 26 nov. 1906 : Villetard, VII, 298*).

124. Augmentation de volume d'une phalange et limitation des mouvements de flexion de ce doigt (*J. Versailles, 1er déc. 1910 : Villelard, XI, 299*).

AURICULAIRE GAUCHE. — *Incapacité permanente partielle :*

125. Perte du doigt, rente de 14 °/₀ (*J. Brioude, 7 juin 1900 : Travail, III, 318*).

126. Amputation sans tenir compte de l'offre du patron de reprendre son ouvrier au même salaire ; rente de 8 °/₀ à un chargeur (*J. Marseille, 29 mai 1900 : Recueil Aix-Marseille, 1901, 150*).

127. Amputation de deux phalanges, rente de 5 °/₀ à un contremaître de fabrique (*J. Senlis, 7 mars 1906 : Minutes*).

Rentes minimes accordées :

128. Ankylose complète, rente de 3 °/₀ à un maçon (*J. Senlis, 27 mars 1907 : Minutes*).

129. Ankylose ; l'infériorité réelle quoique minime doit avoir forcément pour conséquence une réduction de salaire ; rente de 5 °/₀ (*J. Cherbourg, 1er fév. 1910 : Segard, 1910, II, 46*).

130. Ankylose partielle de l'articulation de la première avec la deuxième phalange et de la deuxième avec la troisième ; l'extrémité palmaire présente un manque de tissus de 1 cent. 1/2 environ et la phalangette étant à fleur de cicatrice, la sensibilité et les facultés de flexion et d'extension sont amoindries ; légère atrophie et incurvation du doigt ; rente de 6 °/₀ (*A. Dijon, 3 juill. 1900 : Gaz. Palais, 1901, I, 501*).

Incapacité permanente nulle ou légère. Aucune rente accordée :

131. Amputation de la moitié de la phalangette ; les fonctions de la partie restante de la phalange sont normales ; légère atrophie dans la masse du doigt ; léger point douloureux au niveau de l'extrémité du moignon qui disparaîtra par le temps, à mesure que les fonctions du doigt deviendront de plus en plus actives ; aucune diminution appréciable des apfitudes professionnelles et aucune influence sur le montant des salaires futurs (*J. Marseille, 3 avril 1903 : Recueil Aix-Marseille, 1903, 366*).

132. Légère diminution des mouvements de flexion de la troisième articulation : gêne insignifiante qui n'est pas de nature à diminuer le salaire d'un journalier (*J. Seine, 27 déc. 1909 : Travail, 41, 55*).

133. Demi-flexion du doigt sur la phalangine ; une incapacité aussi légère ne crée pas une gêne appréciable dans le travail et ne diminue pas le salaire (*J. Seine, 10 mars 1909 : Assurance Mutuelle, 1909, 280*).

134. Raideur ou difficulté de flexion ; simple gêne doit disparaître avec le temps ; la capacité du travail n'est pas diminuée pour un ouvrier de marchand de vins (*A. Nancy, 8 fév. 1902: Recueil Nancy, 1901-1902, 200*).

135. Ankylose entraîne une infirmité permanente mais ne donne droit à aucune rente à un modeleur lorsque le patron reprend son ouvrier au même salaire parce que le droit à rente résulte à la fois de ce que l'ouvrier a subi une incapacité et de ce que son salaire a subi une réduction (*J. Montluçon, 18 mai 1900 : Gaz. Tribunaux, 1900, 2,2, 391*).

136. Large cicatrice intéressant le tendon de l'extenseur propre ; abolition partielle du mouvement d'extension; pas de diminution de capacité appréciable (*J. Marseille, 7 déc. 1900 : Villetard, I, 360*)

AUTO-SUGGESTION. — 1574 à 1584.

AVANT-BRAS DROIT. — *Incapacité permanente partielle :*

137. Amputation du membre, rente de 66,66 % à un manœuvre de verrerie (*A. Riom, 11 fév. 1902 : Recueil Riom et Limoges,1901-1902, 193*); rente de 75 % à une ouvrière (*A. Nancy, 30 juin 1902 : Bert, 1902, 379*); rente de 77 % à un carrier (*A. Paris, 23 juin 1900 : Travail, 3,666*); rente de 58 % (*A. Douai, 22 fév. 1900 : Jurisprud. Douai, 1900, 146*); rente de 80 % à un ouvrier de scierie (*J. Amiens, 20 mai 1900: Journal Amiens, 1901, 145*) ; rente de 70 % à un manœuvre (*J. Lille, 8 nov. 1900 : Travail, 3,440*).

138. Amputation aux trois quarts, rente de 65 % (*J. Beauvais, 16 déc. 1910 : Villetard, XI, 423*).

139. Amputation des deux tiers, incapacité conciliable avec différents emplois salariés et ne saurait être une incapacité absolue. Rente de 75 % à un ouvrier graisseur (*A. Grenoble, 5 nov. 1900 : Recueil Grenoble, 1901, 74*).

140. Amputation au tiers moyen, rente de 60 % à un employé de chemin de fer (*A. Paris, 15 mars 1910 : Villetard, XI, 116*).

141. Amputation de la main et d'une partie de l'avant-bras, rente de 90 % à une ouvrière en étoupe de 15 ans (*J. Marseille, 24 déc. 1901 : Recueil Aix-Marseille, 1902, 304*).

142. Perte de l'usage de la main et de l'avant-bras, rente de 70 % à un ouvrier agricole (*A. Paris, 17 mars 1908: Bert, 1908, 106*) ; rente de 60 % à un employé de chemin de fer de 19 ans (*A. Paris, 2 mars 1901 : Villetard, II, 134*).

143. Perte de l'avant-bras et de la main aussi complète que s'il avait été amputé, rente de 75 % (*A. Riom, 10 janv. 1903 : Recueil Riom et Limoges, 1902-1903, 171*).

144. Perte de l'usage, rente de 50 % (*J. Mirande, 19 juil. 1900 : Travail, III, 396*).

145. Fonctions de la main et de l'avant-bras presque supprimées; ne pourra plus se livrer qu'à un travail non manuel;rente de 60 %

à un tanneur (*A. Caen, 10 août 1904: Recueil Caen, 1904, 219*).

146. Incapacité presque totale de l'avant-bras et de la main, rente de 33,33 °/₀ à un manœuvre (*A. Chambéry, 6 août 1901 : Recueil Chambéry, 1901, 52*).

147. Déviation marquée de la main en dehors avec saillie très prononcée du cubitus, fracture du radius droit, et un certain degré d'ankylose de l'articulation de l'épaule ; rente de 68 °/₀ ; le patron reprenant son ouvrier au même salaire qu'avant l'accident doit imputer sur le salaire les arrérages de la rente, tant que ce salaire reste le même qu'avant l'accident (*J. Bordeaux, 23 juil. 1900 : Villetard, I, 313*).

148. Atrophie des muscles de l'avant-bras et paralysie presque complète de la main et des doigts, rente de 66 °/₀ à un tourneur sur métaux (*A. Rennes, 11 nov. 1901 : Recueil Rennes, 1902, I, 31*).

149. Perte presque complète des mouvements de flexion de l'avant-bras sur le bras et des mouvements de rotation de l'avant-bras, avec troubles trophiques l'empêchant de se servir de ce membre ; rente de 35 °/₀ à un aide monteur (*A. Nancy, 28 mai 1901 : Bert, 1901, 289*).

150. Fracture ayant entraîné une impotence fonctionnelle du membre, rente de 50 °/₀ à un apprenti ajusteur (*J. Lille, 8 nov. 1900 : Nord Judiciaire, 1901, 12*); rente de 40 °/₀ à un apprenti maçon (*A. Rennes, 4 nov. 1901 : Recueil Rennes, 1902, I*).

151. Ankylose, rente de 50 °/₀ (*A. Paris, 7 fév. 1903 : Bert, 1903, 191*).

152. Diminution de force et gêne dans les mouvements de l'avant-bras par amputation du médius et arrachement du tendon fléchisseur de ce doigt sur toute sa longueur jusqu'à son insertion ; rente de 20 °/₀ (*A. Nancy, 29 juin 1901 : Bert, 1901, 331*).

153. Déviation de l'axe de l'avant-bras avec fonctionnement défectueux de l'articulation du coude ; rente de 30 °/₀ (*J. Saint-Quentin, 6 juil. 1900 : Travail, III, 377*).

154. Cal volumineux au niveau de la fracture avec gêne dans les mouvements de flexion de l'avant-bras sur le bras ; presque impossibilité d'exécuter les mouvements de rotation de l'avant-bras et léger œdème de la main : rente de 47 °/₀ à un ouvrier d'usine (*J. Epinal, 31 mai 1900 : Travail, 3, 330*).

155. Fracture de l'extrémité inférieure de l'avant-bras avec détachement de l'apophyse styloïde au cubitus sans que sa coaptation devienne possible, bien qu'elle soit consolidée et que les experts ne se prononcent pas sur la persistance de cette infirmité deux ans après l'accident. La réduction de capacité devant s'atténuer, la rente est fixée en décroissant à 20 °/₀ pour la première année et pour les années suivantes à 10 °/₀ pour un maçon. *Principes :* Il suffit que par suite de l'accident le membre atteint soit gêné, que sa force et sa souplesse soient diminuées pour qu'on puisse retenir qu'il y a diminution de la capacité au travail (*J. Chambéry, 29 nov. 1900: Gaz. Tribunaux, 1901, I, 2, 170*).

156. Diminution de volume de l'avant-bras et gêne au niveau de la cicatrice qui résulte de brûlures ; l'ouvrière reste atteinte d'infirmités qui pourront disparaître en suivant un traitement, ce qui n'empêche d'accorder pour l'état actuel et sauf révision une rente de 10 % à une ouvrière de filature (*J. Laval, 20 juin 1907: Bert, 1907, 337*).

157. Fracture des extrémités inférieures des radius et cubitus ; déformation légère du poignet avec écartement des deux os ; faiblesse des doigts; diminution des mouvements; rente de 6,25 % à un ouvrier d'usine (*J. Senlis, 2 déc. 1903 : Minutes*).

158. Fracture du cubitus ayant entraîné une légère diminution de force musculaire ; rente de 20 % (*A. Rennes, 16 mai 1908 : Recueil Rennes, 1906-1907-1908, I, 74*).

Sur l'avant-bras droit: *tuberculose : 1687; atrophie partielle : 207; 208; 1153; membre en angle obtus : 173 ; limitation des mouvements de flexion : 209.*

AVANT-BRAS DROIT. JAMBE GAUCHE. — *Incapacité permanente partielle :*

159. Amputation de l'avant-bras droit au quart inférieur ; fracture du fémur de la jambe gauche avec un cal volumineux, un raccourcissement de la jambe d'au moins 2 centimètres et une atrophie considérable des muscles de la région, rente de 66,66 % (*A. Aix, 14 fév. 1903 : Gaz. du Palais, 1903, I, 340*).

AVANT-BRAS GAUCHE. — *Incapacité permanente partielle :*

160. Amputation du membre, rente de 50 % (*A. Douai, 30 mai 1900 : Travail, III, 458*); rente de 60 % à un filateur (*J. Senlis, 12 juil. 1905 : Minutes*); rente de 65 % à un manouvrier (*J. Senlis, 31 janv. 1906 : Minutes*) ; rente de 60 % à une peigneuse de chanvre (*J. Le Havre, 10 avril 1902: La Loi, 2 juillet 1902*); rente de 90 % à un ouvrier de 63 ans incapable d'un autre travail (*A. Amiens, 13 mars 1901 : Journal Amiens, 1901, 145*); rente de 80 % à un apprenti de 14 ans (*A. Douai, 18 juil. 1900 : Jurisprud. Douai, 1900, 258*).

161. Amputation au niveau de la réunion du tiers moyen avec le tiers inférieur; rente de 66,66 % à un mineur de 25 ans (*J. Grenoble, 23 juil. 1900 : Recueil Grenoble, 1901, 64*).

162. Amputation de la main et de l'extrémité inférieure de l'avant-bras; rente de 50 % à un ouvrier d'usine (*A. Amiens, 22 fév. 1911 : Minutes*).

163. Amputation; rente de 60 % à un bacleur, ramenée à 20 %

à cause de la faute inexcusable de l'ouvrier (*J. Lille, 18 déc. 1902 : Nord Judiciaire, 1903, 195*).

164. Perte du membre ; rente de 65 % à un ouvrier d'usine (*A. Nancy, 15 juin 1903 : Recueil Nancy, 1902-1903, 279*).

165. Fracture de l'avant-bras ayant entraîné l'atrophie des muscles fléchisseurs de la main ; rente de 40 % à un employé de chemin de fer (*A. Orléans, 18 déc. 1903 : Gaz. Tribunaux, 1904, I, 2, 289*).

166. Fracture ayant entraîné une diminution de la masse musculaire de l'avant-bras et des mouvements de supination et de flexion du poignet ; rente de 12,50 % à un manouvrier (*J. Senlis, 30 oct. 1906 : Minutes*).

167. Fracture des deux os ; rente de 15 % à un journalier (*J. Saint-Claude, 16 avril 1908 : Minutes*).

168. Deux fractures ; limitation des mouvements de pronation et de supination ; légère diminution de vigueur de la main ; sans atrophie des muscles ; rente de 25 % à un maçon (*A. Amiens, 8 oct. 1910, sur révision : Minutes*).

169. Fracture ; rente de 25 % (*A. Rennes, 20 mars 1902 : Recueil Rennes, 1902, I, 32*).

170. Légère atrophie des muscles de l'avant-bras et de la main ; diminution dans les mouvements de flexion et d'extension de la main ; rente de 40 % à un chauffeur (*J. Senlis, 10 janv. 1905 : Minutes*).

171. Fracture défectueusement consolidée ; l'ouvrier s'en est accommodé par l'habitude et peut exercer sans difficulté son dur métier : la rente de 32 % précédemment accordée est réduite parce qu'il y a eu une modification rendant plus faciles et plus utiles les mouvements du bras et une amélioration dans les fonctions générales en se plaçant au point de vue de l'aptitude à travailler, de l'ouvrier et du salaire qu'il peut gagner ; les mots « atténuation de l'infirmité » ne devant pas être pris au point de vue physiologique proprement dit mais aussi dans le sens d'atténuation de la diminution de capacité ouvrière et d'aptitude au travail. Rente de 15 % à un manœuvre (*A. Douai, 23 janv. 1911 (sur révision) : Recueil Assurances, 1911. 257*).

Sur l'avant-bras gauche *amputation : 1166 ; fracture : 172 ; impossibilité de le plier : 249 ; sensibilité affaiblie : 343 ; atrophie notable des muscles : 502 ; 526 ; fracture des deux os : 246 ; augmentation de volume des deux os : 224.*

AVANT-BRAS GAUCHE. THORAX. — *Incapacité permanente partielle :*

172. Fracture des 7e, 8e, 9e, 10e côtes et de l'avant-bras gauche ; rente de 93 % à un rattrapeur (*J. Senlis, 12 mai 1903 : Minutes*).

AVANT-BRAS (les deux). — *Incapacité permanente partielle :*
173. Fracture des deux avant-bras ; celle du bras gauche est
consolidée ; le bras reprend presque toute sa force ; l'avant-bras
droit au contraire forme un angle obtus, à sa partie moyenne ; la
consolidation du radius est incomplète, très difforme, avec cal douloureux et volumineux ; le cubitus n'a subi aucune consolidation ;
les deux fragments chevauchent l'un sur l'autre ; les muscles ont
subi un commencement d'atrophie. Rente de 72 °/₀ à un corroyeur
(*A. Rennes, 23 fév. 1903 : Travail, 9.164*).

AVARIE. — V. *Syphilis*.

BANDAGES HERNIAIRES. — 682 à 684 ; 699 ; 718 ; 751 ; 810.

BASSIN. — *Incapacité permanente partielle :*
174. Fracture du bassin consolidée en bonne position de telle
sorte qu'il n'existe ni déformation, ni déplacement des os du bassin
et du pubis ; divers mouvements du torse donnent lieu à d'assez
vives douleurs articulaires attribuées à des entorses et arrachements
de ligaments. Réduction de 30 °/₀ jusqu'à la fin de 1904 ; de 20 °/₀
à partir de 1905, d'après le jugement. L'arrêt décide qu'on ne peut
prendre en considération pour évaluer l'incapacité professionnelle
que la situation de l'ouvrier telle qu'elle existe actuellement, la
blessure étant consolidée, mais on ne doit pas envisager les amélio-
rations plus ou moins hypothétiques qui pourront survenir; on ne
doit statuer que sur les conséquences actuelles et certaines. Rente
fixée à 30 °/₀ à un mineur (*J. Nancy, 22 fév. 1904 ; A. Nancy,
7 mai 1904 : Minutes et Recueil Nancy, 1903-1904, 151*).

SUR LE BASSIN : V. aussi 1440.

BASSIN. CUISSE GAUCHE. — *La veuve a droit à une rente de
20 °/₀ :*
175. Décès du transporteur de lingots par suite de fracture du
bassin et de la cuisse gauche ayant entraîné l'amputation de celle-
ci (*A. Amiens, 8 août 1907 : Minutes*).

BASSIN JAMBE DROITE. — *Incapacité permanente partielle :*
176. Fracture du bassin ayant entraîné une impotence de la
jambe droite, et de la dysurie ; rente de 80 °/₀ à un manœuvre
illettré (*A. Rennes, 13 juin 1905 : Recueil Rennes, 1905, I, 17*).

177. Fractures ; réduction des mouvements d'abduction et d'élévation de la jambe droite ; réactions dans la hanche; l'ouvrier s'as-
sied, s'agenouille, se déshabille doucement ; rente de 60 °/₀ à un
visiteur du chemin de fer (*J. Senlis, 2. nov. 1910 : Minutes*).

BASSIN. JAMBE GAUCHE. PÉRINÉE. — *Incapacité permanente partielle :*
178. Fracture de la région ischio-pubienne gauche du bassin ;
fistule urinaire au périnée, déformation du bassin ; augmentation
de volume et saillie anormale de l'ischion et de la branche ascendante du publis ; sorte de torsion du bassin tout entier : jambe

gauche atrophiée avec un allongement de 3 cent. 1/2 ; limitation aux 3/4 de l'amplitude du mouvement d'abduction ; claudication assez accentuée par suite de l'attitude forcée de l'ouvrier qui pendant la marche tient la jambe gauche en rotation externe, le genou légèrement fléchi. Rente de 50 % à un journalier devenu difforme, disloqué, invalide (*A. Amiens, 6 août 1903 : Journal Amiens, 1903, 193*).

BASSIN, JAMBE GAUCHE. URÈTRE. — *Incapacité permanente partielle :*

179. Rupture de l'urètre : guérison complète par une opération délicate pratiquée avec succès ; traitement médical devait cependant être suivi pour éviter un rétrécissement ; refus de l'ouvrier ; le rétrécissement se produit avec incontinence d'urine ; l'ouvrier ne peut faire supporter au patron la responsabilité d'une négligence persistante qui est la seule cause du trouble éprouvé. Fracture des os du bassin qui entraîne un raccourcissement de 2 cent. 1/2 de la jambe gauche, légère claudication; marche prolongée impossible ; flexion de la cuisse gauche sur le bassin est incomplète ; rente de 50 % à un houilleur (*A. Besançon, 31 déc. 1901 : Recueil Assurances, 1902, 167*).

BASSIN, JAMBES, URÈTRE, VESSIE — *Incapacité permanente absolue.* Rente des 2/3 :

180. Ecrasement du bassin, fracture de la partie inférieure de l'os iliaque gauche avec demi-ankylose de la partie postérieure de l'articulation coxo-fémorale gauche, catarrhe purulent de la vessie et de la partie postérieure du canal de l'urètre ; un rétrécissement cicatriciel du canal subsiste après opération, avec une dysurie très marquée et une incontinence d'urine très notable ; le membre inférieur droit est presque normal, avec un peu de parésie, mais le membre inférieur gauche est en légère flexion sur le bassin ; impossibilité de marcher sans deux béquilles (*A. Rennes, 31 mars 1903; Recueil Rennes, 1902, I, 104*).

BOITERIE. — *178 ; 179 ; 260 ; 366 ; 370 ; 385 ; 386 ; 1004 ; 1008 ; 1015 ; 1017 ; 1020 ; 1024 ; 1026; 1042 ; 1053 ; 1055 ; 1059 ; 1060 ; 1069 ; 1440 ; 1453 ; 1455 ; 1481 ; 1482 ; 1624 ; double boiterie : 1097.*

BOUCHE. — V. *Mâchoire.*

BRAS (l'un). — *Paralysie hystérique : 837.*

BRAS, CLAVICULE DROITS, THORAX. — *Incapacité permanente partielle :*

181. Luxation de la clavicule et déformation de la première côte ayant laissé au point de vue anatomique des lésions irrémédiables et des déformations définitives ; l'arc-boutant de la clavicule fixe un peu moins l'omoplate et diminue un peu la force et l'habileté de son membre ; il y a possibilité de recouvrer son aptitude physique antérieure à la suite d'une nouvelle adaptation de ses organes aux mouvements nécessaires pour le travail, ce qui sera long ; il subsiste de la gêne dans certains mouvements du bras droit ; et il y a de sérieux obstacles provenant de son âge de 61 ans, qui font qu'il n'y aura pas chez lui l'effort, l'énergie d'un homme dans la force de l'âge; rente de 20 % (*A. Grenoble, 13 mars 1903: Recueil Grenoble, 1903, 229*).

BRAS, CLAVICULE, ÉPAULE DROITS. — *Incapacité permanente partielle* :

182. Fracture de la clavicule droite, au tiers externe, avec position anormale des fragments et cal fibreux ; raideur des articulations de l'épaule et du coude ; atrophie des muscles de tout le membre. Long traitement prescrit et subi. L'ouvrier ne saurait être contraint à se soumettre tardivement à un nouveau traitement des plus douloureux et d'efficacité très douteuse ; rente de 45 % à un ouvrier de fabricant de chaux (*A. Caen, 17 mai 1904: Recueil Caen, 1904, 49*).

BRAS, CLAVICULE, ÉPAULE GAUCHES, THORAX. — *Incapacité permanente partielle:*

183. Fractures multiples de l'omoplate gauche, de la clavicule, de l'épaule, de l'humérus et des côtes ; rente de 50 % à un conducteur de train (*J. Versailles, 12 déc. 1901: Gaz. Tribunaux, 1902, I, 2, 343*).

BRAS, CLAVICULE GAUCHE, JAMBE DROITE. — *Incapacité permanente partielle* :

184. Atrophie musculaire du bras gauche avec cal vicieux de la clavicule gauche et cal vicieux de la jambe droite ; rente de 45 % à un couvreur (*A. Rennes, 27 déc. 1904: Bert, 1905, 282*).

BRAS, CLAVICULE. GENOU DROIT, JAMBES, PIED DROIT. — *Incapacité permanente partielle* :

185. Fractures des deux bras avec arthrite du genou droit et de l'articulation tibio-tarsienne du pied droit et fractures du col de l'humérus et de la clavicule ; la station debout prolongée et le travail des bras même assis sont pénibles; rente de 45 % à une ouvrière diamantaire (*J. Saint-Claude, 15 juil. 1908 : Minutes*).

BRAS, CUISSE, ÉPAULE, JAMBE GAUCHES. — *Incapacité permanente partielle* :

186. Contusion de l'épaule gauche ayant entraîné une légère atrophie du muscle deltoïde, limitant les mouvements volontaires d'élévation du bras ; cals très volumineux au tiers inférieur de la cuisse gauche et au tiers inférieur de la jambe gauche qui a 3 centimètres de plus que la droite à la circonférence du mollet; rente de 75 % à un jardinier (*A. Rennes, 6 juil. 1904: Recueil Rennes, 1903-1904, I, 140*).

BRAS DROIT. — *Incapacité permanente absolue.* Rente des 2/3 :

187. Amputation du bras de l'ouvrier qui à raison de son âge (70 ans) ne peut espérer que son bras gauche acquière assez de dextérité pour remplacer dans une mesure même infime le bras droit (*A. Caen, 30 janv. 1901 : La Loi, 10 avril 1901*).

188. Amputation chez un ajusteur mécanicien (*A. Pau, 14 juin 1900 : Gaz. Palais, 1900, II, 154*).

189. Amputation au milieu du deltoïde rendant impossible tout travail manuel parce que le travail manuel consiste presque toujours dans l'opposition et le concours des deux membres (*J. Versailles, 11 janv. 1900 : Pandectes, 1901, II, 105*).

Incapacité permanente partielle : AMPUTATION CHEZ LES ADULTES :

190. Amputation au ras de l'épaule ; rente de 75 % à un ouvrier déménageur (*A. Orléans, 26 juil. 1900 : Villetard, I, 181*) ; à un employé d'entrepositaire de charbon (*A. Lyon, 1er avril 1901, cassé (sur la question d'assujettissement du patron) par Cass. 27 oct. 1903 : Travail, 11, 128*) ; à un employé de batteuse (*J. Château-Chinon, 19 mars 1908 : Bert, 1908, 309*).

191. Amputation ; rente de 80 % pour un ouvrier agricole et couvreur de meules âgé de 65 ans, inapte à se livrer à une autre profession manuelle (*A. Amiens, 29 juin 1910 : Segard, 1910, I, 256*).

192. Amputation ; l'ouvrier peut vaquer à des besognes restreintes ; rente de 80 % à un roulier (*J. Mayenne, 23 mars 1900 : Gaz. Tribunaux, 1900, I, 2, 479*) ; rente de 80 % à un employé de batteuse (*A. Riom, 15 juill. 1902 : Villetard, III, 155*) ; rente de 80 % (*J. Laval, 7 nov. 1901 : Gaz. Tribunaux, 1902, I, 2, 327*) ; rente de 85 % à un ajusteur de 30 ans parce que l'amputation valant 75 % pour un simple manœuvre, elle entraîne une dépréciation plus sérieuse de son *habitus corporis* pour cette profession (*A. Rennes, 20 fév. 1906 : Recueil Rennes, 1905-1906, I, 74*) ; rente de 86 % (*J. Seine, 24 mars 1900 : Travail, II, 123*) ; rente de 72 % (*A. Douai, 20 mai 1901 : Gaz. Palais, 1901, II, 346*) ; rente de 75 % à un charretier qui peut se livrer encore à un travail quelque peu rémunérateur (*A. Nancy, 5 juil. 1900 : Recueil Nancy, 1899 1900, 285*) ; rente de 75 % (*J. La Châtre, 1er fév. 1900 : Travail, I, 168*) ; rente de 90 % (*A. Bordeaux, 5 déc. 1901 : Recueil Bordeaux, 1901, 1, 374*) ; rente de 33 % (*J. Béthune, 8 mars 1900 : Travail, II, 92*).

193. Amputation complète ; l'incapacité ne serait absolue que si l'amputation avait altéré notablement la santé de la victime et que celle-ci soit dans l'impossibilité de se livrer à un travail lui procurant des ressources pour subvenir à ses besoins ; rente de 65,66 % à un charretier (*J. Tours, 6 mars 1900 : Gaz. Palais, 1900, I, 528*).

194. Amputation à la hauteur du tiers supérieur ; rente de 50 % à un employé de batteuse (*J. Bagnères-de-Bigorre, 25 mai 1903 : Recueil Assurances, 1905, 541*).

195. Amputation de la main et du bras au tiers inférieur, rente de 80 % (*A. Caen, 30 mars 1904 : Recueil Caen, 1904, 86*).

196. Amputation au-dessus de l'articulation du coude; rente de 75 % à une ouvrière (*A. Bordeaux, 10 mars 1908 : Recueil Bordeaux, 1908, I, 270*).

AMPUTATION CHEZ LES ENFANTS :

197. De 13 ans, au niveau du tiers supérieur de l'humérus, rente de 90 % (*A. Amiens, 22 fév. 1901 : Journal Amiens, 1901, 145*) ; de 13 ans 1/2, rente de 57,50 % à un ouvrier de fabrique (*J. Béthune, 1er juin 1900 : Bert, 1900, 301*) ; de 14 ans, rente de 70 % à un bacleur (*A. Douai, 10 fév. 1906 : Jurisprud. Douai, 1906, 99*) ; de 75 % à un apprenti tisseur (*A. Amiens, 25 nov. 1910 : Gaz. Palais, 1911, I, 211*) ; de 15 ans, à peu près à égale distance de l'épaule et du coude, rente de 75 % à un cultivateur (*A. Rennes, 5 janv. 1904 : Recueil Rennes, 1903-1904, I, 59*) ; de moins de 16 ans, pour l'amputation près de l'épaule, conciliable avec certains emplois, rente de 75 % à un polisseur (*A. Aix, 20 juin 1901 : Travail, 7, 14*) ; de 17 ans, rente de 80 % à un employé de batteuse (*A. Amiens, 26 juil. 1900 : Journal Amiens, 1901, 145*) ; d'un apprenti, pour l'amputation au tiers supérieur avec persistance d'un moignon qui permettra pose et usage d'un bras artificiel, rente de 70 % (*J. Boulogne-sur-Mer, 13 mai 1909 : Sommaires, 1909, 3668*) ; la rente est de 90 % parce qu'il doit être tenu compte pour un enfant du petit nombre et du genre de travaux auxquels l'amputation le laisse apte (*A. Nancy, 13 mai 1901 : Bert, 1901, 306.*)

PERTE DE L'USAGE COMPLET :

198. Rente de 75 % à un employé de chemins de fer dont le bras est aussi inutile que s'il était amputé (*A. Pau, 21 fév. 1902 et Cass. rejet, 4 mars 1903 : Bert, 1903, 185*) ; rente de 60 % à un apprenti (*A. Paris, 7 mai 1902 : Bert, 1902, 223*) ; rente de 60 % (*J. Nantes, 12 déc. 1900 : Bert, 1901, 386*); rente de 80 % à une ouvrière de filature (*A. Besançon, 8 mai 1901 : Recueil Besançon, 1901, 135*); rente de 50 % à un employé de batteuse dont le bras est non seulement inutilisable, mais une cause de gêne par suite des précautions à prendre pour ne pas rouvrir un moignon un peu court (*A. Angers, 20 fév. 1901 : Gaz. Palais, 1901, II, 293*) ; rente de 90 % à un domestique (étant donnés le petit nombre et le genre de travaux auxquels il demeure apte) (*A. Poitiers, 28 déc. 1899 : Travail, 3, 605*).

199. Si grande que soit la gêne résultant de la privation d'un membre aussi utile que le bras on ne peut aller jusqu'à dire que l'incapacité est absolue et que certains travaux n'exigeant pas l'usage simultané des deux bras ne sont plus à la portée de l'infirme. Rente de 90 % à un ouvrier cordier et agricole (*A. Bordeaux, 5 déc. 1900 : Recueil Bordeaux, 1901, I, 374*).

200. Désarticulation du bras d'un manœuvre de métallurgie : l'incapacité n'est pas absolue et la rente est de 70 % (*A. Nancy, 18 juil. 1902 : Recueil Nancy, 1901-1902, 349*).

PERTE PRESQUE COMPLÈTE :

201. Rente de 50 % à un manœuvre (*A. Rennes, 5 mars 1901. Recueil Rennes, 1902, I, 31*); rente de 70 % à une employée de filature (*J. Remiremont, 21 fév. 1907 : Bert, 1907, 221*).

202. Perte presque complète de l'usage; arthritisme; atrophie musculaire ; ankylose incomplète du coude droit ; rente de 25 % à un manouvrier (*J. Senlis, 30 janv. 1906 : Minutes*).

FAUTE INEXCUSABLE :

203. Amputation donne droit à l'employé de batteuse à une rente de 80 % ramenée par la faute inexcusable de l'ouvrier à 30 % (*A. Rennes, 28 fév. 1907 : Recueil Rennes, 1906-1907, I, 56*); à une rente, à l'employé de batteuse, de 50 %, ramenée à 22,22 % à raison de la faute inexcusable de l'ouvrier, constituée par son état d'ivresse (*J. Lille, 18 fév. 1900 : Travail, 3, 209*).

204. Perte de l'usage entraîne un droit à rente de 69,45 % qui est ramenée par suite de faute inexcusable de l'ouvrier à 55,55 % (*J. Falaise, 13 nov. 1901 : Travail, 7, 21*).

205. Perte de l'usage donne droit à l'apprenti cardeur de 14 ans à une rente de 80 % à raison de la faute inexcusable du patron (*A. Douai, 24 déc. 1900 : Nord Judiciaire, 1901, 5*).

FRACTURES, ANKYLOSES, ATROPHIES, DÉVIATIONS :

206. Fractures de ce membre avec déviation, paralysie, diminution de sensibilité des pouce, index, médius ; les radius et cubitus ne sont pas soudés en rectitude ; il y a une déviation du poignet et des difficultés d'extension des doigts ; de plus il présente des fractures de l'humérus droit, du Dupuytren droit, une légère atrophie musculaire, une déviation de l'axe du bras; la main droite en partie ne fonctionne pas ; une légère pronation est possible ; mais les trois quarts de la supination sont perdus ; il y a encore une impossibilité de flexion du poignet, du pouce et des doigts rendant la préhension impossible ; rente de 60 % à un manœuvre (*A. Amiens, 23 déc. 1909 : Minutes*).

207. Bras et avant-bras atteints d'atrophie partielle de telle sorte que le bras et la main ne sont plus désormais utilisables que comme point d'appui. De plus il y a amputation du médius et de l'annulaire droits avec ankylose et flexion gênante de l'index, et privation pour le pouce d'une grande partie de ses mouvements ;

rente de 70 °/₀ à un mécanicien (*A.Rennes, 19 nov. 1906 : Recueil Rennes, 1906, 1, 33*).

208. Fracture de l'extrémité inférieure de l'humérus avec torsion de l'axe de l'os et luxation du coude ; atrophie musculaire de la main et de l'avant-bras; rente de 37,50 °/₀ à un ouvrier d'usine (*A. Amiens, 15 avril 1910 : Minutes*).

209. Fracture mal consolidée de l'extrémité de l'humérus, limitation des mouvements de flexion de l'avant-bras; rente de 20 °/₀ à un manœuvre (*A. Grenoble, 3 août 1906 : Recueil Grenoble, 1906, 228*).

210. Fracture de l'humérus. L'incapacité est de 25 °/₀, mais comme l'ouvrier doit subir une réduction plus considérable de ses facultés soit de 50°/₀ pendant six mois seulement, rien ne s'oppose à ce que les deux rentes successives et d'inégale importance soient allouées à raison du même accident : d'où la rente est fixée pour une période déterminée à 50 °/₀ et ensuite à 25 °/₀ (*J. Le Havre, 11 janv. 1901 : Journal Assurances, 1901, 120*).

211. Arrachement de la partie méniane du bras jusqu'à l'humérus, déchirure des muscles et des chairs ayant déterminé une paralysie radicale et des douleurs musculaires cutanées et nerveuses de ce membre ; rente de 60 °/₀ à une ouvrière tisseuse (*A. Grenoble, 24 fév. 1905 : Recueil Grenoble, 1905, 99*).

212. Réduction de la faculté d'extension et de mouvement ; amoindrissement sensible de la force musculaire; rente de 33,33 °/₀ à une ouvrière (*A. Grenoble, 5 mars 1901 : Recueil Grenoble, 1901, 132*).

213. Raccourcissement et atrophie; rente de 50 °/₀ (*J. Lorient, 3 juil. 1900 : Travail, III, 370*).

214. Légère atrophie musculaire et guérison certaine, mais par suite de simulation, d'agissements malhonnêtes devant l'expert, la rente est fixée seulement à 15 °/₀ à un bourrelier (*A.Douai, 22 juil. 1903: Villetard, IV, 223*).

Incapacité permanente, nulle ou légère. Aucun droit à rente :

215. Limitation très légère des mouvements d'extension, la réduction serait de 2 à 3 °/₀ (*J. Seine, 11 nov. 1908 : Villetard, IX, 239*).

Sur le bras droit: *Plaies contuses: 10 ; limitation des mouvements: 600 ; perte de l'usage: 838 ; tuberculose : 1687.*

BRAS DROIT, CRANE. — *Incapacité permanente partielle :*

216. Contraction nerveuse à la nuque et au bras droit, déterminant de vives douleurs au moindre mouvement et rendant tout travail presque impossible ; rente de 90 °/₀ à un mineur (*A. Grenoble, 17 fév. 1905 : Recueil Grenoble, 1905, 99*).

217. Diminution des mouvements de flexion de la tête avec gêne dans les mouvements d'élévation du bras droit ; rente de 12 % à un manouvrier (*J. Senlis, 10 août 1904 : Minutes*).

BRAS DROIT, DOIGTS DROITS, ÉPAULE, JAMBE DROITES. — *Incapacité permanente partielle :*

218. Perte du mouvement d'élévation du bras droit par suite de raideur articulaire de l'épaule et de rétraction musculaire ambiante ; certains doigts droits sont inertes et impotents, le pouce peut se mettre en opposition avec les doigts voisins ; diminution des mouvements du poignet; de plus tout le côté gauche du corps est analgésié, avec secousses musculaires de la jambe droite qui traîne après une marche un peu longue ; rente de 90 % (*A. Rennes, 19 mars 1903 : Recueil Rennes, 1902, 1, 98*).

BRAS DROIT, JAMBE GAUCHE.—*Incapacité permanente absolue.* Rente des 2/3 :

219. Privation de l'usage de ces deux membres entraîne la presque impossibilité de gagner sa vie et dans tous les cas de se livrer à un travail rémunérateur (*A. Paris, 5 mars 1901 : Bert, 1901, 216*).

Incapacité permanente partielle :

220. Fracture de la jambe avec cal douloureux et fracture du bras droit avec brides cicatricielles vicieuses ; rente de 50 % (*A. Rennes, 18 mai 1903 : Recueil Rennes, 1902, I, 124*).

BRAS DROIT, MAIN GAUCHE.—*Incapacité permanente absolue.* Rente des 2/3 :

221. Amputation du bras droit il y a 40 ans et perte récente de l'usage de la main gauche d'un graisseur (*A. Rouen, 3 mai 1902 : Travail, 9, 119*).

BRAS DROIT, ŒIL GAUCHE. — *Incapacité permanente partielle :*

222. Perte de la vision, avec ankylose et diminution de force musculaire du bras ; rente de 40 % à un employé de distillateur (*J. Senlis, 6 août 1907 : Minutes*).

BRAS, ÉPAULE DROITS. — *Incapacité permanente absolue.* Rente de 2/3 :

223. Amputation de l'omoplate, du tiers externe de la clavicule et du bras droit pour un ouvrier dépourvu de toute instruction, incapable sans aide, de se vêtir et de se chausser, privé de ressources, chargé de famille qui se trouve dans l'impossibilité matérielle de fournir un travail quelconque nécessitant la plus petite dépense de force musculaire et qui subit manifestement une exclusion perpétuelle de toute profession industrielle ou de tout emploi rémunérateur. *Principes :* Il n'y a pas de règle fixe pour déterminer l'incapacité de travail permanente et absolue ; les accidents les plus graves n'entraînent pas forcément une incapacité de cette nature, tandis qu'une mutilation peut produire ce résultat. Le juge doit vérifier dans chaque espèce, si le salaire de l'ouvrier se trouve seulement

amoindri ou s'il est supprimé d'une façon complète et la solution
de ce point tient à des éléments essentiellement variables, tels que
l'âge, l'état de santé, le degré d'instruction et même la situation de
fortune (*A. Riom, 30 janv. 1902 : Recueil Riom et Limoges,
1901-1902, 193*).

Incapacité permanente partielle :

224. Raideur de l'épaule et du poignet, force et adresse, moin-
dres du bras droit ; au niveau des articulations il y a des lieux de
moindre résistance où sous l'influence du froid, de la fatigue appa-
raîtront facilement des douleurs rhumatismales ; rente de 66,66 %
(*J. Louviers, 15 juin 1900 : Travail, 3,345*).

BRAS, ÉPAULE GAUCHES. — *Incapacité permanente partielle :*

225. Amputation du bras gauche à 23 centimètres de l'articulation de l'épaule, avec atrophie musculaire de tous les muscles de
l'épaule et du bras et gêne de fonctionnement du grand muscle
dorsal par suite d'une cicatrice qui intéresse ses tissus ; rente de
75 % (*J. Roanne, 10 juil. 1906 : Moniteur Lyon, 23 juil. 1906*).

BRAS GAUCHE. — *Incapacité permanente absolue.* Rente des 2/3 :

226. Impotence absolue du bras qui est complètement inerte,
cause de la plus grande gêne et du plus grand embarras dans les
besoins ordinaires de la vie pour un mécanicien ouvrier commis-
sionné de manufacture d'armes, âgé de 56 ans, alors que l'amputation a pu être évitée. (*J. Tulle, 8 déc. 1900 : Travail, 3, 470*).

Incapacité permanente partielle :

AMPUTATIONS :

227. Amputation par désarticulation de l'épaule ; rente de 66 %
à un manœuvre (*A. Grenoble, 2 août 1901 : Recueil Grenoble,
1901, 249*).

228. Amputation ; rente de 50 % à un manœuvre (*A. Nîmes,
18 juin 1900 : Pandectes, 1901, II, 105*) ; rente de 60 % (*J. Versailles, 22 fév. 1901 : Bert, 1901, 386*) ; rente de 60 % à un
papetier (*J. La Roche-sur-Yon, 31 juil. 1900 : Travail, 3, 395*) ;
rente de 65 % à un charretier (*J. Senlis, 23 avril 1907 : Minutes*) ; rente de 65 % à un ouvrier d'usine (*J. Senlis, 22 mai 1901 :
Minutes*) ; rente de 69 % (*J. Lille, 8 fév. 1900 : Nord Judiciaire, 1900, 70*) ; rente de 75 % à un homme d'équipe (*A. Rennes, 22 juil. 1901 : Recueil Rennes, 1902, I, 32*) ; rente de 76 %
à un mécanicien (*J. Lille, 25 janv. 1900 : Nord Judiciaire,
1900, 127*).

229. Amputation au tiers supérieur, rente de 70 % à un tireur
de cordes de 15 ans (*A. Douai, 16 mars 1910 : Jurisprud. Douai,
1910, 284*).

230. Amputation au tiers supérieur avec atrophie du moignon,
s'étendant même sur les muscles du thorax et de l'épaule ; rente de

80 °/₀ à un ouvrier en sparterie (*A. Grenoble, 27 janv. 1905 : Recueil Grenoble, 1905, 99*).

231. Amputation au-dessus du coude; rente de 70 °/₀ à un ouvrier agricole (*J. Vannes, 17 janv. 1907: Gaz. Tribunaux, 1907, II, 2, 30*).

232. Amputation avant le coude; rente de 50 °/₀ (*A. Rennes, 16 juil. 1903 : Recueil Rennes, 1902, I, 134*).

PERTE DE L'USAGE COMPLET :

233. Rente de 50 °/₀ à un manœuvre (*A. Rennes, 5 déc. 1901: Recueil Rennes, 1902, I, 32*).

234. Perte avec résection du cubitus et des parties molles de l'avant-bras; rente de 50 °/₀ à un engraisseur (*J. Valence, 27 avril 1900 : Villetard, I, 149*).

235. Rente de 50 °/₀ (*J. Besançon, 21 déc. 1899 : Travail, I, 89*).

236. Monoplégie du bras avec troubles trophiques et vaso-moteurs, ayant entraîné l'impotence absolue du membre ; l'ouvrier ayant été victime d'un accident antérieur lui donnant une rente de 15 °/₀ et l'accident actuel entraînant une réduction de 55 °/₀ il y a lieu de n'accorder que la différence, soit 40 °/₀ (*J. Lorient, 14 janv. 1902 : Villetard, II, 416*).

237. Rente de 60 °/₀ à une ouvrière d'imprimerie (*A. Rennes, 8 déc. 1903 : Recueil Rennes, 1903, I, 54*).

238. Rente de 66 °/₀ à un charpentier mineur. *Principes :* l'indemnité doit être fixée d'après le degré actuel et certain d'invalidité sans avoir égard à l'éventualité d'atténuation nécessairement conjecturale qui pourrait se produire ultérieurement et sauf le droit de révision (*J. Gex, 9 déc. 1901 : La Loi, 18 déc. 1901*).

239. Rente de 70 °/₀ à un graisseur en tenant compte de ce que l'ouvrier est illettré et de ce qu'il est obligé de chercher dans les travaux manuels ses moyens d'existence (*J. Péronne, 17 janv. 1900 : Travail, 3, 165*).

PERTE PRESQUE COMPLÈTE DU BRAS :

240. Raideur de l'articulation de l'épaule qui ne permet pas d'élever le bras au-dessus de l'horizontale, avec flaccidité des chairs du bras et de l'avant-bras par suite d'inaction prolongée; raideur de l'articulation huméro-cubitale, demi-ankylose de l'articulation radio-cubitale supérieure consécutive à une arthrite survenue par le fait du traumatisme, rente de 34 °/₀ à un journalier (*A. Rennes, 7 juin 1904 : Recueil Rennes, 1903-1904, I, 111*).

241. Rente de 50 °/₀ à une soigneuse (*J. Lille, 7 nov. 1901: La Loi, 5 mars 1902*) ; rente de 50 °/₀ (*J. Reims, 13 juil. 1900: Travail, III, 387*).

FRACTURES, ANKYLOSES, ATROPHIES, DÉVIATIONS.

242. Fractures de l'extrémité du radius du bras, avec ankylose de l'articulation médio-carpienne, paralysie partielle du muscle extenseur des doigts, contracture des tendons fléchisseurs des deux derniers doigts et atrophie des muscles de l'avant-bras, d'où perte presque totale du bras; rente de 60 % à un équarrisseur (*A. Rennes, 25 avril 1904: Recueil Rennes, 1903-1904, I, 109*).

243. Fracture avec plaie profonde à la partie externe, ayant amené la complète inertie du bras et l'impossibilité de faire un mouvement sans l'aide de la main droite; rente de 50 % à un ouvrier de mine (*A. Rennes, 4 déc. 1905: Villetard, VII, 268*).

244. Ankylose du coude à angle obtus avec raideur de l'articulation du poignet, limitation marquée de la flexion des quatre derniers doigts (la lésion du pouce étant en rapport avec un accident antérieur) et une augmentation de volume des deux os de l'avant-bras; rente de 50 % à un chauffeur (*J. Seine, 29 juil. 1904: Berl, 1906, 136*).

245. Légère atrophie du bras avec perte presque totale de la main par suite d'amputation du pouce, de l'index et du médius, la rente est de 50 % pour un tourneur en fer, en tenant compte de son état de gaucher (*A. Douai, 25 janv. 1910: Recueil judiciaire Nord, 1910, 148*).

246. Fracture des deux os de l'avant-bras gauche, avec disjonction du poignet, fracture des trois derniers métacarpiens, atrophie des muscles moteurs de l'épaule et du bras; la main déformée ressemble à une griffe; rente de 40 % à un contremaître de scierie (*A. Grenoble, 13 janv. 1906: Recueil Grenoble, 1906, 99*).

247. Mouvements de flexion et de circumduction du bras limités, sans être abolis complètement par suite de fracture avec déformation de la tête de l'humérus gauche; rente de 40 % à un charpentier, sans tenir compte de ce que cette limitation viendrait en partie de l'immobilisation dans laquelle l'ouvrier a maintenu son bras en dépit des conseils qui lui étaient donnés (*A. Bordeaux, 8 nov. 1904: Recueil Bordeaux, 1905, I, 234*).

248. Fracture de l'humérus ayant entraîné une paralysie complète du nerf radial, la main se présente en attitude vicieuse, les doigts restent en flexion et ne peuvent s'écarter que très difficilement; rente de 35 % à un porteur de pianos (*J. Seine, 19 mai 1903: Recueil Assurances, 1904, 89*).

249. Fracture à la partie inférieure du bras dans le voisinage de l'articulation; il lui est impossible de plier l'avant-bras qui n'arrive pas à l'angle droit; le bras est moins fort que l'autre; la main serre moins fort que l'autre; rente de 25 % (*J. Chalon-sur-Saône, 15 mai 1900: Travail, 3, 310*).

250. Atrophie des muscles du bras par suite d'amputation de la deuxième phalange d'un doigt, d'ankylose presque complète de l'articulation interphalangienne, de troubles trophiques et de gêne légère de l'index; rente de 16 % (*A. Paris, 12 nov. 1907: Bert, 1907, 378*).

251. Atrophie musculaire de tout le membre par suite de luxation du coude gauche réduite, de fracture de l'extrémité inférieure du radius gauche, de luxation du poignet avec arrachement de la malléole interne droite, d'arthrite et déformation du poignet; rente de 25 % à un couvreur (*A. Paris, 5 août 1905 : Bert, 1906, 40*).

252. Atrophie musculaire du bras par suite de cicatrice adhérente de la région intérieure de l'épaule gauche, avec gêne des mouvements d'abduction du bras; les mouvements gagneront plus tard en amplitude, circonstance dont il n'est pas fait état; rente de 33,33 % à un carrier (*A. Amiens, 22 mars 1902: Journal Amiens, 1902, 241*).

253. Fracture ordinaire du bras avec vice de forme du radius qui par adhérences empêche cet os d'effectuer complètement la rotation de la main en avant ; rente de 10 % à un charretier (*J. Senlis, 27 fév. 1907 : Minutes*).

254. Fracture ordinaire du bras ; rente de 50 % (*J. Marseille, 28 janv. 1902 : Recueil Aix-Marseille, 1902, 345*).

255. Fracture du radius au quart inférieur, avec entorse du poignet qui reste déformé, perturbation interarticulaire dans les os du carpe : légère gêne et limitation des mouvements de supination et de pronation, et arrachement de l'apophyse styloïde ; rente de 7 % à un chauffeur (*J. Senlis, 27 avril 1909: Minutes*).

Faute inexcusable :

256. Fracture vers le tiers inférieur du cubitus, ayant entraîné une impotence du bras résultant de la raideur et de la diminution d'étendue des mouvements ; rente réduite de 25 % à 16 % pour faute inexcusable constituée par l'ivresse de l'ouvrier (*A. Paris, 24 nov. 1900: Bert, 1901, 140*).

257. Impotence par suite de morsure de cheval; rente de 10 % ramenée pour faute inexcusable de l'ouvrier à 5 % à un palefrenier (*A. Bordeaux, 13 juin 1908 : Recueil Bordeaux, 1908, I, 365*).

Sur le bras gauche: *Limitation des mouvements à l'horizontale: 608 ; tuberculose: 1684.*

BRAS GAUCHE, JAMBE DROITE. — *Incapacité permanente absolue.* Rente des 2/3 :

258. Amputation de la jambe droite et ankylose du bras gauche; impossibilité absolue de se livrer à aucun travail pour un ouvrier puisatier (*A. Nancy, 13 juin 1901 : Gaz. Palais, 1901, II, 363*).

BRAS GAUCHE, MAIN DROITE. — *Incapacité permanente partielle :*

259. Fractures multiples du bras gauche suivies de complications extrêmement graves entraînant une réduction de 35 % à un tonnelier. L'ouvrier touchant déjà au moment de l'accident une rente de 35 % à raison d'un accident antérieur à la main droite, les deux rentes doivent se cumuler. *Principes :* Le juge doit se borner à évaluer exactement le degré de validité de la victime avant et après l'accident, la différence entre ces deux situations représentant le préjudice dû au second traumatisme ; les bases de ce calcul sont le salaire effectif au moment de l'accident et les facultés de travail ravies par l'accident ; le degré de validité de la victime au moment de l'accident se trouve fixé par le salaire reçu, lequel était supérieur à celui qu'il recevait lors du premier accident d'où la conséquence que l'état d'invalidité préexistant s'était sensiblement amélioré (*J. Marseille, 23 mai 1906 : Recueil Aix-Marseille, 1906, 320*).

BRAS GAUCHE, PIED. — *Incapacité permanente partielle :*

260. Boiterie avec paralysie du bras gauche et obligation de se servir de béquilles ; rente de 90 °/₀ (*J. Nantes, 28 mai 1900 : Recueil Nantes, 1901, 1. 58*).

BRAS, JAMBE DROITS, TESTICULES. — *Incapacité permanente partielle :*

261. Atrophie testiculaire qui ne disparaîtra jamais et une sensibilité excessive de toute la jambe droite, du bras droit et du tronc avec claudication résultant de troubles nerveux causés par un traumatisme à la suite d'un coup de pied de cheval dans les parties sexuelles ; rente de 50 °/₀ à un charretier (*A. Rennes, 28. déc. 1904 : Recueil Rennes, 1904, I, 32*).

BRAS (les deux), EPAULE DROITE, THORAX. — *Incapacité permanente absolue.* Rente des 2/3 :

262. Tremblement de tous les muscles du thorax et des membres supérieurs droits. Ebranlement général par suite d'une commotion, en suite d'une chute. Péri-arthrite de l'épaule droite. Impossibilité pour un charretier de faire un travail physique quelconque exigeant le moindre effort (*J. Marseille, 8 mars 1901 : Villetard, II, 165*).

BRAS (les deux), JAMBES. — *Incapacité permanente absolue.* Rente des 2/3 :

263. Fracture des deux membres inférieurs avec infirmité persistante de ces deux membres par suite de soudures incomplètes ou défectueuses rendant la marche d'un carrier très difficile accompagnée d'un tremblement de tous les muscles des membres supérieurs et inférieurs (*A. Rennes, 18 mai 1903 : Recueil Rennes, 1902, I, 119*).

Incapacité permanente partielle :

264. Luxation du bras droit non réduite. Bras gauche inutilisable en suite de déformation et d'atrophie. Les deux jambes consolidées en position vicieuse. Rente de 90 °/₀ à un manœuvre (*A. Grenoble, 6 janv. 1905 : Recueil Grenoble, 1905, 99*).

BRAS (l'un). — *Incapacité permanente partielle :*

265. Amputation immédiatement au-dessous de l'épaule. *Principes :* Les tribunaux doivent se borner à évaluer aussi exactement que possible dans quelle proportion est réduite la capacité générale de travailler au regard de tous les genres de travaux auxquels peut se livrer la victime dans l'état des moyens qu'elle possède au moment de l'accident. Il n'y a pas lieu de s'inquiéter de savoir si, par . son ingéniosité, ses qualités intellectuelles ou physiques, la victime pourra dans un avenir plus ou moins lointain se créer une situation plus ou moins rémunératrice. Rente de 75 % à une ouvrière de filature (*J. Montauban, 27 janv. 1905 : Gaz. Palais, 1905, I, 610*).

Aucun droit à rente :

266. L'ouvrier blessé au bras, qui ne peut reprendre son travail, trois mois après la cicatrisation de sa plaie, lorsque les troubles dont il se plaint sont dus à ce qu'il l'a maintenu dans l'inaction après cette cicatrisation (*J. Dunkerque, 24 oct. 1902 : La Loi, 21 nov. 1902*).

BRAS, ŒIL, OREILLE DROITS, DOIGTS GAUCHES, ÉPAULE, THORAX. — *Incapacité permanente absolue.* Rente des 2/3 :

267. Ankylose du bras droit et de plusieurs doigts de la main gauche, troubles dans la vision et l'ouïe du côté droit ; douleurs à raison de plaies étendues et mal cicatrisées sur l'épaule et le thorax ; infirmités incurables pour un électricien (*A. Douai, 4 mars 1902 : Jurisprud. Douai, 1902, 124*).

BRAS, PIED GAUCHE. — *Incapacité permanente partielle :*

268. Ankylose de l'articulation tibio-tarsienne avec arthrite de l'articulation scapulo-humérale laissant cependant l'usage des bras intact. Les mouvements du pied sont limités ; il ne pourra monter sur une échelle et se tenir debout sans cannes ; rente de 50 % à un tapissier (*A. Limoges, 29 mars 1901 : Bert, 1901, 282*).

BRONCHITE. — *Incapacité permanente partielle :*

269. Emphysème pulmonaire aggravé par fracture de côtes, lésions diverses actuellement guéries ; signes non équivoques de bronchite chronique qui a été favorisée par le traumatisme et les lésions ; rente de 35 % à un ajusteur mécanicien (*J. Senlis, 10 juil. 1900 : Minutes*).

270. Hernie inguinale droite provenant de l'effort fait par un wattman en serrant fortement le frein de la voiture et ayant entraîné la cessation du travail à cause d'une bronchite aiguë rendant la hernie trop douloureuse à cause des efforts faits pour tousser ; son état de santé le prédisposait à l'accident ; il convient seulement d'apprécier la diminution de la valeur de l'ouvrier, de tenir compte dans une certaine mesure de son état constitutionnel et de réduire la rente à allouer eu égard à cet état ; rente de 10 °/₀ (*J. Mar-seille, 14 fév. 1905 : Recueil Aix-Marseille, 1905, 376*).

La veuve a droit à une rente de 20 °/₀:

271. Bronchite chronique (depuis 38 ans) non dangereuse et qui n'a nullement empêché l'ouvrier de travailler ; le traumatisme intervient ; une bronchite aiguë se greffe sur la bronchite chronique et entraîne la mort ; cette deuxième bronchite a pour cause l'affaiblissement du sujet résultant du traitement long et douloureux que nécessite ce traumatisme; il y a relation directe de cause à effet entre l'accident et décès (*A. Nancy, 23 juil. 1909 : Villetard, X, 267*).

Sur la bronchite : V. encore 90 ; 1296.

BRONCHO-PNEUMONIE GRIPPALE. — 1499.

BRULURES. — *Incapacité permanente partielle :*

272. Brûlures causent de tels ravages dans l'organisme d'un ouvrier qu'il est impropre aux travaux des usines de papeterie ; âgé de 15 ans il est obligé de faire un autre apprentissage; rente de 75 °/₀ sans tenir compte de ce que le salaire est le même après l'accident, le juge ne devant rechercher que la diminution dans la valeur professionnelle (*A. Limoges, 16 juil. 1900 : Travail, 3,651*).

La veuve a droit à une rente :

273. Décès d'un chaudronnier à la suite de brûlures très graves ; relation directe entre l'accident et le décès ; rente de 20 °/₀ portée à 40 °/₀ par la faute inexcusable du patron (*J. Seine, 8 avril 1911 : Villetard, XII, 25*).

Le veuf a droit à une rente de 20 °/₀ :

274. Brûlures sur tout le corps entraînant la mort (*J. Carpentras, 7 août 1906 : Gaz. Palais, 1907, I, 62*).

La loi ne s'applique pas :

275. Brûlures graves aux mains, par les acides que le tanneur est obligé de manipuler accomplissant le travail des éboureuses. *Principes:* cet état ne procède pas d'un accident de travail, c'est-à-dire d'un événement violent, précis et soudain ayant déterminé instantanément ou dans un temps très restreint une lésion organique ; c'est plutôt la manifestation d'une maladie, d'une diathèse continue et durable, d'origine indéterminée. Il n'y a pas de relation de cause à effet (*J. La Flèche, 5 juil. 1910 : Villetard, XI, 291*).

276 Brûlures à l'épaule droite, à la paroi thoracique, au côté droit de l'abdomen, à l'avant-bras gauche ; l'ouvrier en état d'ivresse contracte ces blessures en travaillant malgré la défense du patron (*J. Andelys, 2 juil. 1902 : Gaz. Palais, 1902, II, 421*).

Sur les brulures: V. encore *101 ; à l'avant-bras: 156 ; 342 ; au poignet droit : 342 ; sur tout le tronc : 391 ; aux mains : 580 ; au visage et à la partie supérieure du corps : 615 ; à la joue :*

616 ; au bras droit : 618 ; à la jambe droite : 1010 ; à l'œil droit : 1318.

CALCANEUM. — *Cal vicieux : 1125 ; fracture : 1487 ; fracture des deux : 1470.*

CANCER GASTRIQUE. — V. *Estomac.*

CARPE. — *Perturbation dans les os du carpe : 255 ; 1510 ;* V. aussi *Main.*

CATARACTE. — *Droite : 288 ; gauche : 1365 ; 1368 ; 1369 ; 1373 ; 1375 ; double : 95.*

CAUCHEMARS. — V. *Rêves.*

CÉCITÉ. — V. *Yeux.*

CÉPHALALGIE. — 91 ; 351 ; 616 ; 1408.

CERVEAU. Désordres, lésions, hémorragies : *Incapacité permanente absolue.* Rente des 2/3 :

277. Inflammation septique des enveloppes de la surface du cerveau dans la partie correspondant à une blessure, produite par accident et par propagation à travers la voûte cranienne ; cette inflammation est la cause d'accidents de paralysie ; ces lésions nécessitent l'opération du trépan ; elle sauve la vie du blessé, ardoisier, qui était fortement compromise par les lésions de paralysie en cours ; il est atteint d'hémiplégie incomplète mais définitive du côté droit ; son état actuel est la conséquence de l'accident (*J. Rocroi, 21 janv. 1903 et A. Nancy, 4 avril 1903 : Minutes et Recueil Nancy, 1902-1903, 343*).

La veuve a droit à une rente de 20 % :

278. Décès d'une maladie cérébrale, huit mois après une chute qui a entraîné des blessures au crâne et à la figure, alors même qu'il aurait été atteint avant l'accident d'une affection cérébrale ; l'accident a, sinon causé la mort, tout au moins accéléré et aggravé la maladie dont il est mort, et on doit décider que c'est bien d'un accident du travail qu'il est mort (*A. Lyon, 28 mai 1904 : Moniteur Lyon, 19 juillet 1904*).

279. Décès d'un abcès au cerveau, consécutif à une fracture du crâne occasionnée par un traumatisme au cours d'un accident professionnel subi par un chasseur de restaurant (*J. Seine, 16 mars 1910 : Travail, 41,73*).

280. Troubles cérébraux provoqués par un choc sur la partie postérieure du crâne ; il s'ensuit une guérison momentanée, puis un internement dans un asile d'aliénés et enfin la mort du contremaître des suites de ses blessures (*J. Marseille, 5 juin 1906 (sur révision) : Recueil Aix-Marseille, 1906,445*).

281. Décès dix jours après une chute sur la tête qui a entraîné chez un charretier des désordres cérébraux ; symptômes graves d'alcoolisme ; l'accident est la cause occasionnelle qui a fait éclore des désordres qui seraient restés peut-être encore latents un certain temps ; la mort est due aux lésions de l'alcoolisme réveillées par cet accident ; sans la chute, funeste cependant, il aurait pu vivre plusieurs années ; la mort prématurée est donc bien la conséquence directe de la blessure dont il a été atteint dans l'exercice de sa profession ; l'indemnité doit être allouée sans rechercher s'il n'existait pas dans la constitution physique de la victime, des motifs pouvant atténuer ou faire disparaître la responsabilité (*J. Orléans, 8 août 1900 : Villetard, I, 198*).

La mère a droit à une rente de 10 % :

282. Décès d'une hémorragie cérébrale après une grave blessure à la tête d'un chef de chantier de carrières (*A. Douai, 17 mars 1902 : Travail, 7,198*).

La loi est applicable :

282 bis. Décès deux ans après une chute et des suites de celle-ci ayant occasionné une commotion cérébrale, peut-être une fracture du rocher et une fracture des côtes avec emphysème sous-cutané ; la mort est due non à une cause morbide mais aux lésions consécutives à la chute, soit que l'ouvrier ait fait un faux mouvement, soit qu'il ait perdu l'équilibre pour un motif quelconque ; il y a preuve suffisante d'un accident de travail et d'une relation de cause à effet entre cet accident et la mort (*A. Nancy, 11 nov. 1910 : Dalloz, 1911, V, 31*).

TORPEURS, RAMOLLISSEMENTS, AMNÉSIES : *Incapacité permanente partielle :*

283. Torpeur intellectuelle caractérisée ; paresse de la mémoire, lenteur d'association des idées ; impossibilité de prendre un parti même pour les actes les plus simples ; cet état provient d'une fracture à la base du crâne ; rente de 25 % à un plombier (*A. Paris, 7 mai 1907 : Bert, 1907, 289*).

284 Ouvrier a conservé la vue bonne, la marche et les mouvements normaux, peut donner des preuves de son intelligence comme par le passé, mais n'a recouvré que dans une faible mesure la faculté de parler, de lire, d'écrire, et l'acuité auditive ; il peut encore gagner sa vie ; rente de 80 % (*A. Douai, 24 juin 1902 : Travail, 9, 125*).

285. Plaie du cuir chevelu sans gravité avec commotion cérébrale grave ; la plaie de la tête est guérie mais des troubles intellectuels sont survenus qui ne sont pas la conséquence exclusive du traumatisme puisqu'il les présentait déjà avant l'accident quoique à un degré moindre et étaient le résultat d'un alcoolisme invétéré ; le traumatisme à lui seul était incapable de les engendrer et en a précipité la marche ; le patron ne doit être soumis qu'aux conséquences directes et immédiates de l'accident et non aux conséquences indirectes ; l'accident a contribué à amener l'incapacité actuelle dans la mesure de 50 %, la responsabilité du patron devant être limitée à une juste proportion (*A. Amiens, 6 nov. 1902 : Minutes*).

La veuve a droit à une rente de 20 % :

286. Décès le lendemain d'une commotion cérébrale d'un facteur de camionnage, produite par un .choc à la nuque léger en apparence mais d'une telle gravité qu'il tombait au bout de quelques heures dans un état comateux (*A. Bourges, 7 fév. 1901 : Gaz. Palais, 1901, I, 773*).

La loi n'est pas applicable :

287. Affection cérébrale constituée par une hémorragie ou plus vraisemblablement par un ramollissement chez un menuisier ; c'est une maladie spontanée résultant d'un mauvais état des vaisseaux du·cerveau, état qui existait depuis longtemps et qui ne saurait être considéré comme la conséquence d'un accident du travail ; tout au plus pourrait-on prétendre que le passage subit d'une température chaude à une température froide a été la cause occasionnelle qui a fait éclater une affection pathologique qui était imminente et encore cette influence est douteuse et il paraît impossible d'affirmer qu'elle a joué un rôle dans la production de la lésion cérébrale. C'est donc là non un risque professionnel, mais un risque de l'humanité dont la victime doit seule supporter les conséquences (*J. Paix Paris, 7 avril 1905 : Bert, 1905, 252*).

Sur le cerveau : *Troubles mentaux : 337.* V. *Aliénation mentale.*

CERVEAU, CŒUR, YEUX. — *Incapacité permanente partielle* :

288. Affection cardio-pulmonaire et commencement de ramollissement cérébral : perte presque totale de la vue due à l'évolution d'une cataracte de l'œil droit, indépendante de l'accident qui a causé la perte antérieure de l'œil gauche : invalidité complète provenant de maladies chroniques indépendantes de l'accident. Pas de relation entre l'accident et l'incapacité absolue. Simple incapacité partielle, mais élevée, fixée à 90 % à un ouvrier de carrière (*A. Paris, 29 nov. 1902 : Villetard, III, 243*).

CERVEAU, OREILLES. — *Incapacité permanente partielle* :

289. Surdité complète et graves troubles cérébraux ; le cerveau n'est plus protégé que par des parties molles à la suite d'une opération par laquelle une esquille de l'os frontal qui comprimait un lobe du cerveau a été enlevée ; travaux insignifiants sont seuls permis ; l'ouvrier est comme isolé du monde extérieur, ne percevant aucun son et se trouvant sujet à un état de faiblesse générale avec bourdonnements et sifflements, et incertitude dans la marche ; rente de 90 % (*A. Bordeaux, 1er déc. 1909 : Recueil Bordeaux, 1910, I, 85*).

CERVELET. — *La veuve n'a aucun droit* :

290. Décès des suites d'une tumeur au cervelet, sept heures et demie après l'écrasement par accident du pouce et de l'index droit qui ont entraîné des blessures légères ; aucune relation de cause à effet avec l'accident (*A. Amiens, 9 mai 1911 : Minutes*).

CHALEUR. — 334. V. aussi *Insolation*.

CHARBON. — *La veuve a droit à une rente de 20 %* :

291. Décès d'un tanneur par affection charbonneuse s'il est établi que l'affection charbonneuse dont il est mort a été contractée en manipulant des peaux contaminées et que le germe morbide a été inoculé par l'accident. *Principes :* Si le bénéfice de la loi est refusé aux maladies professionnelles, ne doivent être considérées comme telles que celles qui sont la conséquence presque fatale, en tous cas probable, de l'exercice d'une industrie déterminée et auxquels s'exposent sciemment ceux qui sont employés dans cette industrie ; au contraire doivent être considérés comme accidents du travail les affections pathologiques qui, bien qu'ayant leur cause dans un travail industriel n'en sont cependant que la conséquence accidentelle ; il en est ainsi quand l'affection pathologique est due à l'emploi momentané et répréhensible de matières nuisibles, dans une industrie où elles ne doivent pas être et ne sont pas habituellement employées. *Pourvoi rejeté :* parce que si la loi ne s'applique pas aux maladies professionnelles auxquelles on ne saurait assigner une origine et une date déterminées et qui ne sont que la conséquence de l'exercice habituel d'une certaine industrie, il en est autrement des affections pathologiques accidentelles qui, bien que contractées dans l'accomplissement d'un travail industriel, prennent leur origine et leur cause dans un fait déterminé ne rentrant pas dans les conditions normales de l'exercice de ce travail (*A. Orléans, 6 fév. 1903 qui ordonne expertise ; et Cass. rejet., 3 nov. 1903 : Dalloz, 1907, I, 87*).

292. Décès d'un tanneur des suites d'une pustule charbonneuse provenant de la manipulation des peaux de moutons, que l'on avait négligé de rendre inoffensives ; inoculation par une coupure faite par le rasoir d'un coiffeur la veille de l'accident ; c'est une affection pathologique accidentelle prenant son origine dans un fait déterminé qui ne rentre pas dans les conditions normales de l'exercice de la profession et qui donne lieu par suite à l'application de la loi : il y a lieu de tenir compte : 1° de ce que les dangers d'infection charbonneuse, à peu près nuls dans la vie courante, existent surtout dans le travail de la mégisserie dont ils forment un risque professionnel ; 2° de ce que la date à laquelle se serait produite l'inoculation charbonneuse d'après la période normale d'incubation correspond à une période pendant laquelle l'ouvrier travaillait à l'usine ; 3° de ce que les conditions défectueuses du travail dans l'usine et le défaut de précautions suffisantes ont pu déterminer l'infection (*A. Toulouse, 5 mai 1909 : Sirey-Palais, 1909, II, 254*).

293. Décès d'un déchargeur de bateaux des suites du charbon contracté, en manipulant des cuirs verts et à la suite d'une piqûre au cou par une mouche charbonneuse au cours du travail; affection à marche très rapide; évolution normale (*A. Rouen, 28 nov. 1903 : Recueil Rouen, 1904, 13*).

La loi est applicable :

294. L'affection du charbon, d'origine industrielle, est non une maladie professionnelle mais un accident du travail. Les dangers d'infection charbonneuse existent surtout dans certaines industries dont ils forment un risque professionnel alors qu'ils sont à peu près nuls dans la vie courante ; il convient *a priori* de rattacher l'accident dont un ouvrier des industries exposées, a été victime, à l'exercice de sa profession comme ayant été causé par le fait du travail ou s'étant produit à l'occasion du travail (*A. Montpellier, 13 déc. 1907 : Gaz. tribunaux Midi, 18 juillet 1909*).

295. Piqûre d'une mouche charbonneuse à l'œil droit est un risque professionnel pour un ouvrier laveur de laines dès qu'il est établi que l'accident est survenu lorsque l'ouvrier se livrait à l'exercice même de son travail habituel. *Principes :* Est accident l'affection pathologique accidentelle contractée dans l'accomplissement d'un travail industriel, telles que celles que produit l'inoculation du venin charbonneux lorsque son origine se rattache à un fait déterminé rentrant dans les conditions normales de l'exercice du travail (*J. Marseille, 12 juill. 1907 : Recueil Aix-Marseille, 1908, 58*).

La veuve n'a aucun droit :

296. Décès des suites du charbon ; pas de justification d'un traumatisme quelconque, si minime soit-il, pas de relation de cause à effet (*A. Paris, 11 août 1905 : Gaz. Palais, 1905, II, 523*).

297. Décès d'un tanneur des suites d'une affection charbonneuse alors qu'il n'est pas établi que l'origine serait la piqûre d'une mouche à l'œil et que cette piqûre se serait produite dans l'établissement industriel du patron. *Principes :* Si la loi s'applique aux affections pathologiques qui ont pour origine et pour cause un fait accidentel déterminé et survenu dans le travail ou à l'occasion du travail il incombe à la veuve de l'ouvrier d'établir ce fait accidentel (*A. Angers, 10 juin 1904 : Journal Assurances, 1905, 71*).

298. Décès d'un tanneur des suites d'une pustule charbonneuse; la preuve n'est pas rapportée que l'inoculation ait eu lieu à l'occasion du travail, quoique sa profession l'ait exposé aux atteintes du bacille du charbon (*A. Rennes, 13 janv. 1902 : La Loi, 12 nov. 1902*).

CHEVEUX. — V. *Cuir chevelu.*

CHEVILLE — 1475 ; 1476 ;

CHLOROFORME. — V. *Anesthésie provoquée.*

CIRRHOSE DU FOIE. — 630, 631.

CLAUDICATION. — V. *Boilerie.*

CLAVICULE. — *Fracture :* 185.

CLAVICULE DROITE. — *Incapacité permanente partielle :*

299. Ankylose de la clavicule droite ; rente de 12,50 % (*A. Nîmes, 4 août 1903 : Cassé par Cass. : 1er août 1905: Bert,1905, 401*).

SUR LA CLAVICULE DROITE : *Luxation :* V. *181 ; fracture : 182 ; 601 ; amputation du tiers externe : 223.*

CLAVICULE GAUCHE. — *Cal vicieux :* 184.

CLAVICULE, ŒIL DROIT. — *Incapacité permanente partielle :*

300. Perte de l'œil droit et fracture de la clavicule par deux accidents distincts et successifs ; rente de 50 % à un ouvrier de la voie (*A. Angers, 23 avril 1902 : Villetard, III, 202*).

CLAVICULE, THORAX. — *Incapacité permanente partielle :*

301. Fracture de la clavicule et des côtes, consolidée sans aucune difformité ; la respiration et le jeu du thorax sont libres ; douleurs de reins dues seulement à état maladif et chétif antérieur ; un tremblement antérieur à l'accident est dû à l'éthylisme ; rente de 18 % (*J. Rouen, 1er fév. 1906 : Villetard, VI, 437*).

CŒUR. — AFFECTIONS ET LÉSIONS CARDIAQUES : *Incapacité permanente absolue.* Rente des 2/3 :

302. État cardiaque et nerveux grave provoqué par un tamponnement chez un chauffeur (*A. Bourges, 26 nov. 1900 : Dalloz, 1902, II, 481*).

303. Affection cardiaque préexistante et état diathésique complexe préexistant qui ont aggravé l'incapacité de travail ne donnent pas lieu à réduction de l'indemnité. La responsabilité du patron est engagée par l'accident qui n'a pas créé de toutes pièces l'invalidité permanente et absolue de la victime mais en a précipité la réalisation en faisant éclore une affection préexistante latente, car sans l'accident l'ouvrier serait encore en possession de sa faculté de travail (*J. Gex, 27 nov. 1901 : La Loi, 5 déc. 1901*).

Incapacité permanente partielle :

304. Affection cardiaque et aortique incurable à la suite d'un violent effort pour soulever une charrette ; l'ouvrier avait été soigné précédemment pour une affection du cœur aggravée à la suite de l'accident ; il était atteint d'aortite avant l'accident et par conséquent prédisposé à l'affection actuelle. *Principes :* Les infirmités préexistantes qui aggravent l'accident ne sauraient supprimer ou atténuer la responsabilité du patron, aucune cause d'atténuation n'ayant été prévue par la loi ; rente de 30 % à un charretier (*J. Marseille, 6 mai 1902 : Recueil Aix-Marseille, 1902, 438*).

305. Myocardite chronique et alcoolisme chronique antérieurs; du chef de l'accident seul, l'incapacité serait de 50 % mais c'est aux tares antérieures du blessé que doit être imputée la plus grosse part de l'incapacité permanente ; la rente est fixée à 35 % ; l'affection cardiaque ne pouvait que s'aggraver et son évolution était fatale chez un alcoolique invétéré. Le traumatisme résultant de l'accident n'a été qu'une cause occasionnelle de l'évolution fatale du mal. L'affection s'est améliorée depuis qu'il s'adonne moins à la boisson : il a par son intempérance aggravé singulièrement une affection cardiaque au point que son évolution était à la merci du plus petit événement morbide (*J. Nice, 16 fév. 1909 : Recueil Aix-Marseille, 1910, 61*).

La veuve a droit à une rente de 20 °/₀ :

306. Décès dû à la complication brusque d'une affection cardiaque ancienne ; l'accident n'est pas la cause immédiate du décès mais la cause occasionnelle certaine ; il a provoqué la complication d'une maladie antérieure, complication qui aurait pu ne pas se produire ou ne se produire que plus tard ; le traumatisme a provoqué la rupture de l'équilibre circulatoire et sans lui, il pouvait vivre malgré son affection cardiaque (*A. Paris, 30 mars 1909 : Bert, 1909, 213*).

307. Syncope cardiaque provoque la chute d'un cocher de son siège ; il décède des suites d'une fracture de la base du crâne causée par la roue de la voiture qu'il conduisait et qui lui a passé sur la figure ; la syncope à elle seule est impuissante à expliquer la mort, mais a provoqué et pu aggraver les conséquences de la chute ; sans le concours d'un choc extérieur et violent (la chute et le choc) la mort ne serait pas arrivée (*A. Paris, 23 nov. 1909 : Moniteur Paix, 1901, 317*).

La loi n'est pas applicable :

308. Lésion cardiaque antérieure à l'accident et ayant entraîné une incapacité absolue ; le traumatisme a hâté l'évolution de la maladie (*J. Havre, 2 juin 1906 : Villetard, VII, 228*).

309. Après l'ablation de l'œil droit, l'ouvrier mécanicien décède plus d'un an après d'une lésion organique du cœur qui existait au moins à l'état de prédisposition et d'imminence morbide, au moment de l'accident. Action en révision (introduite du chef du décès) n'est pas recevable parce que l'atténuation ou l'aggravation de l'infirmité du blessé ou son décès ne peut être attribuée avec certitude aux conséquences directes ou immédiates de l'accident, car la maladie de cœur n'a pas été la conséquence du traumatisme subi, cette maladie existant à l'état latent au moment de l'accident ; la maladie de cœur qui a amené la mort n'est pas due aux préoccupations d'avenir qui avaient affecté l'ouvrier en suite de son accident à l'œil ; cette conséquence était absolument indirecte et tenait plus à la nature et aux dispositions d'esprit de l'ouvrier qu'à l'accident dont il a été victime ; il n'y a pas de relation de cause à effet entre l'accident et le décès (*A. Nancy, 30 janv. 1903 (sur révision): Recueil Nancy, 1902-1903, 58*).

310. Dilatation aortique, insuffisance mitrale, hypertrophie du cœur, emphysème pulmonaire ; les deux premières affections sont sans relation avec le traumatisme; quant à l'emphysème pulmonaire qui évolue naturellement alors même qu'un traumatisme a pu accélérer cette évolution, il ne peut être considéré comme la conséquence du traumatisme, les experts déclarant que le blessé serait, même sans l'accident, devenu emphysémateux. La relation de cause à effet entre le traumatisme subi et les affections dont il est atteint n'est pas rapportée (*A. Poitiers, 3 mai 1909 : Gaz. Palais, 1909, II, 153*).

Sur le cœur : *Maladie de cœur:* V. *41 ; surcharge graisseuse : 1704 ; lésion : 94 ; 595 ; battements : ɔ98 ; affection cardio-pulmonaire : 288 ; complication cardiaque, tuberculose : 1688.*

COLÈRE. — 596.

COLONNE VERTÉBRALE. — *Incapacité permanente absolue.* Rente des 2/3 :

311. Fracture de la colonne vertébrale mettant un ouvrier d'usine hors d'état de remplir un emploi quelconque (*A. Douai, 6 mai 1903 : Gaz. Tribunaux, 1903, II, 2,391*).

312. Fracture de la colonne vertébrale entraînant une hémiplégie de tout le côté gauche (*J. Seine, 7 août 1900 : Bert, 1901, 384*).

313. Inflammation chronique de la moelle épinière ayant entraîné l'ataxie de la moitié inférieure du corps ; cette immobilisation presque totale est la conséquence de l'accident(*A. Rennes, 14 mai 1903 : Recueil Rennes, 1903, I, 117*).

Incapacité permanente partielle :

314. Troubles dus à un retentissement sur la moelle du traumatisme subi ; le traumatisme seul a entraîné une réduction de 8 %; rente de 55 % (*A. Dijon, 29 nov. 1909 (sur révision): Villetard, XI, 80*).

315. Aggravation par suite d'une chute sur la tête d'une subluxation des troisième et quatrième vertèbres cervicales entraînant la chute de la tête sur la poitrine ; rente de 50 % à un manœuvre (*A. Grenoble, 18 nov. 1905 : Recueil Grenoble, 1906, 99*).

316. Subluxation de plusieurs vertèbres cervicales, en avant et à droite ; troubles vertigineux; cou raidi ; gêne dans les mouvements de latéralité du cou ; rente de 33,33 % à un couvreur (*J. Senlis, 3 mai 1905 : Minutes*).

La veuve a droit à une rente de 20 % :

317. Fracture de la colonne vertébrale entraînant la mort d'un carrier (*A. Grenoble, 25 mai 1901 : Gaz. Palais, 1901, II, 513*); d'un cocher (*A. Paris, 15 fév. 1902 : Bert, 1902, 180*) ; d'un ouvrier de batteuse ; rente de 20 % ramenée à 10 % par la faute

inexcusable de l'ouvrier (*J. Rochechouart, 15 nov. 1900 : Travail. 3.446*).

La loi est applicable :

318. Maladie de la moelle épinière d'un maçon provoquée par la chute d'un poids lourd sur la colonne vertébrale (*1.Seine, 2 juil. 1900 : Gaz. Palais, 1901, I, 776*).

319. Traumatisme de la colonne vertébrale sans gravité ni suites autres que six mois d'hôpital ; phénomènes de paraplégie spasmodique (*J. Lyon, 28 déc. 1900 : Pandectes, 1902, II, 49*).

La loi ne s'applique pas :

320. Effondrement de la colonne vertébrale, à la suite de maladie organique des vertèbres (mal de Pott) antérieure ; pas d'effort exceptionnel. *Pourvoi rejeté :* parce que les constatations des juges du fait sont souveraines (*A. Paris, 15 janv. 1907 et Cass. rejet, 19 fév. 1908 : Sirey-Palais, 1911, I, 327*).

Sur la colonne vertébrale : *Contusion :* V. *854 ; entorse : 1106 ; tuberculose : 1637.*

COLONNE VERTÉBRALE, JAMBES. — *Incapacité permanente absolue.* Rente des 2/3 :

321. Symptômes de fracture de la colonne vertébrale dans la région lombaire avec paralysie inégale des deux jambes. Impossibilité pour un ouvrier de houillère de 18 ans de travailler et de gagner sa vie par le fait d'une dépression à la fois physique et intellectuelle (*A. Lyon, 30 juil. 1899 : Dalloz, 1904, II, 441*).

Incapacité permanente partielle :

322. Fracture de la colonne vertébrale à la partie inférieure de la région dorsale avec lésion de la moelle épinière, parésie des membres inférieurs et autres troubles ; rente de 90 % (*A. Amiens, 11 avril 1906 : Journal Amiens, 1907, 184*).

COMA — 14 ; 285.

COMMOTION CÉRÉBRALE, CEREBRO-SPINALE. — V. *Aliénation mentale, cerveau, Eblouissements.*

COMMOTION ÉLECTRIQUE. — V. *Electrocution.*

CONGÉLATION. — *La loi est applicable :*

323. Congélation des mains en transportant de la glace les mains nues (*A. Nancy, 6 fév. 1902 : Recueil Nancy, 1901-1902, 130*).

324. Congélation des doigts au cours du travail rentre dans la catégorie des accidents. *Principes :* Peu importe que la congélation soit une maladie due à l'action lente et progressive du froid à laquelle l'ouvrier est exposé d'une façon continue ; elle constitue pour ainsi dire un risque certain et qui, contrairement à l'accident proprement dit, résulte d'un événement imprévu auquel cet ouvrier ne peut se soustraire, et qui produit nécessairement une lésion corporelle engendrée par l'action soudaine d'une cause extérieure : il suffit que l'ouvrier établisse que la maladie est survenue à l'occasion d'un travail commandé par le patron et que ce travail est la cause directe et immédiate de la maladie (*J. paix Versailles, 23 mars 1904: Le Greffier, 1904, 335*).

La loi ne s'applique pas :

325. Phénomènes morbides dans-les mains, par le fait de préhension de glace pendant une heure et demie par un livreur de glace; diminution notable et permanente de la force musculaire des trois derniers doigts de la main droite; il n'y a pas eu congélation de la main, mais un état maladif résultant du maniement prolongé de la glace. *Principes :* Les maladies professionnelles provenant d'une cause lente et durable sont exclues de la loi; il n'y a pas de lésion corporelle, provenant de l'action soudaine d'une cause extérieure (*A. Besançon, 20 mars 1903 : Travail, 9, 59*).

326. Congélation des doigts d'un terrassier au cours du travail; c'est un risque humain résultant d'un phénomène naturel et non d'un risque industriel; l'accident est dû uniquement aux forces de la nature et non au travail (*J. Verdun, 23 janv. 1906 : Travail, 23, 19*).

CONGESTION CÉRÉBRALE. — *La veuve a droit à une rente de 20 °/₀ :*

327. Décès de congestion cérébrale occasionnée par le froid en faisant une ronde de surveillance la nuit pendant son travail; concierge-gardien de nuit (*J. Lyon, 10 janv. 1901 : Travail, 9, 9*).

La veuve n'a pas droit à une rente :

328. Congestion cérébrale au cours du travail, alors qu'il n'est pas établi que cette congestion aurait été causée par les conditions défectueuses dans lesquelles le travail aurait été effectué (*A. Riom, 24 juin 1910 : Le Droit, 8 déc. 1910*).

329. Décès d'un voiturier des suites de congestion cérébrale peu de temps après qu'il est tombé du siège de sa voiture et que rien ne démontre que la congestion, cause déterminante de la mort, ait été le résultat de la chute alors surtout qu'il est établi que c'est la congestion qui est la cause de la chute et que la congestion doit être attribuée à un état maladif résultant d'un affaiblissement général naturel dont les symptômes s'étaient déjà manifestés précédemment. La lésion subie n'a pas, de plus, de cause inhérente au travail (*A. Nancy, 16 nov. 1903 : La Loi, 10 décembre 1903*).

330. Décès d'une congestion cérébrale suraiguë deux jours après avoir été atteint d'une incapacité de travail de quatre mois sauf complications; cette congestion peut être attribuée à une chute de cheval, faite autrefois et qui l'avait prédisposé à un état congestif; la relation entre l'accident et la mort n'est pas établie. *Pourvoi rejeté :* parce que les juges du fait on fait une appréciation souveraine (*A. Nancy, 20 nov. 1901 et Cass. rejet, 27 avril 1903 : Sirey-Palais, 1904, I, 352*).

331. Décès des suites d'une congestion cérébrale ; la congestion n'a pas été la suite et la conséquence de la chute, mais elle en a été la cause et l'a seule déterminée, la mort ne s'est donc pas produite par le fait et à l'occasion du travail ; il a succombé à une lésion naturelle indépendante du travail et qui se serait produite dans toute autre circonstance ; l'ouvrier n'a pas été chargé d'un travail au-dessus de ses forces et n'est pas tombé par suite d'un faux mouvement ou du poids de l'objet qu'il portait (*A. Rouen, 22 nov. 1901 : Sirey-Palais, 1903, II, 173*).

332. Ramollissement du cerveau qui a entraîné une congestion cérébrale ou un étourdissement, un vertige, où le travail ne joue pas de rôle, au cours desquels l'ouvrier tombe et meurt, alors même que cette congestion surviendrait quelques mois après une chute qui n'a entraîné qu'une incapacité temporaire de dix jours (ecchymose à l'œil et contusion à la tête); il n'y a pas de relation de cause à effet entre le travail du manœuvre et la chute qui a entraîné la mort (*J. Lyon, 17 nov. 1903 : Moniteur Lyon, 9 fév. 1904*).

333. Mort de congestion cérébrale d'un déménageur. C'est une maladie ne rentrant pas dans la catégorie des affections ressortissant à un accident du travail ; il n'y a pas de lésion, pas de travail plus pénible, pas d'effort anormal, mais la simple coïncidence entre la manifestation de la maladie et la mort; la maladie a une cause étrangère au travail et n'en est pas la conséquence directe (*J. Senlis, 9 fév. 1909 : Minutes*).

CONGESTION CÉRÉBRALE ET PULMONAIRE. — *La loi s'applique :*

334. Double congestion pulmonaire et cérébrale provoquée par la chaleur et la double réverbération des rayons solaires sur l'eau et les pierres blanches placées au bord d'un canal que mesurait un contremaître. *Principes :* si la loi ne s'applique pas à l'accident dû à l'action des forces de la nature, il en est autrement quand le travail a contribué à mettre ces forces en mouvement ou à en aggraver les effets (*A. Nancy, 12 fév. 1903 : Recueil Nancy, 1902-1903, 75*).

Sur la congestion cérébrale et pulmonaire : V. aussi 943.

CONGESTION PULMONAIRE. — *La veuve a droit à une rente de 20 °/₀ :*

335. Chute d'un puisatier dans la nappe d'eau garnissant le fond d'un puits, devenue mortelle par l'effet d'une congestion pulmonaire consécutive alors que l'ouvrier avait une santé satisfaisante avant l'accident; sa mort est bien due à l'accident. *Princines :* Si le législateur a voulu exclure du risque professionnel les maladies qui sont la conséquence lente, certaine et presque fatale de la pratique normale de la profession il a laissé au juge le soin d'apprécier si telle autre maladie qui se manifeste au cours du travail est ou n'est pas un accident; on doit admettre qu'il y a accident lorsqu'il

est possible d'assigner à la maladie une origine et une date déterminée (*J. Avranches, 24 mai 1901 : Pandectes, 1905, 2, 378*).

. *La veuve n'a aucun droit :*

336. Décès de congestion pulmonaire subite d'un mécanicien
ayant amené rapidement l'asphyxie ; la congestion paraît due au
passage subit d'une température moins chaude dans une température plus chaude et cela d'autant plus facilement que l'ouvrier par
sa maigreur, son aspect débile paraît atteint de tuberculose ; il n'est
pas mort de maladie ou de lésion existant avant l'accident et la
tuberculose n'est pas démontrée ; rien n'établit qu'il soit mort d'un
accident survenu à l'occasion de son travail ; pas de relation entre
l'accident et le travail (*A. Nancy, 25 mars 1901 et Cass. rejet,
23 juil. 1902 : Recueil Nancy, 1901-1902, 196*).

. *La loi n'est pas applicable :*

337. A la suite d'une chute qui provoque des troubles mentaux,
une congestion pulmonaire apparaît au cours des soins ; décès par
suite de congestion ; le traumatisme a déterminé le mauvais état
général qui empêche le blessé de résister aux toxi-infections (avis
de l'expert) ; la preuve que la mort est la conséquence directe de
l'accident n'existe pas ; pas de relation certaine de cause à effet
entre l'accident et la congestion (*A. Paris, 23 juin 1908 : Bert,
1908, 344*).

CONJONCTIVITE. — 1768.

COTÉ DROIT. — *Hémiplégie incomplète : 277 ; affaiblissement :
1404.*

COTÉ GAUCHE. — *Analgésie : 218 ; hémiplégie : 312.*

COTES. — *Tuberculose : V. 1636 ; 1638 ; 1643 ; V. Thorax.*

COU. — *Raideur : 316 ; douleurs : 1123.*

COUDE DROIT. — *Incapacité permanente partielle :*

338. Ankylose ; usage du membre impossible pour manger, s'habiller, difficile pour écrire ; degré d'instruction, tempérament vigoureux permettront à l'ouvrier de compenser la perte de sa position ;
rente de 50 °/₀ à un conducteur de trains (*J. Auch, 19 juin 1902:
Gaz. Palais, 1902, II, 117*).

339. Brisure de la surface articulaire de l'olécrane ; extension
limitée du bras ; rente de 18 °/₀ à un mineur (*J. Saint-Claude,
18 juil. 1908 : Minutes*).

340. Simple lésion ; rente de 8 °/₀ à un ouvrier de ports (*J. Marseille, 8 nov. 1907 : Travail, 31, 32*).

341. Ankylose, avec perte de la plupart des fonctions de la main
droite ; rente de 65 °/₀ (*A. Paris, 9 fév. 1909: Villetard, X, 303*).

342. Ankylose du coude et aussi du poignet aggravée par la possibilité d'accidents du côté de la cicatrice d'une brûlure profonde
de l'avant-bras et du poignet ; rente de 50 °/₀ à un ouvrier papetier (*J. Grenoble, 28 janv. 1901 : Recueil Grenoble, 1901, 184*).

Sur le coude droit : *Fonctionnement défectueux: V. 153 ; raideur : 182 ; ankylose incomplète : 202 ; luxation : 208.*

COUDE GAUCHE. — *Incapacité permanente partielle:*

343. Luxation complète ; nerfs fortement atteints ; impotence complète ; sensibilité affaiblie dans l'avant-bras et la main. Travail possible du bras droit seulement ; rente de 45 % à un maçon (*J. Senlis, 3 fév. 1904 (sur révision) : Minutes*).

344. Rupture fibro-musculaire à la région externe ; synovite, bourse séreuse sous-musculaire de la région du pli du coude se développant par le travail ; gêne douloureuse du coude ; rente de 30 % à un souffleur (*J. Valenciennes, 14 avril 1910 (sur révision) : Recueil judiciaire Nord, 1910, 267*).

345. Simple ankylose ; difficulté pour certains mouvements ; rente de 20 % à un colleur (*A. Bordeaux, 26 mars 1907 : Gaz. Palais, 1907, I, 589*).

Aucun droit à rente :

346. Gêne légère pour l'extension du coude, avec atrophie musculaire partielle qui auraient disparu si le blessé s'était prêté au traitement mécano-thérapique proposé (*J. Seine, 3 janv. 1903 : Bert, 1903, 208*).

Sur le coude gauche : *Gêne fonctionnelle : V. 46 ; limitation des mouvements : 1168 ; luxation : 251 ; ankylose du coude à angle obtus : 244.*

COUDE GAUCHE, CUISSE DROITE. — *Incapacité permanente partielle :*

347. Raccourcissement de la cuisse droite avec légère scoliose ; ankylose partielle et limitation des mouvements du coude gauche ; rente de 30 % ramenée à 20 % par la faute inexcusable de l'ouvrier (*A. Paris, 21 juin 1910 : Villetard, XI, 166*).

COUP DE FOUET. — *La loi est applicable :*

348. L'accident désigné sous le nom de coup de fouet et consistant dans la rupture de fibres musculaires à la jambe présente les caractères indispensables pour qu'il y ait accident, action soudaine et violente provenant d'une cause extérieure et lésions de l'organisme ; s'il survient dans l'exercice du travail et s'il entraîne une incapacité à un ouvrier frappeur il donne droit à indemnité (*J. paix Paris, 19 sept. 1900 : Le Droit, 3 nov. 1900*).

COUP DE PIED. — *Ankylose : 1059 ; 1095 ; 1473 ; raideur articulaire : 1037 ; empâtement : 1073 ; mouvements impossibles : 1103.*

CRANE. — *Incapacité permanente partielle :*

349. Fracture du crâne d'un manœuvre ayant nécessité l'opération chirurgicale de la trépanation à la région frontale gauche ; cette opération réussit et les plaies sont guéries mais la victime restera toujours dans la situation d'un homme trépané, c'est-à-dire dont la boîte cranienne n'est fermée que par une membrane fibreuse qui seule protège la matière cérébrale ; rien n'assure que la réparation osseuse se fasse et soit complète ; l'ouvrier restera toujours exposé aux conséquences du traumatisme subi par son cerveau et ne pourra plus être employé à des travaux de force mais seulement à des menus travaux peu rémunérés. Rente de 66,66 % (*J. Chambéry, 11 janv. 1900 : Recueil Chambéry, 1900, 9*).

350. Accident ayant entraîné l'opération de la trépanation et par suite une perte de substance osseuse du crâne sur une longueur de 8 centimètres et une largeur de 3 centimètres ; rente de 70 % à un charpentier qui, habitué à monter sur les édifices les plus élevés est exposé à toutes les intempéries et à tous les chocs (*J. Amiens, 1er déc. 1905 : Minutes*).

351. Céphalalgie intense survient après des vertiges ; elle oblige l'ouvrier à suspendre tout travail ; les troubles diminueront progressivement ; en tenant compte de l'amélioration ultérieure inhérente au progrès de la guérison, la réduction est de 20 % (dit un expert) ; mais pour apprécier la réduction (dit l'arrêt) il n'y a pas lieu de tenir compte d'une amélioration possible, mais non certaine de l'état de l'ouvrier ; l'indemnité doit être calculée sur la réduction de salaire subie, au moment de la consolidation ; c'est sur cette base que l'expert commis par l'arrêt doit procéder (*A. Nancy, 18 juil. 1908 : Recueil Nancy, 1907-1908, 245*).

352. Douleur permanente à la nuque du côté droit avec mastoïdite du côté droit, jointes à un état général de malaises et d'infériorité physique. La victime ne saurait être contrainte de subir une opération aléatoire pour tenter de réduire l'infériorité résultant de l'accident ; rente de 15 % à un couvreur (*A. Rennes, 30 oct. 1905 : Recueil Rennes, 1905, 1, 34*).

La veuve a droit à une rente :

353. Décès par fracture de la base du crâne d'un gérant qui se jette par la fenêtre pour échapper à un incendie et à une explosion ; rente de 20 % (*J. Bernay, 11 janv. 1910 : Gaz. Palais, 1910, I, 245*).

354. Décès d'un puisatier par fracture de la base du crâne et enfoncement du pariétal gauche par suite d'ensevelissement dans un puits en construction ; rente de 20 % (*J. Senlis, 16 nov. 1909 : Minutes*).

355. Décès d'un maçon par fracture du crâne par suite de la chute d'un échafaudage ; la faute inexcusable de l'ouvrier constituée notamment par l'ivresse réduit de 20 % à 10 % la rente allouée (*A. Caen, 7 déc. 1908 : Recueil Caen, 1908, 216*).

356. Décès des suites d'une chute ; la faute inexcusable de l'ouvrier, constituée par l'ivresse, réduit la rente de 20 % à 10 % (*A. Douai, 21 déc. 1903 : Jurisprud. Douai, 1904, 94*).

357. Décès d'un laveur de voitures des suites de chute sur la tête ; la faute inexcusable de l'ouvrier, constituée par l'ivresse, réduit la rente de 20 % à 6,66 % (*A. Paris, 5 nov. 1902 ; Gaz. Palais, 1903, 1, 204*).

SUR LE CRANE : *Eruption de la base : V. 13 ; tuberculose : 1685 ;* CRISE NERVEUSE. — 598.

CUBITUS. — *Saillie : 147 ; détachement de l'apophyse styloïde : 155 ; non consolidé : 173 ; soudure mauvaise : 206 ; résection : 234 ; fracture : 157 ; fracture vers le 1/3 inférieur: 256.*

CUIR CHEVELU. — *Incapacité permanente partielle :*

358. Deux cicatrices ovalaires à la moitié supérieure de la région occipitale ; le cuir chevelu est profondément atteint ; il n'y a plus de trace de follicules pileux ; les cheveux ne repousseront jamais ; une perruque est obligatoire ; rente de 6 % à une vendeuse chez un confiseur (*J. Seine, 27 fév. 1909 : Villetard, IX, 470*).

La mère a droit à une rente :

359. Décès de l'ouvrière scalpée, et des suites de cet accident (*A. Nimes, 6 mai 1908 : Gaz. Tribunaux, 1908, II, 2, 422*).

Incapacité permanente nulle ou légère. Aucun droit à rente :

360. Déchirure du cuir ; la cicatrice nuit seulement au point de vue esthétique ; pas de troubles nerveux, ni de diminution de capacité professionnelle pour un ouvrier d'usine (*A. Amiens, 9 juin 1909 : Minutes*).

SUR LE CUIR CHEVELU : *Guérison : V. 585.*

CUIR CHEVELU, HANCHE GAUCHE. — *Incapacité permanente partielle :*

361. Grave contusion de l'articulation de la hanche gauche rendant tout mouvement douloureux; plaies au cuir chevelu ; un traitement proposé six mois après l'accident n'amènerait pas la guérison d'une manière certaine ; le refus de se soumettre à ce traitement très douloureux est admissible ; rente de 70 % à une ouvrière d'usine (*A. Caen, 7 juin 1905 : Recueil Caen, 1905, 189*).

CUISSE — *Fracture : 10; atrophie musculaire : 968.*

CUISSE DROITE. — *Incapacité permanente partielle :*

362. Fracture de l'extrémité supérieure du fémur ; station debout impossible, béquilles nécessaire pour la marche ; rente de 70 % à un charpentier âgé (*A. Grenoble, 26 mai 1906 : Recueil Grenoble, 1906, 228*).

363. Fracture du col, avec déformation et atrophie consécutive ; ne pourra plus exercer sa profession et, peu lettré, en trouvera difficilement une autre ; rente de 60 % à un maçon de 45 ans (*A. Lyon, 9 mars 1901 et Cass. rejet, 24 févr. 1902 : Bert, 1902, 150*).

364. Fracture avec cal extraordinairement volumineux à la partie moyenne du fémur droit, légèrement sensible à la pression ;

raccourcissement du membre de 3 centimètres ; augmentation en volume du genou par le fait du traumatisme et de l'immobilisation réactionnelle ; mouvements de flexion diminués et accompagnés de craquements intra-articulaires par arthrite sèche, demi-ankylose du pied limitant les mouvements en tous sens ; mouvements de flexion de la cuisse sur le bassin diminués, marche pénible (la pointe du pied en dehors sans appuyer sur le talon) ; rente de 60 % sans appareil prothétique ; l'ouvrier ne refusant pas d'employer cet appareil, la rente est de 50 % pour un manœuvre (*A. Rouen, 21 juin 1902 : Travail, 7, 242*).

365. Fémur fracturé avec gêne subsistante ; rente de 25 % à un charretier (*J. Senlis, 30 mars 1904 : Minutes*).

366. Fracture avec claudication très légère appelée à disparaître dans un délai prochain ; rente de 20 % à un maçon (*J. Nancy, 28 mai 1900 : Travail, 3, 323*).

367. Raccourcissement notable à la suite de fracture du col du fémur ; rente de 50 % à un maçon (*A. Rennes, 30 nov. 1903 : Recueil Rennes, 1903, I, 51*).

368. Fracture du col du fémur avec raccourcissement de 6 à 7 centimètres ; rente de 50 % à un camionneur (*A. Rennes, 8 mai 1905 : Recueil Rennes, 1904-1905, I, 91*).

369. Fracture avec arthrite du genou, raccourcissement de 4 à 5 centimètres et atrophie musculaire ; rente de 80 % à un ouvrier de brasserie (*J. Lille, 9 août 1900 : Travail, 3, 411*).

370. Fracture de la cuisse avec raccourcissement de 4 centimètres et claudication qui l'oblige à renoncer à son métier de maçon ; rente de 20 % (*A. Nancy, 2 mars 1901 : Recueil Nancy, 1900-1901, 150*).

371. Fracture avec raccourcissement de 4 centimètres ; rente de 25 % à un carrier (*J. Senlis, 18 nov. 1903 (sur révision) : Minutes*).

372. Raccourcissement avec gêne dans les mouvements de la cuisse ; rente de 33,33 % (*J. Rouen, 5 janv. 1901 : Travail, 7, 13*).

373. Fracture avec pseudarthrose ; incapacité équivalente à la perte totale du membre ; l'ouvrier n'est pas tenu de se soumettre à une opération qui présente des chances de procurer la guérison ; à cause des dangers qui peuvent en résulter la rente serait de 35 % mais est portée pour faute inexcusable du patron à 50 % (*J. Amiens, 22 déc 1906 : Journal Amiens, 1907, 5*).

Incapacité permanente légère ou nulle. Aucune rente :

374. Simple cicatrice un peu sensible et gênant quelque peu les mouvements d'un chauffeur ; une réduction de 2 % ne saurait entraîner une incapacité professionnelle (*J. Lille, 30 juil. 1908 : Dalloz, 1909, II, 353*).

375. Atrophie des masses musculaires, par suite d'entorse du genou guérie ; différence de circonférence d'un centimètre entre la cuisse droite et la gauche; diminution de 4 à 5 % ; force musculaire intacte ; lésion anatomique ou physiologique ne donne droit à aucune rente si elle n'entraîne pas de réduction de capacité de travail (*A. Paris, 5 janv. 1909 : Dalloz, 1909, II, 353*).

376. Fracture consolidée sans déformation du membre, sans raccourcissement de la jambe ; simple incapacité temporaire ; la guérison tardive est imputable à cet ouvrier d'acconier parce qu'il aurait dû s'appuyer peu à peu sur le membre fracturé pour recouvrer l'équilibre de ses mouvements et abandonner ses béquilles. (*J. Marseille, 20 nov. 1900 : Recueil Marseille, 1901, 354*).

Sur la cuisse droite : *Fracture : V. 1040 ; 1095 ; raccourcissement avec scoliose : 347.*

CUISSE DROITE, FESSES. — *Rente minime accordée :*
377. Contusion violente des régions coxo-fémorale fessière et partie supérieure de la cuisse droite ; rente de 4 %. *Principes :* Dès qu'il y a diminution de la capacité physique de travail, il y a nécessairement réduction du salaire, quelque minime que puisse être cette réduction et si peu élevée que soit la rente allouée à la victime (*J. Pontoise, 16 nov. 1910 : Villetard, XI, 395*).

CUISSE GAUCHE — *Incapacité permanente partielle :*
378. Amputation et désarticulation du fémur ; rente de 95 % à un charretier, illettré de 42 ans ; ce n'est pas une incapacité absolue parce qu'il n'est pas une non-valeur industrielle et ne se trouve pas en état d'épave humaine (*A. Rouen, 27 fév. 1901 : Recueil Rouen, 1901, 73*).

379. Amputation au niveau de son tiers supérieur ; rente de 80 % à un charretier (*A. Rennes, 20 oct., 1905 : Recueil Rennes, 1905, I, 39*).

380. Amputation à l'union du tiers inférieur et du tiers moyen de la cuisse ; rente de 66,66 % à un ouvrier de batteuse (*J. Angoulême, 23 janv. 1901 : La Loi, 1er février 1901*).

381. Fracture ; sans tenir compte d'un précédent accident parce que le salaire précédant l'accident actuel est la représentation de sa valeur industrielle après le premier accident ; rente de 50 % à un charpentier (*J. Le Havre, 11 mai 1901 : Travail, 3, 571*).

382. Raccourcissement de 4 centimètres de la jambe avec hydarthrose du genou par suite de fracture du fémur gauche ; rente de 50 % à un charretier (*A. Rennes, 24 janv. 1905 : Recueil Rennes, 1904-1905, I, 40*).

383. Lésions inflammatoires chroniques du fémur et des tissus péri-osseux de la cuisse ; jambe inutilisable ; rente de 50 % (*Cass. 30 mars 1903 et A. Caen 17 juil. 1903 : Recueil Caen, 1903, 181*).

384. Fracture suscondylienne du fémur qui a laissé un raccourcissement de 2 centimètres, un état d'ankylose très prononcé du genou qui ne possède plus qu'un mouvement de flexion très rudimentaire ; la blessure a entraîné un nouveau traitement à raison d'une rupture accidentelle du cal. Ce deuxième accident survenu alors que l'ouvrier n'a pas achevé sa guérison est un accident de traitement se rattachant à l'accident primitif ; rente de 40 °/° (*A. Paris, 21 janv. 1908 : Bert, 1908, 116*).

385. Fracture avec très légère boiterie ; rente de 13,75 °/₀ à un homme de peine (*A. Rennes, 28 oct. 1901 : Gaz. Tribunaux, 1902, I, 2, 181*).

386. Fracture du tiers supérieur ; projection du pied en dehors ; raccourcissement d'un centimètre et demi ; claudication dans la marche ; rente de 11,50 °/₀ à un tonnelier-livreur (*J. Senlis, 3 fév. 1903 : Minutes*).

Sur la CUISSE GAUCHE: *Amputation*: V. *175 ; 1082 ; fracture : 1097 : atrophie : 648 ; 1050 ; cal volumineux : 186 ; 1099 ; plaie contuse : 1045 ; flexion incomplète : 179.*

CUISSE GAUCHE, ORTEILS DROITS. — *Incapacité permanente partielle :*

387. Amputation de la cuisse gauche et de trois orteils droits n'entraîne pas une incapacité absolue mais une rente de 90 °/₀ à un terrassier (*A. Rennes, 30 mars 1905 : Recueil Rennes, 1904-1905, I, 83*).

CUISSE GAUCHE, POIGNET GAUCHE. — *Incapacité permanente partielle :*

388. Fémur gauche fracturé ; raccourcissement de 4 centimètres de la jambe ; déformation du poignet gauche ; atrophie des muscles de la main ; rente de 40 °/₀ à un charpentier-menuisier (*J. Senlis, 7 mars 1906 (sur révision) : Minutes*).

CUISSES. — *Différence dans le périmètre :* V. *1004.*

CUMUL DE RENTES. — V. *Accidents successifs.*

CURE RADICALE DE LA HERNIE — V. 674 à 678 ; 834.

DACRYOCYSTITE. — V. 1374 ; V. *Larmes.*

DÉFÉCATION. — 1005.

DÉFIGURATION. — 360 ; 647 ; 1585 ; V. *Figure.*

DÉLIRE DE LA PERSÉCUTION. — 1574.

DELIRIUM TREMENS. — *La veuve a droit à une rente de 20 °/₀:*

389. Petite plaie superficielle sans gravité de la face dorsale de la main gauche chez un alcoolique chronique : les symptômes qui ont précédé la mort permettent d'affirmer qu'il est mort d'une crise de delirium tremens ; le traumatisme très léger est suffisant chez un alcoolique pour occasionner cette crise qui a provoqué la mort ; sans tare alcoolique, la guérison était certaine en quelques jours ; la relation de cause à effet entre l'accident et le décès est évidente (*A. Paris, 16 fév. 1909 : Bert, 1909, 210*).

390. Fracture de la jambe compliquée de delirium tremens chez un affûteur de scies provoque la mort quatre jours après ; sans l'accident il n'aurait pas eu de delirium tremens et ne serait pas mort à cette époque ; c'est l'accident qui a été la cause occasionnelle de la mort prématurée (*A. Paris, 1er déc. 1908 : Bert, 1909. 74*).

391. Décès en état de delirium tremens, complication survenue au cours de brûlures graves sur tout le tronc par suite de chute dans une cuve d'eau bouillante ; il y a relation de cause à effet entre la mort et l'accident ; les brûlures ayant bien déterminé les désordres qui ont causé la mort ; l'alcoolisme de l'ouvrier n'est pas démontré ; le serait-il, la responsabilité du patron existerait par le fait de cette prédisposition morbide, de la constitution physique du malade, de ses habitudes d'intempérance qui ont en partie déterminé la mort, l'accident ayant été la cause occasionnelle de la maladie à laquelle il a succombé (*A. Rouen, 27 fév. 1901 : Recueil Rouen, 1901, 91*).

392. Décès d'un accès de delirium tremens trois jours après l'accident ; il y a relation de cause à effet entre le traumatisme et la mort, le très court espace de temps qui s'est écoulé entre l'accident et le décès est une circonstance caractéristique ; et il est certain que le delirium tremens a été provoqué par l'accident (*A. Paris, 12 mai 1908 : Minutes*).

393. Décès d'un ouvrier pareur dans un accès de delirium tremens, trois jours après des blessures légères à la tête, au mollet droit provoquées par une chute au cours du travail et dans une crise épileptiforme d'origine éthilique : Il s'agit d'un accident s'accusant sous la forme d'une lésion, d'un traumatisme dû à une cause violente et extérieure et d'un décès qui est la suite immédiate de la chute et des lésions qu'elle a produites : il importe peu que les lésions aient été aggravées par une maladie ou une infirmité préexistante (*A. Amiens, 26 juin 1900 : Travail, 3, 642*).

La veuve n'a aucun droit :
394. Décès, quatre jours après une fracture de la jambe par accident, d'un accès de delirium tremens dû à un état d'alcoolisme chronique : il doit être justifié ou que la fracture de la jambe a été la cause directe de la mort ou qu'elle a contribué à accélérer le dénouement fatal (*A. Douai, 25 avril 1906 : Sommaires, 1906, 5861*).

395. Fracture simple des deux os de la jambe droite sans gravité ; lésions caractéristiques de l'alcoolisme chronique ; foie gros ; reins se décortiquent mal ; atrophie de la substance cérébrale ; accès de delirium tremens ; décès par le fait de cet accès ; la fracture n'était pas de nature à amener la mort ; l'accident a été l'occasion et non la cause de l'accès qui a déterminé la mort ; le décès n'est pas une conséquence immédiate et directe de l'accident ; l'état d'alcoolisme est la raison prédominante de la mort (*J. Seine, 13 juil. 1909 : Villetard, X, 185*).

DÉMENCE. — V. *Aliénation mentale.*

DENTS. — V. *Mâchoire.*

DÉPÉRISSEMENT. — 623 ; 1225.

DERMATITE, DERMITE. — *La loi ne s'applique pas :*

396. Dermatite de la main causée à un teinturier en peaux, à la longue, par le contact journalier et lent avec des substances caustiques employées à l'occasion du travail. Il n'y a pas soudaineté et violence d'un fait précis amenant une lésion de l'organisme (caractères essentiels de l'accident). Il en serait autrement des brûlures aux mains qui se produisent instantanément au cours du travail par suite du fait anormal qu'un bain est trop chargé d'acide ; ces brûlures constitueraient un accident. *Principes :* La dermatite ne saurait constituer un accident parce que la maladie professionnelle provient d'une cause lente, durable, persistante, envahit peu à peu l'organisme sans précision de date, de point de départ, et n'est que le résultat de l'exercice habituel et normal de la profession de l'ouvrier (*A. Grenoble, 25 janv. 1907 : Recueil Grenoble, 1907, 59*).

397. Dermite artificielle à tendance eczémateuse par le fait du contact d'un liquide caustique au niveau des mains et avant-bras ; il n'y a pas de manifestation soudaine, mais une cause lente, durable, persistante, sans précision de date ; aucun fait accidentel déterminé. *Principes :* Un accident consiste dans une atteinte au corps humain provenant de l'action soudaine et violente d'une force extérieure (*J. Charleville, 23 juin 1910 : Segard, 1911, II, 2*).

SUR LA DERMATITE : V. aussi 35.

DIABÈTE. — *Incapacité permanente partielle :*

398. Décollement rétinien de l'œil droit avec polyurie diminue la capacité d'un terrassier de 75 °/₀ ; elle n'est pas susceptible d'amélioration mais peut augmenter ou même devenir absolue si son diabète azoturique s'aggravait. (*A. Rennes, 9 déc. 1902 et J. Redon, 30 avril 1903 : Recueil Rennes, 1902, I, 24 et Minutes*).

La veuve a droit à une rente :

399. Décès d'un contremaître des suites d'une chute dans son travail et des blessures qu'elle lui a occasionnées ; il importe peu pour l'application de la loi qu'il ait été atteint de diabète avant l'accident et que ce diabète ait été dans une période avancée, dans la période d'amaigrissement ; rente de 20 °/₀. (*J. Lesparre, 12 avril 1905 et A. Bordeaux, 20 juin 1905 : Minutes et Recueil Bordeaux, 1906, I, 108*).

400. Décès des suites de blessures à un orteil d'un ouvrier depuis longtemps diabétique ; la blessure était incapable par elle-même d'entraîner la mort ; la veuve n'a droit à la rente que dans une

certaine mesure, de moitié dans l'espèce, soit 10 °/₀, parce qu'on ne saurait ni déclarer la mort due à l'accident subi, ni déclarer cet accident étranger à la mort ; il y a deux causes qui pour s'être confondues, doivent cependant être distinguées ; il n'y a pas lieu de raisonner ici comme on le ferait en cas d'une simple prédisposition pouvant ne jamais se traduire en un mal déclaré dont l'évolution serait scientifiquement déterminée ; rien n'empêche juridiquement la division (*J. Bordeaux, 23 mars 1908 : Le Droit, 22 août 1908*).

La veuve n'a aucun droit :

401. Décès d'ouvrier blessé dans un accident, quelques jours après, alors qu'il était atteint du diabète antérieurement ; il n'est pas justifié qu'il ait succombé aux suites de l'accident, lorsque tout au contraire il est établi que le blessé pouvait être considéré comme guéri de sa blessure lorsqu'il a été emporté par une crise occasionnée par le diabète ; il n'y a pas de relation de cause à effet entre le décès et l'accident (*A. Pau, 18 juin 1903: Sirey-Palais, 1906, II, 267*).

Sur le diabète : *Gangrène diabétique : V. 634.*

DIGESTION. — V. *Mâchoire.*

DIPLOPIE. — 1331 ; 1771.

DOIGTS (des deux mains). — *Incapacité permanente absolue.* Rente des 2/3 :

402. Amputations de tous les doigts des deux mains d'un ouvrier d'usine, sauf les deux pouces (*A. Amiens, 7 fév. 1906 : Journal Amiens. 1906, 121*).

Incapacité permanente partielle :

403. Perte de deux phalanges de l'index droit ; il n'y a pas lieu à majoration de cette rente eu égard à l'amputation de l'index et du médius gauche, survenue antérieurement ; rente de 15 °/₀ à un scieur. *Pourvoi rejeté :* parce que la rente actuelle se calcule par la comparaison entre le salaire touché avant le deuxième accident et celui qu'il demeure capable de gagner ; l'état antérieur importe peu au point de vue de la détermination de son état actuel et par suite de l'indemnité à laquelle il a droit ; en effet cette infirmité première a eu déjà une influence sur le salaire, et le salaire avant le deuxième accident en donne la mesure légale ; il n'y a qu'à constater la nature du préjudice souffert, et à en assurer la réparation forfaitaire à l'aide de calculs dont les données sont imposées par la loi (*A. Paris, 9 juill. 1902 et Cass. rejet, 30 juin 1903 : Travail, 9, 239*).

404. Perte des quatre doigts gauches en 1881 suivie de la perte des quatrième et cinquième doigts droits ; la main droite avait pour lui une valeur particulière qui pour un ouvrier valide serait de 25 °/₀ mais qui dans l'espèce et en tenant compte de l'infirmité préexistante est de 35 % (*J. Seine, 8 mai 1901 : Recueil Assurances, 1901, 512*).

405. Trois doigts gauches ankylosés ; quoique déjà privé presque entièrement des doigts droits par un premier accident en 1897 et qu'il se trouve privé de l'usage de ses deux mains, il n'a pas droit à la rente d'incapacité absolue, mais relative en tenant compte seulement de l'accident récent ; rente de 60 % à un filateur (*J. Lille, 17 déc. 1900 : Villelard, I, 278*).

DOIGTS DROITS. — *Incapacité permanente partielle :*
AMPUTATIONS.

De quatre doigts : Complètement :
406. Le pouce excepté ; rente de 32,50 % ; même si le salaire est le même après l'accident (*J. Douai, 21 fév. 1900 : Jurisprud. Douai, 1900, 82*) ; de 58 % à une ouvrière en laines (*A. Grenoble, 10 août 1906 : Recueil Grenoble, 1906, 228*) ; l'auriculaire excepté : de 75 % (*J. Apt, 26 mars 1900 : Bert, 1901, 388*).

Partiellement :
407. Doigts autres que le pouce ; perte des deuxième et troisième phalanges ; rente de 66 % (*J. Confolens, 2 mars 1900 . Travail, III, 122*).

De trois doigts ; complètement :
408. *Index, médius, annulaire*; rente de 40 % à un manouvrier (*J. Senlis, 31 janv. 1906 : Minutes*).

409. *Médius, annulaire, auriculaire* ; rente de 49,64 % (*J. Lille, 8 mars 1900 : Nord Judiciaire, 1900, 190*).

Partiellement :
410. *Index, médius et annulaire :* perte des phalangettes; rente de 12 % (*J. Seine, 13 janv. 1909 ; Villelard, XI, 347*).

411. *Médius :* amputation de la plus grande partie de la deuxième phalange ; *annulaire :* amputation de la moitié de la troisième phalange ; *auriculaire :* amputation des 2/3 de la troisième phalange ; rente de 33,33 % à un cisailleur (*J. Senlis, 31 juil. 1907 : Minutes*).

412. *Annulaire, index, médius :* amputation au-dessous de la dernière phalange; le pouce et l'auriculaire restent; rente de 60 % à une estampeuse (*A. Paris, 31 juil. 1900 : Bert, 1900,408*).

413. *Trois derniers doigts:* Sectionnement partiel du muscle extenseur entraînant leur impotence fonctionnelle; rente de 40 % à un manœuvre (*J. Bayonne, 16 juil. 1907 : Gaz. Tribunaux, 1907, II, 2, 299*).

414. *Médius, annulaire, auriculaire* mutilés. Rente de 50 % à un garde-moulin (*J. Soissons, 3 déc. 1903*). L'état de la main reste le même au point de vue anatomique et matériel; au point de vue fonctionnel, une amélioration de 10 % s'est produite par efforts quotidiens faits pour utiliser le pouce et l'index et l'expérience ac-

quise, l'adresse, l'ingéniosité du blessé (*adaptation*) et la substitu-
tion progressive de la main gauche à la main droite; mais le meilleur usage de la main n'est pas une atténuation dans le sens de la
loi et la demande en révision du patron est repoussée (*A. Amiens,
16 oct. 1907 (sur révision) : Journal Amiens, 1907, 257) Dans
le même sens : A. Toulouse, 25 mai 1908 (Villetard, IX, 257*)
qui rejette une demande en révision basée sur une diminution de
l'incapacité fonctionnelle par suite de l'adresse du blessé).

De deux doigts, complètement :

415. *Médius et annulaire* amputés ; rente de 33,33 % (*J. Senlis, 1er mai 1900 : Minutes*); de 15 % à un apprenti de 14 ans
(*A. Paris, 12 avril 1902 : Bert, 1902, 202*); de 40 % à un tuilier de 13 ans (*J. Fontainebleau, 21 mars 1902: Travail, 7,67*).

Partiellement :

416. *Annulaire et auriculaire :* perte de la phalangette ; rente
de 10 % (*J. Lille, 5 avril 1900 : Travail, III, 191*) ; de 12 %
(*J. Marseille, 30 juil. 1900 : Travail, III, 408*).

417 *Index et médius :* amputation des deux dernières phalanges; rente de 35 % à un ouvrier attacheur d'horlogerie (*A. Paris,
20 juil. 1906 et Cass., 18 fév. 1908 : Bert, 1908, 97*); de 40 %
à un manœuvre qui peut facilement avec ses tronçons de doigts manier un outil un peu gros ; (*J. Lons-le-Saunier, 24 juil. 1900 :
Travail, 3, 391*).

418. *Médius et annulaire :* perte des deux premières phalanges,
rente de 40 % à un ajusteur mécanicien (*A. Nancy, 8 août 1901 :
Villetard, II, 237*).

419. *Médius et annulaire:* perte de la phalangette; rente de 13 %
à un menuisier sans tenir compte du salaire identique après l'accident (*A. Douai, 18 janv. 1900: Jurisprud. Douai, 1900, 82*); de
22 % à un ouvrier tuilier (*J. Narbonne, 30 janv. 1900 : Travail, 3, 184*).

AMPUTATIONS COMPLÈTES DES UNS AVEC AMPUTATIONS PARTIELLES DES
AUTRES.

420. *Auriculaire annulaire, médius* amputés; *index:* première
phalange amputée ; elle peut appréhender les objets et accomplir
le plus grand nombre des travaux de dévideuse réservés aux personnes de son sexe ; rente de 50 % (*A. Toulouse, 6 mars 1900 :
Bert. 1900, 329*).

421. *Auriculaire:* enlevé par désarticulation ; *index:* amputé
dans la continuité de la première phalange ; *médius:* amputé à l'extrémité de la première phalange avec limitation d'extension de
l'annulaire et du moignon du médius ; il lui est presque impossible
de maintenir et saisir les objets; rente de 50 % à un menuisier
(*A. Rennes, 12 nov. 1903 : Recueil Rennes, 1903, I, 33*).

422. *Annulaire :* amputé ; *index :* légère perte de substance au niveau de la pulpe ; *médius :* chute des dernières phalanges ; les doigts chefs de file étant conservés, un manche d'outil peut encore être saisi et maintenu entre le pouce et les doigts restants avec assez de force ; le moignon du médius contribuant au maintien dans une certaine mesure ; rente de 28 % (*J. Pontoise, 31 juil. 1907 : Bert, 1908, 342*).

423. *Médius, annulaire:* amputés. *Index :* deux premières phalanges amputées ; rente de 49 % à un menuisier (*J. Remiremont, 9 août 1910 : Travail, 3, 413*).

424. *Annulaire :* amputé ; *index et médius :* amputation des deux premières phalanges ; rente de 30 % à un employé d'usine électrique (*A. Nancy, 22 juil. 1905 : Recueil Nancy, 1904-1905, 257*).

425. *Index :* amputé; *médius :* décollement de la phalangette : rente de 15 % à un apprenti d'usine ; la non réduction de salaire, momentanée peut-être, ne peut entraîner la privation d'obtenir la réparation d'un préjudice réellement soufflert (*A. Aix, 25 mai 1901 ; Recueil Aix-Marseille, 1902, 140*).

426. *Auriculaire:* amputé ; *annulaire:* perte de deux phalanges ; rente de 15 % à un dégorgeur (*J. Lille, 8 fév. 1900 : Nord Judiciaire, 1900, 132*).

427. *Médius :* amputé ; *index :* tête coupée; rente de 40 % à un scieur (*A. Toulouse, 27 mars 1906 : Villetard, VII, 16*).

428. *Annulaire:* amputé ; *médius :* deux phalanges amputées ; il ne peut manipuler des poids lourds; rente de 30 % à un journalier jardinier (*A. Poitiers, 11 avril 1906 : Villetard, VII, 168*).

ANKYLOSES; INERTIES; DÉFORMATIONS.

429. *Médius, auriculaire :* immobiles, courbés en demi-flexion; *index, annulaire:* immobiles en extension à peu près complète ; *pouce :* n'est mobile que dans une certaine mesure à cause de la raideur de ses différentes jointures ; les mouvements communiqués aux quatre doigts sont très peu étendus ; les mouvements spontanés sont presque nuls; l'amélioration à attendre du côté de la mobilité est insignifiante; seuls les mouvements du pouce ont chance de s'amender quelque peu; rente de 60 % à un mécanicien (*A. Paris, 7 août 1906 et Cass. rejet, 27 nov. 1907 : Bert, 1908, 36*).

430. *Index, médius, annulaire:* rétractation et adhérence des tendons fléchisseurs; *pouce :* déformation de l'articulation de la dernière phalange; rente de 50 % à un manouvrier (*J. Senlis, 23 mars 1904 : Minutes*).

431. *Pouce:* privation presque complète de l'usage; *autres doigts :* raidis; rente de 23 % à un ouvrier en tôlerie (*A. Grenoble, 15 avril 1905 : Recueil Grenoble, 1905, 100*).

432. *Annulaire :* atrophie et ankylose complète et définitive de toutes les articulations ; *médius et auriculaire :* arthrite chronique et raideur. La diminution de capacité est de 30 %, mais l'amputation de l'annulaire supprimerait une cause de gêne et diminuerait la réduction de moitié. L'ouvrier ne peut par sa propre volonté aggraver le dommage et augmenter la responsabilité patronale en refusant de subir une opération sans danger ; rente de 15 % à un ouvrier de batteuse (*J. Rethel, 28 déc. 1910 : Villetard, XI, 426*).

433. *Trois derniers doigts :* Déformation et flexion permanente ; impuissance partielle du bras avec gêne de préhension assez sensible ; paralysie incomplète du cubital droit ; rente serait de 50 % ; mais l'infirmité consécutive à l'accident n'a revêtu la gravité qui lui est attribuée que par un défaut d'application du traitement qui aurait atténué l'infirmité ; l'ouvrier est en faute d'avoir refusé de se soumettre au traitement prescrit, ce qui réduit sa rente à 16,66 % (*J. Draguignan, 18 juin 1901 : Villetard, II, 287*).

434. *Annulaire :* amaigri sans fracture ; ongle déformé ; *index :* atrophié dans tout son segment phalangettien ; ongle déformé ; *médius :* raidi et faible ; préhension de la main sans vigueur, ni précision ; rente de 18 % à un ouvrier d'usine(*J. Senlis, 23 fév. 1910 : Minutes*).

435. *Index, médius, annulaire :* fracturés ; la main ne se ferme pas complètement par suite d'adhérences entre la peau du dos de la main et les parties profondes au niveau des plaies ; la préhension des petits objets est impossible ; rente de 33 % à un pointier (*J. Senlis, 13 janv. 1903 : Minutes*).

436. *Index :* raide et se fléchit mal quoique possédant ses tendons fléchisseurs et extenseurs ; *médius, annulaire :* incapables de tout mouvement de flexion ; la préhension ne se fait que par l'opposition du pouce et de l'auriculaire ; la prise est peu solide et de courte durée, la fatigue se produisant rapidement ; l'ouvrier ne peut se livrer qu'à des travaux de surveillance, de labeur léger où la force n'est pas nécessaire ; rente de 45 % à un ouvrier d'usine (*J. Andelys, 30 oct. 1900 : Travail, 3, 433*).

437. *Index, médius, pouce :* usage perdu ; rente de 50 % à un scieur mineur (*J. Bordeaux, 17 déc. 1900 : Recueil Bordeaux 1901, II, 21*).

438. *Médius :* grande difficulté de mouvement ; *index, pouce :* désarticulation ; rente de 70 % à un ouvrier de scierie mécanique (*A. Rennes, 12 janv. 1903 : Recueil Rennes, 1902, I, 48*).

439. *Médius et index :* perte de l'usage ; rente de 25 % à un apprenti mécanicien (*A. Amiens, 13 mai 1902 : Journal Amiens, 1902, 142*).

440. *Index :* ankylosé ; *médius :* une phalange ankylosée ; rente de 30 % à un ouvrier toupilleur (*J. Senlis, 18 fév. 1903 : Minutes*).

441. *Annulaire :* ankylosé ; flexion du doigt difficile et incomplète; *index:* plus volumineux qu'à l'état normal; flexion de la phalange moyenne impossible; rente de 50 % à un journalier de tuilerie (*A. Nancy, 4 août 1900 : Recueil Nancy, 1899-1900, 267*).

442. *Deux premiers doigts:* perdus ; l'*annulaire :* pourra néanmoins dans l'avenir rendre quelque service ; rente de 30 % à une ouvrière blanchisseuse (*A. Paris, 31 mars 1908 : Bert, 1908, 118*).

443. *Médius et annulaire :* dernières phalanges infléchies et ankylosées; rente de 33, 33 % (*A. Nîmes, 27 mars 1901 et Cass. rejet., 3 août 1903 : Bert, 1904, 44*).

AMPUTATION DES UNS AVEC INERTIES, DÉFORMATION DES AUTRES.

444. *Médius :* amputation de deux phalanges; *autres doigts:* diminution de flexion; rente de 20 % à un ouvrier fondeur (*J. Senlis, 18 fév. 1903 : Minutes*).

445. *Pouce:* amputé et *autres doigts:* ankylosés ; rente de 60 % (*J. Ambert, 10 juil. 1900 : Travail, III, 383*).

446. *Index:* amputé; *médius, annulaire :* ankylosés; *pouce, auriculaire:* gênés ; rente de 66, 66 % à un scieur (*J. Senlis, 20 janv. 1903 : Minutes*).

447. *Index, médius :* amputés ; *annulaire et auriculaire :* ankylose partielle ; rente de 45 % à un mécanicien (*J. Lille, 2 juil. 1903 : Recueil Assurances, 1903, 184*).

448. *Auriculaire, annulaire :* perte avec une grande portion de leur métacarpien; *médius :* perte ; *index:* raideur ; rente de 50 % à une varouleuse de 15 ans (*A. Amiens, 22 déc. 1904, après Cass. 5 juil. 1904 : Journal Amiens, 1905, 23*).

449. *Index, médius, annulaire:* perdus ; *auriculaire:* rigide ; flexion des phalanges impossible; rente de 50 % à un employé à la scie circulaire (*A. Caen, 21 juil. 1903 : Recueil Caen, 1903, 184*).

450. *Annulaire :* simple moignon inutilisable ; *index :* amputé; *auriculaire:* recourbé et ne peut être fléchi sans douleur; *médius:* réduit aux deux dernières phalanges rapportées de l'index; rente de 60 % à un scieur non gaucher (*J. Saint-Claude, 26 déc. 1907 : Minutes*).

451. *Auriculaire :* désarticulation; *médius :* amputation; *index:* contracture et impotence fonctionnelle; rente de 80 % à une manouvrière de 16 ans (*A. Amiens, 13 août 1902 : Journal Amiens, 1902, 206*).

452. *Pouce, index :* amputation ; *médius :* rigidité presque complète; rente de 53 % (*J. Le Havre, 13 juil. 1900 : Travail, III, 383*).

453. *Index:* mutilé ; *médius :* ankylose totale ; *annulaire :* ankylose partielle ; rente de 50 % à un employé de scierie (*A. Caen, 5 mars 1902 : Recueil Caen, 1902, 60*).

454. *Auriculaire :* amputé ; *annulaire et médius :* ayant partiellement perdu leurs mouvements de flexion et d'extension ; rente de 50 °/₀ (*J. Prades, 6 déc. 1899 : Travail, I, 77*).

455. *Index, médius :* amputés ; *auriculaire :* déformé et replié du côté des doigts amputés ; rente de 60 °/₀ à un manouvrier (*J. Senlis, 23 mai 1905 : Minutes*).

456. *Médius :* amputation ; *annulaire :* ankylose ; *auriculaire :* gêne dans ses mouvements ; rente de 40 °/₀ à un camionneur de 58 ans (*A. Nancy, 7 août 1900 : Travail, 3, 662*).

457. *Annulaire :* amputé ; *médius, index :* ankylosés partiellement ; rente de 35 °/₀ à une balayeuse (*A. Douai, 13 fév. 1903 : Gaz. Tribunaux, 1903, II, 2, 45*).

458. *Médius, annulaire :* complètement perdus par immobilisation ; ils présentent un obstacle à l'utilisation du pouce et de l'index seuls désormais intacts par suite d'ablation de l'auriculaire antérieure à l'accident ; rente de 35 °/₀. *Principes :* L'incapacité permanente ne se détermine pas en dehors de la réduction que l'accident a fait subir au salaire touché par la victime dans le temps même de l'accident ; la circonstance que l'ouvrier avait antérieurement subi l'ablation d'un doigt et touchait de ce fait une rente est indifférente ; la seule question à trancher est celle de savoir dans quelles mesures ses facultés professionnelles dont le rendement était, au jour du deuxième accident, fixé par le salaire qu'il touchait ce jour-là, ont été diminuées (*J. Trévoux, 5 juil. 1906 : Moniteur Lyon, 31 octobre 1907*).

459. *Pouce :* luxation postérieure non réduite de l'articulation interphalangienne et légère mutilation avec raccourcissement d'un centimètre et demi ; *pouce, index, médius :* raideur des articulations ; refus de se laisser opérer le pouce ; résultat hypothétique de l'opération ; refus sans influence sur la fixation de la rente de 30 °/₀ à un ouvrier terrassier et aide-mécanicien (*A. Amiens, 11 juil. 1902 : Journal Amiens, 1902, 233*).

460. *Auriculaire :* amputé ; *médius :* ankylosé en partie ; *annulaire :* coupé, avec déformation du doigt et ankylose de la phalangine et de la phalangette ; rente de 25 °/₀ à un scieur de long (*J. Senlis, 1ᵉʳ août 1905 : Minutes*).

461. *Index :* perte de deux phalanges ; *médius :* état de flexion permanente ; la phalangette fixée à angle droit sur sa voisine ; les tissus mous sont dans toute la longueur de leur face palmaire bridés par une cicatrice adhérente compliquée de symphyse tendineuse ; rente de 5 °/₀ à un enfant de 16 ans (*A. Rennes, 26 déc. 1900 : Bert, 1901, 130*).

462. *Index, médius :* arrachement presque complet des deux dernières phalanges ; fractures multiples des phalanges ; luxation complète avec déchirure des deux articulations phalangiennes ;

rente de 25 % à un machiniste (*J. Senlis, 7 nov. 1906 : Minutes*).

463. *Index :* perte des deux tiers ; *médius :* raide et sensible ; rente de 20 % à un tréfileur (*J. Senlis, 27 fév. 1906 : Minutes*).

464. *Index :* perte ; *médius :* diminution de souplesse ; rente de 20 % (*J. Saint-Étienne, 25 juin 1900 : Travail, III, 358*).

465. *Index :* perte de la première phalange; accident d'autant plus sensible que le *médius* est ankylosé depuis un précédent accident ; cet index avait une valeur toute particulière à raison de l'état d'infériorité auquel l'avait réduit le précédent accident; rente de 16,66 % à un contremaître sans tenir compte de ce qu'il est conservé au même salaire, sans imputer sur le salaire les arrérages de la rente mais en tenant compte de l'ensemble des infériorités (*A. Angers, 2 déc. 1901 : Travail, 9, 17 et 7, 152*).

466. *Index :* amputation des deux dernières phalanges ; *médius :* arthrite, avec perte de cartilage entre la deuxième et la troisième phalange ; flexion douloureuse ; la préhension des petits objets est difficile; la préhension des gros objets est facile avec les autres doigts ; rente de 15 % à un manœuvre (*J. Senlis, 25 mai 1909 : Minutes*).

467. *Index :* ankylosé ; préhension encore difficile; *médius :* perte des deux premières phalanges ; les travaux de couture et certains travaux de ménage impossibles ; rente de 30 % à une rattacheuse sur ce premier état(*J. Rouen, 5 janv. 1907: Minutes*). *Et sur révision :* On doit considérer comme une atténuation de l'infirmité, ouvrant droit à l'action en révision, le meilleur usage que, grâce à ses efforts et à sa bonne volonté, la blessée a su se faire d'une main mutilée dont l'état matériel n'a subi aucune modification; la réduction de rente doit être prononcée dès qu'il est constaté que la préhension entre le pouce et l'index est devenue possible et que la victime s'est habituée à opposer le pouce à l'annulaire ; c'est une modification anatomique rendant plus favorables et plus utiles les mouvements de l'index et une amélioration dans les fonctions générales de la main ; rente ramenée à 12 % (*A. Rouen, 26 fév. 1910 : Segard, 1910, I, 210*).

468. *Pouce :* perte de la phalangette ; *index :* perte des deux premières phalanges et ankylose complète du restant du doigt ; le pouce entre en opposition à peu près complète avec l'index, mais l'orifice entre ces deux doigts est trop étroit pour y introduire le manche d'un instrument ; gêne dans toute espèce de travail d'adresse ; rente de 40 % à un tenonneur (*J. Senlis, 2 mai 1911 : Minutes*).

469. *Index :* amputation totale ; *pouce :* désarticulation de la dernière phalange ; rente de 40 % à un mécanicien de 19 ans (*J. Rouen, 10 août 1900 : Travail, 3, 414*).

470. *Pouce :* perte de la deuxième phalange ; ankylose de l'articulation de la première phalange avec le métacarpien; il ne peut opposer le pouce qu'à l'index et au médius, ce qui diminue un peu son pouvoir de préhension ; *auriculaire:* ankylose de l'articulation de la première phalange et de la seconde; léger affaiblissement pour saisir et serrer les gros objets ; rente de 30 % à un manœuvre (*A. Grenoble : 15 janv. 1901 : Recueil Grenoble, 1901, 78*).

471. *Auriculaire* : fracturé et sectionné, replié en arc de cercle et plus gênant qu'utile; préhension nulle ; *annulaire* : arrachement des tendons fléchisseurs et extenseurs ; préhension faible ; rente de 8 % à un scieur (*A. Amiens, 13 juil. 1909 : Minutes*).

472. *Auriculaire* : amputé ainsi que son métacarpien; *annulaire:* gêne très accentuée ; rente de 15 % à un terrassier (*J. Senlis, 25 fév. 1903 : Minutes*).

473. *Auriculaire:* perte; *annulaire* : ankylose; rente de 20,34 % (*J. Lille, 25 mars 1900 : Nord Judiciaire, 1900, 191*).

Incapacité permanente nulle ou légère. Aucun droit à rente:

474. *Annulaire, auriculaire:* légère gêne des mouvements d'extension; une réduction de 4 % est sans portée sur le salaire d'un ouvrier forgeron (*J. Brioude, 17 juin 1910: Villetard, XI, 228*).

475. *Annulaire:* Perte de la troisième phalange; *autres doigts :* très légers troubles fonctionnels des doigts liés à la présence de légères cicatrices à leur face dorsale ; une réduction de 5 % est trop minime pour avoir une répercussion sur le salaire d'un débourreur de cardes (*J. Lille, 30 juil. 1909 : Travail 41, 46*).

476. *Index, médius :* perte de substance à l'extrémité ; l'ouvrier peut travailler comme avant (*J. Marseille, 5 janv. 1904 : Recueil Aix-Marseille, 1904, 379*).

477. *Annulaire et médius :* Amputation des phalangettes ; la préhension et la rétention énergique des outils sont moins grandes; pas de raideur articulaire ; mutilation légère sans répercussion sur les salaires qui restent les mêmes pour un manouvrier (*A. Douai, 6 déc. 1909 : Moniteur Lyon, 25 janvier 1910*).

La loi ne s'applique pas :

478. Blessures à trois doigts lorsqu'il est démontré que l'ouvrière bobineuse a intentionnellement provoqué l'accident et s'est volontairement fait ces blessures (*A. Rouen, 22 mars 1902 : Gaz. Palais, 1902, I, 850*).

Rentes minimes accordées :

479. *Annulaire;* Extraction de l'os de la phalangette; *annulaire et auriculaire :* ongles restent difformes et cicatrice reste douloureuse; rente de 6 % à un ouvrier charron. *Principes :* il n'y a pas de minimum fixé par la loi pour les incapacités minimes (*J. Caen, 29 juin 1909: Recueil Caen, 1909, 174*).

480. *Auriculaire et annulaire :* ankylose légère de l'articulation

entre les deuxième et troisième phalanges ; rente de 2 °/₀ (*J. Briey,*
13 oct. 1910 (sur révision) : *Segard, 1911, I, 16*).

Sur les doigts droits : *Paralysie : V. 148.*

DOIGTS DROITS, ŒIL GAUCHE. — *Incapacité permanente partielle :*

481. Diminution de moitié de l'acuité visuelle, avec impotence
fonctionnelle de l'index et du médius droits ; rente de 50 °/₀ à un
mécanicien de tramway (*J. Seine, 8 juil. 1905 : Villetard, VI, 130*).

DOIGTS (d'une main). — *Incapacité permanente partielle :*

Amputations et ankyloses.

482. *Annulaire :* amputé au niveau de l'articulation métacarpo-
phalangienne ; *auriculaire :* incurvé en dedans et en avant, se re-
plie peu et ne se relève pas complètement ; *médius :* a une certaine
raideur ; rente de 30 °/₀ à un débardeur (*A. Rennes, 27 mars
1906 : Recueil Rennes, 1905-1906, I, 94*).

483. *Auriculaire :* amputé ; *annulaire :* compromis dans son
fonctionnement ; rente de 14 °/₀ à un plâtrier (*A. Lyon, 18 mai
1901 : La Loi, 6 nov. 1901*).

Ankyloses.

484. Ankylose des phalanges des doigts, rente de 50 °/₀. *Principes :* La responsabilité du patron vis-à-vis de son ouvrier ne saurait être atténuée par le refus légitime opposé par celui-ci à se
soumettre à une opération chirurgicale du moment où cette opération n'est que la conséquence du manque de soins donnés au blessé
au moment de son accident (*J. Saint-Sever, 21 mai 1904 : Gaz.
Tribunaux, 24 sept. 1904*).

485. *Premier, deuxième, cinquième doigts* portent des cicatrices, mais leurs fonctions sont intactes ; *troisième et quatrième doigts :*
abolition du mouvement de flexion des deuxième et troisième phalanges par section des tendons fléchisseurs ; les fonctions de la main
sont diminuées et la rente peut être fixée de ce chef seul à 30 ou
40 °/₀ ; il serait indiqué de tenter de l'améliorer par une opération
mais on ne saurait obliger un ouvrier qui a déjà subi un long traitement à s'y prêter alors qu'on entrevoit seulement une tentative
d'amélioration et non une certitude de guérison ; une opération
chirurgicale même très simple peut être mal pratiquée ou ne pas
réussir par les dispositions morbides de l'ouvrier ou par des complications ; par suite, rente de 24 °/₀ à un papetier (*J. Remiremont,
5 mars 1903 : La Loi, 24 mars 1903*).

Incapacité permanente nulle ou légère. Pas de droit à rente :

486. Aucune raideur articulaire ; l'ouvrier effectue tous les mouvements de préhension et la lésion dont il reste atteint n'a pas d'influence appréciable sur sa capacité et sur ses salaires, soit qu'il continue à exercer sa profession de mineur, soit qu'il prenne une

profession similaire. *Pourvoi rejeté :* parce que le juge doit faire le rapprochement du salaire antérieur à l'accident et du salaire futur dans chaque espèce, et celui-ci remplit son obligation lorsqu'il cons- tate qu'à la suite de l'accident la lésion dont l'ouvrier reste atteint ne saurait avoir d'influence appréciable sur sa capacité et sur ses salaires. Cette appréciation échappe au contrôle de la Cour de cas- sation (*A. Douai, 2 mai 1910 et Cass. rejet, 20 fév. 1911 : Sirey-Palais, 1911, I, 279*).

Rente minime accordée :

487. *Index, médius :* limitation des mouvements ; quoique très faible elle engendre un principe d'indemnité; rente de 5 %. *Princi- pes :* La loi n'indique pas à partir de quel degré l'incapacité quoi- que certaine devrait, à raison de son peu d'importance, être consi- dérée comme inexistante. Pour apprécier la réduction qu'une incapacité fait subir au salaire, le juge n'est pas tenu de considérer seulement le salaire effectivement touché après la reprise du travail, mais dans quelle proportion la capacité a été diminuée et quel est l'abaissement correspondant de salaire (*J. Rouen, 14 janv. 1910 : Gaz. Palais, 1910, I, 147*).

DOIGTS, ÉPAULE. — *Incapacité permanente partielle :*

488. Raideur articulaire de l'épaule et des doigts consécutive à une fracture du radius ; rente de 45 % à une ouvrière, en tenant compte de ce que cette infirmité serait depuis longtemps singuliè- rement atténuée si elle avait subi le traitement conseillé (*A. Douai, 8 juin 1903 : Minutes*).

DOIGTS GAUCHES. — *Incapacité permanente partielle :*

AMPUTATIONS.

De cinq doigts ; complètement :

489. *Cinq doigts coupés* au-dessus des deux articulations méta- carpo-phalangiennes, le poignet et la main sont intacts ; rente de 50 % à un fraiseur droitier (*A. Amiens, 27 juill. 1910 : Minutes*).

De quatre doigts ; complètement :

490. Index, médius, annulaire, auriculaire amputés ; rente de : 50 % à un manœuvre (*A. Nancy, 6 mars 1903 : La Loi, 7 avril 1903 ; J. Grenoble, 2 avril 1900 : Recueil Grenoble, 1901,8*) ; à un menuisier (*J. Senlis, 19 juil. 1904 : Minutes*); à un scieur (*J. Troyes, 17 avril 1907 : Travail, 29,58*); de 60 % à une dé- coupeuse (*J. Lorient, 17 juil. 1900 : Villetard, I, 184*) ; de 13 % à un ouvrier meunier (*J. Senlis, 27 mai 1908 : Minutes*).

491. Même amputation ; rente de 50 % à un scieur dont l'ab- sence d'instruction rend difficile le choix d'une nouvelle profession (*A. Rennes, 16 juill. 1902 : Recueil Rennes, 1902, I, 137*).

Partiellement :

492. *Index et auriculaire :* Perte de la première phalange ;

médius, perte d'une phalange et demie ; *annulaire*, perte de deux phalanges; rente de 50 °/₀ à un ébéniste ouvrier d'art (*A. Rennes, 13 mai 1902 : Recueil Rennes, 1902, I, 108*).

493. *Index, médius, annulaire, auriculaire :* ablation de deux phalanges ; rente de 50 °/₀ à un menuisier (*J. Bordeaux, 10 déc. 1900 : Recueil Bordeaux, 1901, II, 13*).

De trois doigts ; Partiellement :

494. *Index :* perte de la première phalange ; *annulaire, médius :* perte des deux premières phalanges ; rente de 10 °/₀ (*J. Vervins, 5 janv. 1900 : Travail, I, 110*) ; de 40 °/₀ à un ébéniste (*A. Nancy, 29 mars 1905 : Travail, 20, 92*).

495. *Index, médius et annulaire :* perte des deux dernières phalanges ; rente de 30 °/₀ à un manœuvre de 16 ans (*A. Rennes, 11 avril 1905 : Recueil Rennes, 1904-1905, I, 76*).

496. *Index, médius et annulaire :* perte de la troisième phalange et ainsi de la moitié de l'usage de la main ; rente de 37,50 °/₀ à un ajusteur (*J. Lyon, 24 fév. 1900 : Recueil Lyon, 1900, 168*).

497. *Index, médius, annulaire :* section des tendons fléchisseurs superficiels ; lésion des nerfs cubital et médian ; suture des tendons non opérée ; faiblesse du poignet ; diminution de force et de préhension ; rente de 15 °/₀ à un ajusteur (*A. Amiens, 19 mai 1909 : Minutes*).

498. *Médius :* amputation de la dernière phalange ; *index et annulaire :* perte des ongles ; rente de 33,33 °/₀ à un terrassier (*A. Paris, 16 mars 1901 : Bert, 1901, 153*).

499. *Index, médius et annulaire :* raccourcissement et déformation de l'extrémité dus à la perte de substance subie (complète pour l'annulaire) ; rente de 6 °/₀ (*A. Paris, 29 janv. 1907 : Bert, 1907, 170*).

500. *Auriculaire, médius :* amputation de deux phalanges ; *pouce :* amputation d'une phalange ; rente de 20 °/₀ (*J. Neufchâteau, 23 nov. 1899 : Travail, 3, 129*).

501. *Auriculaire, annulaire et médius :* perte presque complète de la dernière phalange ; rente de 8 °/₀ à un menuisier (*A. Grenoble, 13 janv. 1906 : Recueil Grenoble, 1906, 99*).

De deux doigts ; complètement :

502. *Pouce et index :* amputés ; atrophie notable des muscles de l'avant-bras, mouvements de flexion et d'extension du poignet sont limités et douloureux ; la fermeture de la main, la flexion des doigts et l'adduction du pouce sont impossibles par le fait d'une cicatrice au poignet gauche et d'une large dépression produite par l'ablation d'une aiguille osseuse de 2 centimètres sur 15 millimètres provenant du deuxième métacarpien ; rente de 25 °/₀ à un fraiseur (*J. Saint-Claude, 28 nov. 1907 : Minutes*).

503. *Annulaire et auriculaire :* perdus ; rente de 25 °/₀ à un mécanicien (*A. Bordeaux, 21 déc. 1900 : Recueil Bordeaux, 1901, I, 90*).

Partiellement :

504. *Index :* amputation d'un tiers ; *pouce :* amputation de la moitié ; rente de 16,66 % (*J. Lille, 17 fév. 1900 : Nord Judiciaire, 1900, 190*).

505. *Index et pouce:* amputation de la dernière phalange ; la rente est portée à raison de la faute inexcusable du patron de 16,66 à 33,33 % à une ouvrière d'usine de 13 ans (*J. Lille, 22 fév. 1900 : Nord Judiciaire, 1900, 136*).

506. *Index et médius :* amputation des deux premières phalanges; rente de 33 % (*J. Saint-Omer, 8 fév. 1900 : Travail, I, 176*); de 20 % (*J. Bourg, 8 août 1900 : Travail, III, 423*) ; à un raboteur (*J. Lille, 2 janv. 1903: Nord Judiciaire, 1903, 211*).

507. *Index :* perte sauf un petit moignon de la première phalange ; *médius :* ablation de deux phalanges; rente de 40 % (*J. Riom, 2 fév. 1900 : Travail, III, 100*).

508. *Index, médius :* section de la troisième phalange, avec lésions de l'ongle et des parties molles voisines de l'index ; rente de 8 % à un scieur à la machine (*J. Saint-Claude, 21 mai 1908 : Minutes*).

509. *Index :* perte de l'extrémité ; *médius :* perte de la phalangette. Rente de 7 % (*J. Boulogne-sur-Mer, 24 mars 1911 : Villetard, XII, 5*).

510. *Médius, annulaire :* amputation des deux dernières phalanges; rente de 10 % (*J. Nancy, 2 juil. 1900 : Travail, III, 367*).

511. *Annulaire:* perte complète de la troisième phalange et perte du tiers de la deuxième phalange; *médius :* perte complète des deuxième et troisième phalanges ; l'extrémité inférieure de la deuxième phalange est restée dans le moignon faisant corps intime avec la première phalange ; rente de 25 % à une bobineuse (*A. Nancy, 30 juil. 1904 : Recueil Nancy, 1903-1904, 276*).

512. *Médius, annulaire :* section des tendons extenseurs ; diminution de force musculaire ; préhension intacte ; rente de 5 % à un aide-forgeron ambidextre (*J. Senlis, 31 mars 1909 : Minutes*).

513. *Médius et annulaire :* amputation des phalangettes ; la diminution de capacité de 10 % est portée à 20 % pour une fillette de 14 ans 1/2 par la faute inexcusable du patron (*A. Paris, 3 janv. 1911 : Villetard, XI, 411*).

514. *Médius et annulaire :* perte d'une partie de la phalange supérieure ; rente de 10 % (*A. Bordeaux, 14 janv. 1908 : Villetard, IX, 114*).

515. *Médius et annulaire :* perte d'une partie ; rente de 15 % à un ferblantier (*A. Bordeaux, 1er mars 1904 : Recueil Bordeaux, 1904, I, 384*).

516. *Auriculaire :* amputation, au niveau de l'articulation, de la première et de la deuxième phalange ; *annulaire :* arrachement des parties molles de la région antéro-interne ; rente de 10 °/₀ à un tourneur sur bois (*J. Saint Claude, 31 oct. 1907 : Minutes*).

AMPUTATIONS COMPLÈTES DES UNS AVEC AMPUTATIONS PARTIELLES DES AUTRES.

517. *Trois derniers* doigts perdus et section du tendon de l'*index* ; rente de 50 °/₀ à un scieur de long (*A. Rennes, 9 janv. 1901 : Recueil Rennes, 1902, I, 32*).

518. *Auriculaire; annulaire :* amputation; *médius :* amputation de la phalange supérieure ; rente de 23 °/₀ à un scieur de 16 ans (*A. Bordeaux, 28 mars 1905 : Recueil Bordeaux, 1905, I, 275*).

519. *Index :* perte ; *pouce :* perte de la première phalange ; l'usage du moignon est rendu presque impossible par suite de l'ankylose de l'articulation et à cause de la sensibilité de la cicatrice ; rente de 50 °/₀ à un employé de batteuse (*A. Bourges, 27 fév. 1900 : Bert, 1900, 325*).

520. *Index :* perte complète ; *médius :* perte de la première phalange ; la préhension est très diminuée ; rente de 22 °/₀ à un tisseur (*J. Senlis, 23 juil. 1907 : Minutes*).

521. *Index :* section complète ; *médius :* section au-dessus du niveau de l'articulation de la troisième phalange ; rente de 20 °/₀ à un manœuvre, quoiqu'il soit conservé au même salaire, parce que le patron peut ne pas le garder toujours (*A. Amiens, 21 janv. 1904 : Journal Amiens, 1904, 81*).

522. *Annulaire :* amputation ; *auriculaire :* perte de la phalangette ; rente de 33 °/₀ à un manœuvre (*J. Toulouse, 21 mai 1909 : Bert, 1909, 305*).

523. *Auriculaire :* amputé ; *annulaire :* amputé partiellement ; rente de 33,33 °/₀ à un maître scieur (*A. Besançon, 14 fév. 1900 : Bert, 1900, 201*).

ANKYLOSES, INERTIES, DÉFORMATIONS.

524. *Tous les doigts* (sauf le pouce) : perte des mouvements de flexion et de la faculté de préhension ; rente de 45 °/₀ à un enfant (*J. Besançon, 6 juin 1901 : Travail, 3, 582*).

525. Les *quatre doigts :* raideur de l'articulation; rente de 35 °/₀ à un scieur de long (*A. Rennes, 31 juill. 1906 : Recueil Rennes, 1906, I, 29*).

526. *Index, médius, annulaire, auriculaire :* en demi-flexion permanente ; extension limitée du poignet ; atrophie des muscles de l'avant-bras ; rente de 37 °/₀ à un ouvrier ébéniste (*J. Senlis, 17 déc. 1902 : Minutes*).

527. *Index :* Perte de l'usage des deux dernières phalanges ;

médius, annulaire, auriculaire : fléchissement difficile de la dernière phalange; rente de 20 °/₀ à un charretier (*A. Paris, 4 juil.
1902 : Sirey-Palais, 1905, II, 25*).

528. *Index:* ankylosé, en extension permanente; *médius :* flexion
incomplète; *pouce, annulaire auriculaire:* préhension difficile; rente
de 15 °/₀ à un maçon et contremaître de chantier droitier (*J. Senlis, 26 fév. 1908 : Minutes*).

529. *Médius, annulaire et auriculaire :* perte de l'usage: rente
de 30 °/₀ (*J. Narbonne, 13 fév. 1900 : Travail, I, 181*).

530. *Médius, annulaire et auriculaire:* ankylosés; rente de 20 °/₀
(*A. Paris, 2 nov. 1901 : Bert, 1901, 391*).

531. Les *trois derniers* doigts écrasés ; la main est encore utile;
rente de 20 °/₀ à un manœuvre (*J. Senlis, 25 nov. 1903: Minutes*).

532. *Pouce et index :* raideur diminuant notablement leur force;
rente de 33 °/₀ (*J. Nancy, 30 mai 1900 : Travail, III, 286*).

533. *Annulaire, médius :* luxation avec fracture de la tête de
la première phalange du médius; les fonctions normales de ces
deux doigts sont compromises pour toujours; rente de 20 °/₀ à un
mécanicien (*A. Amiens, 5 juil. 1902: Journal Amiens, 1902, 23*).

534. *Annulaire :* déformation de la phalangette; *médius :* ankylose de la première sur la deuxième phalange ; rente de 10 °/₀ à un
menuisier (*J. Senlis, 14 mai 1907 : Minutes*).

535. *Index et médius :* interruption nerveuse au niveau de ces
doigts, dont l'usage est perdu, par anesthésie et absence de mouvements de flexion; rente de 20 °/₀ à un concierge d'usine (*J. Lyon,
29 janv. 1909 : Travail, 35, 39*).

536. *Médius :* ankylose complète; *index :* ankylose partielle;
rente de 25 °/₀ à un charpentier (*A. Grenoble, 3 mars 1905:
Recueil Grenoble, 1905, 100*).

537. *Annulaire et auriculaire ;* impotence; main affaiblie; rente
de 22,33 °/₀ à un ouvrier de 60 ans (*J. Lille, 15 fév. 1900 : Nord
Judiciaire, 1900, 190*).

538. Ankylose légère des doigts; rente de 20 °/₀ à une blanchisseuse (*A. Grenoble, 15 juin 1906: Recueil Grenoble, 1906, 228*).

AMPUTATIONS DES UNS, AVEC INERTIES, DÉFORMATIONS DES AUTRES.

539. *Index :* perte ; *pouce:* perte de substance et atrophie; *trois
derniers* doigts : raideur articulaire ; rente de 25 °/₀ (*J. Seine,
23 oct. 1905: Bert, 1906, 138*).

540. *Médius et annulaire:* amputés en grande partie ; *index :*
conservé, malgré fractures multiples et délabrement des parties
molles; *auriculaire :* amputation de la deuxième phalange ; une
nouvelle articulation a été combinée en mettant en présence l'une
de l'autre la première et la deuxième phalange ; rente de 60 °/₀ à

un scieur dans l'impossibilité presque complète de gagner sa vie (*J. Saint-Claude, 13 nov. 1907 : Minules*).

541. *Auriculaire, annulaire, médius :* amputés; *index :* atteint d'ankylose presque complète de la jointure de la deuxième avec la troisième phalange ; la main peut encore soulever les objets lourds ; la rente de 60 %, est réduite par la faute inexcusable de l'ouvrier scieur, à 48 °/₀ (*J. Nevers, 14 mai 1900 : Gaz. Palais, 1900, II, 131*).

542. *Index :* section des deux premières phalanges ; *médius :* raideur prononcée des articulations ; *annulaire :* mutilation de la première phalange ; rente de 30 °/₀ à un scieur (*A. Amiens, 9 mai 1904 : Journal Amiens, 1904, 222*).

543. *Index et médius :* perte ; *annulaire :* raideur et rétraction tendineuse; rente de 33 °/₀ (*A. Bordeaux, 30 avril 1901 : Recueil Bordeaux, 1901, 1, 379*).

544. *Médius :* privé de la phalange unguéale ; *index :* privé de la moitié de la même phalange ; *annulaire :* déformé à l'extrémité, l'ongle étant incomplet et déformé ; atrophie et ankylose légère de ces doigts dans les articulations qui ne peuvent fléchir les unes sur les autres ; rente de 31 °/₀ à un tuilier (*J. Saint-Amand, 27 déc. 1900 : Travail, 3, 488*).

545. *Index et médius :* perdus ; *annulaire :* raidi avec rétraction tendineuse ; rente de 33,33 °/₀ à un manœuvre de 29 ans (*J. Bordeaux, 14 janv. 1901 : Recueil Bordeaux, 1901, I, 379*).

546. *Index :* amputé ; *médius, annulaire :* ankylosés, peuvent se plier cependant ; la rente de 30 °/₀ à un apprenti, employé aux courses, est fixée à 15 °/₀ par la faute inexcusable de l'ouvrier (*A. Nancy, 2 juin 1904 : Berl, 1904, 353*).

547. *Pouce :* deuxième phalange amputée ; *index :* ankylose de l'articulation de la deuxième avec la troisième phalange ; *médius :* troisième phalange amputée ; rente de 40 °/₀ à un scieur à la fraise (*J. Senlis, 21 avril 1903 : Minules*).

548. *Index et médius :* ablation de deux phalanges ; *pouce :* ankylose des articulations ; rente de 30 °/₀ (*J. Toulouse, 29 déc. 1899 : Travail, 3, 146*).

549. *Médius :* perte de deux phalanges ; *annulaire et auriculaire:* ankylose ; cette diminution de capacité n'a pas pour un laboureur la gravité qu'elle aurait pour un ouvrier d'industrie; rente de 15 °/₀ (*A. Poitiers, 23 mars 1908 : Sirey-Palais, 1909, II, 78*).

550. *Médius :* amputation ; *annulaire, auriculaire :* diminution des mouvements de flexion d'où impotence fonctionnelle ; rente de 30 °/₀ à un scieur quoique le patron ait offert de reprendre l'ouvrier au même salaire (*J. Reims, 4 janv. 1901 : Gaz. Tribunaux, 1901, I, 2, 290*).

551. *Médius :* phalange inguéale broyée ; des aiguilles osseu- ses gênent les mouvements des autres doigts ; *deux autres doigts* lésés ; la rente de 30 % à un mineur serait réduite de moitié si l'ou- vrier consentait à subir la désarticulation d'une phalange du mé- dius ; son refus, pour une opération sans gravité, ne peut entraîner la mise à la charge du patron que de l'incapacité résultant de la blessure et non celle provenant du fait de l'ouvrier ; rente de 15 % (*A. Grenoble, 15 avril 1905 : Recueil Grenoble, 1905, 128*).

552. *Médius :* perte de la troisième phalange ; *index :* face pal- maire déviée et regarde un peu en dehors ; de plus l'articulation métacarpo-phalangienne est privée des mouvements d'extension et de flexion et les autres articulations sont ankylosées ; les mouve- ments de flexion des deux doigts atteints sont supprimés ; gêne dans la préhension ; rente de 25 % à une tisserande (*A. Caen, 14 mai 1902 : Recueil Caen, 1902, 173*).

553. *Index :* amputation ; *médius :* ankylosé ; rente de 17 % à un ouvrier d'usine (*J. Senlis, 29 juin 1904 : Minutes*).

554. *Auriculaire :* amputé ; *index :* fracturé ; rente de 10 % à un manouvrier (*J. Senlis, 20 déc. 1905 : Minutes*).

555. *Index :* amputation de la première phalange ; *médius :* an- kylose de la phalangette ; rente de 8 % à un outilleur (*J. Senlis, 10 avril 1906 : Minutes*).

556. *Annulaire :* ablation de la première phalange et ankylose de la troisième phalange sur la deuxième ; *index :* névrite du col- latéral externe avec zone d'anesthésie dans la partie traumatisée ; rente de 8 % (*A. Amiens, 22 fév. 1905 : Journal Amiens, 1905, 161*).

557. *Médius :* amputation de la deuxième phalange ; *médius, an- nulaire :* ankylose incomplète ; rente de 30 % à un ouvrier quin- caillier dont la profession exige l'emploi constant des deux mains (*A. Amiens, 30 mai 1902 : Journal Amiens, 1902, 143*).

558. *Auriculaire :* amputé ; *annulaire :* plaie profonde ; rente de 10 % à un toupilleur (*J. Senlis, 13 juil. 1909 : Minutes*).

559. *Auriculaire :* amputé ; *annulaire :* ankylosé légèrement ; rente de 9 % à un barbotier (*J. Senlis, 7 déc. 1910 : Minutes*).

560 *Auriculaire :* section des muscles et du tendon fléchisseur ; *annulaire :* fracturé ; rente de 15 % à un mécanicien (*J. Senlis, 10 fév. 1904 : Minutes*).

Incapacité permanente nulle ou légère. Aucun droit à rente :

561. *Médius :* perte de la deuxième phalange ; *index :* ankylosé en tenant compte de ce que l'ouvrier a été repris au même salaire. *Principes :* La loi accorde une rente en cas d'infirmité permanente partielle à la condition que la capacité professionnelle soit l'objet d'un amoindrissement constaté par une réduction de salaire, la- quelle doit servir de base au calcul de la rente et s'il n'y a pas de diminution de salaire, il n'y a pas de droit à rente. *Cassé :* parce que pour apprécier le droit à la rente on doit apprécier dans quelle proportion est diminuée la capacité professionnelle et quel abaissement correspondant le salaire de celui-ci doit normalement supporter, le juge n'étant pas tenu de considérer exclusivement le salaire effectivement touché par l'ouvrier après la reprise du travail, salaire dont le taux peut dépendre de circonstances multiples (*A. Nancy, 9 mars 1900, cassé par Cass., 26 nov. 1901 : Pandectes, 1900, II, 345 et 1902, I, 7*).

562 *Index :* Perte de la phalangette ; *médius :* légère limitation de flexion de la phalangette ; cette petite infirmité n'a pas d'influence sur le salaire d'un tourneur en fer ; il gagne des salaires plus élevés qu'avant l'accident, raison qui n'est cependant pas déterminante (*A. Douai, 14 fév. 1910 : Recueil Judiciaire Nord, 1910, 102*).

563. *Médius et annulaire :* petites cicatrices et légères déformations à leurs extrémités avec un peu de sensibilité et d'anémie du médius ; gêne très légère ; la diminution de capacité serait de 1°/₀ et n'a pas d'influence sur le salaire (*A. Rouen, 30 oct. 1909 : Travail, 41, 96*).

564. L'écrasement du pouce et de l'auriculaire constitue une légère difformité, mais n'entraîne pas une infirmité pouvant réduire le salaire ; de plus l'ouvrier d'usine, mineur, a été repris par son patron à un salaire supérieur (*J. Briey, 10 mai 1900 : Travail, 3.304*).

Rentes minimes accordées :

565. Flexion de la deuxième et de la dernière phalange des doigts ne s'exécute pas complètement ; cette raideur, si petite soit-elle, ne disparaîtra probablement jamais ; rente de 3 °/₀ à un tonnelier *Principes :* Il serait contraire aux principes de la loi forfaitaire de 1898, et à l'équité, de priver l'ouvrier de toute rente parce que cette rente est arbitrée à un chiffre des plus minimes (*A. Nîmes, 27 juil. 1910 : Villetard, XI, 343*).

DOIGTS GELÉS. — V. *Congélation.*

DUPUYTREN DROIT. — *Fracture :* V. 206.

DURILLON. — 1457 ; V. *Ampoule.*

DURILLON, ERYSIPÈLE. — *La loi est applicable :*

566. Durillon avec phlegmon et érysipèle ayant entraîné l'atrophie des muscles de la main droite rendant difficiles les mouvements de flexion des doigts, et diminuant les facultés de préhension. *Principes :* Si la formation d'un durillon ou de calosités sur les mains d'un ouvrier par suite du maniement des outils et de l'exercice normal de la profession ne saurait être considérée comme un accident du travail il n'en est pas de même des lésions auxquelles l'existence de ce durillon peut donner naissance lorsque au cours du travail, l'action d'un traumatisme, d'un fait soudain et fortuit, provoque par choc ou excoriation l'inflammation ou l'infection de la poche séreuse sous-jacente et détermine ainsi accidentellement la formation d'un phlegmon. Les maladies professionnelles seules sont exclues de la loi, mais la loi s'applique lorsque la maladie est la conséquence de l'accident, c'est-à-dire d'une cause soudaine et imprévue (*J. Lyon, 13 fév. 1908 : Moniteur Lyon, 5 mars 1908*).

DYSPNÉE. — 1240 ; 1704.

DYSURIE. — 176 ; 180 ; 1005.

ÉBLOUISSEMENTS, ÉTOURDISSEMENTS, FAIBLESSES SUBITES, VERTIGES.
— *Incapacité permanente partielle :*

567. Vertiges graves causés par une fracture de la base du crâne et entraînant des chutes fréquentes ; rente de 50 % à un maçon (*A. Grenoble, 6 janv. 1906 : Recueil Grenoble, 1906, 99*).

568. Fracture de la base du crâne laissant subsister une raideur, du cou et des vertiges ; impossible de faire un travail pénible ; rente de 40 % à un fondeur en suif (*J. Auxerre, 1er avril 1908 : Bert, 1909, 156*).

569. Vertiges résultant d'une commotion cérébrale ; rente de 12,50 % (*A. Rennes, 17 déc. 1901 : Recueil Rennes, 1902, I, 34*).

La veuve a droit à une rente de 20 % :

570. Après une chute dans un escalier et reprise du travail l'ouvrier a été obligé de l'interrompre et a fait une deuxième chute dans un escalier causée par un éblouissement, s'est fait des contusions dans cette chute qui par suite de complications entraînent le décès ; il n'est pas établi que l'éblouissement, cause de la chute, ait été occasionné par une maladie de cœur, mais bien attribué au travail auquel il se livrait (*A. Bordeaux, 24 fév. 1909 : Recueil Bordeaux, 1909, I, 200*).

571. Décès d'un cocher qui tombe de son siège, son poste de travail, par suite d'un étourdissement et se fracture le crâne (*J. Privas, 23 avril 1901 : Villetard, II, 121*).

La veuve n'a aucun droit :

572. Décès survenu à la suite d'une chute sans secousse du véhicule qui portait l'ouvrier mais alors que l'état de syncope dans lequel il se trouvait au moment où il est tombé résulte de ce que ses blessures ont à peine saigné, signe d'une circulation disparue ou tout au moins très ralentie ; la relation de cause à effet entre le décès et la chute n'est pas établie (*J. Lille, 2 fév. 1911 : Villetard, XII, 84*).

573. Décès d'un cocher de camion qui tombe de son siège au cours du travail et se fait des blessures au crâne ; la chute est causée par un étourdissement auquel il était sujet ; la chute est donc la conséquence d'un état morbide et non de l'accident (*A. Paris, 28 juil. 1908 : Villetard, IX, 250*).

La loi s'applique :

574. L'accident dû à un étourdissement au cours du travail n'exonère pas le patron de toute responsabilité (*J. Versailles, 23 janv. 1908 : Le Droit, 1er mars 1908*).

La loi n'est pas applicable :

575. Chute d'un ouvrier de société d'électricité pouvant être attribuée à une faiblesse subite provenant de son état de maladie antérieur et ayant entraîné une perforation de l'estomac au niveau d'un ulcère ancien; bien que l'expert déclare que la blessure n'a pas pu être spontanée et doit être attribuée au traumatisme, une chute ne constitue un accident que lorsqu'elle est due à une cause extérieure et violente. *Arrêt cassé :* parce que si l'ouvrier qui se dit victime d'un accident et demande l'indemnité déterminée par la loi, doit prouver et l'accident et sa relation tant avec le travail qu'avec l'incapacité dont il se plaint, il n'a pas à en établir la cause et la responsabilité du patron n'est dégagée que si ce dernier prouve que la victime a intentionnellement provoqué l'accident. En conséquence doit être cassé l'arrêt qui sans contester qu'un ouvrier soit tombé de l'échafaudage sur lequel il travaillait et que dans cette chute, il se soit fait une blessure, depuis consolidée, ayant occasionné une incapacité permanente partielle, refuse néanmoins de lui allouer une pension viagère par ce motif qu'une chute ne constitue un accident que lorsqu'elle est due à une cause extérieure et violente et non lorsqu'elle peut être attribuée à un état de faiblesse, suite d'une maladie antérieure. En effet, une chute est par elle-même un accident ; elle est un accident du travail lorsqu'elle se produit à l'heure et au lieu du travail. Dans ces conditions, s'il appartient au juge du fond d'en apprécier souverainement les suites, il ne peut pas en subordonner le caractère à la détermination de la cause qui l'a occasionnée et mettre à la charge de la victime l'obligation de prouver que cette cause elle-même se rattachait au travail (*A. Paris, 16 fév. 1909, cassé par Cass., 8 fév. 1911: Sirey-Palais, 1911, I, 280*).

576. Chute faite par un ouvrier sur le pavé du chantier où il travaillait, semble avoir été occasionnée par un étourdissement et n'a pas été causée par le travail : il ne saurait se prévaloir de ce que les conditions dans lesquelles le travail était effectué auraient aggravé les effets de la chute en étant cause de la blessure sur le pavé (*A. Paris, 15 juin 1909: Sommaires, 1910, 1379*).

577. Chute provoquée par un étourdissement au cours du travail n'est pas un accident du travail (*J. Seine, 16 juin 1909 : Villelard, X, 97*).

Sur les éblouissements : 332; 1125; 1321.

ÉCRIRE (faculté d') : 284.

ECZEMA. — *La loi ne s'applique pas :*

578. — Eczéma des deux mains et des ongles d'une journalière provenant du lavage de pots de confitures. *Principes :* Le principe du risque professionnel ne s'applique pas aux maladies, aux infirmités dérivant d'un travail insalubre qui se sont manifestées lentement et progressivement. Ce ne sont pas des lésions corporelles dues à un événement soudain, fortuit et involontaire (*J. paix Paris, 12 déc. 1900 : La Loi, 22 déc. 1900*).

579. Ezcéma venu petit à petit, et dû moins au contact de liquides employés dans un lavoir qu'à la prédisposition constatée (*J. paix Paris, 21 mars 1907 : Villetard, VIII, 258*).

580. Brûlures aux mains en les immergeant dans de la chaux vive sans les gants en caoutchouc mis à la disposition de l'ouvrier ; aggravation par suite de prédisposition constitutionnelle à l'eczéma. *Principes :* Lorsque dans le cours de son travail un ouvrier fait un acte anormal qui eût été sans conséquence mais qui ne s'est aggravé que par suite de sa prédisposition constitutionnelle, le patron n'est pas responsable des conséquences de cette brûlure qui dans ces conditions ne constitue pas un véritable accident du travail (*J. paix Paris, 6 sept. 1906 : Gaz. Tribunaux, 1907, I, 2, 180*).

Sur l'eczéma : V. 397; 578; 1065.

ÉLECTROCUTION. — *Incapacité permanente partielle :*

581. Paralysie des membres inférieurs de l'ouvrier renversé par la foudre ; dans l'espèce il y a aggravation des dangers courus par l'ouvrier du fait du travail parce qu'il a été obligé de passer sous un gros arbre où il a été atteint par la foudre, force de la nature, au cours d'un orage ; rente de 70 % à un voiturier (*A.Lyon, 3 mai 1910 : Moniteur Lyon, 12 juil. 1910*).

La veuve a droit à une rente :

582. Décès d'un maçon par ce fait qu'après avoir scellé au ciment des barres de fer dans une usine électrique, il se lave les mains maculées de ciment au jet destiné à conduire dans le sol les surtensions du courant électrique et pour prévenir les excoriations de l'épiderme auxquelles il était exposé ; le travail a été l'occasion de l'accident ; rente de 20 % (*A. Chambéry, 13 déc. 1909 : Moniteur Lyon, 28 avril 1910*).

583. Décès par électrocution; ouvrier mineur foudroyé par un courant électrique en sauvant un camarade évanoui sous l'influence du même courant; rente de 20 % (*A. Aix, 6 juil. 1901 : Travail, 9, 102*).

584. Décès d'un terrassier atteint par un coup de foudre dans une baraque où il s'est réfugié alors qu'un orage l'a surpris au cours de son travail dans un chantier particulièrement exposé aux atteintes de la foudre à raison des poteaux, fils télégraphiques et autres bons conducteurs de l'électricité ; rente de 20 %. *Principes :* Ce n'est pas un événement de force majeure, mais les conditions dans lesquelles a travaillé l'ouvrier ont aggravé pour lui les risques d'être atteint par l'accident dont il a été victime (*J. Cahors, 2 mars 1910 : Sirey-Palais, 1911, II, 59*).

585. — Décès d'un ouvrier d'usine électrique foudroyé par un contact électrique; les effets de l'événement de force majeure ont atteint l'ouvrier par l'exercice de l'industrie dans laquelle il est occupé; rente de 20 % (*J. Grenoble, 31 mai 1902 : Travail, 9, 38*).

586. Décès d'un électricien électrocuté par un courant de force et de lumière électrique; la faute inexcusable de la victime réduit la rente de 20 % à 10 % (*A. Grenoble, 12 janv. 1910, après renvoi de Cass., 31 juil. 1906 : Recueil Grenoble, 1910, 108*).

587. Décès par électrocution d'un électricien qui travaille sur une ligne électrique ; la faute inexcusable du patron élève la rente de 20 % à 57 % (*A. Paris, 8 nov. 1910 : Gaz. Palais, 1910, II, 537*).

Les ascendants ont droit à une rente :

588. Décès d'un peintre par contact de la nuque avec un fil électrique de haute tension ; il est foudroyé instantanément ; la rente est majorée de 10 % à 20 % par chaque ascendant, par suite de la faute inexcusable du patron qui a fait travailler son ouvrier dans des conditions telles que le moindre mouvement de ce dernier devait lui être fatal et qu'il ne pouvait échapper à la mort qu'en déployant une grande adresse (*J. Nice, 10 mai 1906 : Bert, 1906, 367*).

La veuve n'a aucun droit :

589. Décès par le fait d'un coup de foudre. *Principes :* Il s'agit d'un cas de force majeure n'ayant aucun rapport direct avec le travail exécuté ; les effets de l'événement de force majeure n'ont pas été aggravés par l'exercice de l'industrie à laquelle il est occupé ; l'accident est le résultat d'un phénomène dans lequel ni le patron ni l'industrie n'ont joué aucun rôle (*J. Bourg, 30 janv. 1900 : Gaz. Palais, 1900, I, 452*).

La loi s'applique :

590. Décès des suites d'une forte commotion électrique par la foudre ; l'électricité provenant de la décharge qui venait de se produire a fait éclater le voltamètre, les débris de la vitre de cet appareil ont atteint l'ouvrier au visage qui a reçu en même temps une forte commotion électrique (*A. Paris, 16 juin 1906 : Bert, 1906, 314*).

591. Atteinte d'un maçon par la foudre au moment où il travaillait au faîte d'un bâtiment particulièrement exposé à la foudre et meilleur conducteur de l'électricité par suite de la pluie. *Principes:* La loi ne s'applique pas aux accidents dus à l'action des forces de la nature même quand ils sont survenus pendant le travail ; mais il en est autrement quand le travail a mis ces forces en mouvement ou en a aggravé ces effets. En conséquence est protégé par la loi tout accident causé pendant le travail par les forces naturelles, foudre, soleil, eau ou feu, lorsqu'il y a une relation de cause à effet entre le travail et l'accident et que ce travail a fait courir à la victime des risques plus grands que ceux auxquels est exposé le commun des mortels (*J. paix Villeurbanne, 26 janv. 1906 : Moniteur paix, 1906, 356*).

La loi ne s'applique pas :

592. Décès par le fait d'un orage ; l'ouragan est un phénomène naturel sans aucun rapport avec le travail et ayant le caractère de force majeure (*J. Seine, 23 déc. 1905 : Minutes*).

Sur l'électrocution : *Troubles nerveux :* V. *853.*

EMBOLIE. — *La veuve a droit à une rente de 20 %:*

593. Décès d'un garçon boucher des suites d'un phlegmon diffus de la main et de l'avant-bras droit à forme extrêmement grave, consécutif à une plaie du pouce produite par un fragment d'os qui lui a déchiré l'épiderme en déplaçant un quartier de bœuf, dans un abattoir. L'ouvrier a succombé à sa blessure, cinq semaines après l'accident, par le mécanisme de l'embolie ; il n'était pas atteint d'une maladie antérieure quelconque. Il y a relation certaine de cause à effet entre l'accident et la mort (*A. Paris, 18 fév. 1908 : Bert, 1908, 131*).

ÉMOTION. — *Incapacité permanente partielle :*

594. Commotion interne, qui a amené une faiblesse émotive consécutive qui a diminué pour l'avenir la valeur industrielle d'un maçon de 64 ans ; rente de 20 %. *Principes :* Pour que l'ouvrier blessé et entièrement guéri ait droit à une rente, il n'est pas nécessaire qu'il présente des fractures extérieures ou des blessures apparentes : il suffit qu'au cours de son travail il ait subi une violente secousse (*A. Orléans, 26 déc. 1907 : Gaz. Tribunaux, 1908, I, 2.282*).

Le veuf a droit à une rente de 20 %:

595. Décès d'une garde-barrière causé par apoplexie pulmonaire subite provoquée par une frayeur violente au cours du travail et relative au travail ; prédisposition par le fait de légère lésion cardiaque et état de grossesse : il y a eu sur la victime action violente et soudaine d'une cause extérieure (*A. Bordeaux, 23 avril 1907 : Gaz. Palais, 1907, 1, 534*).

La veuve n'a aucun droit :

596. Décès d'attaque d'apoplexie résultant d'hémorragie cérébrale ne pouvant provenir d'une chute faite pendant le travail et des efforts faits avant cette chute mais résultant plutôt d'une violente émotion produite par la colère et par une rixe entre ouvriers ; il n'est pas justifié que l'état d'hémiplégie soit la conséquence directe du travail du manœuvre (*J. Grenoble, 23 avril 1900, et Cass. rejet, 2 fév. 1903 : Recueil Grenoble, 1901, 61, et Gaz. Tribunaux, 1903, II, 1, 26*).

597. Décès d'un ouvrier de chemin de fer, alors qu'il n'est pas justifié que les troubles par lui accusés et l'émotion par lui ressentie à la vue du décès d'un camarade, provoquée par l'éclatement subit d'un ventilateur, aient été exceptionnels et assez violents pour déterminer sa mort, alors que le décès n'est survenu que dix heures après l'accident et après qu'il eût travaillé toute l'après-midi à l'atelier ; il n'y a pas de relation de cause à effet entre l'explosion et le décès (*J. Tours, 1er déc. 1910 : Villetard, XII, 89*).

Le veuf n'a aucun droit :

598. Décès d'une ouvrière quatre mois après avoir été effrayée par le cri d'un contremaître et qui a été ensuite prise de battements de cœur violents, d'une crise nerveuse et est devenue aveugle ; la preuve n'est pas faite d'un fait anormal capable de produire par lui-même une lésion corporelle ; un bruit de voix ne peut causer des lésions mortelles et en tous cas cette frayeur n'a été que l'occasion et non la cause de l'apparition des lésions mortelles (*A. Paris, 2 fév. 1909 : Bert, 1909, 206*).

Sur l'émotion : V. *848 ; 1559 ; 1583 ; 1609 ; nerveuse : 13.*

EMPHYSÈME. — *Sous-cutané : 1631 ; pulmonaire : 269 ; 310 ; 1704 ; tuberculose : 1688.*

EMPOISONNEMENT. — *La veuve a droit à une rente de 20 °/₀ :*

599. Décès d'un employé de marchand de vins, des suites d'un empoisonnement provoqué par ce fait que l'ouvrier qui, chargé de nettoyer des fûts avec de l'acide sulfurique a absorbé en dehors de toute idée de suicide, un mélange de vin et d'acide sulfurique (*J. Seine, 19 fév. 1910 : Segard, 1910, I, 136*).

Sur l'empoisonnement : V. *Asphyxie par respiration de gaz méphitiques.*

ENDOCARDITE. — 1495.

ENTORSE. — *Du pied : 1160 ; 1464 ; 1471 ; 1484 ; du poignet : 1500 ; 1509 ; 1510.*

ÉPAULE. — *Gêne fonctionnelle : 46 ; raideur : 66 ; 488 ; ankylose : 147.*

ÉPAULE DROITE. — *Incapacité permanente partielle :*

600. Léger degré de péri-arthrite traumatique de l'épaule avec limitation des mouvements du bras ; petite atrophie des muscles sus et sous-épineux ; soulèvement de l'omoplate ; rente de 25 °/₀ à un ouvrier perceur (*J. Senlis, 24 janv. 1911 : Minutes*).

601. Fracture de l'extrémité de la clavicule ; gêne et douleurs dans les encavements de l'épaule limités dans l'élévation du bras qui ne peut atteindre complètement la verticale ; ils proviennent en grande partie du tempérament nerveux et de la sensibilité exagérée de l'ouvrier et s'atténueront notablement par la reprise d'un travail régulier et par l'entraînement; rente de 15 % à un maçon (*A. Nancy, 3 avril 1901 : Recueil Nancy, 1900-1901, 184*).

Incapacité permanente nulle ou légère. Aucun droit à rente :

602. Douleurs et gêne de l'épaule ; la réduction serait de 4 % ; la gêne est insignifiante; le travail et les salaires sont identiques après l'accident (*J. Seine, 21 déc. 1908: Villetard, IX, 391*).

Sur l'épaule droite: *Raideur: V. 182; 218 ; 224 ; péri-arthrite: 262 ; amputation de l'omoplate: 223; tuberculose: 1687.*

ÉPAULE DROITE. JAMBE. — *Incapacité permanente absolue.* Rente de 2/3 :

603. Amputation de la jambe à son tiers supérieur avec arthrite chronique de l'épaule droite qui ne permet à un ouvrier arrimeur de se livrer à aucun travail (*A. Bordeaux, 13 fév. 1903 : Recueil Bordeaux, 1903, 1, 306*).

ÉPAULE GAUCHE. — *Incapacité permanente partielle :*

604. Limitation des mouvements de l'épaule dans l'adduction forcée, l'abduction, la propulsion en arrière et la rotation extrême du bras gauche, diminution notable de la force musculaire ; rente de 45 % à un employé de chemin de fer qui ne peut s'employer à des travaux de force exigeant le libre usage des deux bras (*A. Bordeaux, 8 juil. 1902: Dalloz, 1902, II, 481*).

605. Fracture de l'omoplate gauche avec ankylose partielle de l'articulation scapulo-humérale et atrophie marquée des muscles péri-articulaires ; rente de 30 % à un ouvrier de travaux publics (*J. Seine, 12 juil. 1902: Travail, 7, 113*).

606. Impotence fonctionnelle ; rente de 20 % à un bûcheron (*A. Riom, 26 juil. 1906 et Cass. rejet, 24 juin 1908 : Travail, 33, 81, et Bert, 1908, 305*).

607. Impotence et ankylose; réduction considérable des mouvements; rente de 33,33 % à un couvreur (*J. Senlis, 21 janv. 1902 : Minutes*).

608. Fracture de l'omoplate gauche, amaigrissement de l'épaule, ankylose de l'articulation scapulo-humérale, réduction des mouvements articulaires ; le bras ne peut dépasser, en hauteur, l'horizontale par suite de la destruction par suppuration des muscles de l'épaule, du deltoïde principalement; le retour complet des forces et la disparition totale de l'ankylose sont peu probables. L'incapacité de 39,50 % est réduite par la faute inexcusable d'un charretier à une rente de 19,75 % (*J. Narbonne, 13 fév. 1900 : Pandectes, 1901, II, 67*).

Incapacité permanente nulle ou légère. Aucun droit à rente:

609. Violente contusion de l'épaule ayant entraîné un léger état d'atrophie du deltoïde gauche avec un peu de périarthrite laissant de la douleur à la limite des mouvements ; tous les mouvements actifs et passifs ont cependant toute leur amplitude et ne deviennent douloureux qu'à l'approche de leur limite. La ténacité des muscles du bras, de l'avant-bras et de la main est égale du côté blessé au côté sain. L'incapacité de 3 °/₀ n'est pas de nature à réduire le salaire (*J. Seine, 8 mars 1909 : Dalloz, 1909, II, 353*).

La loi ne s'applique pas :

610. Luxation de l'épaule : l'accident ne devait entraîner qu'une incapacité temporaire pour peu que le blessé consentît à se faire soigner ; il refuse énergiquement les soins recommandés et résiste aux conseils ; son état est la conséquence de son incurie et de son mauvais vouloir : le patron ne saurait être tenu du dommage auquel la victime s'est sciemment et volontairement exposée (*A. Rennes, 10 déc. 1901 : Dalloz, 1902, II, 299*).

Sur l'épaule gauche : *Contusion :* V. : *186 ; atrophie musculaire: 225 ; 246 ; raideur : 240 ; cicatrice adhérente de la région intérieure: 252 ; tuberculose: 1681 ; fracture de l'omoplate : 183.*

ÉPAULE GAUCHE, THORAX. — *Incapacité permanente partielle :*

611. Fracture des sixième et septième côtes gauches, et de l'omoplate gauche ; les mouvements de l'épaule, légèrement déformée au niveau de la fracture, sont limités et douloureux ; rente de 25 °/₀ à un ouvrier de chemin de fer (*A. Riom, 5 déc. 1902 : Recueil Riom et Limoges, 1903-1904, 61*).

ÉPAULE, HANCHE. — *Incapacité permanente partielle :*

612. Luxation de la hanche et de l'épaule ayant laissé de l'arthrite et de la périarthrite chronique à cause de l'attitude du blessé ; rente de 20 °/₀ à un ouvrier chez fabricant d'engrais chimiques. *Principes :* Lorsque l'inobservation par l'ouvrier des prescriptions médicales ou le refus de se laisser soigner est la conséquence d'une défaillance passagère dérivant directement du choc traumatique, il n'y a pas lieu de prendre en considération, dans le calcul de l'indemnité, les suites qu'a pu avoir l'attitude de l'ouvrier. Spécialement, encore bien que la diminution de l'aptitude au travail d'un ouvrier atteint d'accident, puisse être imputée à son refus de laisser un médecin réduire la luxation après l'accident, et au retard par lui apporté à donner son consentement à cette opération, cet ouvrier a droit néanmoins à indemnité pour incapacité permanente, si la résistance qu'il a opposée à l'opération était due non à son mauvais vouloir mais à l'état d'esprit qu'avaient créé chez lui les violentes douleurs occasionnées par l'accident et par une tentative infructueuse de réduction faite par le médecin et l'amélioration passagère procurée par un rebouteur appelé par sa famille qui a réduit la fracture de l'épaule, enfin l'appréhension d'une opération très laborieuse et nécessitant le concours de deux médecins et l'emploi du chloroforme (*A. Grenoble, 27 oct. 1908 : Sirey-Palais, 1909, II, 43*).

EPIDERME. — V. *Ampoule.*

EPIDIDYMITE. — *1612 ; 1620 ; tuberculose : 1672 ; 1675 ; 1682.*

ÉPILEPSIE. — *Incapacité permanente partielle :*

613. Il n'y a pas lieu de se préoccuper de l'épilepsie alléguée, à propos d'une fracture de la clavicule ; un rapport de causalité n'est pas justifié entre elle et le traumatisme ; rente de 15 % (*A. Paris, 25 oct. 1910 : Villetard, XI, 324*).

614. Désarticulation de l'annulaire gauche et de son métacarpien, ankylose du médius en flexion à angle droit et limitation des mouvements de l'index ; symptômes d'épilepsie jacksonienne localisés au bras et à la jambe droits : en outre, il souffre de paralysie du côté droit et de crises convulsives d'ordre hystéro-traumatique résultant de l'accident ; ces phénomènes nerveux dont on ne peut prévoir avec certitude la guérison doivent être considérés comme une incapacité permanente en tenant compte également de l'infirmité de la main gauche; rente de 50 % (*J. Seine, 22 déc. 1903 : et 17 fév. 1905 (sur révision) : Travail, 11,56 et Minutes*).

La veuve a droit à une rente de 20 % :

615. Brûlures graves au visage et à la partie supérieure du corps d'un ouvrier teinturier provoquées par sa chute dans un bain d'assouplissage à 80 degrés; la chute est causée par un malaise ou une attaque d'épilepsie ; il décède des suites de ces brûlures trois jours après les avoir subies; les blessures sont seules à considérer ; l'ouvrier n'aurait pas été brûlé s'il n'avait pas été occupé à ce travail ; ce sont les blessures et non la syncope qui ont entraîné sa mort et l'accident se rattache par un lien étroit à l'exercice de son état (*J. Lyon, 20 mai 1906 : Bert, 1907, 55*).

La loi est applicable :

616. En marquant des lingots chauds, le forgeron est pris d'une attaque d'épilepsie ; il tombe sur un lingot qui lui brûle la joue gauche; il se trouve atteint à la suite de la brûlure subie de douleurs violentes de la tête et d'une surdité persistante de l'oreille gauche; la crise épileptique a causé la chute ; la blessure est causée par le heurt de la tête sur le lingot brûlant dont le travail lui imposait la manipulation; la cause secondaire de l'accident se trouve dans l'outillage (*A. Dijon, 9 août 1909 : Recueil Dijon, 1910, 49*).

617. Par suite d'un étourdissement dû à une crise épileptiforme l'ouvrier tombe sur une toile sans fin et a le corps meurtri par la machine qui l'actionnait. Il ne saurait être tiré argument d'une perte de connaissance due à un état morbide antérieur et la loi s'applique quelles que soient les causes occasionnelles de l'accident (*A. Montpellier, 2 juil. 1903 : Revue paix, 1904, 51*)

618. Etant occupé à son travail, un manœuvre est pris d'une crise d'épilepsie qui le renverse sur un réchaud rempli de coke enflammé qui le brûle si grièvement qu'on doit lui amputer le bras droit ; l'infirmité est due à cette circonstance que l'ouvrier est tombé sur un réchaud faisant partie de l'outillage du travail et ses blessures sont occasionnées par une perte de connaissance où n'est entrée aucune part de faute ou de volonté (*A. Douai, 11 mars 1902 : Jurisp. Douai, 1902, 319*).

619. Attaque d'épilepsie pendant que l'ouvrier charge des scories incandescentes sur une brouette ; l'attaque le renverse inanimé et insensible sur la brouette ardente ; brûlures nombreuses à l'occasion du travail ; il ne faut pas isoler la chute des brûlures qui en ont été la conséquence immédiate ; il a été brûlé à l'occasion de son travail quoique ce soit par cas fortuit (*J. Saint-Étienne, 16 mars 1903 : Moniteur Lyon, 25 mars 1903*).

Sur l'épilepsie : V. 393.

ERYSIPÈLE. — 566 ; 927.

ESTOMAC. — *La veuve a droit à une rente de 20 % :*

620. En cas de décès survenu par conséquence d'un cancer gastrique développé au point qui a été traumatisé et n'existant pas avant l'accident (*A. Paris, 3 mai 1910 : Segard, 1910, I, 138*).

Sur l'estomac : *Perforation : V. 575 ; troubles gastriques : 845 ; 1119 ; 1122.*

ESTOMAC, FOIE. — *Incapacité permanente partielle :*

621. Phénomènes morbides au foie et à l'estomac chez un mineur atteint d'arthritisme et d'habitudes d'intempérance antérieurement à l'accident ; aucun droit à rente dit le jugement. Diminution de capacité de 75 % dit l'arrêt qui cependant calcule la rente sur une réduction de 25 %, parce que l'incapacité de travail doit être attribuée pour 50 % à cet état antérieur à l'accident. *Arrêt cassé :* parce que l'état d'infirmité antérieur à l'accident ne saurait être pris en considération pour éluder les conséquences légales de l'incapacité de travail constatée ; le salaire annuel que touchait alors l'ouvrier donne la mesure légale de sa valeur professionnelle (*J. Montluçon, 9 août 1902 : Minutes, et A. Riom, 3 juil. 1903, cassé par Cass., 18 juil. 1905 : Sirey-Palais, 1908, I, 470*).

ÉTAT ACTUEL (*Rente fixée d'après l'état actuel*). — V. *Accoutumance. Refus de traitement. Refus d'opération.*

ÉTAT ANTÉRIEUR — V. *Infirmités préexistantes.*

ÉTAT PSYCHIQUE SPÉCIAL. — V. *Sinistrose.*

ÉTHYLISME — V. *Alcoolisme.*

ÉTOURDISSEMENT. — *617 ; 618 ; 932 ; 951 ; 955.* V. *Eblouissements.*

ÉVANOUISSEMENT. — 13.

EXALTATION. — 1582.

FAIBLESSES. — V. *Eblouissements.*

FAUTE INEXCUSABLE DE L'OUVRIER. — Son influence sur : *Abdo-men* : 5 ; *asphyxie* : *103 ; 109 ; avant-bras* : *163 ; bras* : *203 ; 204 ; 256 ; 257 ; brûlures* : *276 ; colonne vertébrale* : *317 ; coude gauche* : *347 ; crâne* : *355 ; 356 ; 357 ; doigts gauches* : *541 ; 546 ; électrocution* : *586 ; épaule gauche : 608 ; genou droit* : *643 ; hernie* : *682 ; hystéro-traumatisme* : *1587 ; jambe droite* : *1001 ; jambe gauche* : *1034 ; 1049 ; 1057 ; 1070 ; main droite* : *1131 ; 1143 ; main gauche* : *1167 ; œil droit* : *1286 ; 1321 ; œil gauche* : *1338 ; orteils* : *1413 ; os* : *1431 ; pied droit : 1462 ; pouce droit* : *1518 ; pouce gauche* : *1552 ; tétanos* : *1626 ; yeux* : *1737 ; 1763.*

FAUTE INEXCUSABLE DU PATRON. — Son influence sur : *Asphy-xie* : *108 ; 109 ; bras* : *205 ; brûlures* : *273 ; cuisse : 373 ; doigts gauches* : *505 ; 513 ; électrocution* : *587 ; 588 ; jambe gauche* : *1072 ; pouce gauche* : *1553 ; yeux* : *1723.*

FAUTE INEXCUSABLE DE L'OUVRIER ET DU PATRON. — *Main gau-che* : *1169.*

FÉMUR. — *Amputation et désarticulation : 378 ; fracture : 159 ; 362 ; 364 ; 365 ; 367 ; 368 ; 382 ; 388 ; 968 ; 1098 ; soudure vicieuse : 1099 ; fracture sus-condylienne : 384 ; lésions inflam-matoires : 383.*

FESSE, JAMBE, PIED DROITS. — *Incapacité permanente partielle :*

622. Blessure profonde de la fesse droite caractérisée par la sec-tion incomplète du nerf sciatique ; troubles trophiques particuliè-rement au niveau du pied et de la jambe ; une suture nerveuse a été pratiquée sans amélioration; il subsiste une atrophie considérable des muscles du mollet, une limitation des mouvements de l'articu-lation tibio-tarsienne, une déviation du pied qui dans la marche repose sur son bord externe, des troubles fonctionnels caractérisés par une fatigue précoce, un gonflement douloureux du pied après une marche de quatre heures ; rente de 35 °/₀ (*A. Paris, 11 fév. 1908 (sur révision*) : *Bert, 1908, 92*).

FESSES. — *Contusion violente : 377 ; atrophie des muscles : 1007 ; 1051.*

FIÈVRE MUQUEUSE, TYPHOIDE. — *La veuve a droit à une rente :*

623. Décès d'un employé de tramway des suites de la fièvre mu-queuse ou typhoïde ; l'état de celui-ci doit être attribué à un acci-dent et son dépérissement remonte à la date d'une chute qui lui a causé de vives douleurs sur diverses parties du corps (pied droit, ventre, aine, reins) et a progressé depuis, rapidement, jusqu'à sa mort (*A. Bordeaux, 1ᵉʳ juil. 1902 : Recueil Bordeaux; 1903, I, 133*).

FIÈVRE TYPHOIDE. — 623.

FIGURE. — *Incapacité permanente nulle ou légère.* Aucun droit à rente :

624. Défiguration purement esthétique par déformation du nez d'un apprenti mécanicien qui a entraîné l'opération de la rhinoplastie mais n'a pas causé un fonctionnement anormal ; il ne reste rien de l'accident au point de vue fonctionnel ; le jeu de l'organe intéressé est intact (*J. Lille, 3 nov. 1910 : Recueil Judiciaire Nord, 1910, 486*).

625. Après une conjonctivite traumatique de l'œil droit du reste guérie il reste une plaie linéaire pénétrante de la racine du nez; la réduction physiologique serait de 5 %, mais elle n'a pas d'influence sur les facultés de travail d'un tailleur de pierres (*A. Besançon, 15 avril 1908 ; Travail, 33, 59*).

626. Morsures à la figure par un chien ; les cicatrices nuisent seulement au point de vue esthétique à un garçon boucher (*J. Senlis, 4 oct. 1910 : Minutes*).

627. Enfoncement léger de l'os malaire (*A. Nancy, 11 nov. 1903 : Villetard, IV, 247*).

Sur la figure : *V. Défiguration.*

FIGURE, NEZ, ŒIL DROIT. — *Incapacité permanente partielle :*

628. Perte absolue de l'œil droit avec déformation du visage et fracture du nez ayant entraîné une déviation de celui-ci et des fosses nasales avec gêne dans la respiration ; rente de 40 % à un chef d'atelier qui ne peut plus exercer un métier exigeant une acuité spéciale de la vision et le déploiement de forces qui demande une respiration quelque peu prolongée (*A. Nancy, 8 nov. 1906 : Minutes*).

FIGURE, OREILLE DROITE YEUX. — *Incapacité permanente partielle :*

629. Paralysie faciale avec surdité de l'oreille droite par suite de chute et affection des yeux, sans tenir compte d'une guérison possible dans un délai plus ou moins éloigné et quelque peu grave que soit son infirmité; rente de 50 % à un contremaître d'usine à gaz sauf revision (*J. Avranches, 5 déc. 1902 : Moniteur Lyon, 15 déc. 1902*).

FLANC. — *Tumeur : 93.*

FLUXION DE POITRINE. — 1497.

FOIE. — *La loi ne s'applique pas :*

630. Cirrhose hypertrophique du foie. Lésions traumatiques ont entraîné une incapacité temporaire seulement ; aucun symptôme ne laisse supposer l'action traumatique directe sur la maladie, l'accident a seulement avancé d'un an cette incapacité absolue venant de la maladie, et a été l'occasion favorable pour le développement d'une maladie provoquée par l'alcoolisme prolongé (*A. Nîmes, 23 juin 1902 : Villetard, III, 110*).

La veuve n'a pas droit à une rente :

631. Décès d'une cirrhose du foie très grave d'un ouvrier de 60 ans ; il n'y a pas de relation entre cette maladie survenue un mois et demi après une chute sur la poitrine, et cette chute (*A. Nancy, 26 nov. 1903 : Recueil Nancy, 1902-1903, 305*).

Sur le foie : *Phénomènes morbides :* V. 621.

FOLIE. — V. *Aliénation mentale.*

FORCE MAJEURE. — V. *Forces de la nature.*

FORCES DE LA NATURE. — *Définition :* Le travail doit avoir contribué à mettre les forces de la nature en mouvement ou à en aggraver les effets. Applications : *Asphyxie : 107 ; congestion cérébrale : 334 ; électrocution : 584 ; 589 ; 591 ; insolation : 928 ; 929 ; 934 ; 935 ; 937 à 940 ; 945 ; 946 ; 952 : 957 ; 959.*

FOUDRE. — V. *Electrocution.*

FRAYEUR. — V. *Emotion.*

FRONT. — *Plaies contuses : 10 ; contusion : 1226 ; anesthésie : 1249.*

GANGRÈNE. — *Incapacité permanente partielle :*

632. Ablation du gros orteil droit avec lésion gangreneuse incurable d'un muscle de la jambe droite ; rente de 60 °/₀ à un charpentier (*A. Rennes, 2 déc. 1902 : Recueil Rennes, 1902, I, 34*).

La veuve a droit à une rente de 20 °/₀ :

633. Décès d'un chauffeur par suite de gangrène et de septicémie généralisée causée par une piqûre à l'annulaire droit ayant entraîné l'amputation du doigt, puis du bras, puis la mort (*A. Rennes, 24 nov. 1903 : Recueil Rennes, 1903, I, 23*).

La veuve n'a aucun droit :

634. Décès de gangrène diabétique consécutive à une plaie au gros orteil gauche alors que l'ouvrier a été blessé au gros orteil droit (*A. Paris, 7 déc. 1910 : Villetard, XII, 5*).

La loi n'est pas applicable :

635. Amputation de l'annulaire gauche nécessitée par suite des soins inintelligents, défectueux, que l'ouvrier (homme de peine) s'est donnés lui-même, sans médecin, qui ont provoqué une gangrène ; la défectuosité de l'état constitutionnel du blessé ne peut pas plus être incriminée que l'accident ; il y a faute du blessé et non responsabilité du patron (*J. Lille, 9 déc. 1909 : Villetard, X, 436*).

L'ascendant, à la charge, n'a aucun droit :

636. Décès de la gangrène, au coude, survenue par suite d'une blessure qui ne paraissait pas avoir été produite au cours du travail. Preuve de la relation non rapportée (*A. Nancy, 27 mars 1901 : Recueil Nancy, 1900-1901, 321*).

GAUCHER. — Il en est tenu compte : *Bras : 245.*

GAZ méphitiques, de fosses d'aisances, d'éclairage. — V. *Asphyxie. Saturnisme, 1566.*

GÉNERATION. — 1616 ; 1622 ; 1624.

GENOU. — *Incapacité permanente partielle :*

637. Relâchement des liens articulaires ; rente de 20 % (*A. Nancy, 8 mai 1901 : Bert, 1901, 388*).

La loi ne s'applique pas :

638. La présomption tirée du fait matériel de la blessure n'est pas suffisante s'il s'agit d'une fracture de la rotule alléguée à la suite d'un choc s'il est établi qu'il y avait eu fracture antérieure de cette rotule dont la consolidation très récente peut faire supposer que la deuxième fracture provient d'un simple effort en dehors de tout accident. En cette matière le fait matériel de la blessure constaté au moment où l'ouvrier vient d'exécuter un travail commandé constitue en sa faveur une présomption grave qui pourrait déterminer à trouver la preuve suffisante à condition que des circonstances particulières ne fassent pas naître des doutes sérieux sur le point de savoir s'il existe une relation de cause à effet entre le travail et l'accident (*A. Toulouse, 21 déc. 1905 : Gaz. Midi, 30 déc. 1906*).

Sur le genou : *Raideur :* V. *1040 ; tuberculose : 1664.*

GENOU DROIT. — *Incapacité permanente partielle :*

639. Contusion violente du genou avec épanchement considérable de synovie ; l'ouvrier avait eu précédemment les deux rotules fracturées ; l'accident actuel a relâché le tissu fibreux des deux fragments de la rotule droite ; une opération chirurgicale (suture osseuse) serait utile et ramènerait l'incapacité à 10 % ; le patron offre de la faire ; l'ouvrier s'y refuse, car il s'est soumis à tous les traitements successifs avec bonne volonté ; ce refus n'aggrave pas les conséquences de l'accident ; rente de 70 % (*J. Marseille, 30 mai 1902 : Recueil Aix-Marseille, 1902, 468*).

640. Arthrite fongueuse ; ankylose ; limitation des mouvements de flexion et d'extension ; rente de 45 % à un terrassier (*J. Senlis, 29 janv. 1908 : Minutes*).

641. Fracture de la rotule et contusion du membre inférieur ; déformation du genou ; flexion de la jambe sur la cuisse pénible ; marche avec béquille ; rente de 50 % à un étuviste (*J. Senlis, 30 juil. 1907 : Minutes*).

642. Ankylose de l'articulation ; rente de 10 % à un ajusteur (*J. Senlis, 12 mai 1908 : Minutes*).

643. Ankylose constituant une impotence fonctionnelle assez grave ; rente de 30 % ramenée à cause de la faute inexcusable de l'ouvrier à 22 % à un charretier (*J. Seine, 4 juin 1902 : Travail, 9, 39*).

Rente minime accordée :

644. Hygroma avec épanchement sanguin du genou et probablement légère entorse du genou qui n'a pas laissé de lésions ni de troubles fonctionnels; hygroma a été enlevé; la seule conséquence de l'accident est une légère faiblesse du genou, à laquelle on peut remédier par le port d'une bonne genouillère; rente de 4 °/₀ à un débardeur (*A. Paris, 2 nov. 1909; Travail, 41, 43*).

Aucune incapacité permanente. Aucun droit à rente:

645. Arthrite; hydarthrose d'origine traumatique d'un manouvrier (*J. Senlis, 31 mars 1908 : Minutes*).

La loi n'est pas applicable :

646. Luxation du ménisque inter-articulaire au cours du travail sans danger d'un menuisier; l'accident est le résultat d'une prédisposition corporelle du blessé alors que le genou gauche porte les mêmes symptômes (*J. Senlis, 18 janv. 1905 : Minutes*).

Sur le genou droit : *Arthrite: V. 185; 1007 ; entorse: 375.*

GENOU DROIT, OREILLE GAUCHE. — *Incapacité permanente partielle :*

647. Très légère déformation de l'oreille gauche, sans importance fonctionnelle ne peut avoir aucune importance sur le salaire d'un manœuvre. Entorse du genou droit présentant un déclanchement anormal au niveau du genou qui semble faire hésiter à fléchir la jambe et qui ne se produit plus quand la jambe est immobilisée en extension pendant la marche; les mouvements de latéralité sont anormaux, ce qui indique la distension ou la déchirure de l'un des ligaments de l'articulation du genou; les mouvements de flexion actifs et passifs de la jambe sur la cuisse sont limités; les muscles n'ont subi qu'une diminution de volume insignifiante, 43 centimètres à droite et 44 centimètres à gauche; d'où gêne fonctionnelle qui rend la marche hésitante, difficile et douloureuse; rente de 20 °/₀ du chef de l'entorse seulement (*J. Senlis, 25 juil. 1911 : Minutes*).

GENOU GAUCHE. — *Incapacité permanente partielle :*

648. Fracture de la rotule; atrophie de la cuisse; rente de 40 °/₀ à un charpentier (*J. Senlis, 23 avril 1907 : Minutes*).

649. Entorse de l'articulation du genou ayant produit une hydarthrose d'origine traumatique, avec relâchement des ligaments articulaires antérieurs et gêne et limitation considérable du mouvement de flexion ; rente de 25 °/₀ à un ouvrier chargeur (*J. Marseille, 13 déc. 1907 : Recueil Aix-Marseille, 1908, 41*).

650. Fracture de la rotule ; gêne dans la marche ; un certain degré de faiblesse, d'instabilité du membre inférieur gauche qui se fatigue très rapidement ; rente de 20 °/₀ à un ouvrier dégorgeur (*J. Cambrai, 28 déc. 1905 (sur révision) : Travail, 20, 78*).

651. Arthrite traumatique causée par une chute ; épanchement considérable, se résorbe en partie ; une quantité appréciable de liquide soulève cependant la rotule et remplit les culs-de-sac synoviaux qui sont épaissis et douloureux; gêne dans les mouvements de flexion qui sont limités ; rente de 14,50 % à un employé de vidangeur (*J. Narbonne, 6 mars 1900 : Gaz. Palais, 1900, I, 593*).

Aucune incapacité permanente. — Aucun droit à rente :

652. Hémarthrose produite par l'accident ; arthrite sèche d'origine constitutionnelle antérieure à l'accident d'un plongeur (*J. Senlis, 10 août 1909 : Minutes*).

Sur le genou gauche : *Hydarthrose : V. 382 ; 1054 ; ankylose : 384 ; 1057 ; 1062 ; 1075 ; 1099 ; entorse : 839 ; arthrite : 1050.*

GLAUCOME. — 1780.

GRIPPE INFECTIEUSE. — *La veuve n'a aucun droit :*

·**653.** Décès de la grippe infectieuse alors que la grippe ne paraît pas provenir des lésions de l'accident (*J. Le Puy, 29 juil. 1901 (sur révision) : Recueil Riom et Limoges, 1900-1901, 501*).

654. Décès d'un cocher de la grippe infectieuse contractée pendant le cours de son traitement à la suite d'une fracture de clavicule ; le décès ne trouve pas sa cause dans l'accident (*J. Seine, 13 oct. 1900 : Bert, 1901, 117*).

GROSSESSE. — 595.

HANCHE. — *Incapacité permanente partielle :*

655. Arthrite de l'articulation coxo-fémorale droite ou coxalgie ; il peut encore se servir de son membre inférieur et la station debout peut être conservée ; rente de 60 % (*A. Paris, 18 fév. 1908 : Bert, 1908, 112*).

656. Violente contusion de la hanche gauche : grande difficulté pour la marche ; rente de 25 % à un chauffeur (*J. Senlis, 27 fév. 1907 : Minutes*).

Sur la hanche : *Raideur : V. 66 ; luxation : 612 ; réactions : 177 : grave contusion : 361 ; tuberculose : 1655.*

HANCHE, JAMBE DROITES. — *Incapacité permanente partielle :*

657. Contusion à la hanche droite avec retentissement sur les nerfs sciatique et crural déterminant des troubles de la sensibilité et de la circulation sur toute la jambe droite ; rente de 22 % à un terrassier de 64 ans (*A. Paris, 29 nov. 1901 : Travail, 9, 104*).

HEMATURIE. — 1226.

HÉMIPLÉGIE. — 596.

HEMOPTYSIE. — *Tuberculose : V. 1670 ; 1688.*

HÉMORRAGIE. — *Cérébrale : 282 ; 287 ; 596 ; broncho-pulmonaire, tuberculose : 1670 ; intra-oculaire : 1316 ; méningée : 86, 1224.*

HERNIE CRURALE. — *Incapacité permanente partielle :*

658. Rente de 12,50 % à un ajusteur mécanicien (*A. Grenoble, 13 juil. 1906 : Recueil Grenoble, 1906, 228*) ; de 12 % à un journalier (*A. Grenoble, 15 déc. 1905 : Recueil Grenoble, 1906, 99*).

La loi n'est pas applicable :

659. Hernie crurale apparue au cours du travail, alors qu'il n'est pas justifié d'un effort même non violent, ou d'un mouvement anormal ou d'un traumatisme quelconque et qu'il est établi au contraire que la hernie existait avant. Ce n'est qu'une hernie de faiblesse antérieure à l'accident (*A. Nancy, 23 déc. 1905 : Recueil Nancy, 1905-1906, 42*).

660. Hernie crurale gauche qui n'est pas la conséquence de l'effort fait par l'ouvrier au cours du travail (*J. Marseille, 4 janv. 1901 : Villetard, II, 34*).

661. Hernie crurale de l'ouvrier de chemin de fer qui avait une prédisposition naturelle à ce genre d'affection, alors qu'il n'est pas établi qu'il faisait un effort extraordinaire (*J. Bar-le-Duc, 13 nov. 1901 : Le Droit, 16 avril 1902*).

662. Hernie crurale qui n'est pas due à un effort unique et n'est pas le résultat d'un seul traumatisme, qui se manifeste au cours du travail et est plutôt une disposition constitutionnelle. *Principes :* La manifestation au cours du travail d'une cause morbide préexistante ne saurait être considérée comme étant entrée dans les prévisions du législateur : il peut n'y avoir dans ce fait qu'une simple coïncidence et au surplus le travail lors même eût-il contribué au développement de la cause morbide, il ne l'aurait pas engendrée, condition nécessaire pour qu'il y ait lieu à la réparation du préjudice éprouvé. Pour donner lieu à l'application de la loi il faut une lésion corporelle provenant de l'action soudaine et imprévue d'une cause extérieure déterminante par elle-même de l'infirmité totale ou partielle (*A. Toulouse, 22 janv. 1902 : Gaz. Midi, 27 avril 1902*).

HERNIE DE FAIBLESSE. — 705 ; 708 ; 717 à 731 ; 732 à 735 ; 736 à 750 ; 753 à 755 ; 768 ; 769 ; 786 à 806 ; 812 à 829 : 1106.

HERNIE DE FORCE. — 673 ; 685 à 693 ; 694 à 704 ; 705 à 711 ; 712 à 715 ; 716 ; 738 ; 757 ; 770 ; 771 ; 774 ; 778.

HERNIE DE LA LIGNE BLANCHE, THORAX. —*Incapacité permanente partielle :*

663. Fracture consolidée de l'extrémité inférieure du sternum et hernie de la ligne blanche au-dessus de l'ombilic ; la hernie est bien due à l'action soudaine d'une cause extérieure et a occasionné la rupture de la paroi abdominale ; elle ne pouvait exister à l'état latent ; rente de 30 % à un carrier qui peut travailler sans grande gêne (*A. Limoges, 26 avril 1901 : Recueil Riom-Limoges, 1901-1902, 148*).

HERNIE ÉPIPLOIQUE. — *Loi non applicable :*

664. Hernie épiploïque non douloureuse, curable ; simple production de l'exagération d'un état antérieur préexistant; l'ouvrier ajusteur avait avant l'accident une porte entre-bâillée vers les surprises d'une hernie méconnue (*J. Senlis, 26 juil. 1905 : Minutes*).

HERNIE ÉTRANGLÉE. — *La veuve a droit à une rente de 20 % :*

665. La hernie inguinale droite antérieure étranglée est un accident lorsqu'elle est survenue brusquement par suite d'un traumatisme dû au travail. Une opération chirurgicale, surtout du genre de celle de la hernie, peut toujours être considérée comme dangereuse et aléatoire dans ses résultats : on ne peut par suite faire grief à l'ouvrier de n'avoir pas consenti de suite à en courir les risques; sa résistance ne prive pas ses ayants droit d'un droit à rente; le décès provient des suites de l'opération devenue indispensable mais pratiquée tardivement (*A. Rennes, 27 mars 1906 : Recueil Rennes, 1905-1906, I, 91*).

666. Décès des suites de l'opération chirurgicale pratiquée sur un ouvrier d'usine de 59 ans, pour supprimer une hernie crurale étranglée qui avait les caractères de la hernie de force; cet ouvrier s'était plaint subitement, avait interrompu son travail, le médecin avait de suite déclaré son état très grave et il ne paraissait pas atteint antérieurement de hernie. Il y a un rapport établi de relation entre le travail et l'accident qui a eu pour conséquence l'opération et le décès (*A. Rennes, 21 juin 1904 : Recueil Rennes, 1903-1904, I, 125*).

La loi ne s'applique pas :

667. L'effort fait dans un travail consistant depuis deux heures à enlever le tablier d'un pont formé de tôles et de madriers de quelques centimètres d'épaisseur, ne peut amener une hernie de force, même si le décès succède à des douleurs et survient le lendemain, causé par une hernie étranglée (*J. Amiens, 31 déc. 1908 : Villetard, IX, 446*).

HERNIE INGUINALE. — *Incapacité permanente absolue.* Rente de 2/3 :

668. Hernie au cours du travail, chez un défourneur. *Cassé :* parce qu'il n'est pas constaté en fixant la rente aux 2/3 que l'incapacité de travail soit permanente et absolue; la décision n'est ainsi pas justifiée et manque de base légale (*A. Dijon, 13 janv. 1903, cassé par Cass., 24 juin 1905 : Bull. Cassation, 1905, 74*).

Incapacité permanente partielle :

669. Rente de 12 % à un mécanicien (*A. Grenoble, 6 janv. 1905 : Recueil Grenoble, 1905, 100*); à un chef d'équipe (*A. Rennes, 18 nov. 1901 : Recueil Rennes, 1902, I, 34*); de 20 % (*J. Bourg, 7 juil. 1903 : La Loi, 28 juil. 1903*); de 25 % (*J. Saint-Gaudens, 11 avril 1900 : Travail, III, 201*).

670. La hernie étant plutôt une gêne qu'une infirmité proprement dite, le salaire de l'ouvrier qui en est atteint ne doit subir qu'une réduction de peu d'importance ; rente de 10 °/₀ à un menuisier qui peut encore en se soumettant à quelques précautions et en s'abstenant de tout effort musculaire violent accomplir à peu près tous les travaux inhérents à sa profession (*A. Nîmes, 4 mai 1904 : La Loi, 24 et 25 juin 1904*).

671. Rente de 15 °/₀ à un employé de chemin de fer dont la hernie inguinale simple, réductible, peut être facilement contenue par le port d'un bandage approprié (*A. Limoges, 30 nov. 1903 : Recueil Riom et Limoges, 1903-1904, 49*).

672. Rente de 40 °/₀ à un terrassier atteint de hernie double, guéri de la hernie droite mais qui refuse de se soumettre au chirurgien pour la guérison de la deuxième, à gauche ; cette opération présenterait toutes les chances de guérison absolue, avec un aléa presque nul d'insuccès; l'ouvrier ne peut être contraint à la subir sous peine de rejet de sa demande ; mais la rente doit être diminuée en conséquence. La rente ne vise que la hernie non guérie (*J. Bayonne, 19 avril 1905 : Moniteur Lyon, 17-18 déc. 1905*).

673. La hernie de force est un accident du travail, une lésion corporelle, qui entraîne une incapacité purement partielle, alors surtout qu'après l'accident la victime a continué son travail. Pour faire déclarer qu'il y a incapacité absolue, l'ouvrier ne peut se prévaloir de ce qu'il n'a plus pu travailler depuis la déclaration de l'accident faite tardivement, alors que le patron s'est offert à le garder attaché à l'usine, offre que l'ouvrier n'a pas acceptée ; rente de 65 °/₀ à un employé d'usine (*J. Tulle, 29 déc. 1900 : Gaz. Tribunaux, 8-9-10 avril 1901*).

Cure radicale : *La veuve a droit à une rente de 20 °/₀ :*

674. Décès probablement imputable à l'opération de la cure radicale d'une pointe de hernie inguinale droite constatée à la suite d'un travail normal (chargement d'un poids de 40 kilog. pour un forgeron de 55 ans); opération pratiquée par un chirurgien du choix de l'ouvrier, sans prévenir le patron, n'entraînerait pas la responsabilité du patron mais cependant toute lésion dont le travail même normal a été la cause ou l'occasion doit être considéré comme résultant d'un accident du travail (*J. Valenciennes, 13 oct. 1910 : Villetard, XI, 424*).

La veuve n'a droit à aucune rente :

675. Ouvrier victime d'une première hernie, qui a fait l'objet d'un règlement avec son patron, est victime d'une deuxième hernie, dix-huit mois après, qui s'est manifestée à une date et par une cause restées inconnues ; il s'est décidé subitement à recourir à une intervention chirurgicale (cure radicale de la hernie) à laquelle il a succombé, alors qu'il s'est fait opérer de son plein gré, sans l'adhésion du patron ou de la Compagnie d'assurances, et alors que cette hernie ne présentait pour lui aucun danger imminent. La mort n'est pas la conséquence de l'accident (*A. Grenoble, 26 juin 1909 : Moniteur Paix, 1910, 443*).

Incapacité permanente nulle ou légère. Aucun droit à rente :

676. La hernie est guérie après l'opération (*A. Nancy, 25 janv. 1905 : Villetard, V, 404*).

677. La hernie est considérée comme radicalement guérie par une opération et ne laisse qu'une incapacité temporaire ; le côté malade est devenu aussi solide que l'autre sauf à prendre le repos suffisant (*A. Grenoble, 27 juillet 1901 : Recueil Grenoble, 1901, 240*).

678. Cette opération étant réussie, l'ouvrier accidenté ne subit aucune incapacité de travail et n'a droit à aucune rente, alors même que l'opération ait donné lieu à des abcès occasionnés par l'élimination des fils de suture et qu'il ait subi de ce chef une incapacité temporaire et probablement absolue (*J. Valenciennes, 12 mars 1908 : Jurisprud. Douai, 1908, 119*).

AUGMENTATION DE VOLUME : *Incapacité permanente partielle :*

679. Si une hernie vient à augmenter de volume et présenter une difficulté dans sa contention à la suite d'un accident, la rente doit être en rapport avec l'incapacité présente de travail, sans tenir compte de l'état antérieur ; la réduction proportionnelle est de 25 % et constitue à concurrence de 15 % une aggravation de l'incapacité de 10 %, résultant de l'accident antérieur ; rente de 25 % (*A. Paris, 2 février 1909 : Bert, 1909, 208*).

680. Accroissement subit par accident du volume d'une hernie qui n'existait jusqu'alors qu'à l'état latent sans provoquer d'invalidité professionnelle ; rente de 10 % (*A. Paris, 8 juin 1901 : Bert, 1901, 349*).

Incapacité permanente nulle ou légère. Aucun droit à rente :

681. L'augmentation de volume d'une hernie entraînerait au point de vue médical un très léger déchet de 2 à 3 % mais ne diminue pas au point de vue professionnel l'aptitude de l'ouvrier à gagner le même salaire et ne saurait justifier une demande en révision (*A. Paris, 13 déc. 1910 (sur révision): Villetard, XI, 407*).

BANDAGES : *Incapacité permanente partielle :*

682. Aggravation d'une hernie antérieure par une glissade de l'ouvrier au cours de son travail : l'ouvrier se plaint et déclare qu'il avait précédemment une « petite pointe » de fatigue et ne pouvoir plus travailler ; quoique hernieux il ne portait pas de bandage herniaire, et il reprend son travail 14 jours après sa chute ; l'accident a aggravé son infirmité, mais ne l'a pas causée ; le fait

de ne pas porter de bandage lorsqu'on est atteint de hernie constitue une faute inexcusable qui permet de réduire la rente de 24 %
à 20 % (*J. Nantes, 25 juin 1900 : Minutes*).

Incapacité permanente nulle ou légère. Aucun droit à rente :

683. Lorsque après un effort corporel, une hernie s'est déclarée, puis a disparu, ne laissant aucun signe extérieur et qu'un simple bandage est nécessaire (*A. Dijon, 2 juil. 1904 : Villetard,
V, 173*).

684. Lorsque l'aggravation légère d'une hernie provient de ce
que l'ouvrier a négligé de porter un bandage suffisant l'aggravation serait de 5 % (*J. Seine, 24 mai 1909 (sur révision) : Bert,
1909, 253*).

Apparition brusque ; origine et date déterminées ; au cours du
travail ; rapport entre l'effort et la hernie : *La loi est applicable :*

685. Il n'est pas nécessaire pour qu'un ouvrier invoque la loi, à
raison d'un accident, qu'il y ait eu fait anormal ou périlleux. La
hernie constitue un accident du travail lorsqu'on peut lui assigner
une origine et une date déterminées, alors surtout qu'elle se produit d'une façon fortuite (*A. Riom, 29 oct. 1910 : Sommaires,
1911, 2201*).

686. La hernie n'est un accident que lorsqu'elle est apparue
brusquement à la suite d'un choc ou d'un traumatisme dont elle est
la conséquence évidente (*A. Rennes, 16 juill. 1903 : Recueil
Rennes, 1902, I, 145*).

687. Ne peut être considérée comme un accident du travail que
la hernie de force, survenue brusquement au cours et par suite du
travail (*A. Rennes, 18 mars 1902 : Recueil Rennes, 1902, I, 34*).

688. Seule la hernie survenue au cours du travail et revêtant les
symptômes de la hernie de force tombe sous l'application de la loi
(*A. Toulouse, 30 déc. 1905 : Villetard, VI, 462*).

689. Lorsque le travail a été continué le jour même, l'ouvrier
doit établir le rapport de cause à effet entre le travail et la hernie ;
une simple concomitance entre son travail et l'affection dont il est
atteint ne suffit pas (*A. Douai, 4 janv. 1905 : Jurispr. Douai,
1905, 138*).

690. La hernie ne peut être considérée comme un accident
qu'autant qu'il est dûment constaté qu'il y a rapport direct de cause
à effet entre l'effort musculaire et la hernie ; par suite ne peut être
considérée comme un accident du travail la hernie survenue au
cours d'une chute faite par l'ouvrier (*A. Limoges, 2 mai 1901 :
Le Droit, 29 août 1901*).

691. La hernie pour avoir le caractère d'un accident du travail
doit survenir au cours des occupations professionnelles et être la

conséquence d'un mouvement exigé par leur accomplissement. Lorsqu'il n'existe pas de preuve de relation directe et nécessaire entre le travail et la hernie et que l'ouvrier était prédisposé à la hernie, il y a lieu de retenir cette constatation et de la faire entrer en ligne de compte dans l'examen de la cause (*J. Dôle, 11 nov. 1903 : La Loi, 15 janv. 1904*).

692. Une hernie ne peut, bien qu'elle se soit manifestée au cours du travail, donner lieu à l'application de la loi que lorsqu'il est démontré qu'elle a été nécessairement engendrée par le travail (*J. Toulouse, 3 mai 1901 : Villetard, II, 298*).

693. L'ouvrier doit établir que la hernie dont il est affligé est née ou s'est développée par le travail ; il faut se montrer d'autant plus circonspect dans la matière que la hernie congénitale ou due à une faiblesse subséquente des organes se manifeste le plus souvent sous une influence quelconque absolument indépendante du travail (*J. Lille, 25 mai 1900 : Nord Judiciaire, 1900, 240*).

EFFORT ANORMAL ; DOULEURS ; PAS DE PRÉDISPOSITION : *Incapacité permanente partielle :*

694. Hernie se manifeste immédiatement après l'accident à la suite de travaux pénibles ; aucune manifestation herniaire avant l'accident ; rente de 20 % (*A. Montpellier, 22 déc. 1907 et Cass., 27 mai 1908 : Travail, 33,76*).

695. Mêmes éléments, sans manifestation herniaire avant l'accident ; l'effort a consisté à soulever un poids de 500 kilogrammes ; rente de 20 % (*A. Montpellier, 22 déc. 1905 et Cass., 17 fév. 1908 : Gaz. Tribunaux, 1908, II, 1, 153*).

696. Hernie inguinale droite chez un ouvrier vigoureux, de bonne constitution ; pas de prédisposition ; effort exceptionnel ; rente de 25 % (*J. Dijon, 14 fév. 1901 : Gaz. Palais, 1901, II, 209*).

697. Hernie inguinale droite ; il y a accident du travail au cas de lésions physiques offrant un caractère de soudaineté, sans qu'elles aient été occasionnées par le plus léger traumatisme ; prédisposition non démontrée et le serait-elle que l'ouvrier aurait droit de réclamer une réparation du préjudice souffert. Effort anormal consistait à transborder des caisses de 800 kilogrammes ; rente de 25 % (*A. Rouen, 14 déc. 1901 : Travail, 7,155*).

698. Hernie traumatique, effort exagéré, chez un manouvrier sans prédisposition ; rente de 50 % (*J. Senlis, 11 avril 1906 : Minutes*).

699. Hernie inguinale ; aucune affection antérieure ; travail pénible auquel il aurait été dans l'impossibilité de se livrer s'il avait été déjà atteint de hernie. La hernie porte atteinte à la capacité de travail surtout chez un forgeron dont la profession exige l'emploi d'une certaine force musculaire, mais la gêne résultant d'une hernie maintenue par un bandage est peu considérable ; rente de 16,50 % (*J. Bourgoin, 27 mars 1901 : Travail, 3,549*).

La loi est applicable :

700. Effort anormal consistait à empêcher un wagonnet pesant 1.100 kilogrammes de chavirer ; le chaufournier pousse un cri et s'affaisse ; il est mené de suite chez un médecin qui constate une hernie inguinale droite. *Principes :* La question de savoir si une hernie est de force ou de faiblesse dépend moins de l'examen de l'homme de l'art que de l'étude des circonstances qui ont environné l'accident, étant donné que la loi ne permet pas de tenir compte des prédispositions naturelles du blessé. N'est pas de force, celle qui est provoquée par l'effort normal et nécessaire dans l'exercice du travail ; mais le caractère anormal de l'effort peut provenir non seulement de l'importance de la force déployée, mais aussi de la brusquerie qui a été nécessitée par les circonstances ou l'imminence d'un danger (*J. Grenoble, 5 fév. 1908 : Recueil Grenoble, 1909, 66*).

701. En soulevant une pièce de fer de 100 kilogrammes, l'ouvrier d'usine s'affaisse brusquement en poussant un cri et est reconnu atteint de hernie inguinale, récente, douloureuse par suite d'effort ; il existe une relation évidente entre le travail exécuté et la manifestation de l'affection dont il est atteint ; la hernie est une véritable infirmité qui entraîne une diminution de capacité. *Principes :* La loi n'a pas défini ce qu'il faut entendre par accident du travail ; il appartient au juge suivant les circonstances de la cause et dans chaque espèce d'examiner si le travail a été soit la cause directe, soit l'occasion soudaine ou non d'un fait quelconque ayant pour résultat une incapacité de travail (*A. Douai, 12 fév. 1901 : Sirey-Palais, 1901, II, 282*).

702. Hernie constitue un accident de travail lorsqu'elle s'est manifestée dans des circonstances nettement caractérisées, à l'occasion d'un effort violent nécessité par le travail, chez un ouvrier qui jusqu'alors n'avait présenté aucune affection herniaire (*A. Montpellier, 11 juin 1909 : Moniteur Midi, 17 oct. 1909*).

703. Hernie de force à la suite d'efforts douloureux et de travaux pénibles sans qu'on ait jamais remarqué chez lui les signes d'un mal herniaire (*A. Montpellier, 8 mai 1909 : Moniteur Midi, 26 mai 1909*).

704. Hernie se manifestant à la suite d'un traumatisme ou d'un effort au cours du travail (hernie de force en soulevant 35 kilogrammes) doit être en principe considérée comme rentrant dans les faits accidentels prévus par la loi. Il n'en serait autrement que dans le cas où il serait établi que le blessé était physiologiquement prédisposé à la hernie au point qu'un effort même peu considérable dût nécessairement provoquer la manifestation extérieure de cette infirmité (*J. Reims, 30 déc. 1904 : La Loi, 24-25 février 1905*).

EFFORT ANORMAL ; RÉSULTAT D'UN TRAUMATISME : *La loi est applicable :*

705. On doit distinguer deux sortes de hernies : la hernie de force, conséquence d'un traumatisme ou d'un effort violent causé par le travail ; la hernie congénitale ou de faiblesse produite au cours du travail, par une prédisposition morbide ou une disposition défectueuse anatomique. La première seule constitue un accident du travail (*A. Nancy, 11 janv. 1902 : Recueil Nancy, 1901-1902, 129*).

706. Par le fait des conditions d'une installation défectueuse, l'ouvrier accomplit simultanément deux efforts combinés, l'un pour soulever un poids de 25 kilogrammes, l'autre pour maintenir son équilibre sur une planche mal assujettie ; ces efforts dépassaient la limite d'un travail normal et les symptômes herniaires se sont manifestés peu de temps après l'accomplissement de ces efforts (*J. Senlis, 4 avril 1906 : Minutes*).

707. Hernie survenue au cours du travail et à l'occasion du travail à la suite d'un effort considérable et anormal (*A. Lyon, 22 juin 1901 : Moniteur Lyon, 16 octobre 1901*).

708. Suivant les circonstances et les espèces, il y a lieu de rechercher si le travail a été soit la cause directe, soit l'occasion soudaine ou non d'un fait quelconque ayant pour résultat une incapacité de travail : il importe donc de rechercher si la hernie dont est atteint l'ouvrier est une hernie de force, c'est-à-dire déterminée par un effort accidentel et violent ou si au contraire c'est une hernie de faiblesse ou congénitale provenant de sa conformation corporelle (*A. Nancy, 29 déc. 1900 : Minutes*).

709. Hernie révélée au cours du travail est attribuée à un surcroît inusité d'efforts, nécessités par un travail pénible ; l'influence plus ou moins lointaine et conjecturale que l'affaiblissement et l'âge de l'ouvrier ont pu exercer sur l'accident herniaire, ne saurait être prise en considération pour abaisser le chiffre de l'indemnité forfaitaire qui lui est due ; le chiffre doit être calculé sur la capacité de travail de la victime préalable à l'accident et telle qu'elle résulte du salaire qui lui était alloué (*A. Grenoble, 1er mai 1903 : Recueil Grenoble, 1903, 233*).

La loi ne s'applique pas :

710. Hernie ne constitue un accident du travail que si elle est le résultat unique d'un traumatisme ou d'un effort violent et anormal survenu dans l'accomplissement du travail (*A. Toulouse, 21 janv. et 19 mars 1902 : Le Droit, 27 juil. 1902; J. Saint-Quentin, 3 juil. 1903 : Villetard, IV, 277*).

711. Hernie apparue en l'absence de tout effort professionnel violent et de tout traumatisme (*J. Villefranche-sur-Saône, 22 avril 1902 : Le·Droit, 27 juil. 1902*).

EFFORT ANORMAL, VIOLENT ; DOULEURS ; TRAVAIL CESSÉ : *Incapacité permanente partielle :*

712. Hernie survenue en déplaçant (à deux ouvriers) un poids de 500 à 600 kilogrammes; l'ouvrier s'est plaint de suite et a cessé tout travail; ces éléments constituent un accident; la hernie est une gêne permanente rendant l'ouvrier craintif et ménager de ses forces, et peut amener des accidents redoutables malgré le bandage le mieux approprié; rente de 10 % (*A. Lyon, 22 mai 1901 : Bert, 1902, 138*).

713. Pointe de hernie en poussant un banneau de 1.200 kilogrammes avec un autre ouvrier; douleurs très vives, travail cessé de suite ; l'ouvrier se rend chez le médecin de suite. La seule question à résoudre en cas de hernie est de savoir si elle se rattache à l'effort violent accompli par l'ouvrier pendant son travail avec une relation de cause à effet, sans rechercher s'il avait des dispositions à contracter cette maladie; rente de 25 % à un ouvrier de fabrique de sucre (*J. Les Andelys, 29 juil. 1902 : La Loi, 6 août 1902*).

La loi est applicable :

714. La hernie de force doit avoir les caractères de brusquerie et violence de l'effort; apparition avec douleur intense ; nécessité pour la victime d'interrompre tout travail (*A. Paris, 28 mars 1911 : Villetard, XII, 50*).

La loi n'est pas applicable :

715. Hernie sans effort anormal et sans les symptômes habituels: douleur violente et soudaine presque syncopale qui impose cessation du travail et intervention du médecin (*A. Lyon, 22 fév. 1907 : Villetard, VIII, 58 ; J. Corbeil, 21 fév. 1906 : Gaz. Palais, 1906, I, 478*).

EFFORT ANORMAL ; DOULEURS ; CESSATION DU TRAVAIL ; NON PRÉDISPOSITION : *Incapacité permanente partielle :*

716. Hernie gauche unilatérale, de petit volume, facilement réductible, avec un anneau étroit et des tissus résistants, contractée en faisant un effort pour soulever un poids de 250 kilogrammes à deux, alors que l'ouvrier a dû suspendre son travail et ne put travailler les jours suivants qu'avec de violentes douleurs et qu'il n'avait eu aucune manifestation avant l'accident; rente de 10 % (*A. Douai, 6 juil. 1910 : Recueil Judiciaire Nord, 1910, 363*).

EFFORT ANORMAL ; DOULEURS ; CESSATION DU TRAVAIL ; PRÉDISPOSITION : *Incapacité permanente partielle :*

717. Hernie de force due à un traumatisme survenu au cours du travail ; douleurs vives, travail cessé immédiatement ; effort musculaire anormal ; prédisposition à la hernie constatée ; cette circonstance n'entraîne pas l'inapplicabilité de la loi puisque la hernie a pris naissance à la suite d'un effort extraordinaire occasionné par un fait qui doit être considéré comme un accident; rente de 20 % (*A. Nancy, 11 janv. 1902 : Recueil Nancy, 1901-1902, 63*).

EFFORT NORMAL OU ANORMAL ; PRÉDISPOSITION ; RAPPORT ENTRE L'ACCIDENT ET LA HERNIE : *Incapacité permanente partielle :*

718. Pointe de hernie; le fait de n'avoir jamais porté de bandage avant l'accident et qu'une concomitance probable a existé entre le développement progressif de l'infirmité et la date de l'accident justifient suffisamment de l'existence d'une hernie donnant droit à rente de 15 %, à un ouvrier d'usine (*A. Besançon, 15 janv. 1902: La Loi, 19 juin 1902*).

La loi est applicable :
719. La prédisposition à la hernie aussi bien que le peu d'importance de l'infirmité ne sauraient faire réduire ou supprimer la rente prévue par la loi ; l'ouvrier victime d'un accident n'a pas à établir qu'il a eu à faire un effort imprévu et plus sérieux que d'habitude si d'ailleurs la relation de cause à effet entre l'accident et la blessure ne saurait être contestée (*J. Nice, 3 fév. 1910: Recueil Alpes, 1910, 77*).

EFFORT ANORMAL ; PRÉDISPOSITION: *Incapacité permanente partielle :*

720. Hernie de faiblesse chez un ouvrier d'usine; effort exagéré avec prédisposition herniaire, l'incapacité est imputable pour la plus grande partie à l'état pathologique du blessé et à la prédisposition. La réduction ne saurait être supérieure à 10 % en tenant compte des seules conséquences directes de l'accident (*A. Amiens, 20 nov. 1909 : Minutes*).

721. Hernie se produit pendant un effort violent et excessif, en soulevant dans des conditions particulièrement difficiles un poids de 150 kilogrammes ; il y a relation de cause à effet entre le travail et l'accident; ce manœuvre a une prédisposition herniaire; ce sont les circonstances et les conditions de l'accident qui mieux qu'une expertise médicale, permettent de confirmer ou de détruire la présomption, que la hernie apparue ou révélée au cours d'un travail de force qu'effectue depuis un certain temps chez le même patron, un prédisposé à devenir hernieux est la résultante d'un effort excessif ou anormal; rente de 20 % (*A. Grenoble, 19 avril 1907 : Recueil Grenoble, 1909.64*).

722. Effort brusque et anormal cause une hernie inguinale gauche chez un serrurier ; prédisposition herniaire révélée par des signes caractéristiques spécialement par l'imminence de la formation d'une hernie inguinale droite; il y a lieu de tenir compte en grande partie de l'état pathologique du blessé et de fixer à 10 % l'invalidité résultant des conséquences directes de l'accident (*A. Paris, 8 fév. 1902 : Travail, 7, 176*).

723. Est victime d'un accident le forgeron qui en soulevant une lourde barre de fer de 150 kilogrammes avec un camarade, éprouve une vive douleur à l'aine et qui depuis ce jour se plaint sans cesse alors qu'il n'avait pas de hernie avant cette époque et que les conclusions de l'expert ne contredisent pas ses affirmations ; il importe peu que l'ouvrier ait des dispositions ataviques à cette maladie, lorsqu'il est certain que la hernie s'est produite au cours du travail ; il est ainsi affecté d'une tare qu'il n'avait pas auparavant quoiqu'il puisse continuer à exercer son métier; il a passé l'âge où les hernies spontanées guérissent par le port d'un bandage et ainsi il est exposé, comme tout porteur de hernie aux complications qui en résultent, inflammation, étranglement, s'il abandonne son bandage ; rente de 16,66 % (*A. Bordeaux, 18 déc. 1902 : Recueil Bordeaux, 1903, I, 315*).

724. Hernie reconnaît deux causes : la prédisposition et un effort violent, la balance étant égale entre les deux. La loi s'applique toutes les fois qu'il est établi qu'entre la blessure ou l'infirmité consécutive à l'accident et cet accident il existe une relation de cause à effet sans se préoccuper de savoir si l'accident a été ou non favorisé dans ses conséquences par les prédispositions constitutionnelles de l'ouvrier ; rente de 5 % sans se préoccuper de savoir s'il était atteint d'une prédisposition herniaire avant l'accident (*J. Saint-Etienne, 30 déc. 1901 : Moniteur Lyon, 11-12 janv. 1902*).

725. Petite pointe de hernie gauche malgré une prédisposition, se rattache directement et normalement à l'accident survenu pendant le travail; la cause efficiente de la hernie est la prédisposition et la cause déterminante est l'effort du jour de l'accident ; cette affection n'est pas grave à part l'étranglement possible ; rente de 10 % (*A. Grenoble, 10 déc. 1903 : Recueil Grenoble, 1903, 121*).

726. Hernie inguinale gauche ; effort exagéré ; prédisposition ; rente de 33, 33 % à un raboteur (*A. Caen, 10 mai 1905 : Recueil Caen, 1905, 169*).

727. Hernie inguinale droite; effort exagéré ; déjà latente avant l'accident ; rente de 15 % à un briquetier (*J. Senlis, 11 août 1903: Minutes*).

728. Ouvrier a reçu une balle dans le ventre en 1870. Hernie se produit plus tard au cours du travail par un effort ; il y a lieu de tenir compte de cette cause première antérieure à l'accident : rente de 20 % (*A. Chambéry, 19 nov. 1900 : Recueil Chambéry, 1901, 5*).

729. Accident a provoqué ou aggravé une hernie volumineuse par un effort fait dans des conditions anormales au cours du travail ; rente de 14 % (*A. Lyon, 6 janv. 1909 : Moniteur Lyon, 17 fév. 1909*).

La loi est applicable :

730. Hernie gauche chez un frappeur en soulevant un poids de 70 à 80 kilogrammes ; prédisposition herniaire du côté droit. *Principes :* La loi ne distingue pas, en ce qui concerne les suites des accidents, entre l'incapacité qui résulte d'une blessure proprement dite et de la privation totale ou partielle d'un ou plusieurs membres et celle qui consiste dans une maladie occasionnée par un accident et diminuant dans une plus ou moins grande mesure la faculté de travail de l'ouvrier (hernie). L'indemnité forfaitaire est uniquement réglée d'après le salaire de l'ouvrier et le degré de son incapacité de travail abstraction faite de son état de santé antérieur et de toute prédisposition naturelle à la maladie dont l'accident a amené la manifestation ou la naissance (*A. Grenoble, 16 juil. 1903, après renvoi sur Cass., 3 fév. 1902, d'A. Lyon, 5 nov. 1900 : Moniteur Lyon, 9 oct. 1903*).

731. Hernie survenue à un ouvrier au cours d'un travail à la suite d'un effort musculaire anormal, bien que cet ouvrier eût une prédisposition congénitale à cette infirmité (*A. Nancy, 11 janv. 1901 : Recueil Nancy, 1902, 66*).

Effort anormal ; prédisposition ou non ; travail continué ; rapport avec le travail : *Incapacité permanente partielle :*

732. Effort exagéré (27 kilogr. pour un enfant de 14 ans); travail continué ; prédisposition herniaire ; il n'y a pas lieu de se préoccuper, en cas de hernie survenue par effort, si la victime avait des dispositions à la contracter ; la seule question à résoudre est celle de savoir si la hernie se rattache à l'effort violent accompli par l'ouvrier avec une relation de cause à effet ; rente de 20 % à un employé d'usine à gaz (*A. Lyon, 22 mai 1902 : La Loi, 9 juil. 1902*).

733. La hernie résultant d'un effort fait par l'ouvrier au cours du travail auquel il était employé en essayant de soulever un wagonnet de 500 kilogrammes est un accident et il n'appartient pas aux juges de rechercher si l'ouvrier était ou non prédisposé à devenir hernieux ; rente de 15 % à un ouvrier de plus de 50 ans qui est habituellement chargé de manier des poids semblables (*A. Lyon, 9 janv. 1902: Moniteur Lyon, 7 fév. 1902*).

734. Hernie manifestée chez un ouvrier sous l'action d'un effort musculaire ; les juges ne peuvent, par une appréciation arbitraire, rechercher si cet effort est en proportion normale avec le travail habituellement accompli par l'ouvrier ; il suffit de constater que celui-ci a reçu sa blessure au cours de son travail et que ce travail en a été la cause déterminante. La prédisposition morbide (herniaire en l'espèce) comme toute affection antérieure est sans influence sur l'appréciation de l'état de l'ouvrier victime d'un accident dans son travail et sur la fixation de l'indemnité due ; rente de 12 % (*A. Bordeaux, 31 janv. 1905: Recueil Bordeaux, 1906, 1, 101*).

La loi est applicable :

735. Lorsqu'un ouvrier a subi lors de l'embauchage une visite médicale qui n'a pas révélé la présence d'une hernie et si au cours d'un travail pénible il déclare s'être blessé et va à l'infirmerie, il y a lieu de décider qu'il est victime d'un accident bien qu'il n'ait pas cessé le travail dans l'après-midi (*J. Valenciennes, 30 déc. 1909 : Assurance Mutuelle, 1910, 82*).

Effort normal ; prédisposition : *Incapacité permanente partielle :*

736. Hernie de force en soulevant 15 kilogrammes et en faisant un faux pas au cours de son travail ; il subit une diminution de capacité de travail puisqu'il aurait pu obtenir un emploi mieux rétribué, mais plus pénible, au service de la même compagnie, et qui lui est aujourd'hui à peu près interdit par son infirmité : faible prédisposition ; rente de 10 % à un employé de bureau (*A. Lyon, 3 juil. 1909 : Moniteur Lyon, 23 juil. 1909*).

737. Hernie inguinale droite en déplaçant une échelle de 5 mètres ; prédispositions herniaires ; la hernie devient patente au cours de l'effort ; en suite de la cure radicale pratiquée, son état est bon mais il n'est pas absolument à l'abri d'une récidive. Quand la valeur productive de travail d'un ouvrier est diminuée par accident en ce sens notamment que par crainte d'une rechute ou par prudence, il sera tenu de ne pas se livrer à des travaux fatigants et d'éviter tout effort un peu violent ; la rente est de 15 % à un ferblantier (*J. Lille, 8 nov. 1900 : Nord Judiciaire, 1902, 31*).

La loi ne s'applique pas :

738. Hernie inguinale droite, de petit volume, facilement réductible, indolore, qui n'est pas la conséquence d'un accident ; il va chez le médecin plus pour savoir ce qu'il avait que parce qu'il souffrait, il a accompli la besogne d'un perceur (montage du foret d'une machine à percer, qui était seulement dure à manier) qu'il faisait toute la journée et chaque jour depuis trois mois ; il n'y a pas eu effort brusque, violent, prolongé et inusité, ni fausse position, et il y a au contraire dilatation anormale des deux orifices inguinaux internes, à droite et à gauche, ce qui constitue une cause prédisposante indéniable à l'apparition des hernies. *Principes :* Il n'y a hernie de force et par suite droit à rente que lorsque l'ouvrier est blessé au cours et à l'occasion du travail, qu'il n'y a pas de prédisposition herniaire, que l'effort est anormal et au-dessus des forces de l'ouvrier, qu'il pousse un cri immédiat, cesse de suite son travail et demande de suite l'intervention d'un médecin (*J. Senlis, 24 mai 1911 : Minutes*).

739. La hernie apparue pendant le travail, lorsque l'ouvrier y était physiologiquement prédisposé au point qu'un effort même peu considérable (en soulevant un poids de 35 livres) comme ceux dont la vie ordinaire fournit l'occasion, doit nécessairement provoquer la manifestation de cette infirmité. Mais s'il en est autrement, la hernie contractée pendant le travail, même par suite d'un effort qui n'a rien d'anormal, doit être rangée parmi les accidents prévus par la loi. *Principes posés :* Il n'y a pas lieu pour les hernies de tenir compte de la prédisposition ; si tant est qu'elle puisse être établie, elle peut rester latente et ignorée pendant de longues années, sinon toute la vie et ne doit pas nécessairement aboutir par une évolution fatale à la hernie apparente. Il s'ensuit que la hernie, se manifestant à la suite d'un traumatisme ou d'un effort au cours du travail, d'où elle prend souvent le nom de hernie de force, doit être en principe considérée comme rentrant dans les faits accidentels prévus par la loi, il n'en serait autrement que dans le cas où il serait établi que le blessé était physiologiquement prédisposé à la hernie, au point qu'un effort même peu considérable dût nécessairement provoquer la manifestation extérieure de cette infirmité ; dans ce cas l'apparition de la hernie ne serait que la manifestation au cours du travail d'une cause morbide préexistante et arrivée à un tel degré que l'acte le plus indifférent pouvait la déceler subitement ; dans cette hypothèse ainsi limitée ne se rencontrait plus la relation de cause à effet exigée par la loi entre le travail et l'impotence de l'ouvrier (*J. Reims, 30 déc. 1901 : Le Droit, 1er mai 1905*).

740. Pas d'effort considérable, simple glissement du pied en bourrant du ballast sous une traverse de chemin de fer ; prédisposition physiologique chez un terrassier qui n'est pas atteint d'une hernie de force. *Pourvoi rejeté :* parce que les constatations des juges du fait sont souveraines (*A. Amiens, 29 juin 1901 et Cass. ejet, 23 déc. 1903 : Sirey-Palais, 1907, I, 29*).

741. Effort fait par deux hommes pour pousser sur rails un wagon de 500 kilogrammes est normal et ne peut justifier la production d'une hernie de force alors que l'ouvrier se trouve dans des dispositions physiques propres à lui faire contracter d'autres hernies (*A. Douai, 17 fév. 1909 : Villetard, IX, 446*).

742. Hernie inguinale droite chez un terrassier en soulevant un moellon : laxité de la paroi abdominale crée une condition très favorable à la production des hernies ; simple hernie de faiblesse ; c'est une maladie imputable à une prédisposition congénitale ou acquise (*A. Amiens, 26 nov. 1903 : Journal Amiens, 1903, 91*).

743. Effort minime (poids de 25 kilogr. soulevé) insuffisant à provoquer une hernie chez un homme vigoureux alors que la paroi abdominale est affaiblie et a une tendance à production d'une hernie; la hernie est alors une maladie imputable à une prédisposition congénitale ou acquise (*A. Amiens, 16 oct. 1903 : Journal Amiens, 1903, 91*).

744. Hernie inguinale droite semble sortie au moment de l'accident, mais l'ouvrier porte des traces indéniables de prédisposition à hernie et a été réformé du service militaire avant l'accident pour pointe de hernie ; son travail était ordinaire, ne nécessitait pas d'efforts d'une grande intensité ; ce n'est donc pas un effort ou un traumatisme qui l'ont provoquée(*A.Nancy, 23 oct. 1901 : Recueil Nancy, 1901-1902, 19*).

745. Douleur révélatrice de la hernie se produit au cours d'un travail ordinaire, sans effort d'une grande intensité ; prédisposition à hernie (*J. Corbeil, 20 déc. 1906 : Villetard, VII, 424*).

746. Prédisposition herniaire ; effort prolongé et de moyenne intensité (*J. Avesnes, 18 mai 1905 : Villetard, VI, 202*).

747. Hernie en manœuvrant une pompe ; pas d'efforts violents, il a été atteint antérieurement d'une hernie de force dont le développement ne saurait être considéré comme ayant été occasionné par le travail accompli : il doit prouver qu'au cours du travail il a fait un effort extraordinaire et qu'il a éprouvé des souffrances très vives et à peine tolérables (*J. Pontoise, 3 nov. 1903 : La Loi, 9 déc. 1903*).

748. L'accident prévu par la loi s'entend d'une blessure attribuée à une cause extérieure, soudaine et violente et non d'une lésion se manifestant dans un organe défectueux au cours d'un travail normal (*J. Bordeaux, 17 fév. 1902 : Recueil Bordeaux, 1902, II, 59*).

749. La loi ne s'applique qu'aux accidents résultant d'une cause extérieure, soudaine et violente et non aux maladies professionnelles résultant de l'exercice prolongé de certains métiers, celui de manœuvre, auxquelles il est impossible d'assigner une origine et une date déterminées, et notamment à la sortie d'une hernie préexistante qui a eu lieu après qu'elle s'est développée progressivement et s'est manifestée sans effort extraordinaire de travail la motivant (*J. Paix Roquevaire, 15 juin 1910 : Recueil Aix-Marseille, 1910, 359*).

750. Prédisposition à la hernie et pas d'effort anormal (*J. Nantes, 22 janv. 1902 : Villetard, III, 33 ; J. Paix Roubaix, 7 mai 1902 : Villetard, III, 87*).

EFFORT NORMAL ; PAS DE PRÉDISPOSITION : *Incapacité permanente partielle :*

751. Hernie inguinale droite, effort pas excessif; pas de traumatisme ; pas de prédisposition ; obligation de porter un bandage et impossibilité d'exécuter à l'avenir des ouvrages de force; il y a accident même au cas de lésions physiques soudaines et bien quelles n'aient pas été occasionnées par le plus léger traumatisme ; rente de 25 °/₀ (*A. Rouen, 30 nov. 1901 : Recueil Rouen, 1901, 182*).

La loi s'applique :

752. Hernie contractée en travaillant à aplanir à la varlope des pièces de bois alors que rien ne permet d'admettre l'hypothèse d'une prédisposition et que la hernie s'est déclarée brusquement au cours du travail (*J. Toulouse, 3 juin 1910: Gaz. Midi, 14 août 1910*).

EFFORT NORMAL ; DOULEURS ; TRAVAIL CESSÉ ; PRÉDISPOSITION : *Incapacité permanente partielle :*

753. Hernie inguinale ; vives douleurs, cessation du travail immédiate ; efforts pour soulever un poids de 35 à 40 kilogrammes; prédisposition ; on ne peut déterminer l'effort par le poids parce que l'inégalité du sol, la position défectueuse, les prédispositions morbides peuvent produire pour le même travail, des lésions différentes chez deux ouvriers différents; rente de 10 °/₀ à un ouvrier auxiliaire de chemin de fer. *Pourvoi rejeté :* parce que les appréciations des circonstances de fait par les juges du fond sont souveraines (*A. Douai, 13 mars 1905, et Cass. rejet, 5 avril 1909 : Dalloz, 1910, I, 125*).

754. Hernie inguinale gauche, en soulevant une buse d'aérage d'un certain poids; l'ouvrier pousse un cri et cesse son travail ; il n'y a pas lieu de tenir compte de la prédisposition ; rente de 10 °/₀ (*A. Douai, 8 juin 1905 : Jurisprud. Douai, 1905, 138*).

755. Hernie inguinale gauche réductible contractée en soulevant un poids normal de 75 kilogrammes; vives douleurs, travail cessé, rente de 30 °/₀ à un ajusteur sans se préoccuper de l'état pathologique et des tares constitutionnelles qui ne doivent avoir aucune conséquence sur l'importance des indemnités (*A. Amiens, 21 janv. 1903 : Journal Amiens, 1903, 91*).

EFFORT NORMAL; TRAVAIL CONTINUÉ : *La loi n'est pas applicable:*

756. La loi ne peut être invoquée que s'il existe une relation de cause à effet entre le travail et l'accident; lorsqu'un employé d'entrepreneur de vidanges dans la force de l'âge a été atteint d'une hernie pendant qu'il se livrait à un travail n'exigeant qu'une succession d'efforts très ordinaires et qu'il a travaillé pendant un temps relativement long après la douleur révélatrice de son mal, l'infirmité à une cause étrangère au travail, bien que révélée pendant qu'il l'effectuait. *Pourvoi rejeté :* parce que les juges du fond décident souverainement d'après les faits et documents de la cause si se trouve réalisée cette condition nécessaire à l'application de la loi à savoir l'existence d'une relation de cause à effet entre le travail convenu avec le patron et l'accident survenu à l'ouvrier ou que cet accident se rattache au travail par un lien étroit (*A. Angers, 24 mai 1901 et Cass. rejet, 8 juil. 1902 : Dalloz, 1903, I, 252*).

757. Une hernie n'est pas de force lorsque l'ouvrier n'a fait aucun effort professionnel anormal et qu'il a pu encore continuer son travail (*J. Seine, 19 oct. 1910 : Villetard, XI, 394*).

758. Pas d'effort anormal, pas de douleurs, travail continué deux jours ; l'ouvrier a soulevé un sac de 150 kilogrammes (*A. Paris, 3 janv. 1910 : Villetard, X, 421*).

759. Hernie contractée par une ouvrière en levant un paquet ; effort normal ; rien d'excessif ; pas de vives douleurs ; travail continué pendant quatre jours (*J. Lyon, 19 janv. 1909 : Villetard, IX, 390*).

760. Pas d'effort, travail normal et habituel, port d'un rouleau de 100 kilogrammes par deux ouvriers (*J. Lille, 9 déc. 1909 : Villetard, X, 351*).

761. Hernie invoquée par un ouvrier qui est simplement devenu un peu pâle après avoir soulevé un poids de 8 à 10 kilogrammes et a continué son travail pendant deux heures (*J. Lille, 23 mars 1911 : Villetard, XII, 50*).

762. Pas d'effort, en manœuvrant une machine perforatrice (*J. Paix Paris, 8 mars 1907 : Villetard, VIII, 258*).

763. Pas de cause extérieure et violente. Simple conséquence d'un effort approprié au travail normal de l'ouvrier. *Arrêt cassé :* parce que toute lésion dont le travail même normal a été la cause ou l'occasion doit être considérée comme résultant d'un accident (*J. Bordeaux, 4 mars 1907, cassé par Cass., 22 déc. 1909 : Bull. Cassation, 1909, 145*).

764. Effort professionnel normal (*J. Bordeaux, 11 mars 1901 : Villetard, II, 256*).

765. Effort professionnel normal ; pas d'arrêt dans le travail ; l'employée de marchand de vins avait soulevé un casier de bouteilles vides, à deux ouvrières (*A. Bordeaux, 23 fév. 1904 : Recueil Bordeaux, 1904, I, 333*) ; mêmes conditions (*A. Nancy, 4 août 1905 : Villetard, VI, 202*) ; mêmes conditions (serrer un étau) (*A. Rennes, 30 mars 1905 : Villetard, VI, 462*) ; mêmes conditions (soulever un madrier pour faire un échafaudage) (*J. Bordeaux, 17 déc. 1900 : Villetard, I, 320*).

Travail continué ; plaintes ; pas de prédisposition : *Incapacité permanente partielle :*

766. Hernie de force, conséquence directe de l'accident; pas de prédisposition ; cris; travail continué quatre jours; rente de 15 °/₀ à un chef de station de chemin de fer (*A. Rennes, 27 déc. 1904 : Gaz. Palais, 1905, I, 557*).

767. Hernie inguinale gauche contractée à la suite d'un faux pas bien qu'il ait continué son travail après l'accident; il a soulevé avec l'aide d'un de ses camarades un poids de 70 kilogrammes; il n'avait pas de prédisposition et s'est plaint immédiatement d'une vive douleur; rente de 10 °/₀ à un ajusteur(*J.Lille, 8 janv. 1910 : Recueil Judiciaire Nord, 1910, 14*).

Travail continué; douleurs ; prédisposition : *La loi ne s'applique pas :*

768. Hernie de faiblesse chez un ouvrier prédisposé; douleur ressentie en soulevant un engrenage; travail repris de suite ; constatation trois jours après d'une grosseur inguinale (*A. Bordeaux, 6 août 1907 : Villetard, VIII, 458*).

769. Il n'y a pas de relation de cause à effet entre le travail auquel se livrait un débourreur et la hernie dont il serait atteint, lorsqu'il a pu continuer son travail pendant plusieurs jours après l'apparition de cette prétendue hernie de force qui du reste présente les caractères spécifiques de la hernie de faiblesse (*J. Lille, 3 juil. 1909 : Bert, 1909, 330*).

Travail continué ; effort; douleurs; rapport avec l'accident : *Incapacité permanente partielle :*

770. Hernie de force, conséquence unique et directe de l'accident; effort; douleurs; travail continué huit jours; rente de 15 °/₀ à un ouvrier charron (*A. Rennes, 19 janv. 1909 : Gaz. Palais, 1909, I, 551*).

La loi ne s'applique pas :

771. Douleurs légères d'un chef monteur; travail continué après l'accident; médecin recherché après plusieurs semaines. *Principes:* La hernie ne constitue un accident du travail que lorsqu'elle s'est déclarée subitement, accompagnée de violentes douleurs à la suite d'une chute, d'un traumatisme ou après un effort corporel pénible dépassant le cadre du travail professionnel ordinaire (*J. Abbeville, 12 juil. 1904 : La Loi, 10 nov. 1904*).

Douleurs : *Incapacité permanente partielle :*

772. Hernie apparue brusquement au cours du travail et qui a suscité de la part de l'ouvrier, moins d'une heure après son apparition, des plaintes très vives correspondant à une lésion organique

alors qu'il résulte de l'examen médical que la hernie est apparue
sur le trajet du canal inguinal, au-dessus du pli de l'aine et qu'au
lieu d'avoir suivi le trajet du canal inguinal elle a fait irruption à
travers la paroi de ce canal, ce qui tend à démontrer l'origine traumatique de cette infirmité. Elle a les caractères de la hernie de force,
dite directe ou traumatique; rente de 20 % à un chauffeur (*A. Rennes, 14 mai 1906 : Recueil Rennes, 1905-1906, I, 110*).

773. Violentes douleurs et coliques à la suite d'une chute; une
hernie apparaît au côté droit; la hernie entraîne une diminution de
capacité, mais permet de se livrer avec précautions à tout travail
qui ne demande pas d'efforts trop considérables; rente de 16,66 %
(*A. Riom, 17 avril 1902 : Recueil Riom et Limoges, 1901-1902,
277*).

La loi n'est pas applicable :

774. La hernie qui ne revêt aucun caractère de la hernie de force,
savoir la soudaineté, la vivacité de la souffrance allant même jusqu'à la rendre intolérable n'est pas un accident (*J. Lille, 25 janv.
1906 : Recueil Assurances, 1907, 638*).

775. Un ouvrier n'est pas atteint de hernie de force alors que ce
n'est que trois quarts d'heure après le travail qu'il a ressenti aux
water-closets une douleur de l'aine et constaté une grosseur; il
faut une douleur aiguë au moment de l'effort (*J. Verdun, 25 oct.
1910 : Villetard, XI, 298*).

776. Pas de douleurs violentes, variation dans l'indication du
jour de l'accident (*J. Lille, 4 déc. 1905 : Villetard, VI, 302*).

777. Ouvrier mécanicien n'a reconnu l'existence de la hernie que
le lendemain de l'accident et n'a consulté un médecin qu'à ce moment alors qu'il est reconnu que lorsqu'une hernie est ainsi provoquée, elle est accompagnée de douleurs soudaines intolérables
interdisant toute marche au patient (*J. Niort, 31 oct. 1902 : La
Loi, 22 nov. 1902*).

T RAVAIL CONTINUÉ; PLAINTES TARDIVES; ABSENCE D'EFFORTS ET DE CRIS;
MÉDECIN NON RÉCLAMÉ : *La loi n'est pas applicable :*

778. L'ouvrier a continué à travailler après l'effort auquel il prétend imputer l'accident; il n'a pas sollicité à ce moment les secours
médicaux qui lui auraient été indispensables si l'accident eût été réel.
Principes: L'ouvrier se prétendant atteint de hernie doit démontrer
qu'il a été victime d'un accident à une date déterminée et qu'antérieurement à l'accident il n'y avait aucune trace de hernie, qu'il y a
relation de cause à effet entre le traumatisme et la hernie, c'est-à dire
qu'il s'agit d'une hernie de force qui serait la conséquence nécessaire de l'accident (*A. Rennes, 27 juil. 1904 : Recueil Rennes,
1904, I, 30*).

779. Ouvrier minotier n'a fait la déclaration que huit mois après

l'accident qui aurait déterminé la hernie ; à la suite de l'accident,
le travail a été continué sans plaintes et rien n'établit que la hernie soit le résultat d'un accident (*A. Limoges, 29 avril 1901 et
Cass. rejet, 19 janv. 1903 : Sirey-Palais, 1904, I, 164*).

780. Hernie traumatique dont est atteint un ouvrier qui travaille le jour même et le lendemain de l'accident, qui attend huit
jours pour réclamer des soins et déclarer cette infirmité alors que
cette hernie affecte la forme d'un petit œuf de poule, présente un
orifice assez large et à parcours droit et est facilement réductible,
symptômes qui excluent l'hypothèse d'une hernie de force (*J. Valenciennes, 17 juin 1910 : Villetard, XI, 250*).

781. Effort accompli était normal et ne paraissait pas en l'absence d'une manifestation de douleurs concomitante et d'un arrêt
dans le travail avoir pu déterminer avec relation de cause à effet
une hernie qui n'avait été reconnue qu'après trois jours et déclarée
qu'après quatre (*J. Cambrai, 29 déc. 1910: Villetard, XI, 442*).

782. Pas d'effort ; pas de cri poussé ; travail continué pendant
plusieurs jours (*J. Lille, 14 nov. 1907 : Minutes ; A: Limoges,
21 mai 1904 : Recueil Riom et Limoges, 1903-1904, 337 ; A.
Besançon, 28 mars 1904 : Villetard, V, 24*).

783. La hernie doit être survenue par le fait du travail sinon
elle ne donne droit à aucune indemnité à un poseur de rails ; il
faut aussi qu'elle ait entraîné une cessation du travail, des plaintes
immédiates (*A. Nîmes, 7 mars 1900 : Villetard, I, 6*).

Plaintes tardives ; cause non déterminée : *La loi n'est pas
applicable :*

784. Hernie n'est pas la cause immédiate de l'accident alors
surtout que l'ouvrier, manœuvre, ne s'est plaint que quelques jours
après et que la cause de la hernie demeure obscure et confuse (*J.
Marseille, 28 juin 1904: Recueil Aix-Marseille, 1905, 63*).

785. La hernie traumatique doit se révéler subitement et nettement ; ce qui n'est pas le cas lorsque l'ouvrier n'a parlé de son
infirmité que plusieurs jours après celui du prétendu effort (*J.Seine,
27 nov. 1901 : Villetard, II, 337*).

Prédisposition : *Incapacité permanente partielle :*

786. La prédisposition à la hernie inguinale ne peut, en cas d'accident, provoquant une hernie, avoir d'influence sur la fixation du
taux de l'incapacité et la victime ne peut être tenue de subir une
opération même si elle n'offre pas de danger sérieux ; rente de 18 %
(*J. Chambéry, 21 nov. 1908 : Le Droit, 27 avril 1909*).

787. Il n'y a pas lieu de réduire la rente allouée à raison d'une
prédisposition constitutionnelle (*J. Saint-Etienne, 21 nov. 1901 :
Villetard, II, 338*).

788. Hernie inguinale gauche ; prédisposition herniaire manifeste ; rente de 10 % à un contremaître. *Cassé*: parce que lorsque
le juge constate qu'un ouvrier est à la suite d'un accident du travail atteint d'une incapacité permanente et partielle, il ne peut
dans l'évaluation de sa capacité professionnelle tenir compte, pour
réduire l'indemnité de cette circonstance que la victime, aurait eu
des prédispositions morbides ; dans l'application de la loi son rôle
se borne à constater la nature du préjudice souffert et à en assurer
la réparation forfaitaire à l'aide des calculs qui lui sont imposés.
Spécialement lorsqu'un ouvrier est atteint de hernie survenue par
le fait du travail, le juge ne peut pas pour évaluer la réduction
normale de salaire, n'allouer à la victime qu'une rente inférieure à
la moitié de la réduction normale de son salaire et se baser sur ce
qu'il y a lieu de tenir compte de l'état antérieur de l'ouvrier,
connu ou ignoré de lui, qui l'exposait à des dangers assurément
moins probables mais d'ordre analogue à ceux résultant de la hernie déclarée (*A. Paris, 14 nov. 1902, cass. par Cass., 24 oct.
1904 : Dalloz, 1906, I, 45*).

789. Prédisposition à la hernie : effort au cours du travail la révèle ; part de responsabilité dérivant de cette prédisposition ; la
rente serait de 5 % sans prédisposition et est fixée à 3 % (*J. Avesnes, 11 mai 1906 : Villetard, VII, 178*) ; mêmes conditions ;
rente fixée à 2,50 % (*J. Avesnes, 3 mai 1906: Villetard, VII, 178*).

La loi est applicable :

790. La loi comprend dans les risques toutes les incapacités résultant d'accidents du travail, sans qu'il soit nécessaire que l'accident ait été la cause exclusive de l'incapacité, pourvu qu'il en ait
été la cause efficiente, quelle qu'ait été la prédisposition de la victime (*A. Chambéry, 23 nov. 1910 : La Loi, 8 avril 1911*).

791. Apparition d'une hernie même chez un prédisposé peut
constituer un accident du travail alors qu'il résulte des faits et des
certificats médicaux que le traumatisme subi à l'abdomen a déterminé l'apparition d'une hernie (*A. Riom, 17 fév. 1910 : Sommaires, 1910, 3650*).

792. La prédisposition à la hernie chez un mécanicien ne le
prive pas du bénéfice de la loi lorsqu'il établit la relation de cause
à effet entre l'accident et la production de la hernie alors surtout
que le fait par l'ouvrier d'avoir pu se livrer, sans porter de bandage,
à son dur métier pendant de longues années, établit qu'il n'était
pas porteur de hernie avant l'accident (*J. Nice, 14 nov. 1907 :
Recueil Alpes, 1907, 10*).

793. Prédisposition herniaire ; droit à rente (*A. Grenoble, 30 janv.
1904 : Minutes*).

La loi ne s'applique pas:

794. La constitution de l'ouvrier, le relâchement et la faiblesse de ses tissus, la largeur des orifices inguinaux permettent d'affir-mer que l'effort ou mieux le faux mouvement fait par l'ouvrier pendant son travail a été, non pas la cause déterminante d'une her-nie brusquement apparue par l'effet d'un traumatisme, mais la cir-constance qui a révélé un état morbide préexistant (*A. Nancy, 29 juin 1910 et Cass. rejet, 1ᵉʳ mai 1911 : Sirey-Palais, 1911, I, 327*).

795. Hernie de faiblesse, non traumatique, chez un manœuvre (*A. Amiens, 12 nov. 1908 : Minutes*).

796. Hernie gauche qui n'est qu'une phase de l'évolution d'un état anatomique préexistant chez un manœuvre (*J. Saint-Claude, 20 mai 1908 : Minutes*).

797. Prédisposition à la hernie (*J. Hazebrouck, 28 oct. 1910 : Sommaires, 1911, 36*).

798. Pas de douleur ; pas d'effort ; prédisposition constatée (*J. Lille, 30 oct. 1902 : Villetard, III, 268*).

799. Simple amorce de hernie de faiblesse ; pas de relation en-tre cette légère infirmité et l'accident ; prédisposition physiologi-que (*A. Amiens, 2 mai 1903 et Cass. rejet, 23 déc. 1903 : Journal Amiens, 1903, 91 et 196*).

800. Hernie ne s'est pas produite au cours du travail ; aucune justification de ce chef ; elle paraît au contraire avoir existé avant l'accident et l'on ne peut déterminer le moment exact de son appa-rition (*A. Limoges, 27 fév. 1901 : Le Droit, 25-26 mars 1901*).

801. On ne peut déterminer le moment exact de son apparition et la hernie devait exister depuis longtemps (*J. Aubusson, 14 août 1900 : Travail, 3, 418*).

802. Développement normal d'un état constitutionnel ; hernie antérieure à l'accident, ne peut être assimilée à une tuberculose latente dont un accident a hâté l'évolution ; l'accident ne peut être considéré comme ayant entraîné une lésion nouvelle permettant l'application de la loi (*J. Marseille, 8 oct. 1908 : Recueil Aix-Mar-seille, 1909, 32*).

803. Prédisposition seulement, sans hernie ; faiblesse des parois abdominales ; port de bandage nécessaire chez un ajusteur (*J. Sen-lis, 31 juil. 1907 : Minutes*).

804. Hernie ne saurait être attribuée à une autre cause qu'une prédisposition purement constitutionnelle, sans intervention d'un traumatisme, ou d'un effort au cours du travail (*J. Saint-Etienne, 26 déc. 1901 : Moniteur Lyon, 11-12 janv. 1902*).

805. Hernie constitutionnelle due à une lente désagrégation des tissus et non à un accident du travail (*J. Saint-Etienne, 16 déc. 1901 : Moniteur Lyon, 11-12 janv. 1902*).

806. Hernie peréexistante ; l'aggravation causée par l'accident n'est que temporaire (*J. Seine, 26 avril 1910 : Villetard, XI, 202*).

Hᴇʀɴɪᴇ ᴀɴᴛᴇ́ʀɪᴇᴜ́ʀᴇ : *La loi s'applique :*

807. Hernie ancienne non congénitale dont l'aggravation subite a amené une interruption de travail ; antérieurement, elle avait simplement agrandi le canal inguinal; par l'accident elle a pénétré dans le scrotum et s'est ainsi aggravée au cours et à l'occasion du travail, mais il y a lieu de tenir compte dans l'évaluation de la diminution de capacité ouvrière de l'état antérieur et de réduire de ce chef l'indemnité (*J. Saint-Flour, 1ᵉʳ déc. 1909 : Gaz. Midi, 23 janv. 1910*).

La loi ne s'applique pas :

808. Hernie antérieure à l'accident chez un ouvrier d'usine (*J. Senlis, 25 janv. 1910 : Minutes*).

809. Apprenti qui peu de temps avant l'accident a été déclaré atteint de hernie dans un certificat médical délivré en vue de son admission à une société de secours mutuels, alors qu'il n'est pas justifié qu'il y ait eu deux hernies, l'une à l'époque de cette admission, l'autre à l'époque de l'accident allégué (*J. Senlis, 1ᵉʳ mars 1911 : Minutes*).

810. Hernie antérieure chez un déchargeur s'aggrave momentanément par un effort au cours du travail ; des soins médicaux la réduisent promptement aux proportions antérieures avec l'aide d'un bandage dont l'ouvrier avait eu l'imprudence grave de ne pas se servir tout d'abord. Il n'y a pas de relation de cause à effet entre le travail et l'infirmité dont il continue à être atteint dans les mêmes conditions que par le passé (*A. Rennes, 3 déc. 1900 : Gaz. Palais, 1901, II, 209*).

811. Ouvrier atteint de hernie, qui a fait pendant son travail une chute à la suite de laquelle il a suspendu son travail, alors qu'il est constant que sa hernie est ancienne et que l'accident n'a pas compliqué son état antérieur, qu'il a été réformé du service militaire pour hernie inguinale droite volumineuse et en contact avec le testicule; la lésion n'est pas la conséquence directe de l'accident (*J. Grenoble, 6 août 1900 : Recueil Grenoble, 1901, 67*).

Sᴜʀ ʟᴀ ʜᴇʀɴɪᴇ ɪɴɢᴜɪɴᴀʟᴇ : V. encore 270.

HERNIE INGUINALE DOUBLE. — *Incapacité permanente partielle :*

812. Lorsque l'expert constate en même temps que la hernie invoquée par l'ouvrier une pointe de hernie de l'autre côté et déclare que l'apparition de la hernie n'a été que la résultante d'un effort occasionnel en soulevant un poids de 150 kilogrammes et que l'accident n'a pas été la cause unique de la hernie, l'ouvrier étant prédisposé à la hernie, la hernie doit être considérée comme résultant d'un accident du travail ; rente de 7 % (*A. Nancy, 11 mai 1909 : La Loi, 8 nov. 1909*).

813. Hernie double inguinale droite traumatique par un effort exagéré, avec prédisposition herniaire ; l'aggravation de la hernie a pour cause principale l'obésité ; une opération entraînerait la cure radicale, mais on ne saurait obliger l'ouvrier à la subir et ce refus, du reste non justifié, n'entraînerait pas la perte de tout droit ; rente de 15 % à un ouvrier gazier (*J. Senlis, 7 mars 1911 (sur révision): Minutes*).

814. Hernie inguinale droite et pointe de hernie inguinale gauche ; bandage double nécessaire ; effort exagéré au cours du travail ; rente de 30 % à un terrassier (*A. Angers, 2 fév. 1909 et Cass. rejet, 3 août 1909 : Bert, 1909, 346*).

815 Hernie inguinale droite en soulevant un poids de 200 kilogrammes avec des camarades ; l'ouvrier d'usine pousse un cri, s'affaisse et quitte le travail ; la hernie est probablement ancienne et a été aggravée sous l'effort ; de plus il a une pointe de hernie à gauche ; il n'y a pas de causes d'atténuation dans la loi, et on ne doit pas tenir compte de l'état préexistant ; rente de 15 % (*A. Douai, 15 nov. 1904 : Jurisprud. Douai, 1905, 138*).

816. Hernies de faiblesse que l'accident n'a pas produites, dont il a pu manifester l'existence et même dans une certaine mesure augmenter le volume ; après l'opération chirurgicale, la guérison laisse subsister une tendance manifeste à la reproduction des hernies ; rente de 10 % (*J. Seine, 18 janv. 1904 : Villetard, IV, 417*).

817 Prédisposition congénitale à la formation de la hernie ; la constitution définitive de la hernie et de la pointe de hernie gauche constatée sont le résultat de l'accident ; cette infirmité ne le rend pas incapable de tous travaux ; rente de 25 % (*A. Grenoble, 16 avril 1901 : Recueil Grenoble, 1901, 155*).

La loi est applicable :

818. L'ouvrier qui à la suite d'un effort se trouve atteint d'hernie inguinale double a droit à une rente, alors même qu'il s'agit non d'une hernie de force proprement dite, mais d'une hernie latente que l'effort a révélée (*A. Rennes, 16 mai 1907 : Recueil Rennes, 1906-1907, I, 76*).

819. L'ouvrier de mécanicien qui justifie avoir fait part à diverses personnes d'une douleur ressentie subitement au bas-ventre et s'être présenté à la visite médicale a fait une preuve suffisante de la réalité et du caractère de l'accident, alors qu'il y a eu effort (maniement d'un poids de 50 à 60 kilogr. dans la position accroupie). La hernie de force due à une cause subite et violente est un accident (*J. Nîmes, 26 mars 1903 : Gaz. Tribunaux, 1903, II, 2, 391*).

La loi n'est pas applicable :

820. Au cas d'atteinte de deux hernies inguinales, cette bilatéralité implique l'idée de faiblesse (*A. Paris, 1er fév. 1910 : Villetard, XI, 346*).

821. Implique l'idée de faiblesse l'existence antérieure chez le blessé d'une hernie inguinale symétrique, à gauche, du volume de la nouvelle hernie, à cause de la facilité avec laquelle elle se reproduit du canal inguinal, de la disposition et de la faiblesse des parois de l'abdomen (*J. Marseille, 7 fév. 1911 : Villetard, XII, 3*).

822. Hernie de faiblesse droite et hernie de faiblesse gauche; l'exi^tence de cette hernie double témoigne d'un affaiblissement de la paroi abdominale inférieure, qui était antérieur à l'accident; cet ouvrier n'a droit à rien alors qu'il n'a pas fait un effort anormal, violent, excessif et que la douleur ressentie a eu pour origine non une irruption brusque de l'intestin au dehors mais le pincement d'une hernie préexistante, lequel a été produit par une contraction ou extension de la paroi abdominale (*A. Nancy, 27 avril 1907 : Bert, 1907, 323*).

823. Deux hernies doubles, inguinales, congénitales chez un ouvrier faïencier; douleur peu vive; travail cessé le lendemain; effort nul; simple chute sur un corps dur : ces hernies ne sont pas de force ou traumatiques, parce qu'il n'y a pas effort très violent et parce que la hernie de force est presque toujours unique, s'accompagne de douleurs immédiates, que tout travail est impossible aussitôt après; les douleurs peu vives le démontrent encore; le traumatisme a été l'occasion de l'apparition des hernies, qu'il a révélées, mais non créées (*A. Paris, 8 juin 1909 : Bert, 1909, 264*).

824. A la suite d'une chute sans gravité, un tapissier est reconnu atteint de hernie inguinale gauche, facilement réductible, et de pointe de hernie droite; ces hernies avec leurs caractères, chez un homme obèse sont des hernies de faiblesse et ne doivent pas être mises sur le compte de l'accident (*A. Douai, 15 fév. 1911 : Recueil Judiciaire Nord, 1911, 55*).

825. Petite pointe de hernie gauche; vice de conformation à droite prédisposant à hernie chez un ouvrier d'usine (*A. Amiens, 4 août 1909 : Minutes*).

826. A la suite d'un accident, des hernies antérieures se révèlent et ont pu seulement être aggravées par l'accident; rien en fait ne vient prouver cette aggravation (*J. Toulouse, 3 fév. 1910 : Gaz. Midi, 12 juin 1910*).

827. Hernie inguinale droite et pointe de hernie inguinale gauche dont l'ouvrier ne connaissait pas l'existence, ne se plaignant que du foie et n'accusant aucune douleur près des régions inguinales; il avait soulevé un poids de 30 kilogrammes. Est considérée comme un accident la hernie causée réellement par le travail et par un effort malgré la préexistence de la hernie; faute de rapporter la preuve qu'elle a une relation de cause à effet avec le travail, la demande doit être rejetée (*A. Besançon, 3 déc. 1901 : Sirey-Palais, 1902, II, 69*).

828. Double hernie qui ne se rattache pas à un effort extraordinaire d'un ouvrier de la marine au cours du travail; flaccidité des parois abdominales le prédispose à la hernie; pas de plaintes immédiates, et le travail n'a pas été interrompu (*J. Lorient, 5 nov. 1901 : Villetard, II, 278*).

829. Hernie à gauche et à droite chez un mineur; elles ne peuvent constituer un accident, s'il n'y a pas douleurs violentes à la suite d'un effort et si l'ouvrier était physiquement prédisposé à la hernie et s'il a continué son travail (*J. Marseille, 11 janv. 1901 : Recueil Marseille, 1901, 432*).

SUR LA HERNIE INGUINALE DOUBLE : V. aussi 1106.

HERNIE INGUINALE DOUBLE, TESTICULES. — *La loi n'est pas applicable :*

830. Varicocèle gauche et double hernie inguinale à l'état de hernie interstitielle droite, de hernie pubienne gauche; aucune de ces lésions n'est la conséquence de l'effort; il ne suffit pas qu'une hernie soit apparue pendant le travail pour qu'on doive la considé· rer comme résultant d'un accident; le travail a été l'occasion et non la cause de cette hernie préexistante (*J. Seine, 26 fév. 1907 : Le Droit, 27 juin 1907*).

HERNIE INGUINALE, JAMBE. — *Incapacité permanente partielle :*

831. Affaiblissement de la jambe et surtout aggravation sinon production d'une hernie inguinale qui diminue son aptitude professionnelle; relation de cause à effet entre la hernie et l'accident; rente de 30 % (*A. Bordeaux, 26 juin 1907 : Recueil Bordeaux, 1908, I, 130*).

HERNIE INGUINO-PUBIENNE, LUMBAGO. — *Incapacité permanente partielle :*

832. Lumbago traumatique et hernie inguino-pubienne du côté gauche; prédisposition; l'effort a fait apparaître et développer la hernie; rente de 12 % (*A. Paris, 27 octobre 1908 : Bert, 1909, 134*).

HERNIE MUSCULAIRE. — *La loi n'est pas applicable :*

833. Hernie musculaire qui n'a pas empêché l'ouvrier de travailler régulièrement et sans diminution de salaire pendant près d'un an alors même qu'elle aurait été causée par un accident (*A. Paris, 3 déc. 1910 : Villetard, XI, 406*).

HERNIE PUBIENNE. — 830 ; 832.

HERNIE STOMACALE. — 1629.

HERNIE VENTRALE. — *Incapacité permanente partielle :*

834. L'ouvrier qui, frappé au bas-ventre par une longue tenaille, cesse son travail immédiatement et est atteint de pointe de hernie inguinale gauche, qui, une fois opérée de la cure radicale laisse subsister une hernie ventrale au flanc gauche causée par la cicatrisation défectueuse d'un coin de la paroi musculo-aponévrotique a droit à rente de 10 %, malgré que l'accident ne soit que la cause indirecte de l'incapacité (*A. Douai, 22 juin 1908 : Jurisprud. Douai, 1909, 94*).

La loi est applicable :

835. La hernie constitue un accident du travail lorsque l'ouvrier occupé à soulever de lourdes pierres a fait un effort, s'est plaint aussitôt d'une douleur au ventre et n'a pu continuer son travail, qu'à ce moment il a été constaté qu'il était atteint de cette infir- mité alors qu'avant l'accident il en était indemne et qu'il était de robuste santé ; on ne saurait faire grief à un ouvrier de son refus de subir une opération chirurgicale toujours dangereuse (*A. Bor- deaux, 19 mars 1901 : Recueil Bordeaux, 1901, I, 319*).

HUMÉRUS — *Fracture : 183 ; 206 ; 208 à 210 ; fracture avec paralysie du nerf radial : 248 ; fracture avec déformation de la tête : 247 ; fracture du col : 185.*

HYPERMÉTROPIE. — 1779.

HYSTÉRIE. — *Incapacité permanente absolue.* Rente des 2/3 :

836. Hystérie provoquée par l'accident ; plénitude des facultés avant le traumatisme ; actuellement : confusion mentale, hystérie subsiste seule avec les deux symptômes : 1° anesthésie généralisée ; 2° conviction morbide que l'ouvrier s'est suggérée à lui-même que le traumatisme l'a rendu anémique, il y a relation de cause à effet certaine entre l'accident et l'hystérie ; la durée d'incapacité perma- nente est illimitée et par conséquent absolue chez un ouvrier fabri- cant de pompes de bicyclettes (*A. Paris, 15 déc. 1908 : Bert, 1909, 179*).

837. Paralysie hystérique du bras. L'ouvrier est hystérique et présente un terrain favorable aux complications hystériques. L'ac- cident est la cause de la paralysie. Pour fixer l'indemnité forfaitaire il doit être tenu compte des facultés de travail que l'accident laisse subsister chez la victime et du salaire qu'elle recevait ; il serait arbitraire d'admettre un troisième élément, soit une tare physiolo- gique existant chez l'ouvrier blessé. C'est ainsi qu'il n'y a pas lieu de faire état de la prédisposition aux complications hystériques que présentait la victime ; rente de 66,66 % à un manœuvre (*A. Poitiers, 10 août 1903 : Gaz. Tribunaux, 1904, I, 2, 128*).

Incapacité permanente partielle:

838. L'ouvrier a reçu une brique sur la main et à la suite de cette blessure insignifiante par elle-même il se voit atteint de paraly- sie générale de la main avec perte de l'usage du bras droit parce qu'il est de nature hystérique ; la paralysie n'est pas la conséquence nécessaire du traumatisme ; il a fallu une prédisposition indivi- duelle et particulière, un état physiologique spécial qui a aggravé la situation ; la paralysie ne se serait probablement pas produite sans l'accident ; il a fallu la chute de la brique ; dès lors le trau- matisme est l'origine du mal et il y a, quelle que soit la constitution plus ou moins maladive de l'ouvrier, un rapport direct entre l'accident et l'affection dont il a été atteint à la suite ; rente de 58 % à un maçon (*A. Limoges, 16 avril 1902 : Recueil Riom et Limoges, 1901-1902, 337*).

839. Blessures légères à la jambe gauche entraînent une entorse du genou et ne tardent pas à se compliquer de troubles nerveux caractérisés par un tremblement choréique et par une paralysie hystérique de la jambe .atteinte. L'affection nerveuse est considérée comme incurable d'après les experts et diminuerait de 35 % la capacité de travail, mais si elle a été occasionnée par l'accident litigieux elle est due également à un état diathésique antérieur dans une proportion de 75 %. L'incapacité de travail due à une seule et même lésion est indivisible et on ne peut faire dans une lésion unique la part exacte du traumatisme et celle du tempérament du blessé ou de ses maladies antérieures. Sans l'accident, et malgré ses antécédents pathologiques, il aurait pu ne jamais être incommodé par la maladie nerveuse dont il portait les germes ; la rente doit se calculer sur l'incapacité effective de travail subie et non sur une incapacité hypothétique ; elle est fixée à 35 % (*J. Vienne, 24 oct.. 1902 : Dalloz, 1906, II, 379*).

Incapacité permanente nulle. Aucun droit à rente :

840. Très léger écrasement du pied ; cette blessure se guérit ; à la suite de cette blessure et à une époque assez postérieure, il est atteint de troubles nerveux de tout le côté droit provoqués par le tempérament hystérique de l'ouvrier, qui le mettent dans l'impossibilité de marcher sans béquilles ; la guérison est impossible à prévoir ; il n'y a que deux mois d'incapacité temporaire du fait de la blessure de l'accident lui-même et c'est la seule indemnité que le patron doit supporter. *Principes :* Le patron ne peut supporter que les conséquences directes des accidents ; il ne lui incombe pas d'indemniser un ouvrier des dernières infirmités puisant leur origine dans un état morbide préexistant ; il y a lieu de distinguer entre les suites directes de l'accident et les désordres provenant d'un état maladif antérieur (*J. Libourne, 19 déc. 1901 : Recueil Assurances, 1902, 23*).

841. Crises hystériques (*J. Seine, 19 nov. 1906 : Villetard, VII. 298*).

HYSTÉRO-NEURASTHÉNIE. — *Incapacité permanente partielle :*

842 Blessures guéries sans incapacité permanente. Hystéroneurasthénie traumatique occasionnée par le travail (un premier jugement lui alloue 80 %) : symptômes de neurasthénie disparaissent ; douleurs et malaises fantaisistes ; légère amélioration de ce chef ; hystérie subsiste ; l'habitude de ne pas travailler est contractée ; rente de 40 % (*J. Seine, 4 juill. 1905 et A. Paris, 29 juin 1909 (sur révision) : Bert, 1909, 322*).

843. Parésie fonctionnelle du bras gauche ne permettant pas à un ouvrier d'effectuer certains mouvements, lorsqu'il avait été déclaré guéri quelque temps auparavant, constitue une aggravation de son état, de même que les troubles névropathiques de nature hystéro-neurasthénique ayant leur cause probable dans l'inquiétude et la préoccupation qui ont été directement la suite du traumatisme. Bien que les experts signalent que l'infirmité pourra un jour se trouver atténuée ou même disparaître sous l'empire d'une influence morale, sans cependant assurer sa guérison, il y a lieu d'accueillir la demande de rente formée pour incapacité permanente (*A. Bordeaux, 13 juin 1906 (sur révision) : Recueil Bordeaux, 1907, 1,59*).

- 844. Hystéro-neurasthénie traumatique à la suite d'un effort violent en soulevant un rail; douleur vive dans les reins; cessation immédiate du travail; affection mal caractérisée dans la région lombo-abdominale droite; repos complet de quinze mois; troubles nerveux fort nets; rente de 45 % à un poseur de rails (*J. Roanne, 8 nov. 1905 : Travail, 20,60*).

Incapacité permanente nulle. Aucun droit à rente :

845. Plaies contuses derrière l'oreille gauche, disparition des symptômes d'hystéro-neurasthénie (5 % par *A. Amiens, 25 juil. 1907*); pas d'atrophie musculaire, exagération des réflexes rotuliens, tremblement des mains, troubles gastriques, cauchemars zoopsiques, amaigrissement, intoxication éthylique ancienne; plaintes de troubles inexistants chez un dégrossisseur; pas de relation entre le traumatisme et l'alcoolisme qui est ancien (*J. Senlis, 14 déc. 1910 (sur révision) : Minutes*).

HYSTÉRO-TRAUMATISME. — *Incapacité permanente absolue.* Rente des 2/3 :

846. Fracture de la jambe gauche ne laissant aucune lésion anatomique empêchant son fonctionnement normal; mais l'ouvrier de marchand de bois reste atteint d'hystérie traumatique; il ne peut se livrer à un travail physique quelconque (*A. Caen, 26 juil. 1905 : Recueil Caen, 1906, 94*).

847. Phénomènes nerveux de nature hystéro-traumatique; un traitement d'internement et d'isolement pourrait améliorer la situation, mais ne saurait être ordonné parce que le résultat est hypothétique (*A. Paris, 19 mai 1905 : Bert, 1905, 376*).

848. Hystéro-traumatisme chez un carrier; troubles d'ordre psychique qui peuvent par une nouvelle élaboration des centres psychiques, déterminée par une influence ou émotion quelconque disparaître d'un coup ou durer indéfiniment; il est illettré et sa seule industrie était l'emploi de ses forces musculaires qui sont devenues nulles (*A. Rennes, 28 déc. 1904 : Recueil Rennes, 1904, I, 28*).

849. Parésie des membres inférieurs chez un employé de che-

min de fer ; quoique non atrophiés ils ont beaucoup perdu de leur force musculaire et sont presque entièrement insensibles à la piqûre; grandes difficultés pour la marche; abolition complète des fonctions auditives de l'oreille gauche; phénomènes d'hystéro-traumatisme conséquence d'un violent ébranlement nerveux ayant succédé à l'accident (*A. Bordeaux, 24 juin 1902 : Dalloz, 1902, II, 481*).

850. Un ouvrier, après guérison de ses blessures reste atteint d'hystéro-traumatisme et se trouve depuis deux ans dans un état d'infirmité absolue qui s'aggrave tous les jours et ne lui permet aucun travail. Quoique cet état ne soit pas définitif et qu'on ne puisse en prévoir la durée, il y a lieu d'allouer la rente correspondant à l'état actuel, sauf révision, car l'éventualité d'une guérison dont on ne peut même pas approximativement fixer la date constitue seulement la réserve nécessaire qu'impose toute science humaine alors surtout qu'il s'agit de troubles nerveux (*A. Douai, 25 mars 1902 : Jurisprud. Douai, 1902, 183*).

Incapacité permanente partielle :

851. Névrose dite « hystéro-traumatisme », causée par l'accident. et déterminant une contracture intermittente d'un membre inférieur entraîne une réduction de capacité. Raideur de la hanche droite ; troubles fonctionnels du membre inférieur droit ; contracture intermittente ; signes très nets de névrose ; guérison probable ; rente de 8 % (*A. Paris, 9 juin 1910 : Villetard. XI, 165*).

852. Hystéro-traumatisme, contracture musculaire, à la suite d'une entorse causée par un accident; il ne peut plus se livrer à sa profession, mais en l'absence de toute lésion réelle il peut en exercer une autre; rente de 30 % à un terrassier (*A. Douai, 2 mai 1910 : Villetard, XI, 127*).

853. Blessures par électrocution ayant laissé des troubles nerveux se rattachant à l'hystérie traumatique et ne lui permettant pas de se servir de sa main et de son bras gauche pour un travail suivi et exigeant quelque force ou quelque dextérité; l'amélioration de l'état de la victime et la disparition des phénomènes hystéro-traumatiques sont à prévoir; rente de 15 % à un employé des postes (*A. Aix, 19 janv. 1910 (sur révision) : Recueil Aix-Marseille, 1910, 161*).

854. Contusion du crâne et de la colonne vertébrale, fracture de l'épaule gauche par le fait de la chute d'un corps lourd sur la nuque et l'épaule; l'ouvrier présente actuellement sur le côté gauche de l'insensibilité cutanée, de l'insensibilité pharyngienne totale, de l'insensibilité de la cornée gauche, de la muqueuse nasale, sans arthrite ni atrophie des membres, phénomènes qui révèlent de l'hystéro-traumatisme comme cause unique de l'infirmité constatée, sans que l'immobilité reprochée à l'ouvrier ait pu avoir quelque influence sur son état; l'incapacité professionnelle est le fait de l'accident et non de la mauvaise volonté de l'ouvrier à se soumettre à un traitement qu'il était hors d'état de suivre (par son manque d'intelligence marqué, et son manque de volonté) et qui ne pouvait le guérir étant donné la nature de l'affection ; rente de 40 % (*A. Douai, 6 nov. 1906 : Jurisprud. Douai, 1907, 42*).

855. Hystéro-traumatisme et neurasthénie traumatique consécutifs à un accident qui n'a laissé subsister aucune lésion organique après une opération importante ; l'allocation d'une rente est due, sans qu'il y ait lieu de tenir compte de ces prédispositions nerveuses ; ces affections sont la conséquence directe de l'accident ; les troubles peuvent disparaître spontanément ou s'aggraver (*A. Nancy, 17 nov. 1908 : Recueil Nancy, 1907-1908, 283*).

856. Lésion du pied évaluée seule à 40 % par l'expert ; l'incapacité résultant de l'hystéro-traumatisme a été la conséquence de la blessure. Malgré la persistance de l'hystéro traumatisme consécutif à un accident du travail, on doit considérer la blessure comme consolidée, l'hystéro-traumatisme constituant, malgré l'évolution protéiforme des accidents nerveux, la cause d'une incapacité permanente sauf révision ; rente de 60 % (*A. Lyon, 21 nov. 1902 : Moniteur Lyon, 29 janv. 1903*).

857. Fracture du col du fémur et fracture de côte à droite desquelles il subsiste une attitude vicieuse du membre inférieur droit qui ne permet au blessé de reposer le pied droit sur le sol que par sa pointe et l'oblige pour marcher à s'appuyer fortement sur une canne ; cette infirmité serait due à de l'hystéro-traumatisme sans qu'on puisse déterminer la part prépondérante qui revient au traumatisme et à la névrose ; on ne peut statuer que sur l'état actuel du blessé sans ap précier les probabilités de guérison de la névrose ; mais on doit tenir compte des infirmités lorsqu'elles sont consécutives à l'accident, en ont été la suite indépendamment de la nature particulière du sujet ; rente de 80 % à un manœuvre (*J. Lille, 18 déc. 1902 : Nord Judiciaire, 1903, 201*).

Incapacité permanente nulle. Aucun droit à rente :

858. Hystéro-traumatisme consécutif à l'accident et guéri, l'ouvrier exagérant le mauvais état de sa santé ; la réduction entraînée par l'état d'hystéro-traumatisme constatée était de 70 % antérieurement (*A. Lyon, 26 mars 1902 et J. Saint-Etienne, 4 nov. 1901 : Moniteur Lyon, 6 nov. 1903*).

Sur l'hystéro-traumatisme. — V. encore: *1247 ; 1578 ; 1587 ; de l'œil : 1753 ; 1769 ; crises convulsives : 614.*

INCAPACITE PERMANENTE ABSOLUE. — Elle a été reconnue dans les accidents et cas suivants : *Abdomen : 1 ; aliénation mentale : 8 à 14; artério-sclérose : 88 ; 89 ; Bassin, jambes, urètre, vessie : 180 ; bras droit : 187 à 189 ; bras droit, jambe gauche : 219 ;*

*bras droit, main gauche : 221; bras, épaule droits : 223; bras
gauche : 226; bras gauche, jambe droite : 258 ; bras (les deux),
épaule droite, thorax : 262 ; bras (les deux), jambes : 263 ;
bras, œil, oreille droits, doigts gauches, épaule, thorax : 267:
cerveau : 277 ; cœur : 302 ; 303 ; colonne vertébrale : 311 à
313; colonne vertébrale, jambes : 321 ; doigts : 402; épaule
droite, jambe : 603; épididymite : 1612; hernie inguinale: 668 ;
hystérie : 836; 837 ; hystéro-traumatisme ; 846 à 850; jambe :
960 ; 961; jambe gauche, main droite : 1076; jambe gauche,
yeux : 1079 ; jambe, main : 1080 ; jambes : 1087 à 1090 ;
1093; mains : 1171 ; 1172; neurasthénie : 1228 ; 1229 ; névropathie : 1239 ; 1240; oreilles, vertiges : 1407 ; os : 1431 ;
paralysie : 1442; pieds : 1486; sinistrose : 1574; troubles nerveux, hernie : 1601; tuberculose : 1634 à 1642; 1681 à 1683 ;
urètre : 1693 ; variole : 1709 ; yeux : 1712 à 1723 ; 1727 à
1734; 1738; 1764.*

INCONSCIENCE. — 14.

INDEX — V. aussi *Doigts, main.*

INDEX DROIT. — *Incapacité permanente partielle :*

Amputation complète :

859. Rente de 20 % (*A. Besançon, 8 août 1900 : Gaz. Palais,
1900, II, 475*) ; à un maçon (*A. Nancy, 23 juil. 1901 : La Loi,
3 oct. 1901*) ; de 12 % à une blanchisseuse (*J. Senlis, 5 août
1908 : Minutes*).

Perte complète :

860. Rente de 20 % à un monteur (*A. Rennes, 3 juin 1902 :
Recueil Rennes, 1902, I, 8*) ; de 12 % à une ouvrière de filature
(*J. Lille, 13 déc. 1906 ; Villetard, VII, 423*).

Amputation partielle :

861. Des deux premières phalanges ; rente de 25 % à un briquetier (*J. Senlis, 26 mai 1903 : Minutes*) ; de 20 % à un brocheur (*J. Nancy, 30 oct. 1900 : Travail, 3, 435*); de 15 % à un
manœuvre (*J. Senlis, 5 août 1908 : Minutes ; de 14 % à un
maçon (J. Senlis, 8 août 1906 : Minutes*); de 12 % à un employé
de malterie (*J. Valenciennes, 31 janv. 1907 : Travail, 29, 52*) ;
de 10 % à un tourneur sur métaux (*J. Senlis, 21 fév. 1911: Minutes); de 5 % à un manouvrier (J. Senlis, 12 déc. 1906 : Minutes*).

862. L'amputation de deux phalanges donne droit à une rente
à un menuisier même si le patron offre de reprendre l'ouvrier au
même salaire (*A. Aix, 25 mai 1900: Sirey-Palais, 1900, II,
265*).

862 bis. Perte de la phalangette et probablement d'une partie de la phalangine ; rente de 15 % à un enfant (*A. Paris, 27 déc. 1910: Villetard, XII, 68*).

863. Perte de la première phalange et de la moitié de la seconde ; rente de 16,66 % à un chaussonnier (*A. Rennes, 11 déc. 1900 : Recueil Rennes, 1902, I, 31*).

864. Amputation vers le milieu de là deuxième phalange ; rente de 12,50 % à un ouvrier d'usine (*A. Montpellier, 16 juil. 1903 et Cass. rejet, 11 mai 1904 : Dalloz, 1908, I, 58*).

865. Perte d'un tiers du doigt ; rente de 10 % (*J. Lille, 31 mai 1900 : Nord Judiciaire, 1900, 192*).

866. Amputation de la première phalange; les seuls mouvements fonctionnels du doigt sont ceux de flexion et d'extension des première et deuxième phalanges soudées entre elles sur le métacarpe de la main ; rente de 25 % à une ouvrière de filature. La réduction serait nulle pour une employée dans les champs ou aux gros travaux de ménage (*A. Besançon, 8 mai 1901 : Villetard, II, 65*).

867. Amputation de là première phalange ; rente de 21 % à un tourneur sur fer de 17 ans (*A. Riom, 24 déc. 1900 : Recueil Riom et Limoges, 1900-1901, 434*); rente de 20 % (*J. Rouen, 14 nov. 1901 : La Loi, 19 juin 1902*); à une manouvrière (*J. Senlis, 25 fév. 1903 : Minutes*); de 11,11 % à un scieur d'os (*A. Rennes, 26 juin 1901 : Recueil Rennes, 1902, I, 31*) ; de 10 % (*J. Lille, 28 juin 1900 : Travail, III, 361*) ; à un tourneur en cuivre de 16 ans (*J. Lille, 5 avril 1900 : Nord Judiciaire, 1900, 249*); de 5 % à un filateur (*J. Senlis, 16 mai 1905 : Minutes*).

868. Section osseuse de la partie moyenne de la première phalange; le moignon constitue un point d'appui assez utile; rente de 14 % (*J. Chalon-sur-Saône, 28 juin 1910 : Gaz. Palais, 1910, II, 461*).

869. Blessure au doigt entraînant une réduction de 15 % mais qui serait abaissée si le blessé subissait l'amputation de la dernière phalange ; il ne saurait se soustraire à une opération exempte de toute gravité ; l'aggravation due au mauvais vouloir du blessé ne doit pas être supportée par le patron ; rente de 7,50 % (*A. Douai, 10 avril 1905 : Gaz. Palais, 1905, I, 702*).

870. Amputation de l'extrémité du doigt ; rente de 18,55 % à un ouvrier d'usine (*J. Senlis, 10 janv. 1900 : Minutes*).

Aɴᴋʏʟᴏsᴇs.

871. Complète ; rente de 20 % à un ouvrier d'usine (*J. Senlis, 27 nov. 1906 : Minutes*).

872. Perte partielle de mouvement; rente de 15,50 % (*J. Valenciennes, 10 mai 1900 : Travail, III, 241*).

873. Ankylose ; ablation inutile ; rente de 8 % (*J. Marseille, 12 nov. 1907 : Travail, 31, 33*).

874. Impossibilité de flexion complète de la troisième phalange sur la deuxième et de la deuxième sur la première : cet état doit persister si ces ankyloses ne sont pas traitées par un exercice approprié de ces articulations ; durée de l'ankylose subordonnée au traitement ; la plus grande partie de l'impotence fonctionnelle a été occasionnée par l'accident ; mais la persistance et l'aggravation du mal sont dues à la victime qui a négligé de livrer son doigt à des exercices de flexion prescrits. Ankylose entraîne une réduction de 20 % à un plombier mais le patron ne paye qu'une rente de 13,33 %, la différence étant laissée à la charge de la victime (*J. Narbonne, 17 juil. 1900 : Gaz. Tribunaux, 1900, 2, 2, 453*).

875. Ankylose de deux phalanges ; rente de 12 % (*A. Paris, 27 juil. 1901 : Bert, 1901, 315*).

876. Ankylose de la première phalange avec la deuxième phalange résultant de la cassure du doigt ; rente de 8 % (*A. Nancy, 21 janv. 1903 : La Loi, 31 janv. 1903*).

877. Ankylose du doigt avec ablation externe des flegments de la phalangette ; rente de 7,50 % à un électricien (*J. Senlis, 7 nov. 1906 : Minutes*).

878. Légère ankylose de la première articulation ; gêne dans l'opposition du pouce à l'index ; rente de 5 % à un électricien (*A. Caen, 29 mars 1904 : Recueil Caen, 1904, 6*).

Rentes minimes accordées :

879. Léger affaiblissement de la flexion des deux dernières phalanges ; rente de 3 % à un cuisinier. *Principes :* La détermination de l'indemnité dépend uniquement de deux éléments : le salaire effectif de l'ouvrier et la capacité de travail que lui laisse l'accident ; s'il est établi qu'il est désormais et pour toujours atteint d'une diminution partielle de capacité, fût-elle minime, la réparation forfaitaire doit en être assurée à l'aide de calculs dont les éléments sont imposés (*A. Lyon, 11 janv. 1911 : Sirey-Palais, 1911, II, 111*).

880. Perte de la moitié de la phalangette et ankylose du doigt depuis cette époque. *Principes :* La loi n'a pas fixé de minimum pour les incapacités permanentes même de minime importance ; rente de 5 % à un ouvrier d'entrepreneur de brassage (*J. Caen, 18 mai 1909 : Recueil Caen, 1909, 90*).

881. Amputation de 7 à 8 millimètres de l'extrémité du doigt ; perte de la délicatesse du toucher pour manier des fils avec adresse et rapidité ; toute incapacité engendre un droit à rente ; rente de 3 % à une ouvrière de tissage de 18 ans (*J. Rouen, 14 janv. 1910 : Gaz. Tribunaux, 1910, I, 2, 330*).

882. Ankylose partielle de la phalangette sur la phalangine ; ongle normal ; rente de 4 % à un manouvrier (*J. Senlis, 10 avril 1907 (sur révision) : Minutes*).

883. Amputation de la phalangette ; rente de 3 % (*A. Paris, 16 mai 1911 : Villetard, XII, 52*).

Incapacité permanente nulle ou légère. Aucun droit à rente :

884. Amputation des deuxième et troisième phalanges ; l'incapacité serait de 4 % seulement parce qu'il subsiste une partie osseuse de la deuxième phalange mobile sur la phalange adjacente, que la cicatrice n'est pas adhérente à l'os et que les mouvements de flexion et d'extension sont libres, la préhension est facile ; pas d'influence sur le salaire ; la valeur professionnelle d'un apprenti serrurier n'est atteinte que de manière insignifiante (*J. Limoges, 8 janv. 1909 : Gaz. Palais, 1909, I, 328*).

885. Perte de substance, flexion incomplète des articulations ; la réduction de capacité serait de 5 % (*A. Paris, 8 mars 1910 : Villetard, X, 451*).

886. Déchirure de l'extrémité ; tissu cicatriciel plus mince que la peau normale ; la réduction serait de 2 % (*J. Saint-Dié, 6 août 1909 : Travail, 37, 96*).

887. Plaie contuse par écrasement, guérie en tant que plaie ; ongle déformé, peau légère et fine ; l'accident n'a entraîné pour un manœuvre ajusteur qu'une déformation de l'extrémité unguéale du doigt laissant intacte l'articulation de la première phalange avec la deuxième (*J. Le Havre, 11 janv. 1900 : Gaz. Palais, 1900, I, 417*).

888. Amputation de 4 à 5 millimètres de la phalangette (*J. Saint-Pol, 4 nov. 1909 : Villetard, X, 352*).

889. Œdème inflammatoire chez un carrier (*J. Saint-Claude, 19 déc. 1907 : Minutes*).

890. Contraction simulée chez un ouvrier d'usine (*J. Senlis, 22 juin 1909 : Minutes*).

INDEX GAUCHE. — *Incapacité permanente partielle :*

AMPUTATION COMPLÈTE.

891. Rente de 20 % (*A. Rennes, 23 déc. 1901 : Recueil Rennes, 1902, I, 32*) ; à un ouvrier d'usine (*J. Périgueux, 30 mai 1901 : Bert, 1901, 346*) ; de 12 % (*J. Lyon, 19 juil. 1900 : Travail, III, 395*) ; de 10 % à une varouleuse de 14 ans (*J. Lille, 8 fév. 1900 : Nord Judiciaire, 1900, 134*) ; de 40 % (*J. Ambert, 5 juin 1900 : Travail, III, 307*).

PERTE COMPLÈTE.

892. Rente de 10 % (*J. Lille, 24 mars 1900 : Nord Judiciaire, 1900, 190*) ; à un lattier (*A. Douai, 5 fév. 1901 : Jurisprud. Douai, 1901, 225*) ; rente de 9,92 % (*J. Lille, 3 mai 1900 : Nord Judiciaire, 1900, 191*).

893. Perte de l'usage par amputation de la première phalange et gêne pour le travail par le fait de la rétraction musculaire du doigt ; rente de 7 % à une employée à la fabrication des vis. *Principes :* Il n'y a pas lieu de tenir compte du salaire établi postérieurement à l'accident, parce que ce salaire peut être diminué ou supprimé à tout instant au gré de ceux qui le payent ; on doit s'arrêter uniquement au salaire annuel antérieur à l'accident (*A. Besançon, 4 juil. 1900: Recueil Besançon, 1900,159*).

894. Perte ; l'incapacité serait de 10 à 12 % pour un tourneur, mais est nulle parce que le patron continue le même salaire après l'accident qu'avant (*J. Marseille, 21 déc. 1900: Villetard, I, 313*).

AMPUTATION PARTIELLE.

895. Amputation de deux phalanges et atrophie de la troisième ; préhension impossible avec ce doigt, cependant les autres doigts ont gardé assez de force pour parer dans la plus large mesure à la perte de l'index ; rente de 16,66 % (*J. Limoux, 1er août 1900 : Travail, 3, 397*).

896. Amputation de la phalangine, de la phalangette et moitié de la phalange ; rente de 14 % à un ajusteur (*J. Senlis, 27 déc. 1905: Minutes*).

897. Amputation des deux premières phalanges ; rente de 6,25 % (*J. Bastia, 2 déc. 1902 : Travail, 9,56*) ; de 10 % à un scieur (*A. Riom, 16 déc. 1901 : Recueil Riom et Limoges, 1900-1901, 497*) ; de 14 % à un charpentier (*J. Senlis, 20 avril 1904 : Minutes*) ; de 17,50 % à un ouvrier d'usine (*J. Senlis, 27 nov. 1900 : Minutes*).

898. Perte des 2/3 ; rente de 4,71 % (*J. Lille, 12 avril 1900 : Nord Judiciaire, 1900, 191*).

899. Perte de la phalangette et de la moitié de la deuxième phalange ; rente de 12 % à un tabletier dont la main gauche est aussi utile que la droite pour sa profession (*A. Amiens, 7 mai 1907 : Journal Amiens, 1907, 217*).

900. Amputation de la phalangette et d'une partie de la phalangine ; rente de 5 % (*J. Béthune, 6 août 1901 : La Loi, 6 oct. 1901*).

901. Amputation partielle ; rente de 10 % à un ouvrier d'usine (*J. Marseille, 25 nov. 1901 : Recueil Aix-Marseille, 1902, 300*).

902. Perte d'un tiers ; rente de 6,66 % (*J. Lille, 3 mai 1900: Nord Judiciaire, 1900, 191*).

903. Perte de la première phalange ; rente de 10 % à un manœuvre de papeterie de plus de 16 ans (*A. Rennes, 20 mai 1902 : Recueil Rennes, 1902, I, 2*) ; de 10 % (*J. Lyon, 4 avril 1900 : Travail, III, 184*) ; de 12 % (*J. Valenciennes, 3 mai 1900 : Travail, III, 222*).

904. Perte d'une partie de la phalange ; rente de 6 % à un directeur d'usine de papiers (*A. Amiens, 10 juil. 1901 : Journal Amiens, 1901, 153*).

905. Sectionnement oblique de la phalangette ; le doigt se termine par un ongle difforme, douloureux et vicieusement implanté qui annihile presque les fonctions utiles du doigt ; l'ouvrier est en faute de ne pas se prêter à une opération chirurgicale facile tendant à l'ablation de l'ongle par simple anesthésie locale alors que l'opération rendrait au doigt la plénitude de ses fonctions. Le refus de se prêter à l'opération entraîne une réduction dans la rente de 10 à 5 % (*J. Bourg, 9 juil. 1906 : La Loi, 19 sept. 1906*).

906. Sectionnement de l'extrémité ; rente de 10 % à une ouvrière d'imprimerie (*A. Grenoble, 17 déc. 1904 : Recueil Grenoble, 1905, 100*).

Ankylose.

907. Complète et irréparable ; rente de 8 % (*A. Paris, 28 mai 1902 (sur révision) : Bert, 1902, 320*).

908. Ankylose ; rente de 10 % (*J. Lille, 25 mai 1900 : Nord Judiciaire, 1900 191*) ; de 12,50 % à un ouvrier sellier (*J. Senlis, 4 fév. 1902 : Minutes*).

908 bis. Ankylose d'une partie avec flexion incomplète ; rente de 12 % à une couseuse à la machine (*J. Senlis, 2 août 1905 : Minutes*).

Rentes minimes accordées :

909. Déformation de l'extrémité du doigt avec absence du point d'appui osseux et unguéal par suite d'extraction de quatre petits fragments osseux de la phalange unguéale qui est restée entaillée assez profondément ; l'ongle est réduit à la moitié de ses dimensions ; ankylose relative de la première articulation entre la phalangette et la deuxième phalange ; rente de 4 % à un mécanicien. *Principes :* Même si l'incapacité est minime, la détermination de l'indemnité dépend du salaire effectif de l'ouvrier et des facultés de travail que lui laisse l'accident. S'il est établi qu'il est atteint d'une diminution partielle permanente de capacité, on ne peut pas ne pas lui allouer une indemnité ou ne lui allouer qu'une indemnité inférieure à celle fixée impérativement par la loi ; on ne doit pas rechercher d'autres éléments d'appréciation ni tenir compte d'autres considérations (*A. Lyon, 2 juil. 1910 : Moniteur Lyon, 13 sept. 1910*).

910. Fracture de la phalangette ; déchirure des téguments; différence de circonférence d'un centimètre entre les deux index; troubles de la sensibilité; douleurs aux variations de température ; rente de 4 %. *Principes :* La loi n'a pas fixé de minimum d'incapacité au-dessous duquel aucune rente ne doit pas être accordée. On ne doit pas se préoccuper de la réduction réelle ou de l'absence de réduction en fait du salaire après l'accident, mais bien de la réduction normale que ce salaire est appelé à subir (*J. Marseille, 22 déc. 1908 : Recueil Aix-Marseille, 1909, 296*).

911. Fracture et perte d'un fragment de l'os de la phalangette avec ankylose de l'articulation de la phalangette et de la phalangine; rente de 3,50 % (*A. Nancy, 7 fév. 1911: Villetard, XII, 76*).

912. Légère déformation de l'extrémité du doigt avec raideur des deux dernières articulations dans les mouvements actifs de flexion; pas de perte de substance; ongle intact; tendons fléchisseurs et extenseurs ne sont pas atteints; rente de 5 % à un forgeron (*A. Amiens, 9 mars 1911: Minutes*).

913. Ankylose partielle de l'articulation; rente de 5 % à un manœuvre (*J. Bayonne, 15 janv. 1907: Bert, 1907, 218*); de 4 % à un engreneur (*A. Riom, 13 août 1909: Gaz. Palais, 1909, II, 423*).

914. Section de la moitié de la partie molle de la phalange unguéale; très léger raccourcissement du doigt; très légère gêne dans la flexion; absence de douleur et d'atrophie; rente de 2 % à un effilocheur (*A. Grenoble, 9 juin 1906: Recueil Grenoble, 1906, 228*).

915. Section au-dessus de l'ongle; rente de 3 % (*A. Amiens, 26 mars 1909: Villetard, X, 304*).

Incapacité permanente nulle ou légère. Aucun droit à rente:

916. Perte de l'extrémité du doigt, au niveau du sillon unguéal. La capacité de travail d'un ajusteur n'est pas diminuée et il a repris son travail sans que la lésion soit une gêne pour lui. Il n'a pas droit à une rente; le patron l'a repris du reste au même salaire que précédemment (*J. Toulon, 23 janv. 1900: Journal Assurances, 1900, 44*).

917. Ankylose de la première phalange. La capacité de travail n'est pas diminuée; il peut reprendre la même besogne; d'ailleurs son salaire est le même après l'accident (*A. Nancy, 11 janv. 1901: Recueil Nancy, 1900-1901, 7*).

918. Cicatrice en biseau à l'extrémité; l'ongle a repoussé un peu incarné et déformé; la phalangette existe; pas de raccourcissement du doigt; un peu d'insensibilité tactile; la rente serait de 2 % (*J. Chalon-sur-Saône, 4 août 1908: Villetard, IX, 216*).

919. Désarticulation de la phalangette (*J. Cambrai, 18 nov. 1909: Villetard, X, 352*).

920. Déformation de la phalangette; une réduction de 3 % est trop minime pour influencer le salaire (*J. Le Havre, 14 janv. 1909: Travail, 37, 62*).

921. Ankylose d'une phalange n'empêche pas un portefaix d'exercer sa profession (*A. Aix, 18 mai 1900: Gaz. Palais, 1900, I, 801*).

922. Très légère ankylose de la première phalange occasionnant une certaine gêne dans les mouvements du doigt et qui est appelée à disparaître ; pas de diminution de capacité ni de salaire pour un tonnelier (*A. Nancy, 10 déc. 1902: Bert, 1903, 34*).

923. Perte infime de substance à l'extrémité ; la rente serait de 1 % pour une typographe (*J. Marseille, 1ᵉʳ déc. 1908 : Travail, 35,36*).

924. Arrachement de l'ongle qui ne s'est point reconstitué ; il ne subsiste qu'une certaine sensibilité au niveau de la cicatrice qui disparaîtra lorsque le derme et l'épiderme auront repris, le premier plus de souplesse et le second plus de résistance (*A. Nancy, 16 janv. 1902 : Recueil Nancy, 1901-1902, 188*).

INFECTION GÉNÉRALE. — *La veuve a droit à une rente de 20 % :*

925. Décès d'un électricien, assistant des médecins de l'usine, des suites d'une piqûre qu'il se fait à l'index, en pratiquant une coupure dans le sang extravasé de la blessure d'un ouvrier et qui prend un caractère infectieux (*A. Paris, 27 juin 1902 : Travail, 7,248*).

La veuve n'a aucun droit :

926. Décès d'une maladie qui a tenu l'ouvrier éloigné de l'usine, qui ne paraît pas être le résultat d'une intoxication accidentelle due à la manipulation de matières toxiques dans un atelier défectueusement installé mais doit être attribué à un purpura infectieux. *Pourvoi rejeté :* parce que les maladies professionnelles auxquelles on ne saurait assigner une origine et une date déterminées sont exclues du bénéfice de la loi ; seuls les accidents survenus au cours du travail donnent droit à indemnité et il appartient en cas de décès aux ayants droit d'établir qu'il a été victime d'un de ces accidents (*A. Riom, 23 juil. 1909 et Cass. rejet, 27 mars 1911 : Sirey-Palais, 1911, Sommaires, I, 68*).

927. Décès des suites d'une inflammation aiguë et subite d'une bourse séreuse du genou qui donne lieu à érysipèle, à arthrite, puis à infection générale qui cause le décès. Cette inflammation consécutive à l'exercice de la profession de menuisier-parqueteur s'est formée en dehors de toute blessure extérieure. *Pourvoi rejeté :* parce que les maladies professionnelles auxquelles on ne saurait assigner une origine et une date déterminées sont exclues du bénéfice de la loi (*A. Nancy, 16 fév. 1901 et Cass. rejet, 23 juil. 1902 : Dalloz, 1903, I, 274*).

INFIRMITÉS, MALADIES, AGGRAVÉES PAR L'ACCIDENT. — *Affection cardiaque : 303 ; 304 ; 306 ; affection cérébrale : 278; artériosclérose : 88 à 90; 92; 93 ; cirrhose du foie, alcoolisme : 630 ; delirium tremens, alcoolisme : 394; eczéma : 580 ; emphysème pulmonaire : 269 ; 310; hernie : 807; 810; 815; 1629; lésion rénale : 1562; lombago : 1108 ; maladie nerveuse : 1604 ; méninges : 1225; myocardite, alcoolisme : 305 ; tabès : 1605 ;*

*1606; 1609 à 1611; troubles intellectuels : 285; tuberculose :
1634 à 1680; tumeur maligne : 1692; utérus : 1701; varices :
1702; 1707; vertèbres : 315; yeux : 1720 ; 1731 ; 1744;
1749; 1751; 1757.* V. encore : *Prédispositions morbides.*

INFIRMITÉS PRÉEXISTANTES. — *Principes : Œil gauche : 1370;
yeux ; 1712; 1713 ; 1715; 1716; 1724; 1725; 1727; 1729;
1737; 1739 ; 1740 à 1742 ; 1745 ; 1752 ; 1758. Applications : Colonne vertébrale : 315 ; 320 ; jambe gauche : 1052;
œil gauche : 1386; yeux : 1712 à 1719; 1728; 1730; 1734;
1736; 1743; 1744; 1748; 1750; 1753; 1755; 1758; 1760;
1761; 1762* bis; *1767; 1768; 1773; 1774 ; 1779 ; 1780.*
V. *Accidents successifs. Infirmités, maladies aggravées par l'accident.*

INFLUENZA. — 1494.

INONDATION. — 106.

INSOLATION. — *Incapacité permanente partielle :*

928. Perte de l'œil droit par suite d'insolation, avec danger de
perdre l'œil gauche; l'ouvrier est resté pour son travail exposé contre un mur, en août, à 2 heures de l'après-midi, dans un pays très
chaud, aux ardeurs brûlantes du soleil ; rente de 50 % à un cimentier. *Principes :* L'insolation doit être considérée comme un accident ; si en principe la loi ne s'applique pas aux accidents dus
uniquement aux forces de la nature même survenus au cours du
travail, il en est autrement lorsque le travail a contribué à mettre
ces forces en mouvement ou à en aggraver les effets (*J. Lyon, 26 déc.
1907 : Dalloz, 1909, II, 129*).

La veuve a droit à une rente de 20 % :

929. Décès par insolation d'un employé chez un épicier qui travaillait en plein soleil dans une cour, dans la saison chaude (20 juillet), sans que le patron ait pris des précautions pour assurer le travail à une heure moins dangereuse ; il y a un lien direct entre le travail
et l'insolation qui a sa cause originelle dans le travail. *Principes :*
L'insolation ne donne pas droit à l'indemnité prévue par la loi de
1898 ; c'est une question de fait à trancher dans un sens ou dans
un autre suivant les circonstances. *Pourvoi rejeté :* parce que si la
loi ne s'applique pas aux accidents dus à l'action des forces de la
nature, même quand ils sont survenus pendant le travail, il en est
autrement quand le travail exécuté en plein soleil a mis ces forces
en mouvement et a aggravé les dangers que pouvait faire courir la
température (*A. Paris, 6 déc. 1901 et Cass. rejet, 2 mars 1904 :
Travail, 11, 189*).

930. Décès d'un cocher à la suite d'une congestion provoquée
par une insolation ; les circonstances du travail l'ont prédisposé à
l'insolation ; le travail était excessif et avec une température très
élevée (*A. Caen, 11 déc. 1905 : Recueil Caen, 1906, 33*).

931. Décès d'un manœuvre des suites d'une insolation subie au cours du travail et neuf heures après l'accident ; il travaillait à 2 heures du soir en plein soleil et par une chaleur étouffante ; le patron a négligé de prendre les précautions nécessaires à l'effet de prémunir ses ouvriers et leur a fait décharger des marchandises au soleil, à une température exceptionnellement élevée. En pareil cas, c'est le travail excessif et intempestivement ordonné qui a été la cause occasionnelle de l'accident (*A. Lyon, 9 août 1905 : Moniteur Lyon, 18 nov. 1905*).

932. Décès des suites d'une insolation par suite du travail en plein soleil au mois de juillet ; l'ouvrier s'était plaint d'étourdissements et le chef d'équipe l'avait engagé à continuer son travail ; ce qui a aggravé les conséquences de la lésion soudaine jusqu'à devenir mortelles par le fait de la continuation du travail commandé; l'action extérieure et foudroyante d'une cause naturelle n'a pu sévir contre lui qu'à l'occasion du travail auquel il se livrait et il en serait autrement si la cause du décès était une maladie chronique contractée dans l'exercice d'une industrie malsaine et dont l'action prolongée ne pouvait entrer dans la définition de l'accident proprement dit (*A. Paris, 5 juil. 1901 : Gaz. Tribunaux, 1902, I, 2, 382*).

933. Décès d'un déménageur qui tombe par le fait d'une insolation au cours du travail, et se fracture l'os temporal gauche, ce qui occasionne la mort instantanée ; l'insolation n'est pas nécessairement mortelle ; la chute au contraire a entraîné une fracture qui est la cause directe de la mort (*A. Angers, 5 mai 1900 : Gaz. Palais, 1901, I, 18*).

934. Décès des suites d'insolation d'un charretier tenu de se tenir au milieu de la chaussée, sans abri, sous un soleil ardent, avec une température particulièrement élevée au mois de juillet, au milieu de la journée. *Principes:* La loi s'applique parce que les conditions mêmes du travail aggravent réellement les dangers résultant des seules forces de la nature, alors qu'il n'y a dans la cause aucun fait d'intempérance ou autre, imputables à l'ouvrier, étrangers à son travail et qui auraient été de nature à provoquer l'insolation (*J. Marseille, 6 janv. 1905 : Recueil Aix-Marseille, 1905, 343*).

935. Décès des suites d'une insolation au cours du travail. *Principes :* L'accident est toute atteinte à la vie par le fait même du travail, ou à l'occasion de son travail : (*J. Versailles, 20 déc. 1900 : Gaz. Palais, 1901, I, 556*).

La veuve n'a aucun droit :

936. Décès de l'ouvrier frappé d'insolation au cours d'un travail habituel et facile, sur un terrain qui ne l'exposait pas d'une manière spéciale et défavorable à l'influence du soleil, alors que la température était sensiblement voisine de la normale (27° à midi le 27 août) ; le travail de l'exploitation n'a pu aggraver les effets des forces de la nature (*A. Paris, 13 déc. 1910 ; Villetard, XI, 408*).

937. Décès d'un terrassier par insolation, alors qu'il travaillait dans les mêmes conditions d'exposition aux ardeurs du soleil que d'autres ouvriers et que son travail n'était pas plus pénible que celui des ouvriers qui n'ont pas été atteints ; cette insolation ne peut être attribuée qu'à un défaut de résistance de son organisme inhérent à son tempérament, ou en rapport avec une prédisposition morbide personnelle, faits non prévus par la loi. *Principes :* On ne peut poser en principe que l'insolation soit toujours un accident causé par un cas de force majeure sans aucun rapport avec le travail exécuté par l'ouvrier, puisque celui-ci, à l'occasion même de ce travail peut se trouver plus particulièrement exposé aux dangers résultant d'un excès de chaleur solaire ; il est inexact d'autre part de prétendre que l'insolation soit nécessairement un accident survenu par le fait du travail ou à l'occasion du travail puisque cette affection le plus souvent inhérente au tempérament de l'individu atteint aussi bien l'oisif que le travailleur dès que l'un et l'autre s'exposent à l'ardeur du plein soleil. Il en est de l'insolation comme de toutes les causes de mort subites résultant de brusques désordres dans des parties importantes de l'organisme ; ces brusques désordres peuvent survenir par le fait ou l'occasion du travail ou par suite d'une prédisposition morbide de l'ouvrier; dans le premier cas seulement, un droit à rente est établi. *Pourvoi rejeté :* parce qu'il n'est pas établi que, travaillant avec d'autres ouvriers également exposés aux ardeurs du soleil et dont aucun n'a été atteint d'insolation, il ait été appliqué à des travaux plus pénibles que ses camarades, ni que le patron ait manqué de prendre pour le protéger toutes précautions ; l'insolation provient uniquement d'un défaut particulier de résistance de son organisme. Il n'en serait autrement que si le juge du fait constatait que le travail a contribué à mettre ces forces en mouvement ou qu'il en a aggravé les effets (*A. Paris, 24 juin 1902 et Cass. rejet, 8 juin 1904 : Bert, 1904, 300*).

938. Décès par suite d'insolation d'un contrôleur d'omnibus obligé par son travail de rester au milieu de la chaussée, sans pouvoir se protéger contre les rayons du soleil. *Principes :* Il faut pour qu'il y ait droit à rente que l'insolation ait été occasionnée ou favorisée par les mauvaises conditions dans lesquelles l'ouvrier travaillait et qu'il ait accompli son service dans des circonstances anormales et exceptionnellement pénibles ayant eu pour effet d'aggraver pour lui l'action des rayons du soleil en lui imposant une épreuve au-dessus de ses forces (circonstances qui n'existent pas dans l'espèce) (*A. Grenoble, 25 avril 1906, sur renvoi après Cass., 4 mai 1905 d'un A. Lyon, 7 août 1902 : Bert, 1905, 305 ; 1906, 268*).

939. Décès des suites d'une insolation. *Principes :* Pour revêtir le caractère de l'accident prévu par la loi, l'événement qui a entraîné des blessures à un ouvrier doit être tel qu'il puisse à raison de la relation directe avec l'exécution du travail ou l'exercice de la fonction produire les mêmes effets sur toute personne qui se serait trouvée dans des conditions identiques à la place de la victime pour accomplir ce travail ou remplir cette fonction : La maladie est au contraire un état de l'économie physique d'un individu opposé à l'état de santé ou un trouble plus ou moins profond qui se manifeste dans ses organes ou dans ses fonctions pour des causes souvent inconnues et en tous cas variables et diverses suivant les individus, et à la différence de l'accident et en face de deux sujets placés dans les mêmes conditions mais de tempéraments différents, elle frappe l'un et épargne l'autre ; si l'insolation était un accident, tous les ouvriers devraient être atteints s'ils étaient placés dans les mêmes conditions que l'ouvrier accidenté; l'insolation est une maladie et non un accident ; c'est une affection dont l'humanité est tributaire et qui peut se produire dans d'autres conditions atmosphériques au cours ou à l'occasion du travail de l'ouvrier; ce n'est pas une maladie trouvant sa cause directe dans le travail exécuté et dérivant des altérations que la nature de l'industrie exercée peut occasionner dans la santé des ouvriers ; c'est une maladie qui se manifeste pour des causes inconnues, dues probablement à la nature de la constitution physique et à une prédisposition morbide de la victime en tout cas étrangère au travail accompli et sans relation directe ou indirecte saisissable avec le fait même du travail (*J. Lyon, 3 mai 1901 : rendu dans l'affaire qui a motivé l'arrêt Lyon, 7 août 1902 qui précède: Pandectes, 1902, II, 84*).

940. Décès d'un terrassier par insolation survenue dans des conditions normales, sans chaleur excessive et sans que les camarades de chantier aient ressenti aucun trouble ; c'est le résultat d'un état pathologique spécial à cet ouvrier. *Principes :* La loi de 1898 n'a trait qu'aux accidents professionnels, c'est-à-dire qui se rattachent à l'exercice de la profession ; elle est donc étrangère à ceux résultant de la force majeure que rien ne saurait conjurer ou d'un état morbide spécial à l'ouvrier atteint (*A. Rennes, 8 juil. 1903 : Recueil Rennes, 1902, I, 132*).

941. Décès d'un cocher par insolation; les effets de l'insolation n'ont pas été provoqués ou aggravés par les conditions dans lesquelles le travail commandé était exécuté ; il a été frappé dans une voiture dont le toit abritait des rayons du soleil la place où il se tenait nécessairement pour conduire son cheval; la cause de la mort sou-

daine est imputable à la force majeure et reste étrangère au risque professionnêl (*A. Paris, 6 juin 1902 et Cass. rejet, 15 juin
1903 : Dalloz, 1904, I, 262*).

942. Si le patron a l'obligation de prémunir ses ouvriers contre
les dangers inhérents au travail auquel il les emploie, cependant
l'insolation est un cas de force majeure (et non un danger professionnel) qu'on ne saurait imputer au patron de n'avoir ni prévu ni
conjuré ; tous les hommes y sont exposés quelle que soit leur profession (*J. Vassy, 20 fév. 1901 : Le Droit, 29 avril 1901*).

943. Décès d'un manœuvre au cours du travail, par congestion
cérébrale et pulmonaire par insolation ; l'accident n'a pas lieu par
le fait du travail puisqu'il n'a pas été le résultat immédiat et direct
d'un acte de la fonction de l'ouvrier, ou des personnes au milieu
desquelles ou sous les ordres desquelles il travaillait. *Principes :*
La cause de l'accident menace tout le monde sans que le travail
ait pour effet de faire courir à la victime sous forme de risques
professionnels, des dangers sensiblement plus grands que ceux auxquels le commun des hommes est exposé (*J. Rennes, 23 mars
1900 : Gaz. Palais, 1900, II, 513*).

944. Décès d'un homme d'équipe à la suite d'une insolation ; la
mort n'est pas nécessairement la conséquence directe ou le fait
immédiat du travail ; elle a pu survenir également sans que ce soit
à l'occasion de celui-ci, notamment si depuis quelque temps, et
spécialement le jour de l'accident, la victime avait éprouvé certains troubles de santé, révélant une affection organique ancienne
(*J. Châtellerault, 31 déc. 1900 ; Gaz. Tribunaux, 6 avril 1901*).

Les ascendants peuvent se prévaloir de la loi :

945. Décès des suites d'une insolation alors que l'ouvrier se
livrait à un travail pénible, en plein soleil, de suite après dîner ;
ses efforts, la chaleur et la chute qu'il fit une fois frappé par l'insolation ont contribué simultanément à produire la congestion cérébrale ; le travail a ainsi aggravé les effets de l'insolation. *Principes :*
Si en principe la loi ne s'applique pas aux accidents dus à l'action
des forces de la nature, il en est autrement si le travail a aggravé
les effets desdites forces ou même si, comme dans le cas d'insolation,
le travail a aggravé, pour l'ouvrier, le risque d'être atteint d'une
insolation (*J. Bourg, 26 fév. 1907 : Bert, 1907, 216*).

Les ascendants n'ont aucun droit :

946. Malaises d'un manœuvre en déchargeant un bateau et par
une chaleur accablante ; décès des suites d'insolation. *Principes :* Si
l'insolation présente le caractère d'atteinte soudaine et violente
au corps humain, due à une cause extérieure, elle n'a pas pour
cause initiale et efficiente l'action de décharger un bateau, ou un
fait se rattachant au travail lui-même ; l'insolation comme l'action
de la foudre ne donnent droit à aucune rente, parce que ce sont

là des actions étrangères au travail qui s'exercent sur l'ouvrier ; c'est un cas de force majeure qui ne se rattache pas à l'industrie du patron (*J. Bayonne, 20 mars 1900 : Gaz. Palais, 1900, I, 810*).

La loi s'applique :

· **947.** La question de savoir si l'insolation est ou non un accident du travail est une question de fait qui doit être tranchée d'après les circonstances de la cause; la responsabilité patronale n'est engagée que s'il n'a pas pris vis-à-vis de l'ouvrier toutes les précautions commandées par l'usage, la prudence et l'état de la température et que s'il n'y avait pas chez l'ouvrier une disposition morbide attribuable soit à des excès soit à son tempérament (*A. Rennes, 30 juil. 1906 : Recueil Rennes, 1906, I, 27*).

948. Décès des suites d'une insolation. Il n'y a accident que si, à côté du fait de l'insolation, la preuve est rapportée que l'ouvrier était obligé de travailler exposé aux rayons du soleil, qu'aucune précaution n'avait été prise pour parer aux dangers que présentait le travail tel qu'il était organisé et que l'ouvrier ne pouvait chercher à se mettre à l'abri sans risquer de perdre sa place (*J. Seine, 7 déc. 1901 : La Loi, 11 déc. 1901*).

949. Insolation causée par la nécessité de travailler de longues heures sans abri, sous un soleil ardent (*J. Seine, 11 mars 1901 : Sommaires, 1902, 793*).

950. Si dans certains cas spéciaux, l'insolation contractée par un ouvrier dans son travail peut rentrer dans la catégorie des accidents, c'est au demandeur à prouver que l'insolation cause de la mort de l'ouvrier est survenue par le fait du travail et n'est pas attribuable à d'autres causes (*J. Lyon, 21 déc. 1900 : Moniteur Lyon, 18 janv. 1901*).

951. Troubles cérébraux chez un peintre victime d'insolation; il ne reprend son travail que deux mois après sans pouvoir se livrer à tous les travaux de sa profession à cause des étourdissements éprouvés; il avait été frappé en travaillant pendant de longues heures à un soleil ardent par 45° de chaleur le 11 juillet; l'insolation a sa cause dans le fonctionnement même de l'exploitation par suite des ordres donnés par le patron (*J. Paix Villejuif, 26 sept. 1899 et Cass. rejet, 29 janv. 1901 : Pandectes, 1902, II, 84, et 1901, I, 194.*)

La loi ne s'applique pas :

952. Décès d'un aide lampiste des suites d'une insolation : la cause de l'accident n'est pas inhérente au travail, l'insolation est un phénomène naturel, d'ordre physique dont la cause est étrangère à l'exploitation industrielle; c'est un événement de force majeure qui peut atteindre toute personne exposée au soleil, même une personne non protégée par la loi de 1898; les occupations professionnelles de l'ouvrier n'ont pas eu pour effet d'aggraver pour lui le danger d'insolation que toute personne affronte sous un climat tempéré. *Pourvoi rejeté :* parce qu'en principe la loi ne s'applique pas aux accidents dus à l'action des forces de la nature même quand ils sont survenus pendant le travail; il en serait autrement si le juge du fond constatait que le travail a contribué à mettre les dites forces en mouvement ou qu'il en a aggravé les effets; l'arrêt n'a violé aucun article visé au pourvoi par ce fait que le rejet de l'action est basé sur ce que l'accident n'a été ni provoqué ni aggravé par le travail imposé à l'ouvrier (*A. Limoges, 3 juin 1901 : et Cass. rejet, 10 déc. 1902: Sirey-Palais, 1903, I, 28*).

953. Insolation par suite de travail en plein soleil ; pas d'aggravation dans les conditions du travail, telle qu'elle est nécessaire pour qu'un accident dû à l'action des forces de la nature puisse constituer un accident du travail (*A. Aix, 23 nov. 1905 : Villetard, VI, 314*).

954. L'insolation est un phénomène naturel qui constitue un cas de force majeure en dehors des prévisions de la loi, à moins qu'il ne soit établi que cet accident a été provoqué ou aggravé par les conditions dans lesquelles l'ouvrier victime de l'insolation accomplissait le travail qui lui était confié (*A. Montpellier, 24 déc. 1904 : Moniteur Midi, 22 janv. 1905*).

955. Etourdissements d'un cocher sur son siège entre 9 heures et 9 h. 1/2 du matin ; décès à 1 heure soir d'une congestion cérébrale par insolation; c'est un accident dû à une cause naturelle et extérieure tels que ceux qui auraient pu survenir dans des conditions identiques à toute personne étrangère à l'industrie de la victime ; la température était de 21° à cette heure, par conséquent à laquelle les personnes les plus prudentes n'auraient pas hésité à s'exposer ; quoique l'accident soit survenu au cours du travail, il n'a pour cause initiale aucun acte de la fonction de la victime (*A. Amiens, 19 fév. 1902: Journal Amiens, 1902, 61*).

956. Décès d'un ajusteur mécanicien des suites d'une insolation ; il n'est pas établi que les effets de l'insolation aient été provoqués ou aggravés par les conditions dans lesquelles le travail a été exécuté; la cause de la mort soudaine demeure imputable à la force majeure et est étrangère au risque professionnel (*A. Paris, 24 janv. 1902 : Recueil Assurances, 1904, 170*).

957. Insolation d'un charretier, alors qu'il n'est pas établi que le patron ait aggravé les conditions dans lesquelles le travail s'effectuait par le temps de chaleur. La loi ne s'applique pas aux accidents dus à l'action des forces de la nature même quand ils sont survenus pendant le travail; il n'en est autrement pour le cas d'insolation que si l'accident survenu dans ces conditions a été occasionné ou favorisé par les mauvaises conditions du travail (*J. Mar-*

seille, 12 mars 1907 : Recueil Aix-Marseille, 1907, 404).

958. Décès d'un employé de chemin de fer des suites d'une insolation ; c'est une cause étrangère au travail qui constitue un danger pour tous, ouvriers ou non ; c'est un cas fortuit ; l'ouvrier n'a pas été soumis à un travail anormal, excessif, dangereux, à un surcroît d'efforts qui aurait entraîné la congestion dont il est mort (*A. Bordeaux, 30 avril 1901 : Travail, 7, 132*).

959. Décès par insolation. *Principes :* La loi s'applique seulement aux accidents survenus par le fait ou à l'occasion du travail ou ayant tout au moins une relation avec le travail autre que celle qui consiste en la simple concomitance ; elle ne s'étend pas au fait par un ouvrier d'être atteint par la foudre en restant au travail pendant un orage, ni au fait par un ouvrier de prendre une fluxion de poitrine pour avoir été mouillé par la pluie au cours de sa besogne (*J. Bordeaux, 3 déc. 1900, rendu dans l'espèce qui a motivé l' A. Bordeaux, 30 avril 1901 qui précède : Gaz. Palais, 1901, I, 556*).

Sur l'insolation : V. encore : 334.

INTESTIN. — V. *Abdomen. Hernies.*

INTOXICATION. — 102 ; 926. V. *Asphyxie, Saturnisme.*

IRIDECTOMIE. — 1320.

IRIDO-CHOROIDITE. — 1337.

IRITIS. — 1375.

ISCHION. — *Saillie : 178.*

IVRESSE. — *Constitue la faute inexcusable : 103 ; 203 ; 256 ; 276 ; 355 à 357 ; 1001 ; 1057. V. Alcoolisme.*

JAMBE. — *Incapacité permanente absolue.* Rente des 2/3 :

960. Amputation bien que ne constituant le plus ordinairement qu'une incapacité partielle de travail peut être considérée dans certains cas, à raison de l'état général du blessé, comme entraînant une incapacité absolue (*A. Montpellier, 20 mars 1902 ; Moniteur Midi, 11 mai 1902*).

961. Amputation ; l'ouvrier ne connaissant que le métier de manœuvre est dans l'impossibilité, vu son défaut d'instruction et de ressources, d'apprendre un autre métier pour l'exercice duquel le membre qui lui manque ne lui serait pas nécessaire (*J. Bordeaux, 28 mars 1900 : Villetard, I, 127*).

Incapacité permanente partielle :

AMPUTATION.

962. Amputation ; l'incapacité n'est pas absolue ; il peut marcher debout à l'aide d'un appareil approprié et sans béquilles, l'usage des deux mains est utile, il est illettré, a 50 ans, les travaux de force, les mouvements rapides lui sont impossibles ; rente de 70 %

(*A. Douai, 15 juin 1903 et Cass. rejet, 18 janv. 1905 : Dalloz, 1909, I, 108*).

963. Rentes de 75 % à un cocher de fiacre (*J. Le Mans, 12 déc. 1906 : Villetard, VII, 298*) ; de 75 % (*J. Cherbourg, 2 mai 1900 : Travail, I, 60 ; J. Seine, 23 avril 1901 : Travail, I, 60*); rente de 80 % (*J. La Roche-sur-Yon, 25 mars 1903 : Villetard, IV, 79*) ; rente de 90 % à un ouvrier de camionneur (*J. Alais, 3 janv. 1900 : Gaz. Palais, 1900, I, 230*) ; rente de 73 % (*A. Douai, 31 juil. 1902 : Journal Assurances, 1902, 157*) ; rente de 65 % (*J. Lyon, 27 mars 1900 : Travail, III, 172*) ; rente de 50 % (*J. Toulouse, 29 déc. 1899 : Travail, III, 88*) ; rente de 44 % (*J. Paimbœuf, 8 mars 1900 : Travail, III, 133*).

DEUX AMPUTATIONS DE LA MÊME JAMBE.

964. Deuxième amputation de la même jambe, 1 cent. 1/2 au-dessus de la première amputation laquelle avait eu lieu au-dessus du genou; cette nouvelle amputation ne modifie pas les facultés du travail et un raccourcissement si minime d'un membre déjà amputé n'a pas d'influence sur ses capacités physiques. L'augmentation de la rente ne saurait être accordée (*A. Caen, 18 juin 1909 (sur révision) : Segard, 1910, II, 18*).

965. Amputation ayant mal réussi, une deuxième amputation est pratiquée ne laissant qu'un infime moignon de cuisse ; il ne peut plus se traîner qu'avec des béquilles; rente de 95 % à un brigadier poseur de 46 ans (*J. Nantes, 7 mai 1902 : Recueil Nantes, 1901, 1, 55*).

FRACTURES; IMPOTENCES.

966. Faiblesse de la jambe met, à raison de l'embarras même qu'elle occasionne, dans un état de diminution de capacité inférieure (80 %) à celui qui serait fixé après amputation (65 %) pour le cas où l'ouvrier accepterait d'y laisser procéder (*A. Nîmes, 20 juil. 1910 : Gaz. Palais, 1911, I, 69*).

967. Fracture entraînant un raccourcissement; rente de 55 % à un mineur (*A. Rennes, 15 mai 1905 : Recueil Rennes, 1904-1905, I, 94*).

968. Fracture du col du fémur ayant entraîné un raccourcissement de la jambe de 4 à 5 centimètres avec atrophie des muscles de la cuisse ; l'infirmité a un caractère plus grand d'intensité, du chef de l'âge (70 ans) ; rente de 60 % à un employé d'entrepositaire (*J. Dijon, 23 janv. 1902 : Bert, 1902, 253*).

969. Fracture ordinaire; rente de 40 % à un boucher (*J. Le Havre, 13 juin 1902 : Travail, 7, 100*).

970. Mouvements de l'articulation du membre blessé sont libres et faciles ; la marche est possible sans soutien ; les symptômes d'arthrite sèche consécutifs à l'accident entraînent un droit à rente de 20 °/₀ (*A. Nancy, 10 juil. 1901 : Recueil Nancy, 1900-1901, 211*).

971. Atrophie musculaire de la jambe avec diminution de longueur de 1 cent. 1/2, raideur et hésitation dans la marche ; le refus de traitement par la mécanothérapie, entraîne une réduction de la rente de ce chef, l'infirmité étant plus grande à raison du refus lui-même ; rente de 40 °/₀ à un menuisier (*J. Lille, 20 mars 1902 : Nord Judiciaire, 1903, 198*).

972. Double fracture, l'une par accident, la seconde provoquée par ce fait que le chirurgien a fait marcher trop tôt le blessé. *Principes :* Lorsqu'un ouvrier subit une aggravation de ses blessures par suite d'une faute opératoire du chirurgien le patron doit une rente égale à la totalité de la réduction de salaire que lui fait subir son état ainsi aggravé, sauf le recours du patron contre l'auteur de la faute si elle est établie (*A. Paris, 30 déc. 1902 : Gaz. Tribunaux, 28 mars 1903*).

Incapacité permanente nulle ou légère. Aucun droit à rente :

973. Fracture double au tiers inférieur ; malgré un certain raccourcissement du membre et la formation d'un cal osseux au point de la fracture, la capacité de travail ne paraît pas réduite dans une proportion appréciable (*A. Nîmes, 18 janv. 1911 : Moniteur Midi, 26 mars 1911*).

974. Fracture chez un carrier, suivie de consolidation complète et exempte de complication, sans déformation, ni raccourcissement notable ; légère atrophie des muscles et gêne dans les mouvements, due à l'immobilité prolongée, mais qui disparaîtra au bout de six mois ; maigreur excessive constatée mais qui ne saurait être le résultat de l'accident (*J. Limoges, 15 déc. 1905 : Minutes*).

La veuve a droit à une rente de 20 °/₀ :

975. Lorsque après une fracture de la jambe et de soins à l'hôpital, la guérison s'approche, que l'autorisation de marcher est donnée pour essayer les forces, et qu'une fracture nouvelle de la jambe se produit par insuffisance de soudure de l'os ; il y a là réapparition de la première fracture et si la mort s'ensuit, l'ouvrier est réputé mort des suites de l'accident et au cours d'un traitement (*A. Rouen, 28 nov. 1903 : Recueil Rouen, 1903, 268*).

La loi ne s'applique pas :

976. Lorsqu'un ouvrier a été victime d'un accident qui a entraîné une fracture de la jambe, et qu'après la consolidation, il fait en dehors du travail une chute légère dans laquelle il se casse à nouveau la jambe au même endroit, la demande de rente ne peut être admise s'il n'établit pas une relation de cause à effet entre les deux fractures, telle que la deuxième doive être regardée comme une conséquence de la première, et si la deuxième fracture est due à un état général mauvais survenu postérieurement à la guérison complète des suites du premier accident et par conséquent étranger à cet accident (*A. Douai, 29 janv. 1902 et Cass. rejet, 28 janv. 1903 : Travail, 7, 329*).

SUR LA JAMBE : *Amputation au tiers supérieur :* V. 603; *tuberculose : 1636 ; 1644 ; 1645 ; 1666.*

JAMBE DROITE. — *Incapacité permanente partielle :*

AMPUTATIONS.

977. Rente de 90 % à un ouvrier de 52 ans ne pouvant acquérir les connaissances nécessaires à un emploi sédentaire (*A. Bordeaux, 29 juil. 1908 : Recueil Bordeaux, 1909, I, 110*) ; à un employé de chemin de fer (*A. Montpellier, 6 mars 1902 : Sirey-Palais, 1903, II, 67*) ; à un scieur (*J. Tulle, 29 mai 1900 : Travail, 3,326*).

978. Rente de 83,33 % à un charretier (*A. Rennes, 15 avril 1902 : Gaz. Palais, 1902, II, 48*) ; à un verrier et portefaix ; ce n'est pas une incapacité absolue, d'autres professions lui étant possibles ; mais lorsque la victime est illettrée et n'a jamais exercé que son unique profession et se trouve incapable dans l'avenir à des travaux de même nature, l'appréciation de la diminution de salaire doit être aussi large que possible (*A. Bordeaux, 26 juin 1900 : Recueil Bordeaux, 1900, I, 369*).

979. Rente de 80 % à un ouvrier dénué d'instruction (*A. Bordeaux, 11 mai 1909 : Villelard, XI, 99*).

980. Rente de 70 % (*A. Douai, 31 juil. 1901 : La Loi, 6 oct. 1901*) ; à un carrier (*J. Senlis, 28 avril 1908 : Minutes*); à une ouvrière de tuilerie, mineure (*J. Coulommiers, 11 juil. 1902 : Bert, 1902, 305*).

981. Rente de 50 % à un chef turbineur de sucrerie (*A. Douai, 17 déc. 1900 : Travail, 3,701*) ; à un garçon boucher (*J. Senlis, 19 juin 1901 : Minutes*).

982. Amputation à 8 centimètres de l'aine ; rente de 83 % ; le nombre de professions accessibles reste restreint à cause de l'insuffisance de son instruction, alors que son apprentissage de plombier était presque achevé (*J. Auxerre, 14 fév. 1900 : Gaz. Palais, 1900, I, 734*).

983. Amputation un peu au-dessus de la partie moyenne ; rente de 65 % à un manœuvre de 16 ans (*A. Dijon, 23 juil. 1900 : Travail, 3,655*).

984. Amputation au-dessus du genou ; rente de 75 % à un aiguilleur-chargeur qui peut se livrer encore à un travail utile (*A. Besançon, 6 mai 1900 : Gaz. Palais, 1900, I, 717*) ; rente de 90 % à un manœuvre dont l'âge, le défaut d'instruction diminuent considérablement la capacité de travail (*A. Bordeaux, 29 juin*

1900 : Travail, 3,667) ; rente de 60 °/₀ à un charpentier(*J. Saint-Calais, 5 juil. 1907 : Villetard, VIII, 227).*

985. Amputation un peu au-dessus du genou ; rente de 65 °/₀ à un apprenti mécanicien de 16 ans(*A. Paris, 10 nov. 1902 et Cass. rejet, 18 avril 1904 : Travail, 17, 87).*

986. Amputation presque au ras du genou nécessite le port de béquilles et entraîne l'impossibilité de se livrer à un travail rémunérateur ; rente de 66 °/₀ à un ouvrier de 35 ans (*A. Paris, 12 janv. 1901 : Bert, 1901, 65).*

987. Amputation au-dessous du genou ; rente de 65 °/₀ à un ajusteur-visiteur-mécanicien (*A. Paris, 5 mai 1908 : Bert, 1908, 153)* ; rente de 80 °/₀ alors que la cicatrisation vicieuse du moignon empêche le blessé de se servir d'un appareil pour la marche (*A. Rennes, 18 mars 1907 : Recueil Rennes, 1906-1907, I, 63).*

988. Amputation par la désarticulation du genou ; ne marchera plus qu'avec une jambe artificielle ou un pilon ; rente de 70 °/₀ à un manœuvre (*A. Nancy, 7 déc. 1903 : Bert, 1904, III).*

PERTE COMPLÈTE.

989. Rente de 57,50 °/₀ à un manœuvre (*J. Saint-Nazaire, 5 juil. 1903: Recueil Rennes, 1903-1904, 154)* ; de 75 °/₀ au manœuvre qui marche avec des béquilles (*A. Rennes, 26 nov. 1901 : Recueil Rennes, 1902, I, 33).*

989 *bis.* Perte de l'usage par suite de fracture de la rotule suivie de complications ; rente de 60 °/₀ (*A. Rennes, 26 janv. 1904 : Recueil Rennes, 1903-1904, I, 88).*

PERTE PRESQUE COMPLÈTE.

990. Par fracture du tibia et du péroné ; rente de 80 °/₀ au trieur de laines de 58 ans (*J. Lille, 21 fév. 1901 : Nord Judiciaire, 1901, 102).*

991. Par fracture du tibia en deux endroits ; rente de 70 °/₀ au chauffeur (*J. Lille, 21 fév. 1901 : Nord Judiciaire, 1901, 76).*

992. Par fracture ; rente de 66,66 °/₀ à un terrassier (*J. Marseille, 1ᵉʳ fév. 1901 : Recueil Marseille, 1901, 459).*

FRACTURES ORDINAIRES.

993. Rente de 15 °/₀ à un ouvrier maréchal (*J. Senlis, 20 déc. 1905 : Minutes).*

994. Bi-malléolaire ; rente de 20 °/₀ à un terrassier (*J. Senlis, 27 oct. 1908 : Minutes).*

995. Des deux os de la jambe au tiers inférieur ; rente de 25 °/₀. L'incapacité serait de 5 °/₀ à partir de l'expiration de la première année ; mais les prévisions favorables pouvant ne pas se réaliser, il n'y a pas lieu de statuer sur des probabilités (*A. Douai, 23 mai 1906 : Jurisprud. Douai, 1906, 272*).

996. Avec cal vicieux et raccourcissement de 2 centimètres de la jambe ; il marche avec peine sans atteindre cependant le degré d'invalidité de l'amputé ; le fragment du tibia chevauche sur le fragment inférieur du péroné, faisant saillie également en arrière de sa direction normale ; rente de 25% (*A. Rennes, 23 avril 1907 : Moniteur Lyon, 3 juil. 1907*).

997. Avec gêne durable et définitive de l'articulation tibio-tarsienne qui le paralyse en grande partie dans l'exercice de sa profession; rente de 40 % à un charcutier-abatteur(*J. Seine, 13 nov. 1901 : Gaz. Tribunaux, 1902, I, 2, 271*).

998. Fractures multiples avec raccourcissement de la jambe, ankylose partielle de l'articulation tibio-tarsienne ; rente de 40 % à un manœuvre (*J. Senlis, 8 mai 1907 : Minutes*).

999. Consolidation vicieuse des os fracturés; cal volumineux du péroné qui en contact du tibia comprime les organes logés dans l'espace interosseux, gênant la marche et troublant la statique du corps; rente de 40 % à un manœuvre de plus de 16 ans (*J. Chambéry, 11 août 1900 : Recueil Chambéry, 1901, 9*).

1000. Avec raccourcissement, déformation, ankylose, troubles circulatoires; rente de 60 % à un ouvrier de forges (*J. Senlis, 29 juin 1904 : Minutes*).

1001. Blessure à la jambe empêchant la reprise de la profession de couvreur; rente de 20 % réduite à 15 % par suite de faute inexcusable constituée par l'état d'ébriété de l'ouvrier (*A. Rennes, 18 nov. 1901 : Gaz. Palais, 1901, II, 643*).

ATROPHIE MUSCULAIRE.

1002. A la suite d'une fracture du tibia ; rente de 4 % à un paveur (*A. Amiens, 23 déc. 1908 : Minutes*).

1003. Impotence fonctionnelle, sans lésions osseuses ou articulaires, ni lésions des centres nerveux ; rente de 40 % à un manœuvre. *Principes:* Pour apprécier la réduction de la capacité, on doit tenir compte de l'état actuel du blessé sans se préoccuper de la question de l'amélioration hypothétique (*A. Rennes, 28 fév. 1905 : Recueil Rennes, 1904-1905, I, 54*).

1004. Avec différence dans le périmètre des deux cuisses et des jambes ; il boite, marche avec un bâton ; l'état est susceptible d'amélioration ; rente provisoire de 50 % (*J. Nevers, 16 juin 1903 : Villetard, IV, 124*).

1005. Contracture des muscles de la jambe droite sans paralysie ni atrophie et avec anesthésie totale du membre ; nécessité de moyens artificiels pour produire la défécation et le faire uriner ;

rente de 70 °/₀ à un maçon (*A. Amiens, 5 nov. 1903 : Journal Amiens, 1904, 107*).

1006. Avec marche très difficile; rente de 6 °/₀ à un charretier âgé (*A. Grenoble, 4 nov. 1904 : Recueil Grenoble, 1905, 99*).

1007. Atrophie des muscles fessiers et arthrite sèche du genou, fracture des deux os de la jambe avec raccourcissement de 0,06 du membre blessé, le pied relevé en dedans ne portant que sur son bord externe. *Principes* : Pour apprécier la réduction de capacité professionnelle, on doit comparer le salaire avant l'accident avec celui que l'ouvrier sera en état de gagner normalement après l'accident, d'après les facultés de travail qui lui restent et la liberté de la marche constitue l'élément essentiel de cette profession ; rente de 75 °/₀ à un roulier (*A. Rennes, 7 mars 1905 : Recueil Rennes, 1904-1905, I, 67*).

1008. Parésie possible du membre qui entraîne un repos presque absolu; claudication ; rente de 96 °/₀. *Principes:* On ne peut astreindre un ouvrier à un traitement prescrit par un médecin expert alors que cet ouvrier manifeste de très vives appréhensions au sujet des effets de ce traitement et qu'il s'agit d'explorer par l'électricité la sensibilité et la mobilité de la région lombo-sacrée de la cuisse et de rechercher si la moelle épinière est atteinte (*J. Narbonne, 28 mai 1903 : La Loi, 18-19 oct. 1903*).

1009. Infirmité incurable consécutive à une fracture guérie : arthrite sèche de l'articulation tibio-tarsienne droite ; rente de 8°/₀ à un ouvrier de manufacture (*A. Grenoble, 7 avril 1905 : Travail, 20, 98*).

1010. Brûlure profonde; adhérence cicatricielle de la peau avec les muscles du mollet sur une étendue de 2 à 5 centimètres; rente de 15 °/₀ à un ouvrier puddleur (*A. Douai, 9 mars 1903 (sur révision) : Travail, 9, 167*).

DÉVIATIONS, DÉSAXATIONS.

1011. Fracture des deux os au tiers inférieur, consolidée avec déviation notable de l'axe et raccourcissement de 3 centimètres ; raideur de l'articulation tibio-tarsienne considérable; atrophie musculaire des divers segments de la jambe ; tendance à suppuration de la jambe ; rente de 45 °/₀ (*J. Seine, 4 janv. 1910 (sur révision) : Villetard, X, 432*).

1012. Fracture vicieusement consolidée des deux os de la jambe au quart inférieur avec raccourcissement du membre de 3 centimètres et marche pénible, forte déviation en dehors, concavité très marquée en dedans ; les deux fragments du tibia chevauchent l'un sur l'autre, l'axe de la jambe est rejeté en dehors; mouvements d'extension incomplets; légère atrophie au niveau de l'articulation tibio-tarsienne ; rente de 50 % à un charpentier (*A. Rennes, 25 juil. 1906 : Recueil Rennes, 1906, I, 5*).

1013. Fracture de deux os de la jambe à l'union des deux tiers supérieurs avec le tiers inférieur ; consolidation de la fracture vicieuse, le fragment inférieur du tibia ne se trouve pas dans l'axe du corps de l'os ; rente de 40 % au journalier incapable d'exercer son métier et ceux nécessitant une station debout, une marche prolongée ou le port de fardeaux un peu lourds (*A. Douai, 21 avril 1902 (sur révision) : Jurisprud. Douai, 1902, 288*).

1014. Fracture bi-malléolaire de l'extrémité inférieure, avec cal volumineux, grosse saillie de la malléole tibiale, déviation du pied en dehors, aplomb du membre faussé ; station debout prolongée pénible ; rente de 30 % à un plâtrier (*J. Senlis, 5 juil. 1905 : Minutes*).

RACCOURCISSEMENTS.

1015. Avec boiterie rendant la marche prolongée presque impossible ou très douloureuse ; rente de 50 % à un charretier (*A. Rennes, 7 mai 1902 : Recueil Rennes, 1902, I, 34*).

1016. Avec fracture et impotence fonctionnelle très notable ; rente de 50 % à un ouvrier tapissier (*A. Amiens, 8 mai 1901 : Journal Amiens, 1901, 121*).

1017. Avec boiterie et marche pénible ; rente de 28 % à un maçon (*A. Nancy, 20 déc. 1900 : Bert, 1901, 138*).

1018. Avec emploi de béquille ; rente de 75 % à un casseur de fer (*A. Rennes, 21 janv. 1902 : Recueil Rennes, 1902, I, 33*).

1019. Raccourcissement de 7 à 8 centimètres avec élimination d'une partie notable des deux os par suite d'écrasement ; les quatre extrémités restantes n'ont pu être coadaptées ; il reste une large pseudarthrose ; la marche se fait pour le moment avec un pilon sur lequel le genou est plié ; rente de 80 % à un homme d'équipe (*A. Besançon, 11 juil. 1900 : Gaz. Palais, 1900, II, 493*).

1020. Raccourcissement de 4 centimètres après fracture, claudication, faiblesse ; rente de 25 % à un carrier (*J. Senlis, 2 janv. 1901 : Minutes*).

1021. Raccourcissement de 3 cent. 1/2 à 4 centimètres après fracture ; déformation générale du membre qui rend la station debout pénible, difficile, très instable, la marche difficile et fatigante ; rente de 66,66 % à un palefrenier (*A. Riom, 26 fév. 1902 : Recueil Riom et Limoges, 1901-1902, 193*).

1022. Raccourcissement de 3 centimètres environ, après fracture, avec cal vicieux et vulnérable, gêne des mouvements de l'articulation tibio-tarsienne, orteil en marteau, atrophie du membre inférieur, empâtement de la jambe ; marche et station debout très difficiles ; rente de 60 % à un manœuvre (*A. Rennes, 14 mai 1906 : Recueil Rennes, 1906, I, 17*).

1023. Raccourcissement de 3 centimètres après fracture du tibia et du péroné au tiers inférieur de la jambe ; cal défectueux susceptible d'être le siège de phénomènes congestifs et douloureux dans l'avenir ; rente de 30 % à un mineur. *Principes* : Pour apprécier la réduction de capacité on doit comparer le salaire avant l'accident avec celui que l'ouvrier sera en état de gagner normalement après cet accident, d'après les facultés de travail qui lui restent (*A. Rennes, 7 mars 1905 : Recueil Rennes, 1904-1905, I, 59*).

1024. Raccourcissement de 3 centimètres ; boiterie constitue une gêne qui ne l'empêche cependant pas de continuer sa profession de charretier ; rente de 30 % (*A. Montpellier, 28 fév. 1902 : Travail, 7, 189*).

1025. Raccourcissement de 2 centimètres avec déformation et affaiblissement après double fracture ; rente de 30 % (*J. Seine, 30 juil. 1902 : Travail, 7, 117*).

Incapacité permanente nulle ou légère. Aucun droit à rente :

1026. Fracture du péroné droit ; articulation normale, pas de cal, pied et jambe sains et identiques aux gauches, claudication voulue et provoquée ; simple gêne (*A. Douai, 23 déc. 1907 : Travail, 31, 71*).

Sur la jambe droite : *Amputation : V. 258 ; impotence : 176 ; parésie : 180 ; réduction des mouvements : 177 ; sensibilité excessive : 261 ; cal vicieux : 184 ; secousses musculaires : 218 ; troubles trophiques : 622 ; troubles de la sensibilité et de la circulation : 657.*

JAMBE DROITE, ORTEILS GAUCHES. — *Incapacité permanente partielle :*

1027. Amputation de la jambe droite et des premières phalanges des deux doigts du milieu du pied gauche ; rente de 80 % (*J. Béthune, 15 fév. 1900 : Travail, III, 109*).

JAMBE DROITE, POIGNET. — *Incapacité permanente partielle :*

1028. Amputation de la jambe droite avec déformation du poignet qui en réduit la fonction ; rente de 75 % à un peintre en bâtiment de 19 ans (*A. Paris, 21 déc. 1901 : Bert, 1902, 92*).

JAMBE GAUCHE. — *Incapacité permanente partielle :*

Amputations.

1029. Rente de 80 % à un mineur (*A. Nancy, 29 déc. 1900 : Recueil Nancy 1900-1901, 188*) ; de 77 % à un employé de chemin de fer (*J. Senlis, 18 déc. 1900: Minutes*) ; de 75 % à un maçon illettré, âgé de 58 ans (*A. Bordeaux, 10 mars 1908 : Recueil Bordeaux, 1908, I, 270*) ; à un garde-frein de chemin de fer (*J. Toulouse, 14 mars 1901 : Gaz. Midi, 7 avril 1901*) ; de 70 % à un camionneur (*J. Cambrai, 6 juin 1901 : Travail, 3, 584*) ; de 70 % : si grave que soit la perte d'une jambe pour un illettré capable seulement de travaux matériels, elle ne le rend pas pourtant incapable d'aucun de ceux-ci, ce qui fait que l'incapacité ne saurait être absolue (*J. Versailles, 25 oct. 1900 : Travail, 3, 429*).

1030. Amputation au défaut du genou, rente de 70 % à un manœuvre (*A. Rennes, 7 mars 1905 : Recueil Rennes, 1904-1905, I, 56*).

1031. Au-dessous du genou ; rente de 65 % (*A. Nancy, 1er juin 1908 : Villetard, IX, 99*) ; de 66,66 % (*A. Dijon, 10 mars 1902 : Travail, 7, 194*) ; de 50 % à un ouvrier de batteuse de 13 ans, qui peut apprendre un métier différent n'exigeant pas la station debout (*A. Paris, 19 mai 1908 : Recueil Assurances, 1908, 575*).

1032. Un peu au-dessous du genou ; rente de 80 % à un aiguilleur-chargeur (*J. Vouziers, 28 mars 1900 : Gaz. Palais, 1900, I, 635*).

1033. A 2 centimètres au-dessus de la cheville ; rente de 45 % à un accrocheur de 18 ans (*J. Valenciennes, 10 mars 1910 : Recueil Assurances, 1910, 330*).

1034. Amputation ; rente de 70 % à un gardien de nuit ramenée à 35 %, par la faute inexcusable de l'ouvrier (*J. Seine, 22 mai 1901 : Travail, 11, 17*).

Perte complète.

1035. Rente de 65 % à un charretier. *Principes :* La réduction de capacité résultant de l'accident est le seul critérium qui doive servir à déterminer la rente ; la seule comparaison du salaire gagné avant l'accident avec celui gagné depuis l'accident, tout en conduisant parfois à une estimation exacte n'est pas le mode légal d'appréciation (*A. Rennes, 12 déc. 1905 : Recueil Rennes, 1905, I, 63*).

1036. Rente de 66,66 % à un camionneur (*A. Amiens, 23 oct. 1902 : Journal Amiens, 1903, 73*) ; de 75 % à un journalier (*J. Lille, 2 juil. 1903 : Recueil Assurances, 1903, 181*) ; de 75 % (*J. Seine, 12 mars 1900 : Travail, 11, 100*).

Perte presque complète.

1037. En suite de fracture ; la consolidation est parfaite mais le membre est œdématié, raccourci de 4 centimètres ; l'articulation du cou-de-pied est fortement gênée par une certaine raideur articulaire ; rente de 67 % à un ouvrier plâtrier (*J. Narbonne, 16 mai 1900 : Villetard, I, 70*).

Fractures ordinaires.

1038. Fracture multiple des métatarsiens de la jambe avec léger effondrement de la voûte plantaire ; rente de 9 % à un maçon (*J. Guéret, 4 mars 1901 : La Loi, 2 juil. 1902*).

1039. Fracture totale des deux os de la jambe, rente de 24 % à un charretier (*A. Amiens, 25 nov. 1910 (sur révision): Minutes*).

1040. Fracture du tibia et du péroné au tiers supérieur avec entorse au genou; plaie contuse intéressant tout le dos du pied avec lésions osseuses, fracture de la cuisse droite au tiers inférieur; raideur douloureuse du genou qui ne peut dépasser en flexion l'angle droit; raideur de tout le pied; rente de 25° % à un ouvrier de chaufournier (*J. Lille, 13 mai 1909: Travail, 41, 42*).

1041. Lésion dans l'articulation tibio-tarsienne; marche pénible; rente de 33 % à un cultivateur-tisserand (*A. Rennes, 20 mars 1902: Recueil Rennes, 1902, I, 34*).

1042. Boiterie; douleurs dans la région lombaire; station debout prolongée pénible; rente de 33,33 % (*A. Caen, 23 juil. 1903 sur renvoi Cass., 9 mars 1903: Recueil Caen, 1903, 175*).

1043. Pseudarthrose de l'articulation tibio-tarsienne de la jambe gênant la marche; rente de 33,33 % à un mineur (*J. Ambert, 5 juin 1900: Travail, 3, 331*).

1044. Fracture avec cal énorme, adhérence de la peau et des tendons; lésions définitives gênent la marche et la station debout; il ne peut marcher qu'avec un bâton; rente de 50 % à un charretier de meunier (*A. Angers, 18 mai 1904: Gaz. Tribunaux, 1904, II, 2, 345*).

1045. Vaste plaie contuse sillonnant la partie antérieure de la cuisse gauche; fracture du premier ou du deuxième métacarpien; œdème avec dilatation veineuse de la jambe et du pied et adhérences profondes des muscles antérieurs de la cuisse avec la bride cicatricielle précédée; rente de 50 % (*J. Marseille, 6 août 1901: Recueil Aix-Marseille, 1902, 265*).

1046. Fracture compliquée des deux os au tiers inférieur; rente de 60 % (*A. Amiens, 15 nov. 1905: Journal Amiens, 1906, 149*).

1047. Torsion violente suivie de l'arrachement de la malléole interne après une fracture du péroné; l'ouvrier ne peut marcher qu'avec deux béquilles; sans tenir compte de ce qu'il n'a pu subir le traitement coûteux d'eaux thermales moyennant lequel il devait récupérer une partie de sa capacité de travail; rente de 20 % (*A. Bordeaux, 3 nov. 1903: Recueil Bordeaux, 1904, I, 105*).

1048. Subluxation du pied gauche avec fracture du péroné et arrachement de la malléole interne; refus de l'ouvrier de subir à nouveau une opération devant le guérir ou tout au moins amoindrir son état d'incapacité; il ne doit pas être tenu compte de ce refus alors que le résultat de l'opération est problématique, que l'ouvrier s'est laissé opérer déjà et soigner pendant 7 mois; rente de 65 % à un charretier (*J. Vannes, 9 août 1900: Gaz. Palais, 1901, I, 87*).

1049. Fracture qui aurait entraîné une réduction de 25 %; la rente est fixée à 12 ; 50 % par la faute inexcusable de l'ouvrier mineur qui pendant la consolidation de la blessure a laissé modifier la position de sa jambe cassée dans l'appareil où elle a été placée, hors la présence du·médecin par une tierce personne sans qualité et sans connaissances spéciales (*J. Sarlat, 29 juil. 1903 et A. Bordeaux, 15 déc. 1903 : Minutes, et Recueil Bordeaux, 1904, 1, 205*).

ATROPHIE MUSCULAIRE.

1050. Énorme atrophie de la jambe et de la cuisse, après fracture du tiers supérieur ; ankylose du pied, arthrite du genou ; rente de 45 % à un ouvrier chamoiseur (*A. Amiens, 20 oct. 1910 (sur révision) : Minutes*).

1051. Atrophie des muscles fessiers après fracture de la jambe, avec raccourcissement de 0 m. 045, épaississement de l'os au niveau du cal et au niveau de l'articulation ; rente de 40 % à un charretier (*A. Rennes, 14 mai 1906 : Recueil Rennes, 1905-1906, I, 108*).

1052. Affaiblissement notable de la jambe ; atrophie évidente ; perte d'énergie fonctionnelle ; cet accident seul entraîne une réduction de 40 % sans qu'il y ait lieu de tenir compte d'un accident antérieur (luxation de la rotule) et de réduire de 10 % de ce chef l'incapacité actuelle. *Principes :* L'indemnité se calcule d'après le salaire de l'ouvrier au moment de l'accident, puisque ce salaire représente en argent la valeur industrielle de l'ouvrier, sans se préoccuper d'une infirmité préexistante à l'accident, puisque, si elle diminuait cette valeur industrielle, elle influait forcément sur le montant du salaire qui était diminué en proportion (*A. Besançon, 5 fév. 1902 : Gaz. Palais, 1902, I. 498*).

1053. Atrophie notable du pied et de la jambe ; claudication du côté gauche ; impossibilité de reprendre son travail de carrier et de se livrer à une occupation debout ou à des efforts continus des membres inférieurs ; rente de 50 % (*A. Caen, 12 mai 1903 : Recueil Caen, 1903, 117*).

1054. Atrophie de la musculature générale de la jambe avec légère hydarthrose du genou ; rente de 50 % à un serrurier (*A. Rennes, 2 déc. 1902 : Recueil Rennes, 1902, I, 34*).

1055. Atrophie très sensible avec raccourcissement de 1 cent. à 1 cent. 1/2, légère boiterie; rente de 65 % à un charretier qui ne peut plus exercer aucun travail pénible (*A. Montpellier, 24 nov. 1902 : Sirey-Palais, 1903, II, 310*).

1056. Hypertrophie de la malléole péronière; avec empâtement des parties molles péri-articulaires ; impotence du membre et limitation de la flexion et de l'extension ; rente de 50 % à un couvreur (*J. Senlis, 31 mai 1904 : Minutes*).

1057. Notable degré d'ankylose au genou gauche ; la jambe est raccourcie ; la marche est difficile et tout travail du charretier de 53 ans est impossible ; rente de 60 % ramenée à 40 % par la faute inexcusable de l'ouvrier, constituée par son état d'ivresse (*J. Bourg, 27 fév.-3 avril 1903 : Moniteur Lyon, 24-25 mai 1903*).

DÉVIATIONS, DÉSAXATIONS.

1058. Fracture du péroné ayant entraîné une déformation grave et une déviation de l'axe du membre ; rente de 60 % à un manœuvre (*A. Grenoble, 25 nov. 1904 : Recueil Grenoble, 1905, 99*).

1059. Fracture ayant entraîné une claudication, l'emploi de béquilles et la perte de l'usage du membre ; déplacement de l'aplomb de la jambe et du pied, atrophie très marquée des muscles du mollet, mauvais fonctionnement du tendon d'Achille, ankylose de l'articulation du cou-de-pied, léger équinisme du pied tenant le talon à 1 ou 2 centimètres du sol tandis que le poids du corps porte sur la partie antérieure du pied ; rente de 60 % à un conducteur de voitures (*A. Rennes, 19 janv. 1904 : Recueil Rennes, 1903-1904, I, 68*).

1060. Fracture de la partie inférieure ; fracture oblique du tibia ; raccourcissement de la jambe de 25 millimètres ; troubles circulatoires ; double désaxation de la jambe dans le sens transversal et dans le sens antéro-postérieur ; raideurs considérables de l'articulation tibio-tarsienne ; déviation du pied en dehors ; gêne douloureuse de la marche, claudication avec fatigue plus rapide ; emploi d'une canne pour la marche prolongée ; rente de 45 % à un plaqueur (*J. Senlis, 20 déc. 1910 : Minutes*).

1061. Déviation prononcée de la jambe ; marche difficile ; station debout pénible ; rente de 25 % à un carrier (*J. Senlis, 18 fév. 1903 : Minutes*).

RACCOURCISSEMENTS.

1062. Considérable ; avec très grande déformation ; ankylose du genou gauche ; ne péut marcher sans canne pendant plus de 200 mètres ; rente de 70 % à un portefaix (*A. Montpellier, 30 avril 1904 : Gaz. Palais, 1904, II, 42*).

1063. Raccourcissement ; rente de 78 % (*J. Marseille, 20 déc. 1901 : Recueil Aix-Marseille, 1902, 301*).

1064. Raccourcissement de 5 centimètres avec déviation ; station verticale et marche prolongée impossibles ; rente de 50 % à un charretier (*J. Senlis, 13 mai 1903 : Minutes*).

1065. De 4 centimètres ; fracture ouverte des deux os ; eczéma et ulcérations consécutives par suite de l'alcoolisme et de grattages ; pied bot antérieur à l'accident ; rente de 20 °/₀ à un soutireur (*J. Saint-Claude, 9 avril 1908 : Minutes*).

1066. De 3 centimètres, avec courbure très marquée, après fracture compliquée ; marche incertaine, avec douleur et œdème ; gêne fonctionnelle, marche et station debout prolongée impossibles ; rente de 35 °/₀ à un manouvrier (*A. Nancy, 30 mai 1905 : Bert, 1906, 59*).

1067. De 3 centimètres avec épaississement très marqué de l'articulation tibio-tarsienne; rente de 33 °/₀ à un chef cantonnier (*J. Boulogne-sur-Mer, 29 mars 1907 : Gaz. Tribunaux, 1907, II, 2, 242*).

1068. Raccourcissement de 3 centimètres; rente de 50 °/₀ à un cocher (*J. Bagnères-de-Bigorre, 22 janv. 1903 : Gaz. Tribunaux, 17 mai 1903*).

1069. Raccourcissement de 2 à 3 centimètres avec légère claudication; rente de 15 °/₀ à un charpentier (*A. Dijon, 16 janv. 1906 et Cass. rejet, 25 janv. 1909 : Gaz. Palais, 1909, I, 191*).

1070. Ablation des deux premiers orteils et de leurs métatarsiens; cicatrice douloureuse, gêne le port de la chaussure et la marche un peu prolongée; l'ablation de ces deux doigts indispensables à la marche normale a déterminé une attitude vicieuse de l'axe de la jambe; impotence fonctionnelle définitive et complète de la jambe. Rente de 70 °/₀ réduite, par suite de faute inexcusable à 35 °/₀ à un charretier (*J. Narbonne, 18 fév. 1902 : Travail, 7,50*).

Rente minime accordée :
1071. Très légère atrophie du mollet gauche avec deux cicatrices non adhérentes; rente de 3 °/₀ (*A. Amiens, 26 mars 1909 : Villetard, X, 304*).

La veuve a droit à une rente de 40 °/₀ :
1072. Décès de l'homme d'équipe, après fracture de la jambe et avant amputation; la faute inexcusable du patron augmente la rente de 20 °/₀ (*A. Grenoble, 27 oct. 1908 : Gaz. Palais, 1909, I, 97*).

Incapacité permanente nulle ou légère. Aucun droit à rente :
1073. Diminution de volume manifestée par une différence de 1 centimètre entre la jambe gauche et la jambe droite; léger empâtement de la région du cou-de-pied gauche; même aptitude au travail, même salaire (*A. Paris, 25 mai 1909 : Travail, 37,114*).

1074. Plusieurs plaies guéries, légère gêne dans la marche; la réduction serait de 1/2 °/₀ à un ouvrier de forge (*J. Briey, 18 juil. 1907 : Travail, 31,29*).

Aucun droit à rente :
1075. Fracture des deux os de la jambe dans leur partie supérieure. Consolidation sans raccourcissement; il reste cependant une ankylose du genou gauche avec atrophie musculaire; traitement

prescrit (massage et électricité) non observé ; refus de se laisser soigner ; cette ankylose provient de l'immobilisation prolongée, volontaire du membre, à l'encontre de l'avis du médecin (*A. Amiens, 19 fév. 1902 : Journal Amiens, 1902, 235*).

Sur la jambe gauche : *Raccourcissement : V. 159 ; 179 ; paralysie hystérique : 839 ; atrophie : 159 ; atrophie avec allongement : 178 ; flexion sur le bassin : 180 ; cal volumineux : 186 ; cal douloureux : 220.*

JAMBE GAUCHE. MAIN DROITE. — *Incapacité permanente absolue.* Rente des 2/3 :

1076. Amputation d'abord de la main droite, puis de la jambe gauche ; incapacité absolue du jour de la deuxième amputation, pour un charretier (*A. Rennes, 14 mai 1906 : Villetard, VII, 451*).

JAMBE GAUCHE. ORTEILS DROITS. — *Incapacité permanente partielle :*

1077. Amputation de la jambe et de deux orteils droits ; il marche avec un appareil et exerce dans une certaine mesure son métier de zingueur ; rente de 75 % (*A. Riom, 24 déc. 1900 : Recueil, Riom et Limoges, 1900-1901, 434*).

JAMBE GAUCHE. ORTEILS ET PIED GAUCHES. — *Incapacité permanente partielle :*

1078. Déformation générale de l'avant-pied et atrophie de la jambe ; déformation et ankylose des premières phalanges du gros orteil et du deuxième orteil ; cicatrice adhérente au niveau de la tête du premier métatarsien ; l'ouvrier ne peut appuyer franchement le pied et marcher sur son bord externe ; station debout et marche prolongée impossibles ; rente de 30 % à un ouvrier d'imprimeur (*A. Besançon, 17 nov. 1906, et Cass. rejet, 27 mai 1910 : Travail, 41, 185*).

JAMBE GAUCHE. YEUX. — *Incapacité permanente absolue.* Rente des 2/3 :

1079. Amputation de la jambe avec perte de la vision de l'œil gauche et affaiblissement notable de l'acuité visuelle de l'œil droit (*J. Angers, 12 fév. 1900 : Travail, I, 177*).

JAMBE. MAIN. — *Incapacité permanente absolue.* Rente des 2/3 :

1080. Amputation d'une jambe avant la loi de 1898, suivie postérieurement à la loi d'un deuxième accident le privant d'une main ; il est hors d'état de subvenir à son existence. *Principes :* Si l'impotence actuelle n'est pas la conséquence directe et immédiate du dernier accident et si celui survenu antérieurement entre pour une certaine part dans le résultat, l'indemnité ne doit pas moins être calculée d'après le salaire touché lors du dernier accident : le salaire représente la valeur industrielle de l'ouvrier ; le patron a dû se préoccuper de l'infériorité de l'ouvrier déjà victime d'un premier accident qui diminuait sa valeur industrielle pour réduire son salaire en proportion de cette incapacité relative. (*J. Toulouse, 14 juin 1902 : Gaz. Midi, 23 nov. 1902*).

JAMBES. Amputation des deux. — *Incapacité permanente partielle :*

1081. Amputation au tiers inférieur ; l'état général de la santé de l'ouvrier n'a pas été gravement altéré par l'opération ; il reste encore susceptible, grâce à l'usage de ses membres inférieurs, de se livrer à quelques travaux sédentaires ; rente de 90 °/₀ à un charretier (*A. Montpellier, 12 mars 1910 : Moniteur Midi, 27 nov. 1910*).

1082. Amputation de la jambe droite au tiers supérieur et de la cuisse gauche au tiers supérieur ; l'usage de la marche est continué par appareils spéciaux ; rente de 90 °/₀ à un employé de chemin de fer (*A. Paris, 16 mars 1909 : Villetard, X, 107*).

1083. Amputations, l'une au-dessus, l'autre au-dessous du genou ; il marche encore avec appareils spéciaux ; sa santé n'est pas altérée ; rente de 90 °/₀ à un employé de chemin de fer (*J. Seine, 25 mars 1908 : Recueil Assurances, 1908, 575*).

1084. Amputation des deux ; rente de 90 °/₀ (*J. Seine, 5 août 1908 : Villetard, IX, 148*).

1085. Amputation des deux au-dessous du genou ; ce n'est pas une incapacité absolue ; il peut marcher avec des appareils prothétiques appropriés ; l'usage des bras est intact ; l'état général de sa santé n'est pas atteint ; rente de 88 °/₀ à un homme d'équipe (*A. Dijon, 10 mars 1902 : Sirey-Palais, 1905, II, 11*).

1086. L'ouvrier déjà amputé de la jambe droite, qui doit comme conséquence d'un nouvel accident subir l'amputation de la jambe gauche ne se trouve pas dans l'incapacité de trouver un emploi sédentaire s'il est encore dans la force de l'âge (41 ans) et s'il n'est pas illettré ; rente de 90 °/₀ à un carrier (*A. Paris, 2 nov. 1909 : Sommaires, 1910, 2302*).

Perte de l'usage des deux. — *Incapacité permanente absolue.* Rente des 2/3 : _

1087. Obligation pour un mécanicien d'employer deux pilons ; il n'est plus assez jeune pour faire l'apprentissage d'une profession manuelle nouvelle (*A. Bordeaux, 12 fév. 1907 : Recueil Bordeaux, 1908, I, 39*).

1088. Paralysie complète des deux ; impossibilité absolue de mouvoir les jambes, pour un terrassier (*J. Marseille, 28 nov. 1902 : Recueil Aix-Marseille, 1903, 113*).

1089. Perte de l'usage des deux ; il ne peut plus se livrer qu'à une occupation sédentaire avec salaire insignifiant (*J. Le Havre, 24 janv. 1902 : Le Droit, 16 avril 1902*).

1090. Privation de l'usage de la jambe gauche et du pied droit; le chauffeur de 47 ans n'a ni instruction ni ressources (*J. Bordeaux, 1ᵉʳ avril 1901 : Recueil Bordeaux, 1902, II, 9*).

Incapacité permanente partielle :

1091. Ne peut plus s'appuyer sur ses jambes ; se meut avec quelque rapidité avec ses deux béquilles; intelligent mais illettré ; âgé de 36 ans, il lui sera difficile d'appliquer ses facultés à une profession nouvelle ; rente de 90 °/₀ (*A. Rennes, 10 juin 1902 : Bert, 1902, 309*).

1092. Impotence complète des deux ; rente de 75 °/₀ à un sécheur de morues (*J. Bordeaux, 8 fév. 1904 : Recueil Bordeaux, 1904, II, 35*).

AMPUTATION DE L'UNE; ATROPHIE, FRACTURE, DÉFORMATION DE L'AUTRE.
— *Incapacité permanente absolue.* Rente des 2/3 :

1093. Perte de l'usage des deux jambes par amputation de la jambe droite et fracture de la jambe gauche non entièrement consolidée qui présente des déformations et ne peut fournir qu'un point d'appui insuffisant; il ne peut se tenir debout et marcher sans soutien ; incapable de tout travail, dénué d'instruction et trop âgé (57 ans) pour faire l'apprentissage d'un métier sédentaire ; comme déchargeur, il est apte uniquement aux travaux de force qui lui sont interdits actuellement (*A. Douai, 5 avril 1900: Gaz. Palais, 1900, I, 752*).

Incapacité permanente partielle :

1094. Amputation de la jambe droite au-dessus du genou; atrophie et raccourcissement de la jambe gauche antérieurs à l'accident; rente de 80 °/₀ à un employé de battage de 29 ans qui peut encore se livrer à des travaux manuels. *Principes:* Il n'y a pas lieu de tenir compte de l'état préexistant parce que le salaire étant la base de la fixation de la rente, la diminution initiale de ce salaire qui en est nécessairement résultée, a sa répercussion nécessaire sur la rente, d'où il suit que si on tenait compte de cet état préexistant, l'ouvrier aurait à subir une double diminution de sa rente; le patron a certainement tenu compte de cette infirmité dans la fixation de son salaire ; il y a seulement lieu de faire état de ce que cette jambe droite avait d'autant plus de valeur que la gauche était plus faible (*A. Amiens, 25 avril 1902 : Journal Amiens, 1902, 75*).

1095. Amputation au tiers supérieur de la jambe gauche; fracture de la cuisse droite laissant le pied déjeté en dehors, et le cou-de-pied ankylosé ; l'ouvrier prend malaisément son point d'appui sur le sol, la marche un peu prolongée est fort difficile sans le secours d'un support; ce n'est pas une incapacité absolue parce qu'il a encore l'usage de ses bras et des forces suffisantes pour se livrer à une occupation sédentaire ; rente de 95 % (*A. Rennes, 3 fév. 1903: Recueil Rennes, 1903, I, 74*).

1096. Jambe gauche amputée et pied droit écrasé ; la victime doit toujours marcher avec des béquilles et peut faire tout ce que font ceux qui sont obligés de se servir de béquilles ; l'ouvrier n'est pas atteint d'incapacité absolue mais sa pension doit être égale à la moitié de son salaire, ce qui admet une réduction de 100 % (*J. Montluçon, 22 juin 1900 : Travail, 3, 356*).

FRACTURES, ATROPHIES, DÉFORMATIONS DES DEUX. — *Incapacité permanente partielle :*

1097. Double claudication provenant d'une fracture de la cuisse gauche s'adjoignant à une fracture de la jambe droite antérieure à l'accident ; il peut encore exécuter certains petits travaux, ce qui fait que l'incapacité n'est pas absolue ; rente de 80 % à un charpentier de 68 ans. *Principes :* 'L'indemnité se calcule d'après le rapport existant entre la capacité de travail antérieure à l'accident et la capacité après cet accident ; ce n'est pas l'état dans lequel il se trouvait avant l'accident, mais bien son salaire annuel qui donne seul la mesure de ses facultés de travail et par suite de l'indemnité à laquelle il a droit (*A. Rennes, 19 juin 1905 : Recueil Rennes, 1905, I, 21*).

1098. Fractures des deux ; broiement des fémurs ; atrophie de la jambe droite ; marche difficile ; rente de 50 % à un ouvrier d'usine (*J. Senlis, 19 mai 1909 : Minutes*).

1099. Jambe droite fracturée, réduite et consolidée sans suites sérieuses. Jambe gauche présente à la partie antérieure de la cuisse un cal volumineux provenant d'une soudure vicieuse du fémur, une fausse ankylose à peu près complète du genou et un raccourcissement de 3 centimètres environ ; rente de 45 % à un charretier (*J. Dijon, 15 janv. 1903 : Travail, 9,63*).

1100. Fractures ordinaires des deux ; rente de 30 % à un ouvrier peintre (*J. Senlis, 9 août 1905 : Minutes*).

1101. Graves blessures aux jambes ; béquilles nécessaires et marche pénible ; rente de 75 % à un couvreur (*A. Rennes, 20 fév. 1906 : Villetard, VII, 298*).

1102. Fracture double des deux malléoles de la jambe gauche et de la malléole extérieure de la jambe droite ; rente de 66 % à un tailleur de pierres (*A. Amiens, 9 mai 1901 : Journal Amiens, 1901,126*).

1103. Consolidation osseuse de la rotule gauche avec fracture compliquée du tiers inférieur de la jambe droite ; écartement de 4 centimètres entre les fragments supérieurs et inférieurs ; impossibilité de soulever la jambe gauche ; la marche est impossible ; raccourcissement de la jambe droite assez marqué ; les mouvements de l'articulation du cou-de-pied sont à peu près impossibles ; toute profession exigeant la mise en œuvre des jambes est impossible ; rente de 84 °/₀ à un terrassier (*J. Trévoux, 14 août 1900 : Travail, 3,419*).

1104. Fracture avec déplacement au tiers supérieur du tibia de la jambe gauche ; fracture sans déplacement au tiers inférieur du tibia de la jambe droite ; pas de raccourcissement ni de difformité ; quoique pendant deux ans il doive subir une gêne qui disparaîtra, les juges doivent formuler leur décision sur la situation présente sans tenir compte des probabilités de l'avenir; rente de 33,33 °/₀ à un voiturier de 62 ans (*J. Remiremont, 1ᵉʳ mai 1902 : Bert, 1902, 333*).

La veuve a droit à une rente de 20 °/₀ :

1105. Décès du maître charpentier des suites de fractures des deux jambes (*A. Riom, 9 juil. 1902 et Cass. rejet, 6 mai 1905 : Travail, 20, 140*).

Sur les jambes : *Fractures, soudures incomplètes et défectueuses :* V. *263, 264 ; paralysie inégale : 321 ; parésie : 322.*

JAMBES. HERNIE INGUINALE DOUBLE. REINS. — *Incapacité permanente partielle :*

1106. Commotion légère de la moelle et entorse de la colonne vertébrale dans la région lombaire avec douleurs vives localisées aux quatrième et cinquième vertèbres lombaires et déformation spéciale du rachis ; c'était déjà un vieillard très amaigri ayant perdu une grande partie de ses forces, faible sur ses jambes, se fatiguant rapidement, marchant mal, sans bâton ; la déformation du rachis n'est pas due à une luxation traumatique et la dépréciation de valeur subie résulte d'un défaut de souplesse dans les reins avec douleur lombaire, d'une certaine faiblesse des membres inférieurs et surtout d'un affaiblissement général résultat à la fois du choc traumatique et de la perte d'entraînement au travail par le fait d'une inaction prolongée chez un homme de près de 62 ans ; rente de 45 °/₀ dans cet état. Mais, sur révision, l'expert constate un amaigrissement général et une déformation de la colonne vertébrale non imputables à l'accident; et un changement dans la localisation des douleurs de reins qui seraient actuellement au niveau de la première lombaire ; de plus, les mouvements de flexion et de redressement du tronc observés d'abord n'existent plus ; la démarche cependant est peu assurée, hésitante, pas de troubles de la sensibilité générale ni de contractions fibrillaires, les réflexes rotuliens sont sensiblement normaux ; pas de symptômes nerveux ; il présente de plus deux hernies inguinales non descendues dans le scrotum ; celle de droite déjà observée lors du premier examen est plus volumineuse que celle de gauche ; diminution de la vue et de l'ouïe et amaigrissement attribués au progrès de l'âge ; la déformation vertébrale est indépendante de l'accident ; la raideur des reins est trop minime pour pouvoir diminuer la valeur ouvrière ; la légère faiblesse des membres inférieurs peut être attribuée à l'âge et à l'influence de l'accident. Rente de 18 % à un maçon en faisant entrer en ligne de compte seulement la gêne des membres inférieurs s'expliquant par son âge et sa maigreur générale (*J. Vervins, 7 déc. 1906 : Minutes*). L'âge et l'affaiblissement naturel qui en est la conséquence, la vieillesse ne peuvent entrer en ligne de compte pour le calcul d'une révision d'indemnité, qu'il ne faut apprécier qu'en observant les conséquences de l'accident et les modifications que le temps apporte aux infirmités qui en résultent, abstraction faite de l'âge des ouvriers; en l'espèce, la rente doit être de 25 % (*A. Amiens, 21 mars 1907 : Minutes*).

JAMBES. THORAX. — *La veuve a droit à une rente de 20 % :*
1107. Décès en suite de fractures multiples du thorax et des membres inférieurs par la chute de l'ouvrier dans un puits (*A. Paris, 11 janv. 1902 : Sirey-Palais, 1906, II, 124*).

LARMES. — 1127 ; 1249 ; 1317. V. *Dacryocystite*.

LIRE (faculté de). — 284.

LUMBAGOS. EFFORTS DE REINS. — *Incapacité permanente partielle :*
1108. Violent mal de reins à la suite d'un effort en soulevant un moellon de 60 kilogrammes, avec lésion de l'axe cérébro-spinal: le maçon se traîne péniblement, et ne peut effectuer un travail exigeant un grand déploiement de forces, mais seulement des travaux manuels sédentaires. L'incapacité est de 66,66 %. Cependant comme il était, antérieurement, atteint d'une maladie assez sérieuse des reins et de lumbago avec sciatique, dans la région même de la lésion actuelle, elle a contribué sinon à provoquer du moins à aggraver le mal et doit entrer en ligne de compte pour 22,22 % ce qui réduit la rente à 44,44 % (*A. Montpellier, 8 fév. 1901: Travail, 3, 745*).

La loi est applicable :
1109. La question de savoir si le lumbago constitue un accident doit se résoudre selon les circonstances ; cette affection est ordinairement la manifestation d'un état rhumatismal et constitue par suite une maladie non prévue par la loi; il en est autrement lorsqu'il se manifeste à la suite d'une rupture musculaire, produite au cours d'un effort extraordinaire ou d'un traumatisme déterminé (*J. Valenciennes, 24 nov. 1910 : Villetard, XII, 2*).

1110. Effort de reins sous l'effort brusque d'un mouvement violent au cours du travail; c'est l'action subite d'une cause extérieure sur les muscles, nerfs ou vaisseaux sanguins qui a affecté les organes intérieurs même, sans entraîner de lésions extérieures. Il n'y a pas à rechercher si les suites n'ont pas été aggravées par une prédisposition morbide ou une maladie organique. Il y a effort soudain, violent, anormal qui a déterminé l'effort (*J. Paix, Roque-vaire, 6 juil. 1910 : Recueil Aix-Marseille, 1910, 492*). ٭

1111. Lumbago et pleurodynie à la suite de douleurs de reins intolérables d'un jeune et robuste portefaix en soulevant depuis trois heures des balles de marchandises de 100 kilogrammes en moyenne; c'est là une lésion corporelle résultant de violents efforts ou de toute autre cause extérieure identique (*J. Paix Lille, 23 nov. 1900 : Revue Paix, 1901, 17*).

La loi ne s'applique pas :

1112. Simple lumbago (*J. Paix Bordeaux, 29 oct. 1907 et Cass. rejet, 23 nov. 1909 : Revue Paix, 1910, 330*).

1113. Tour de reins occasionné par une chute; ce n'est pas une lésion pouvant entraîner une incapacité de travail quelconque (*J. Paix Troyes, 23 mars 1900 : Revue Paix, 1901, 274*).

Sur le lumbago : V. encore *832 ; tuberculose : 1667.*

LYMPHANGITE. — *La veuve a droit à une rente de 20 % :*

1114. Décès d'un porteur des pompes funèbres à la suite d'une blessure à l'auriculaire gauche qui a causé une lymphangite de l'avant-bras et du bras, des abcès nombreux sur ce membre, de l'arthrite des os de la main, de la suppuration de l'articulation du poignet (*A. Rennes, 22 fév. 1909 : Recueil Rennes, 1909, 16*).

1115. Décès d'un employé de brasseur des suites d'une lymphangite infectieuse, conséquence d'une chute dans le travail, dont une ecchymose est constatée dans la région deltoïdienne ; il y a relation de cause à effet établie entre l'accident et le décès (*A. Nancy, 14 déc. 1904 : Recueil Nancy, 1904-1905, 5*).

MACHOIRE. — *Incapacité permanente partielle :*

1116. Déformation du maxillaire inférieur et obstacle à l'adaptation des arcades dentaires par suite d'accident; obligation de subordonner son travail à des exigences particulières pour la préparation de la nourriture et la durée de ses repas ; rente de 20 % (*A. Bordeaux, 11 avril 1905 : Recueil Bordeaux, 1905, I, 384*).

1117. Fracture du maxillaire ; complications inflammatoires et suppuratives ; limitation d'un centimètre de l'ouverture de la bouche, laquelle gêne la parole et la mastication; raideur de l'articulation temporo-maxillaire droite, avec mobilité des deux dentiers ; difficulté d'alimentation ; rente de 10 % à un manœuvre (*A. Paris, 6 avril 1909 : Bert, 1909, 234*).

1118. Perte presque totale des dents quoique atténuée par l'emploi d'un double dentier : soins particuliers ; perturbation dans les fonctions digestives ; rente de 20 % quelle que soit la profession (*A. Bordeaux, 28 nov. 1905 : Recueil Bordeaux, 1907, I, 57*).

1119. Perte de quinze dents ; troubles gastriques ; état d'anémie ; rente de 25 %, sans tenir compte de l'amélioration que l'usage d'un dentier pouvait apporter dans l'état de la victime (*A. Dijon, 27 mai 1908 : Moniteur Paix, 1909, 221*).

1120. Névralgie d'origine traumatique des nerfs trijumeaux ; rente de 33,33 °/₀ à un charretier (*J. Senlis, 28 nov. 1905 : Minutes*).

Rente minime accordée :

1121. Perte de trois dents entraîne une certaine difficulté dans l'alimentation ; rente de 5 °/₀ (*J. Seine, 4 mars 1911 : Villetard, XII, 5*).

Incapacité permanente nulle ou légère. Aucun droit à rente :

1122. Fracture du maxillaire à la suite de laquelle : à la mâchoire supérieure il ne reste que deux dents mais la plupart de celles qui manquent étaient malades auparavant et n'ont pas disparu par le fait de l'accident, comme le prouvent les chichots encore existants ; à la mâchoire inférieure, la canine inférieure gauche a certainement été brisée, les quatre incisives et la canine droite sont légèrement ébranlées ; l'os maxillaire fracturé est consolidé ; ces dernières lésions sont la conséquence de l'accident, il en résulte l'impossibilité d'une alimentation normale et des malaises digestifs : l'ouvrier ne peut refuser l'offre d'un appareil de prothèse devant supprimer l'infirmité et ne peut demander une rente pour une incapacité qui ne persiste que par sa propre volonté (*A. Grenoble, 7 août 1908 : Recueil Grenoble, 1908, 219*).

1123. La perte de quatre dents n'enlève rien à la capacité ouvrière d'un coltineur quoiqu'il souffre de douleurs musculaires au cou et aux reins en voie de guérison (*J. Seine, 4 août 1900 : Gaz. Palais, 1901, I, 263*).

1124. Une dent incisive arrachée, une autre cassée à un forgeron (*J. paix Courbevoie, 8 mai 1900 : Gaz. Palais, 1900, II, 60*).

MACHOIRE, NEZ, PIED DROIT. — *Incapacité permanente partielle :*

1125. Fracture des os propres du nez avec perte de quatre incisives supérieures, ébranlement de la canine gauche qui ne tardera pas à tomber d'où impossibilité de mastiquer ; pas d'incapacité de ces chefs. Ankylose fibreuse de l'articulation tibio-tarsienne, cal vicieux du calcanéum droit d'où impossibilité de monter sur une échelle, de s'agenouiller normalement ; les douleurs résultant du cal vicieux se produisent soit dans la station debout soit dans la marche ; les vertiges et éblouissements résultant de la commotion cérébrale se produisent quand le blessé essaie de monter à une petite hauteur ; sur cette appréciation de l'expert, le jugement fixe la rente à 50 °/₀ à un couvreur (*J. Senlis, 21 fév. 1906 : Minutes*).

MACHOIRE, ŒIL DROIT. — *Incapacité permanente partielle :*

1126. Résection partielle du maxillaire, avec autoplastie de la paupière et énucléation de l'œil droit ; rente de 35 °/₀ à un ajusteur (*A. Bourges, 27 avril 1909 : Travail, 37, 111*).

MACHOIRE, YEUX. — *Incapacité permanente partielle :*

1127. Larmoiement perpétuel, avec bris de l'os maxillaire gauche; rente de 35 °/₀ (*A. Rennes, 7 fév. 1901 : Recueil Rennes,
1902, I, 33*).

MAIGREUR. — 974 ; 1106 ; 1225.

MAIN. — *Incapacité permanente partielle :*

1128. Perte complète ; rente de 60 °/₀ à un ouvrier carrier (*A.
Amiens, 11 juil. 1902 : Journal Amiens, 1902, 171*).

Sur la main: *Phlegmon :* V. 7 ; 17 ; 18 ; 22 ; 23 ; *tumeur : 34.*

MAIN DROITE. — *Incapacité permanente partielle :*

Amputation.

1129. Rente de 75 °/₀ à un mineur et boiseur dont l'instruction
incomplète restreint le champ des nouvelles carrières auxquelles il
pourra se consacrer (*A. Lyon, 29 déc. 1900 : Travail, 3, 712*) ;
rente de 78,50 °/₀ à un ouvrier de manufacture qui ne peut plus
occuper qu'un très modeste emploi (*A. Rouen, 11 mai 1900 : Gaz.
Palais, 1900, II, 192*) ; rente de 80 °/₀ à un papetier mineur (*J.
Corbeil, 3 août 1900 : Travail, 3, 398*).

1130. Amputation au niveau de l'articulation des métacarpiens
avec la première phalange des cinq doigts, qui équivaut à une amputation du poignet ; rente de 80 °/₀ à un enfant de 14 ans (*A.
Amiens, 9 juil. 1907 : Journal Amiens, 1907, 74*).

1131. Amputation ; rente de 70 °/₀ ramenée à 51 °/₀ par la faute
inexcusable de l'ouvrier de manufacture (*J. Beauvais, 11 janv.
1900 : Gaz. Tribunaux, 1900, I, 2, 189*).

Perte totale.

1132. Rente de 75 °/₀ (*J. Saint-Étienne, 24 nov. 1902 : Travail, 7, 121*) ; à un maçon (*A. Rennes, 29 avril 1902 : Recueil
Rennes, 1902, I, 32*) ; à un menuisier (*J. Seine, 12 mars 1900 :
Gaz. Palais, 1900, I, 604*); de 67 °/₀ (*J. Castres, 29 juin 1900 :
Travail, III, 365*) ; de 66,66 °/₀ à un mineur (*A. Grenoble, 6 juil.
1906 : Recueil Grenoble, 1906, 228*) ; de 61 °/₀ à un homme
d'équipe (*J. Fontainebleau, 24 janv. 1901 : Travail, 3, 512*); de
60 °/₀ (*J. Évreux, 25 janv. 1901 : Bert, 1901, 390*) ; à un camionneur cocher (*A. Toulouse, 13 mai 1901 : Travail, 3, 811*);
à un roulier (*J. Toulouse, 8 déc. 1900 : La Loi, 22 mars 1901*);
de 50 °/₀ (*J. Prades, 6 déc. 1900 : Travail, I, 77*).

1133. Perte par atrophie des muscles ; rente de 75 °/₀ à un ouvrier de batteuse (*A. Poitiers, 6 mars 1900 : Villetard, I, 60*).

1134. Perte par amputation des pouce, index, médius et ankylose aux articulations avec amaigrissement des annulaire et auriculaire, doigts du reste les plus faibles et les moins utiles de la

main ; rente de 61,50 à un ouvrier d'usine, mineur (*J. Castres, 23 mai 1900 : Travail, 3, 321*).

1135. Perte par destruction complète des articulations méta-carpo-phalangiennes du médius et de l'index et ankylose à peu près complète de ces deux doigts ; rente de 60 % à un charretier (*J. Narbonne, 21 fév. 1900 : Bert, 1900, 185*).

1136. Perte par inertie complète ; rente de 60 % (*J. Bourg, 25 mai 1903 : La Loi, 29 juil. 1903*).

1137. Perte par atrophie du pouce droit, impotence des autres doigts ; ankylose des articulations ; rente de 55 % à un mécanicien (*A. Grenoble, 12 mai 1905 : Recueil Grenoble, 1905, 240*).

1138. Impotence et ankylose complètes ; rente de 50 % à un dégrossisseur (*J. Senlis, 18 déc. 1907 : Minutes*).

1139. Impotence absolue ; rente de 50 % à un ouvrier de 50 ans ; il pourrait recouvrer une partie de sa capacité par l'ablation du pouce ; on ne doit pas tenir compte du refus de se faire opérer parce que le résultat de l'opération est hypothétique et que l'on ne peut le contraindre à se faire opérer (*A. Riom, 2 déc. 1901 : Recueil Riom et Limoges, 1900-1901, 503*).

1140. Perte de l'usage par amputation de l'index et du médius, perte du pouce et ankylose des articulations de la main ; rente de 50 % à un chef ouvrier arrimeur (*J. Montpellier, 11 mai 1900 : Villetard, I, 72*).

1141. Perte de l'usage parce que les médius et annulaire ont perdu en partie leurs mouvements de flexion et d'extension ; l'auriculaire a été emporté ; rente de 50 % à un manœuvre alors même que le patron accepte de reprendre l'ouvrier au même salaire (*A. Montpellier, 6 mars 1900 : Gaz. Palais, 1900, II, 85*).

1142. Impotence de toute la main à la suite de l'arrachement de la première phalange de l'annulaire ; la rente serait de 70 %, mais en procédant à l'amputation totale de l'annulaire qui est resté difforme, estropié, l'incapacité pourrait être réduite à 10 % ; cette opération offerte par le patron est sans danger ; mais l'ouvrier refuse de la supporter : il en a le droit mais on doit tenir compte de ce refus et calculer la rente à 35 % (*J. Marseille, 1ᵉʳ déc. 1903 : Recueil Aix-Marseille, 1904, 366*).

1143. Perte de l'usage pour un maçon ; rente de 66,66 % rame-née à 33,33 % parce que l'ouvrier a aggravé son état en commet-tant des imprudences dans les soins à lui donnés (*J. Marseille, 19 fév. 1901 : Recueil Marseille, 1901, 477*).

PERTE DE L'USAGE PRESQUE COMPLET.

1144. Rente de 60 % (*J. Lille, 7 nov. 1901 : Sommaires, 1902, 4200*) ; à une journalière (*A. Rennes, 7 juin 1904 : Recueil Ren-*

nes, 1903-1904, I, 120) ; de 50 % à un comptable et surveillant (*J. Lille, 3 mai 1900: Nord Judiciaire, 1900, 247*).

1145. La perte partielle de la main équivaut à la moitié de la perte complète ; rente de 30 % (*J. Marseille, 23 déc. 1902: Recueil Aix-Marseille, 1903, 152*).

1146. Perte presque totale par destruction des extenseurs des doigts ; rente de 50 % à un raboteur (*J. Senlis, 6 fév. 1907: Minutes*).

1147. Moitié de la paume de la main supprimée par amputation. de l'annulaire et de l'auriculaire et parce que le médius est courbé en crochet; force et préhension nulles; il ne peut pas écrire ; rente de 50 % à un mécanicien électricien (*J. Senlis, 24 fév. 1909: Minutes*).

ATROPHIES, ANKYLOSES, INERTIES PARTIELLES.

1148. Ankylose; rente de 25 % à un cocher (*J. Senlis, 16 nov. 1904: Minutes*).

1149. Légère raideur des articulations métacarpo-phalangiennes rendant impossible l'extension et la flexion complètes des doigts sans tenir compte de ce que son salaire est plus élevé après l'accident ; rente de 15 % à un ajusteur (*A. Rennes, 17 fév. 1903: Recueil Rennes, 1902, I, 80*).

1150. Gêne sensible pour appréhender un outil et fermer le poing parce que les muscles fléchisseurs de la main sont atteints et le médius droit amputé; rente de 20 % à un terrassier (*A. Montpellier, 30 janv. 1902: Moniteur Midi, 2 nov. 1902*).

1151. Atrophie de la main ; manque de souplesse du poignet par fracture de l'os demi-lunaire ; rente de 15 % à un poseur de rails (*J. Senlis, 29 déc. 1908: Minutes*).

1152. Diminution de la flexion de la main sur l'avant-bras droit avec ankylose de la troisième phalange de l'auriculaire; rente de 20 % à un maçon (*J. Senlis, 22 juin 1903: Minutes*).

1153. Légère atrophie de la main et de l'avant-bras par limitation des mouvements de flexion de l'index et du médius ; la première phalange de l'index reste dans l'extension, la deuxième se fléchissant à peine ; les deux premières phalanges du médius demeurant dans l'extension et la troisième ne pouvant arriver au contact de la paume de la main ; rente de 33,33 % à un apprenti mécanicien (*J. La Roche-sur-Yon, 11 juin 1902: Travail, 9, 44*).

1154. Annulaire et auriculaire, en état de rétraction marquée, gêne considérable des mouvements d'extension et de flexion; propagation des suites de l'accident aux centres nutritifs pour revenir sous forme de névrite atrophique dans les régions de la main non encore atteintes : rente de 50 % à un ouvrier de fabricant de brosses (*A. Rouen, 8 août 1908 (sur révision)* : *Bert, 1909, 58*).

1155. Fracture de la tête du troisième métacarpien de la main droite d'un tanneur; blessure sans gravité, n'entraînant presque toujours qu'une incapacité partielle de travail; mais la main loin d'être guérie est atteinte d'ankylose incomplète des articulations phalangiennes de quatre doigts; cette ankylose doit devenir définitive et complète si l'ouvrier continue à suivre la ligne de conduite suivie jusqu'à ce jour; cette semi-ankylose est en effet le résultat de l'immobilité dans laquelle il s'est complu pendant une année et n'est pas le résultat de la blessure primitive ni d'une lésion musculaire; s'il avait repris le travail 30 jours après l'accident, il ne serait atteint actuellement d'aucune infirmité. *Principes :* L'ouvrier ne peut réclamer une rente par voie de révision lorsque cette incapacité n'est pas la conséquence de l'accident mais doit être attribuée uniquement à l'état prolongé d'immobilité musculaire dans lequel il est resté par sa volonté et par sa faute après sa guérison (*J. Valence, 12 déc. 1902 et A. Grenoble, 23 mai 1903 (sur révision)* : *Minutes et Recueil Grenoble, 1903, 239*).

AMPUTATIONS PARTIELLES.

1156. Perte des quatre doigts et amputation de leurs métacarpiens; rente de 37 °/₀ à un ouvrier d'usine (*J. Briey, 15 fév. 1900 : Travail, 3, 203*).

1157. Amputation de l'annulaire et de l'auriculaire ainsi que des deux métacarpiens; atrophie musculaire; rente de 40 °/₀ (*A. Rennes, 14 mars 1907 : Recueil Rennes, 1906-1907, I, 61*).

1158. Arrachement partiel du dos de la main; rente de 25 °/₀ à un apprenti ouvrier imprimeur de 13 ans (*J. Boulogne-sur-Mer, 1er fév. 1907 : Gaz. Tribunaux, 1907, II, 2, 75*).

Rente minime accordée :

1159. Gêne dans le fonctiònnement; rente de 5 °/₀. Toute incapacité donne droit à une rente, parce que toute réduction de capacité a une influence sur le salaire (*A. Grenoble, 26 juin 1909 : Gaz. Tribunaux, 1909, II, 2, 270*).

SUR LA MAIN DROITE : *amputation: V. encore : 141 ; 195 ; 1076 ; paralysie : 148 ; 838 ; perte complète : 1503 ; perte de l'usage : 142 ; 143 ; 145 ; 146 ; fonctionnement en partie impossible : 206 ; 207 ; atrophie musculaire : 208 ; 566 ; déviation : 147 ; perte de la plupart des fonctions : 341 ; tuberculose : 1646 ; 1687 ; œdème : 154 ; abcès : 28.*

MAIN DROITE. PIED. — *Incapacité permanente* **nulle ou légère.** Aucun droit à rente :

1160. Entorse tibio-tarsienne et plaie contuse de la face dorsale de la main droite; l'incapacité légère serait de 4 °/₀, et n'a pas de répercussion médicale sur le salaire (*A. Paris, 4 août 1908 : Si-rey-Palais, 1910, II, 118*).

MAIN GAUCHE. — *Incapacité permanente partielle :*

AMPUTATION COMPLÈTE.

1161. Rente de 50 % (*J. Cambrai, 25 janv. 1900 : Travail, III, 92*) ; à un dégauchisseur (*J. Besançon, 1er fév. 1900 : Travail, 3, 189*); de 55 % à un menuisier (*A. Paris, 14 juin 1910 : Vil-letard, XI, 155*) ; de 60 % à un ouvrier d'usine d'électricité, gau-cher, intelligent et instruit qui peut, avec les facultés physiques qu'il conserve, se procurer un emploi (*A. Bordeaux, 28 juin 1905 : Recueil Bordeaux, 1906, I, 109*) ; de 60 % à un manœuvre qui peut se livrer à certains travaux avec un appareil prothétique (*A. Besançon, 28 fév. 1900 : Sirey-Palais, 1901, II, 201*) ; de 60 % à un journalier de moins de 13 ans (*A. Aix, 5 mars 1904 : Travail, 17, 55*).

PERTE DE L'USAGE COMPLET.

1162. Rente de 33 % (*A. Nancy, 19 déc. 1901 : Bert, 1901, 392*); de 35 % à un terrassier (*A. Grenoble, 27 janv. 1905 : Recueil Grenoble, 1905, 100*) ; de 50 % à un journalier âgé (*A. Grenoble, 24 nov. 1905 : Recueil Grenoble, 1906, 99*) ; à un terrassier (*J. Seine, 25 janv. 1903 : Gaz. Palais, 1903, I, 355*) ; de 54 % (*J. Seine, 7 mars 1900 : Travail, III, 223*); de 60 % (*A. Mont-pellier, 17 fév. 1911 : Villetard, XI, 444; A. Paris, 8 déc. 1908 : Bert, 1909, 168*) ; de 66,66 % (*J. Lille, 22 mars 1900 : Nord Judiciaire, 1900, 190*); de 75 % (*A. Nancy, 9 août 1902 : Recueil Nancy, 1901-1902, 240*); de 77 % à un mécanicien (*A. Douai 23 juil. 1900 : Jurisprud. Douai, 1900, 268*).

1163. Impotence par suite de son écrasement avec ankylose ar-ticulaire des phalanges de tous les doigts, sauf le pouce ; le pouce lui-même ne peut plus rendre aucun service sérieux à raison de la contraction musculaire qui maintient les doigts en demi-flexion irréductible ; rente de 50 % à un terrassier (*A. Grenoble, 26 mars 1901 : Recueil Grenoble, 1901, 135*).

1164. Privation de l'usage par ablation des phalanges des qua-tre derniers doigts ; ankylose du poignet et des tendons ; rente de 50 % à un apprenti de 14 ans (*A. Amiens, 9 août 1900 et Cass. rejet, 17 fév. 1902 : Sirey-Palais, 1904, I, 177*).

1165. Lésions telles que ce membre est incapable de faire son service : c'est un organe inutile comme si le blessé l'avait perdu ; rente de 50 % (*J. Narbonne, 12 juin 1902 : Travail, 7, 99*).

1166. Déformation permanente et irréductible ; ankylose com-plète des articulations des doigts ; le membre est devenu un obs-tacle gênant ; invalidité semblable à la suppression complète de l'avant-bras ; rente de 55 % à un mécanicien-électricien (*A. Amiens, 9 mai 1906 : Journal Amiens, 1907, 173*).

1167. Perte de la main par amputation des pouce, index, médius, annulaire et de la moitié inférieure de la paume de la main ; l'auriculaire seul est intact ; par la faute de la victime, la rente de 55 % est ramenée à 45 % à un scieur de tubes à la scie circulaire (*A. Amiens, 10 déc. 1909 : Minutes*).

1168. Complète impotence professionnelle avec légère limitation des mouvements du coude et de l'épaule ; rente de 70 % à un employé de nettoiement (*J. Toulouse, 19 mars 1910 : Travail, 41, 74*).

1169. Perte (en tenant compte à la fois de la faute du patron et de la faute de l'ouvrier) ; impossibilité d'exercer sa profession d'électricien mais pourra encore tirer parti des facultés qui lui restent ; rente de 89 % (*A. Riom, 7 juin 1900 : Recueil Riom et Limoges, 1901-1902, 39*).

IMPOTENCE.

1170. Diminution de la fermeté de la pression ; rente de 15 % à un forgeron (*A. Dijon, 22 fév. 1909 : Minutes*).

SUR LA MAIN GAUCHE : *amputation :* V. encore *1505 ; perte presque totale : 245 ; légère déviation : 1507 ; en griffe : 246 ; attitude vicieuse : 248 ; atrophie des muscles : 165 ; 170 ; 388 ; phlegmon : 21 : bourse séreuse : 17.*

MAINS. — *Incapacité permanente absolue.* Rente des 2/3 :

1171. Impotence presque complète de la main gauche (ankylose de tous les doigts, sauf le médius) et ankylose de trois doigts de la main droite (médius, annulaire et auriculaire); diminution dans une proportion considérable de l'aptitude au travail d'un tuilier (*A. Limoges, 27 mai 1903 : Recueil Riom et Limoges, 1903-1904, 147*).

1172. Perte d'une main alors que l'ouvrier est déjà titulaire d'une rente de 60 % pour la perte par amputation de l'autre main ; le jugement prononce le non cumul des rentes allouées pour les accidents successifs en calculant sur le salaire le plus élevé (*J. Sarlat, 12 nov. 1909 : Travail, 41, 48*).

Incapacité permanente partielle :

1173. A chaque main une cicatrice transversale rétroactive au côté dorsal et au côté palmaire de la palmature du pouce ; articulation métacarpo-phalangienne du pouce ankylosée ; muscles de l'éminence thénar atrophiés; articulation des autres doigts raides; diminution de la flexion des doigts vers la paume; rente de 30 % à un encolleur qui continue à exercer sa profession (*A. Douai, 29 juin 1910 (sur révision) : Villetard, XI, 226*).

MAINS GELÉES. — V. *Congélation.*

MALADIE AGGRAVEE. — V. *Infirmité aggravée.*

MALADIE CÉRÉBRALE. — V. *Cerveau.*

MALADIE CONSÉCUTIVE. — V. *Affections consécutives.*

MALADIE CONSTITUTIONNELLE. — V. *Infirmité aggravée par l'accident. Prédispositions morbides.*

MALADIE POSTÉRIEURE. — V. *Affections consécutives.*

MALADIE PRÉEXISTANTE. — V. *Infirmité préexistante. Prédispositions morbides.*

MALADIE PROFESSIONNELLE. — *Principes : Elles proviennent de cause lente, durable, persistante et envahissant peu à peu l'organisme sans précision de date, de point de départ, et n'étant que l'exercice habituel et normal de la profession. Applications : Ampoule : 18 ; 19 à 22 ; 24 à 27; 29 ; 31 ; 32; 35; 38; brûlures : 275; charbon : 291 à 298; congélation : 324; 325 ; congestion pulmonaire : 335; dermatite : 396; durillon : 566 ; eczéma : 578 ; hernie : 749 ; infection générale : 926 ; 927; œil : 1278; saturnisme : 1565 à 1571 ; synovite : 1591 ; 1592; tumeur de la parotide : 1405; troubles nerveux : 1602. V. Affections pathologiques accidentelles.*

MALAISE. — **La veuve a droit à une rente de 20 %/o :**

1174. Malaise dans un autoclave mal aéré et à température élevée provoque le décès qui est attribué à une cause professionnelle chez un ouvrier stéarinier (*J. Bourg, 23 juil. 1907 : Moniteur Lyon, 7 sept. 1907*).

Sur les malaises : V. encore 946.

MAL DE TÊTE. — V. *Céphalalgie.*

MALLÉOLE. — *Arrachement : 1047; 1048 ; fracture bimalléolaire : 994; 1014 ; 1102 ; malléole péronière : hypertrophie : 1056.*

MASTOIDITE. — 352.

MATRICE. — *Incapacité permanente partielle :*

1175. Equivalent à une déclaration d'incapacité permanente les constatations faites par un médecin de désordres nerveux et d'une métrite ascendante susceptible de guérison absolue, sans spécification de durée ni de fin probable (*J. Arras, 30 nov. 1905 : Moniteur Paix, 1906, 115*).

MAXILLAIRE. — V. *Mâchoire.*

MÉDIUS. — *Incapacité permanente nulle ou légère.* Aucune rente accordée :

1176. Perte d'une phalange et demie (*J. Lille, 4 mars 1911 : Villetard, XII, 52*).

1177. Flexion incomplète de la deuxième phalange; peut occasionner une certaine gêne à un homme de peine mais ne peut influer sur sa capacité ouvrière, alors surtout qu'il exécute les mêmes travaux à l'usine et gagne les mêmes salaires (*A. Douai, 21 avril 1909 : Recueil Assurances, 1910, 664*).

1178. Section de l'extrémité chez un menuisier ; la racine de l'ongle n'a pas été atteinte et celui-ci a repoussé en partie (*J. Toulouse, 23 fév. 1900 : Gaz. Tribunaux, 1900, 1, 2, 437*).

Sur le médius : *Amputation :* V. encore *152 :* V. aussi : *Doigts, main.*

MÉDIUS DROIT. — *Incapacité permanente partielle :*

AMPUTATION.

1179. Amputation du doigt le plus utile après le pouce et l'index ; rente de 12 % pour un palefrenier (*A. Aix, 10 mai 1902 : Recueil Aix-Marseille, 1902, 322*).

PERTE.

1180. Rente de 9,97 % (*J. Lille, 5 avril 1900 : Nord Judiciaire, 1900, 191*) : Rente de 10 % à un apprenti teinturier de 15 ans, quoiqu'il touche un salaire supérieur après l'accident (*J. Lille 1er mars 1900 : Nord Judiciaire, 1900, 138*).

AMPUTATION PARTIELLE.

1181. Des deux premières phalanges ; rente de 15 % à un apprenti serrurier (*A. Amiens, 25 mai 1909 : Minutes*).

1182. Désarticulation des deux premières phalanges ; rente de 20 % à un apprenti mouleur de moins de 13 ans (*A. Douai, 14 nov. 1900 : Jurisprud. Douai, 1901, 12*).

1183. Amputation jusqu'au milieu de la deuxième phalange ; rente de 20 % à un mécanicien ouvrier de technique perfectionnée (*J. Grasse, 17 juin 1901 : Travail, 9, 18*).

1184. De la dernière phalange et de la moitié de la phalange intermédiaire ; rente de 9,2 % à une ouvrière de filature (*J. Lille, 25 janv. 1900 : Nord Judiciaire, 1900, 122*).

1185. De la première phalange ; rente de 6 % à un terrassier (*A. Grenoble, 4 nov. 1904 : Recueil Grenoble, 1905, 100*) ; rente de 6 % alors même que le patron nouveau lui verse un salaire supérieur à l'ancien. *Principes :* La comparaison entre les salaires touchés avant ou après l'accident n'est pas la seule base pour apprécier le droit à rente en cas d'incapacité permanente partielle (*J. Seine, 7 juil. 1900 : Dalloz, 1902, II, 366*).

1186. A la hauteur de la phalangine ; rente de 16,66 % (*A. Amiens, 18 juil. 1901 : Journal Amiens, 1901, 152*).

ANKYLOSE.

1187. Gêne légère ; la main pouvant serrer un objet avec vigueur ; rente de 10 % (*J. Seine, 11 juin 1907 : Bert, 1907, 281*).

1188. Mouvements actifs restreints ; préhension et flexion limitées ; rente de 10 % à un journalier (*J. Saint-Claude, 14 nov. 1907 : Minutes*).

1189. Ankylose ; rente de 20 % (*J. Lille, 17 fév. 1900 : Nord Judiciaire, 1900, 190*).

Rentes minimes accordées.

1190. Ankylose partielle des deuxième et troisième phalanges empêchant le fléchissement du doigt pour la préhension des objets ; cette diminution des facultés de travail a une répercussion sur le salaire de l'ouvrier ; rente de 5 % (*A. Bordeaux, 6 déc. 1910 : Recueil Bordeaux, 1911, I, 164*).

1191. Perte de la moitié de la troisième phalange ; quoique minime, la réduction est appréciable ; rente de 4 % (*J. Rouen, 13 nov. 1908 : Sommaires, 1909, 828*).

1192. Amputation de la phalangette ; rente de 3 % (*J. Lille, 25 mai 1900 : Travail, III, 276*) ; à un modeleur (*J. Senlis, 22 nov. 1904 : Minutes*).

1193. Amputation de 2 millimètres ; rente de 2 % à une ouvrière en papier (*A. Grenoble, 15 janv. 1906 : Recueil Grenoble, 1906, 99*).

Incapacité permanente nulle ou légère. Aucun droit à rente :

1194. Perte de la phalangette ; diminution d'amplitude des mouvements de flexion de la deuxième articulation ; gêne insignifiante qui ne peut diminuer le salaire d'un directeur d'usine (*A. Paris, 11 juil. 1910 : Villetard, XI, 320*).

1195. Phalangette coupée ; ne diminue pas la capacité professionnelle et n'a pas de répercussion sur le salaire d'un terrassier (*J. Arras, 15 juil. 1909 : Recueil Assurances, 1910, 252*).

1196. Disparition d'une partie de l'os de la phalangette et de la pulpe ; simple gêne ; pas de diminution de capacité professionnelle (*J. Lille, 6 mai 1909 : Villetard, X, 52*).

1197. Perte d'une légère partie de la pulpe ; opération simple et innocente ferait disparaître cette trace ; refus de se laisser opérer ; l'incapacité serait de 1 % pour une ouvrière (*J. Lyon, 24 oct. 1905 : Villetard, VI, 318*).

1198. Diminution de sensibilité pouvant entraîner un certain degré de maladresse ; la réduction de 3 % est trop minime (*A. Paris, 20 juil. 1909 : Villetard, X, 252*).

1199. Ankylose en demi-flexion de la dernière phalange ; 4 à 5 % de réduction (*J. Lille, 4 déc. 1909 : Villetard, X, 352*).

1200. Gêne du mouvement de flexion, aucun obstacle pour l'exécution de tous les mouvements utiles à la profession de manœuvre ; la réduction serait de 3 % ; la capacité professionnelle n'est pas atteinte (*A. Rennes, 9 mars 1909 : Recueil Rennes, 1909, 156*).

1201. Écrasement sur 3 ou 4 millimètres sans lésion osseuse ;

mouvements de flexion et d'extension n'ont subi aucune altération; pas de lésion ayant une répercussion sur les salaires et pas de diminution d'aptitude au travail (*A. Douai, 21 déc. 1908 : Jurisprud. Douai, 1909, 92*).

MÉDIUS GAUCHE. — *Incapacité permanente partielle :*

PERTE COMPLÈTE.

1202. Rente de 12 °/₀ (*J. Seine, 29 oct. 1901 : Bert, 1901, 392*).

1203. Rente de 10 °/₀, y compris une rente de 5 °/₀ déjà allouée pour un premier accident au même doigt. *Principes :* La détermination de la rente dépend de deux éléments, le salaire effectif touché au jour de l'accident et les facultés de travail et par suite de salaire laissées par l'accident (*A. Bordeaux, 19 déc. 1910 : Recueil Bordeaux, 1911, I, 165*).

AMPUTATION PARTIELLE.

1204. Amputation d'une phalange et ankylose quasi totale des deux articulations phalangiennes restantes ; sans tenir compte de ce que le salaire est le même après l'accident ; rente de 16,66 °/₀ (*A. Aix, 3 août 1900 : Recueil Marseille, 1901, 260*).

1205. De la première phalange et d'une partie de la seconde ; rente de 22 °/₀ à un ajusteur (*A. Amiens, 19 oct. 1910 : Minutes*).

1206. D'un tiers de doigt ; rente de 5,92 °/₀ (*J. Lille, 10 mai 1900 : Nord Judiciaire, 1900, 191*).

1207. De la première phalange ; rente de 5 °/₀ à un apprenti tourneur de 17 ans (*A. Lyon, 26 mars 1902 : Journal Assurances, 1903, 60*); de 10 °/₀ à un manouvrier (*J. Senlis, 11 avril 1905: Minutes*); à un employé (*J. Senlis, 5 fév. 1902 : Minutes*) ; rente de 13,30 °/₀ (*J. Lille, 8 fév. 1900 : Nord Judiciaire, 1900, 130*).

1208. Au niveau du tiers postérieur de la deuxième phalange ; rente de 8 °/₀ (*J. Angers, 6 août 1900 : Travail, III, 419*).

1209. A la deuxième phalange ; rente de 20 °/₀ (*J. Nancy, 14 fév. 1900 : Travail, III, 106*).

1210. Section de l'ongle et de la partie molle de la première phalange ; résection du bout de l'os ; rente de 6 °/₀ à un manœuvre (*A. Amiens, 27 juil. 1909 : Minutes*).

ANKYLOSE.

1211. L'ankylose constitue pour un maçon une incapacité qu'il faut faire déterminer par expert. Le refus de subir une opération chirurgicale exempte de toute gravité (désarticulation du doigt), fait que le patron n'est responsable que du préjudice résultant directement de l'accident. Il. ne saurait appartenir au blessé d'augmenter la responsabilité du patron par son mauvais vouloir ou son incurie (*J. Dieppe, 16 avril 1902 : La Loi, 2 juil. 1902*).

1212. Ankylose complète et définitive avec flexion à angle droit au-dessous de la main ; la désarticulation du doigt rendrait l'usage de la main. *Principes :* L'ouvrier qui a déjà subi diverses opérations peut refuser de se mêler aux expériences plus ou moins dangereuses qu'il plaît à son patron d'imaginer dans le but de diminuer l'étendue de sa responsabilité. On peut dire en principe d'une opération quelconque, même très simple, que rien ne garantit que les plus redoutables complications ne se produiront pas ; rente de 25 % à un maçon (*A. Rouen, 5 juil. 1902: Bert, 1903, 174*).

1213. Simple raideur ; rente de 15 % (*J. Saint-Brieuc, 29 mars 1900 : Bert, 1900, 270*) ; de 25 % à un carrier (*J. Cherbourg, 7 nov. 1901 : Bert, 1902, 379*).

1214. Ankylose ; rente de 7,69 % (*J. Lille, 12 avril 1900 : Nord Judiciaire, 1900, 191*).

1215. Arthrite et ankylose de l'articulation de la troisième phalange ; rente de 20 % à un estampeur (*J. Senlis, 30 mars 1904: Minutes*).

Rentes minimes accordées :

1216. Attitude vicieuse de l'articulation de la phalangine avec la phalangette ; dépréciation professionnelle certaine ; gêne permanente ; maladresse dans l'exercice de sa profession ; rente de 2 %. *Principes :* Il faut tenir compte exclusivement de la dépréciation professionnelle subie ; de la rémunération normale qui peut désormais être obtenue ; l'appréciation au point de vue médical de la réduction de capacité professionnelle apparaît comme le meilleur moyen d'évaluer la vraie réduction de salaire ; le salaire est réduit comme la capacité ouvrière ; il y a danger à se baser aveuglément pour apprécier le quantum de la réduction sur la différence entre le salaire de la victime avant l'accident et le salaire effectivement gagné après l'accident (*A. Dijon, 17 fév. 1909: Sirey-Palais, 1910, II, 117*).

1217. Perte de substance à l'extrémité, entraîne une dépréciation professionnelle ; rente de 2 %. *Principes :* Quelque minime que soit la réduction de la capacité éprouvée, dès lors qu'elle est certaine et appréciable, l'ouvrier a droit à l'indemnité prévue, le juge ne pouvant arbitrairement créer une distinction là où la loi n'en a pas établi (*J. Dijon, 22 juil. 1909 : Sommaires, 1910, 697*).

1218. Simple ankylose ; pas de perte de substance ; préhension difficile ; rente de 5 % à un toupilleur (*J. Senlis, 30 nov. 1909 : Minutes*).

Incapacité permanente nulle ou légère. Aucun · droit à rente :

1219. Perte de la moitié de la phalangette (*J. Beauvais, 12 nov. 1909 : Villetard, X, 304*).

1220. Amputation d'une partie de la phalangette d'un homme de peine ; salaire supérieur après l'accident. *Principes :* Une rente n'est due que s'il y a réduction de salaire et diminution effective de la valeur industrielle (*J. Avesnes, 3 mai 1900 : Travail, 3, 294*).

1221. Légère perte de substance à l'extrémité du doigt ; la réduction serait de 2 % pour une margeuse (*A. Dijon, 13 avril 1910 : Recueil Dijon, 1910, 1*).

1222. Légère raideur de la dernière articulation qui n'a pu avoir d'influence sur sa capacité ouvrière ni de répercussion sur son salaire (*J. Nancy, 9 nov. 1910 : Journal Assurances, 1911, 234*).

1223. Légère raideur de la troisième articulation sans effet appréciable sur les facultés professionnelles d'un raboteur alors que l'ouvrier a continué à gagner dans des circonstances normales un salaire même supérieur à celui qu'il gagnait avant l'accident (*J. Dunkerque, 23 janv. 1908 : Recueil Assurances, 1908, 355*).

MÉMOIRE. — *Paresse : 283 ; troubles : 1224 ; diminution : 1408.*

MÉNINGES. — *Incapacité permanente partielle :*

1224. Lésions hémorragiques des méninges périmédullaires ; légers troubles de mémoire, troubles de la motilité et de la sensibilité qui disparaîtront petit à petit ; rente provisoire de 50 % à un charretier ; la diminution de capacité pourra s'abaisser à 5 % progressivement ou disparaître complètement (*J. Seine, 22 mai 1903 : Travail, 9, 96*).

La veuve a droit à une rente de 20 % :

1225. Décès d'un surveillant onze mois après avoir glissé sur le sol humide et sur la tête contre une colonne de fonte ; la paroi de la tête qui avait heurté cette colonne reste le siège d'une sensibilité extérieure très accusée, des douleurs intenses se manifestent dans la région cervicale sous-jacente ; une période d'accalmie succède à cette crise aiguë mais sans guérison ; il maigrit, dépérit de manière continue ; une méningite devenue chronique est constatée par une ponction lombaire et détermine la mort ; l'expert avait conclu comme vraisemblable, après autopsie, qu'il avait succombé à une lésion cérébrale longtemps presque latente et brusquement réveillée ; cette lésion cependant ne s'est jamais manifestée avant l'accident et ne pouvait exister qu'à l'état de prédisposition peut-être tuberculeuse et son évolution, sa transformation en une maladie mortelle a été déterminée par l'accident ; le choc a certainement aggravé une prédisposition morbide, et une prédisposition de cette nature laisse subsister pour la victime le droit à indemnité lorsqu'il

est constant que l'accident a transformé cette prédisposition latente
jusque-là inoffensive, en une maladie dont la conséquence a été la
mort, alors que l'ouvrier était sain avant l'accident, et qu'il était
même d'une vigueur exceptionnelle (*A. Amiens, 26 juil. 1911 :
Minutes*).

1226. Décès d'un garçon brasseur d'une méningite traumatique
due à une contusion violente, suivie d'hématurie, à la région tem-
porale frontale gauche occasionnée par une chute ou un coup de
tête de cheval (*A. Amiens, 28 déc. 1900 : Journal Amiens,
1901, 118*).

MÉNINGO-ENCÉPHALITE. — *La veuve a droit à une rente de
20 % :*

1227. Décès d'un charretier à la suite d'une chute et en proie
à des accidents cérébraux qui seraient la conséquence d'excès al-
cooliques (d'après le patron) mais qui sont dus plus vraisemblablement à une méningo-encéphalite traumatique résultant de l'accident ; l'incertitude, à la supposer exister, sur la nature exacte de la
maladie ayant entraîné la mort doit s'interpréter contre le patron
qui demande à être exonéré du risque professionnel, c'est-à-dire
d'une responsabilité lui incombant de plein droit ; l'accident a été
la cause occasionnelle faisant éclore les désordres qui seraient
peut-être restés encore latents un certain temps et la mort est due
aux lésions de l'alcoolisme soudainement réveillées par l'accident ;
sans le choc funeste, il aurait pu vivre plusieurs années et sa mort
prématurée est bien la conséquence de sa blessure (*A. Orléans,
8 déc. 1900 : Sirey-Palais, 1901, II, 191*).

MÉTACARPIENS. — *Fracture de la tête du troisième : 1155 ; amputation de la tête du premier : 1519 ; fracture des trois derniers :
246 ; ankylose de l'articulation de la première phalange avec le
métacarpien du pouce droit : 470 ; amputation du métacarpien
de l'auriculaire droit : 472 ; ablation d'une esquille du deuxième
métacarpien gauche : 502 ; amputation de quatre : 1156 ; de deux :
1157.*

ARTICULATIONS MÉTACARPO-PHALANGIENNES : *destruction : 1135 ;
raideur : 1149 ; ankylose : 1155 ; 1173.* V. encore *Main.*

MÉTATARSIENS. — *Perte de tous : 1467 ; 1479 ; fracture : 1038 ;
1480 ; ablation de deux : 1070 ; cicatrice adhérente : 1078 ;
déplacement : 1478.*

MÉTRITE. — V. *Matrice.*

MINEURS DE 21 ANS (Rente accordée en tenant compte de leur âge).
— *Auriculaire droit : 122 ; avant-bras : 141 ; 142 ; 160 ; bras :
197 ; 205 ; brûlures : 272 ; colonne vertébrale : 321 ; doigts
droits : 415 ; 425 ; 448 ; 451 ; 461 ; 469 ; doigts gauches :
494 ; 505 ; 513 ; 518 ; 524 ; hernie : 732 ; index droit : 862 bis ;
867 ; index gauche : 891 ; 903 ; jambe droite : 980 ; 983 ; 985 ;*

999; 1028; *main droite : 1130 ; 1158 ; main gauche : 1161 ;
1164 ; médius droit : 1180 ; 1182; médius gauche: 1207; neurasthénie: 1230; œil droit : 1281 ; 1284; 1289; 1291; 1301;
1312; œil gauche : 1339; 1344; orteils : 1410; pouce gauche:
1541; 1549; 1553 ; testicules : 1614 ; yeux : 1722 ; 1758.*

MOELLE ÉPINIÈRE. — *Maladie : 318 ; inflammation : 313; retentissement de troubles sur elle : 314; lésion : 322 ; commotion
légère : 1106.*

MOLLET. — *Atrophie des muscles : 622; 1059; légère atrophie : 1071; adhérence de la peau avec les muscles : 1010.*

MUSCLES. — *Déchirure du grand droit de l'abdomen : 3; gêne
de fonctionnement du grand muscle dorsal : 225.*

MYOCARDITE. — *305.*

MYOPIE. — *1755; 1760 ; 1761.*

NÉCROSE. — *1440.*

NERFS. — *Cubital: paralysie : 1506; optique : 1764; triju-
meau; 1120. V. Auto-suggestion ; Hystérie ; Hystéro-traumatisme; Neurasthénie; Névrite; Névropathie ; Névrose ; Psychose ;
Sciatique.*

NEURASTHÉNIE TRAUMATIQUE. — *Incapacité permanente absolue.* Rente des 2/3 :

1228. Blessures causées par l'accident guéries complètement
mais suivies de neurasthénie traumatique et de troubles mentaux et
sensitifs qui procèdent d'habitudes éthyliques et de l'accident ; ses
habitudes éthyliques seraient restées sans effet, sans l'accident,
mais l'accident, l'ébranlement physique et moral causé, l'inaction
ont été la cause de la manifestation de l'intoxication éthylique qui
le mettent en danger (*A. Paris, 7 nov. 1902 : Travail, 9, 134*).

1229. Chute d'un peintre d'une hauteur de 9 mètres a pour conséquence une neurasthénie traumatique; la guérison complète est in-
vraisemblable (*J. Lille, 7 mars 1901 : Nord Judiciaire, 1901, 80*).

Incapacité permanente partielle :

1230. Troubles neurasthéniques à la suite de l'opération du
trépan, nécessitée par un accident ; rente de 10 %. L'ouvrier qui
a subi une si grave opération est prédisposé à exagérer, sans le vouloir, son état psychique et tout ce qu'il présente peut se rattacher à
un état mental post-opératoire, alors qu'il est âgé de 14 ans, âge
auquel on guérit des troubles neurasthéniques (*A. Douai, 14 fév.
1910, après J Lille, 20 oct. 1909 : Villetard, XI, 3, et X, 303*).

Incapacité permanente nulle. Aucun droit à rente :

1231. Secousse morale subie par un mineur par un séjour prolongé dans une mine, à la suite de la catastrophe de Courrières ;
neurasthénie ; absence de phénomènes physiologiques; idée fixe de
cesser toute occupation (*J. Arras, 23 oct. 1907 : Villetard, VIII,
434*).

Sur la neurasthénie traumatique : V. ençore 855; 1579; 1605.

NÉVRITE. — *Incapacité permanente partielle :*

1232. Atrophie du bras et perte presque complète de l'usage de la main : raideurs de l'épaule par arthrite chronique ; atrophie du deltoïde du muscle du bras et de l'avant-bras, raideurs du poignet, perte totale du médius, raideurs très notables du pouce et de l'index; raideurs extrêmes de l'annulaire et de l'auriculaire, persistance de troubles névritiques et vaso-moteurs ; il en résulte une peine extrême pour saisir un instrument de faible volume, l'impossibilité de s'habiller; la valeur ouvrière de l'ouvrier est fort compromise vu son âge (58 ans); de plus une adaptation sera longue, pénible et incomplète; rente de 55 % à un pointier (*J. Senlis, 12 avril 1911 : Minutes*).

1233. Rétraction des tendons fléchisseurs des médius, annulaire, auriculaire; extension du médius et de l'annulaire impossible ; celle de l'auriculaire empêchée en partie; mouvements du pouce et de l'index à peu près conservés; rétraction du tendon du biceps; légère diminution de l'extension de l'avant-bras sur le bras; tous les muscles du bras atrophiés; cette situation est la conséquence d'une névrite ; rente de 40 % à un maçon (*J. Senlis, 10 mars 1908 : Minutes*).

1234. Névrite, paralysie motrice incomplète, troubles de la sensibilité, troubles trophiques, légère amélioration par traitement méthodique, puis rechute; rente de 50 % à un laveur de voitures (*J. Seine, 18 déc. 1903 : Villetard, IV, 367*).

1235. Plaies contuses à la main; mouvements de flexion et d'extension des doigts sont difficiles et incomplets, commencement d'atrophie musculaire à la main et à l'avant-bras, qui se mesure par une différence de 1 centimètre sur la circonférence par rapport à l'autre avant-bras ; fourmillements douloureux le long du membre blessé, signe de névrite, d'origine traumatique; l'obligation légale pour l'ouvrier de se laisser soigner ne peut aller jusqu'à le contraindre, après un premier traitement sans succès, de suivre un nouveau traitement de résultat hypothétique; rente de 33,33 % (*A. Douai, 14 nov. 1900 : Sirey-Palais, 1901, II, 213*).

Incapacité permanente nulle ou légère. Aucun droit à rente :

1236. Fracture de la neuvième côte ; névrite intercostale correspondante avec un point de pleurite ; gêne des mouvements du bras gauche; une réduction de 3 % est sans influence sur le salaire d'un journalier (*J. Saint-Claude, 5 oct. 1907 : Minutes*).

1237. Contusion au niveau du deuxième métacarpe et de la première phalange de la main ; impotence temporaire d'un doigt par suite de névrite, mais n'entraînant aucune diminution d'aptitude au travail (*A. Chambéry, 9 juil. 1900 : Dalloz, 1902, II, 332*).

La loi ne s'applique pas :

1238. Un ouvrier ne fait pas la preuve d'une relation de cause à effet entre une névrite à la main et une prétendue commotion ressentie en nettoyant le collecteur d'une dynamo alors qu'il n'a jamais été observé qu'un homme nettoyant une dynamo ait reçu des secousses susceptibles de produire une névrite et qu'un long temps s'est écoulé entre le prétendu accident et les manifestations de la névrite (*A. Limoges, 2 juin 1909 : Sommaires, 1910, 1394*).

SUR LA NÉVRITE : *Du collatéral externe de l'index gauche :* V.556 ; *de la main droite :* 1154 ; *de l'œil :* 1744.

NÉVROPATHIE. NÉVROSE TRAUMATIQUE. — *Incapacité permanente absolue.* Rente des 2/3 :

1239. Névrose traumatique ou dérangement cérébral provoqué par l'accident. Arthrite chronique tibio-tarsienne avec ankylose presque complète ; état d'hébétude constant provenant de l'accident et postérieur à l'accident (*J. Cherbourg, 11 déc. 1907 : Bert, 1908, 271*).

1240. Névrose traumatique conséquence de la fracture de plusieurs côtes par accident, caractérisée par une urianesthésie droite, une parésie du bras droit et des crises de dyspnée ; durée de la névrose indéterminée ; fracture guérie ; incapacité absolue de travail chez un manouvrier, dont on ne peut fixer la durée (*J. Saint-Quentin, 28 juin 1901 infirmé par A. Amiens, 13 août 1901 qui décide qu'il n'est pas guéri et sursoit à statuer pendant un an : Journal Amiens, 1903, 69*).

Incapacité permanente partielle :

1241. Névrose traumatique d'ordre psychique, résultant de l'impression morale recueillie par son cerveau au moment de l'accident dont il a été victime doit être considérée comme une infirmité permanente bien que sa capacité de travail puisse se trouver rétablie d'un moment à l'autre mais sans qu'on puisse fixer ni le moment ni le moyen d'arriver à ce but. Pas de rente accordée (*A. Nancy, 8 fév. 1908 : Recueil Nancy, 1907-1908, 43*).

Incapacité permanente nulle ou légère. Aucun droit à rente :

1242. Pas de lésion organique d'une partie quelconque du système nerveux ; simulation et supercherie ; surveillance serait indispensable pour savoir s'il est atteint ou non d'hystéro-traumatisme ; individu très bien portant avant l'accident ; névrose n'a été et ne sera en rien modifiée par le temps et le traitement tant que la question judiciaire ne sera pas tranchée définitivement ; cet électricien peut recouvrer l'usage de ses jambes à l'audience même où il aura obtenu un jugement favorable (*A. Aix, 29 fév. 1908 et Cass. rejet, 23 nov. 1909 : Travail, 41, 133*).

1243. Névrose traumatique d'une durée plus ou moins longue mais limitée, n'entraînant qu'une incapacité temporaire de travail

(*A. Chambéry, 1ᵉʳ déc. 1909 : Gaz. Tribunaux, 1910, I, 2, 166*).

1244. Troubles subjectifs ; si les douleurs sont réelles, elles ne sont pas en rapport avec des lésions non existantes ; une réduction de 3 à 4 % n'a pas d'influence sur le salaire (*A. Paris, 6 juil. 1909 : Bert, 1909, 248*). ·

1245. Troubles subjectifs, diminuant de 2 à 3 % la capacité, en admettant qu'ils soient réels (*J. Seine, 23 juin 1906 : Villetard, VII, 251*).

1246. Claudication tantôt d'une jambe et tantôt de l'autre résulte de l'état mental qu'il faut attribuer à une névropathie ; phénomènes purement subjectifs (*J. Valenciennes, 30 nov. 1905 : Villetard, VI, 328*).

1247. Plaie linéaire de la main gauche cicatrisée chez un turbineur ; restriction des mouvements involontaire ; contracture permanente névropathique des fléchisseurs de la main et de l'avant-bras (hystéro-traumatisme) curable par des massages ; la guérison serait certaine en quelques semaines ; le sinistré n'a qu'à vouloir guérir ; mauvais vouloir certain (*J. Senlis, 15 juin 1910 : Minutes*).

La loi ne s'applique pas :

1248. Névrose traumatique dont il n'est pas possible de fixer la cessation ; on ne se trouve pas en présence d'une blessure actuellement consolidée, ni d'une maladie ayant occasionné une incapacité permanente, mais d'une incapacité absolue simplement temporaire et transitoire (*Cass., 9 nov. 1910 : Dalloz, 1911, 5, 14*).

Sur la névropathie : V. encore : 843 ; V. aussi : *Sinistrose.*

Sur la névrose : V. encore : 1586. V. aussi : *Hystéro-traumatisme.*

NÉVROSE, ŒIL GAUCHE, PALAIS, PHARYNX. — *Incapacité permanente partielle :*

1249. Névrose traumatique de l'œil par une blessure à l'os malaire, acuité visuelle à peu près nulle (1/40) ; douleurs de l'œil qui pleure, anesthésie cutanée de la région fronto-séritale gauche, légère anesthésie de la cornée et de la conjonctivite gauche, du voile du palais et du pharynx ; rente de 20 % à une tisseuse sans tenir compte de l'éventualité possible de guérison (*J. Roanne, 7 nov. 1906 : Villetard, VII, 323*).

NEZ. — *Incapacité permanente partielle.* Rente minime accordée :

1250. Perte de l'odorat ; rente de 5 % à un maçon (*J. Le Havre, 11 avril 1907 : Villetard, VIII, 60*).

Incapacité permanente nulle ou légère. Aucun droit à rente :

1251. Léger obstacle au passage de l'air dans la narine droite (*A. Nancy, 27 déc. 1905 : Gaz. Tribunaux, 1906, I, 2, 477*).

Sur le nez ; *Déformation* : V. *624 ; plaie à la racine* : *625 ;*

déviation; 628 ; insensibilité de la muqueuse nasale: 854 : frac-
ture des os propres : 1125.

NOYAU CANCÉREUX. — ***La veuve a droit à une rente de 20 °/₀ :***
1252. Décès d'un charretier survenu par suite d'un choc qui a
réveillé un noyau cancéreux dont il était atteint antérieurement,
imprimant ainsi à une lésion latente une activité qu'elle n'avait
pas antérieurement. *Principes :* L'ouvrier victime d'un accident ou
son ayant droit peut se prévaloir des conséquences de cet accident
alors même que des prédispositions physiologiques ou des tares
quelconques en ont aggravé les conséquences et ont même déterminé une mort prématurée ; la loi ne considère que deux bases
pour la fixation de l'indemnité forfaitaire, le salaire de l'ouvrier et
la faculté de travail que l'accident laisse subsister (*A. Bordeaux,
31 oct. 1906 : Recueil Bordeaux, 1907, I, 77*).

NOYÉS. — V. *Asphyxie par submersion.*

NUQUE. — *Contraction nerveuse : 216 ; douleur permanente :
352 ; raideur : 1558.*

OBÉSITÉ. — 813 ; 824.

OBSESSION TRAUMATIQUE. — 1574 à 1584. V. encore : *Sinistrose.*

ODORAT. — V. *Nez.*

ŒIL. — *Incapacité permanente partielle :*

Perte complète, dans les professions de :

1253. *Carrier ;* rente de 25 °/₀ (*A. Rennes, 27 nov. 1900 :
Journal Assurances, 1901, 58*).

1254. *Chaudronnier ;* rente de 33 °/₀ (*A. Grenoble, 12 mai
1905 : Recueil Grenoble, 1905, 240*).

1255. *Chauffeur d'automobiles ;* rente de 30 °/₀ ; pour cette profession la vision des deux yeux est plus nécessaire que pour la gé-
néralité des ouvriers, pour lesquels la rente n'est que de 25 °/₀
habituellement (*J. Nancy, 13 nov. 1910 : Gaz. Tribunaux,
4 mars 1911*).

1256. *Cloutier ;* rente de 25 °/₀, alors qu'il continue son service
dans des conditions presque identiques (*A. Nancy, 10 juin 1904 :
Villetard, V, 99*).

1257. *Couturière ;* rente de 50 °/₀ (*A. Nancy, 1ᵉʳ fév. 1905 :
Recueil Nancy, 1904-1905, 83*).

1258. *Électricien ;* rente de 33 °/₀ (*A. Grenoble, 24 mai 1907 :
Recueil Grenoble, 1908, 9*); rente de 25 °/₀ (*J. Bordeaux, 17 déc.
1900 : Recueil Bordeaux, 1901, II, 19*).

1259. *Homme de peine ;* rente de 18 °/₀, conformément à la demande de l'ouvrier ; la perte d'un œil ne peut être évaluée à un taux
uniforme ; pour les ouvriers exerçant certaines professions qui
n'exigent pas des qualités particulières de vision, elle est relativement faible lorsqu'il n'existe pas de difformité apparente suscepti-

ble d'attirer l'attention d'un nouveau patron et de créer une difficulté d'embauchage (*A. Paris, 16 mai 1903 : Recueil Assurances, 1904, 465*).

1260. *Maçon ;* rente de 40 °/₀ (*J. Laon, 30 juil. 1902 : Villetard, III, 330*).

1261. *Mineur ;* rente de 33 °/₀ (*A. Grenoble, 17 déc. 1907 :
Recueil Grenoble, 1908, 9*); cette profession a besoin de la plé-
nitude de la vision (*J. Marseille, 5 janv. 1909 : Recueil Aix-
Marseille, 1909, 121*).

1262. *Mouleur ;* rente de 36 °/₀ (*A. Grenoble, 23 mars 1907 :
Recueil Grenoble, 1908, 9*).

1263. *Mouleur en fer ;* rente de 25 °/₀ (*J. Lille, 8 fév. 1906 :
Villetard, VI, 412*).

1264. *Mousse ;* rente de 33,33 °/₀ (*A. Limoges, 4 nov. 1901 :
Travail, 7, 145*).

1265. *Ouvrier de constructeur* de charpentes en fer ; rente de
25 °/₀ (*A. Paris, 8 juin 1909 : Assurance Mutuelle, 1909, 322*).

1266. *Tailleur de pierres ;* rente de 25 °/₀ (*A. Rennes, 2 juin
1902 : Recueil Rennes, 1902, I, 33*).

1267. *Tourneur sur métaux ;* rente de 40 °/₀ (*A. Paris, 3 janv.
1903 : Villetard, III, 295*).

1268. *Travailleur non dénommé ;* rente de 18 °/₀ (*J. Avesnes,
16 mars 1900 : Travail, III, 144*); de 25 °/₀ (*A. Rennes, 18 déc.
1901, 28 janv. 1902, 15 août 1902, 17 nov. 1903 : Recueil
Rennes, 1902, I, 33 et 1903, I, 12*); de 25 °/₀ pour un ouvrier
dont la profession utilise surtout sa force musculaire; alors qu'il
peut se livrer aux travaux de son état presque aussi facilement et
que la vue ne joue pas pour lui le rôle le plus important (*A. Rennes, 15 mai 1901 : Journal Assurances, 1901, 115*); de 25 °/₀
(*A. Chambéry, 8 janv. 1901 : Minutes; J. Ribérac, 29 mai 1902:
La Loi, 30 déc. 1902 ; J. Montpellier, 6 juil. 1900 : Travail, III,
376 ; J. Privas, 9 mai 1900 : Travail, III, 235*); de 30 °/₀ (*A.
Bourges, 20 janv. 1902 : Gaz. Tribunaux, 1902, I, 2, 363 ; J.
Seine, 21 mai 1901 : Villetard, II, 52*); de 31,37 °/₀ (*J. Lille,
22 mars 1900 : Nord Judiciaire, 1900, 190*); de 33,33 °/₀ (*A.
Caen, 14 mai 1902 : Recueil Caen, 1902, 203 ; J. Saint-Étienne,
28 mai 1900: Travail, 3, 324*); de 33 °/₀ (*J. Valenciennes, 14 juin
1900 : Travail, III, 233*); de 33 °/₀ pour la perte complète d'un
œil déjà atteint dans un premier accident d'une diminution de capacité déjà représentée par une rente ; les deux rentes sont cumu-
lées jusqu'à 33 °/₀ (*A. Lyon, 30 juil. 1907 : Villetard, VIII, 172*);
de 34 °/₀ (*J. Gray, 11 avril 1900 : Travail, III, 199*); de 40 °/₀
(*J. Lyon. 1er août 1900: Travail, III, 412 ; J. Toul, 21 juin 1900:
Travail, III, 342 ; J. Laval, 1er juin 1900 : Travail, III, 300*);
de 50 °/₀ (*A. Orléans, 11 août 1900 : Travail, III, 303 ; J. Aix,*

*13 mars 1900 : Travail, I, 101 ; J. Aix, 9 fév. 1900 : Travail,
I, 185 ; J. Brioude, 6 juil. 1900 : Travail, III, 375 ; J. Saint-
Dié, 27 juil. 1900 : Travail, III, 405 ; J. Tournon, 28 déc. 1899 :
Travail, I, 98).*

DIMINUTION DE VISION ; PERTE PARTIELLE.

1269. Perte des 3/4 de la valeur de l'œil ; rente de 30 % à un
manœuvre de 77 ans (*A. Grenoble, 26 mai 1905 : Recueil Grenoble, 1905, 240*).

1270. Diminution notable de l'acuité visuelle ; rente de 20 %
à un employé aux tramways (*A. Rennes, 19 juin 1902 : Recueil
Rennes, 1902, I, 33*).

1271. Vision diminuée de moitié ; rente de 20 % à un tailleur
de pierres (*A. Nancy, 14 juin 1901 : La Loi, 27 juin 1901*).

1272. Diminution de 20 % de vision ; rente de 25 % (*J. Nancy,
8 août 1900 : Travail, III, 426*); de 16 % (*J. Tonnerre, 4 janv.
1900 : Travail, I, 105*).

1273. L'acuité visuelle antérieure à l'accident étant de 1/5 ; l'accident ne lui fait subir que la différence de 1/8 à 1/5 soit 3/40 et
la valeur d'un œil étant de 25 %, on doit évaluer à 3/40 de 25 %
l'incapacité subie soit 21,75 %, parce qu'il n'est pas tenu compte
de l'état d'infirmité antérieur pour apprécier la réduction actuelle.
Principes : Le salaire gagné par l'ouvrier au moment de l'accident
représente exactement sa valeur industrielle. L'état d'infirmité antérieur importe peu au point de vue de la détermination de son
état actuel et par suite de l'indemnité à laquelle il a droit. Par
suite cette indemnité doit être fixée en tenant compte du salaire
antérieur et du degré de capacité professionnelle depuis l'accident
(*A. Rennes, 14 mai 1902 : Recueil Rennes, 1902, I, 110*).

DÉFORMATION.

1274. Vision de l'œil conservée ; simple déformation de la pupille ; rente de 11 % à un mineur qui a ainsi une aptitude moins
grande au travail, et quoiqu'il ait après l'accident un salaire supérieur (*A. Douai, 19 juin 1900 : Jurisprud. Douai, 1901, 67*).

Incapacité permanente nulle ou légère. — Aucun droit à rente :
1275. Diminution des 3/10 de la vision ; la rente serait de 4 %
et est sans influence sur le salaire d'un perceur de fer qui continue
sa profession (*J. Chartres, 24 mars 1909 : Travail, 37,69*).

1276. Diminution d'acuité visuelle physiologique d'un œil n'entraîne une diminution d'acuité visuelle professionnelle que pour la
fraction de diminution supérieure à 50 % (*J. Valenciennes, 25 janv.
1909 : Villetard, X, 3*).

Rente minime accordée :
1277. Diminution de 1/8 de l'acuité visuelle ; rente de 4 % à un

aiguiseur quoiqu'il ait conservé un salaire identique après l'accident ; il a besoin d'une vision nette pour la bonne exécution de son travail professionnel (*A. Lyon, 3 déc. 1909 : Sirey-Palais, 1910, II, 218*).

La loi ne s'applique pas :

1278. La pénétration continue et presque insensible dans l'œil de parcelles ou poussières métalliques constitue pour un affûteur de scies un fait dépendant de l'exercice normal de la profession ; elle n'a pas le caractère d'un accident et est seulement susceptible d'occasionner à la longue une maladie inhérente à la profession (*A. Nancy, 28 déc. 1905 : Recueil Assurances, 1906, 682*).

Sur l'œil : *Troubles dans la vision :* V. 267.

ŒIL DROIT. — *Incapacité permanente partielle :*

Perte complète, dans les professions de :

1279. *Aide chaudronnier* de 14 ans, qui se livre à des travaux de précision; rente de 33,33 °/₀(*J. Le Havre, 16 janv. 1902 : Gaz. Tribunaux, 1902, I, 2, 365*).

1280. *Ajusteur ;* rente de 40 °/₀ (*A. Poitiers, 21 mars 1910 : Villetard, XI, 181*) ; de 50 °/₀ à un ouvrier très habile dont le travail nécessite une attention continuelle (*J. Senlis, 18 déc. 1900: Minutes*).

1281. *Apprenti carrossier* de 16 ans; énucléation et remplacement par un œil artificiel ; rente de 33,33 °/₀ (*J. Rodez, 28 juin 1909: Gaz. Midi, 1ᵉʳ octobre 1909*).

1282. *Apprenti mécanicien ;* rente de 50 °/₀ (*J. Uzès, 19 juil. 1900 : Travail, 3, 384*).

1283. *Apprenti menuisier ;* rente de 33,33 °/₀(*A. Caen, 27 mars 1907: Recueil Caen, 1907, 185*).

1284. *Apprenti serrurier* de 14 ans et demi ; rente de 33,50°/₀ (*J. Arras, 13 mai 1903 : Gaz. Tribunaux, 1903, II, 2, 248*).

1285. *Carrier ;* rente de 50 °/₀ (*J. Dinan, 4 août 1900 : Travail, 3, 400*).

1286. *Casseur de pierres ;* rente de 50 °/₀ (*A. Caen, 26 déc. 1904: Recueil Caen, 1905, 154; J. Saint-Calais, 23 juil. 1909 : Gaz. Palais, 1909, II, 558*); de 33,33 °/₀ pour la perte complète par suite d'ulcération infectieuse ayant détruit toute la cornée; on ne saurait tenir compte du retard que l'ouvrier a mis à faire soigner son œil lorsqu'il s'est trompé sur les conséquences de l'accident (*J. Grenoble, 3 mai 1901 : Recueil Grenoble, 1901, 222*) ; de 33,33 °/₀ réduite à raison de la faute inexcusable de l'ouvrier à 16,66 °/₀ (*J. Chambéry, 6 avril 1901: Recueil Chambéry, 1901, 45*).

1287. *Charpentier ;* rente de 40 °/₀, la vision de l'œil gauche restant intacte (*A. Chambéry, 14 nov. 1900 : Recueil Chambéry,*

1901, 16); de 40 °/₀; cette profession est dans une situation bien plus défavorable qu'une autre du bâtiment ; son infirmité lui rend son métier impossible (*J. Grenoble, 31 mai 1900 : Recueil Grenoble, 1901. 22*).

1288. *Chaudronnier* ; rente de 50 °/₀ ; énucléation impossible, les deux paupières s'étant réunies. *Principes :* La diminution de capacité est fixée en prenant pour base la gravité des blessures, les douleurs éprouvées, l'obligation de renoncer à un travail rémunérateur et de faire un nouvel apprentissage sans pouvoir considérer comme une réparation l'offre du patron de reprendre son ouvrier au même salaire (*A.Douai, 31 oct. 1900 : Le Droit, 17 fév. 1901*); rente de 29 °/₀, sans tenir compte de l'offre du patron de reprendre l'ouvrier au même salaire (*J. Marseille, 15 juin 1900 : Recueil Marseille, 1901, 161*).

1289. *Chauffeur de rivets* de 16 ans ; rente de 25 °/₀ (*A. Rennes, 17 mai 1905 : Recueil Rennes, 1904-1905, I, 96 ; A. Rennes, 12 juil. 1904 : Recueil Rennes, 1903-1904, I, 147*); de 14 ans ; rente de 33 °/₀ (*A. Douai, 17 déc. 1900 : Jurisprud. Douai, 1901, 184*).

1290. *Électricien* ; rente de 45 °/₀ ; sans tenir compte du danger qu'il court de perdre l'œil gauche par un phénomène de sympathie ophtalmique (*A. Bordeaux, 22 nov. 1904 : Recueil Bordeaux, 1906, 13*).

1291. *Employée de batteuse* de 14 ans ; rente de 30°/₀ (*A.Amiens, 1ᵉʳ mars 1901 : Journal Amiens, 1901, 135*).

1292. *Employé d'usine à soufre ;* rente de 33,33 °/₀ (*J. Narbonne, 23 janv. 1900 : Pandectes, 1901, II, 197*).

1293. *Forgeron* ; rente de 33 °/₀ (*A. Douai, 4 mars 1902: Recueil Assurances, 1902, 289*).

1294. *Journalier ;* rente de 25 °/₀; on ne saurait lui reprocher de ne s'être confié aux soins de praticiens éclairés (alors que l'accident était insignifiant) que dès qu'il a compris la gravité de son état (*A. Rennes, 10 juil. 1905: Recueil Rennes, 1905, I, 32*) ; rente de 33,33 °/₀ qui ne commencera à courir que du jour où l'ouvrier cessera de travailler pour le compte de son patron qui l'a repris au même salaire (*J. Cherbourg, 6 juin 1901 : Bert, 1901, 253*).

1295. *Maçon ;* rente de 33,33 °/₀; l'œil gauche est normal (*J.Senlis, 24 mars 1908 : Minutes*) ; de 33 °/₀ sans aucune tare des yeux avant l'accident (*J. Saint-Claude, 15 juil. 1908 : Minutes*).

1296. *Manœuvre ;* rente de 25 °/₀ ; sans tenir compte d'une bronchite chronique, affection ancienne qui n'a ni relation avec l'accident, ni influence sur la vision de l'œil sain pas plus qu'elle n'aurait pu être déterminée ou aggravée par l'accident survenu à l'autre (*A. Rennes, 18 nov. 1903 : Recueil Rennes, 1903, I, 21*); de

25 °/₀ (*A. Nancy, 6 mars 1901 : Recueil Nancy, 1900-1901, 144*) ; de 33,33 °/₀ (*J. Senlis, 7 mars 1905 : Minutes*).

1297. *Manœuvre à l'arsenal militaire ;* rente de 33,33 °/₀ (*A. Lyon, 26 déc. 1902 : Moniteur Lyon, 12-13-14 avril 1903*).

1298. *Maréchal ferrant ;* rente de 33,33 °/₀ (*A. Riom, 13 nov. 1902 : Recueil Riom et Limoges, 1902-1903, 18*).

1299. *Mineur ;* rente de 33 °/₀ à la suite de kératite avec ulcération de la cornée (*A. Douai, 7 juil. 1902 et Cass. rejet, 17 nov. 1903 : Travail, 11, 146*) ; de 33,33 °/₀ (*A. Toulouse, 6 août 1901 : Bert, 1903, 284*) ; de 50 °/₀ (*A. Douai, 9 juil. 1900 : Jurisprud. Douai, 1900, 268*).

1300. *Monteur ;* rente de 33,33 °/₀ (*J. Bourges, 20 déc. 1900 : Pandectes, 1902, II, 307*).

1301. *Monteur de couteaux fins* de moins de 16 ans ; rente de 33.33 °/₀ (*A. Riom, 16 janv. 1902 : Recueil Riom et Limoges, 1901-1902, 193*).

1302. *Ouvrier de chemins de fer ;* rente de 50 °/₀ (*A. Rouen, 14 août 1900 : Travail, 3, 665*).

1303. *Ouvrier d'usine* de 34 ans ; rente de 33,33 °/₀ (*A. Toulouse, 2 août 1901 : Gaz. Midi, 8 déc. 1901*); de 33 °/₀ (*J. Doullens, 6 avril 1900 : Travail, 3, 281*)

1304. *Paveur ;* rente de 20 °/₀ (*J. Lille, 27 mai 1909 : Gaz. Palais, 1909, II, 413*).

1305. *Peignier ;* rente de 30 °/₀ (*A. Caen, 8 fév. 1905, cassé par Cass., 13 janv. 1908 : Sirey-Palais, 1911, I, 309*).

1306. *Plombier ;* rente de 33 °/₀ (*J. Senlis, 13 déc. 1905 : Minutes*).

1307. *Pointier,* dont le travail nécessite une attention continuelle; ouvrier très habile; rente de 45 °/₀ (*J. Senlis, 21 nov. 1900 : Minutes*).

1308. *Sculpteur sur pierres ;* rente de 25 °/₀ en tenant compte de ce que cette profession ne comporte pas une capacité visuelle exceptionnelle (*A. Rennes, 8 mai 1905 : Recueil Rennes, 1904-1905, I, 88*).

1309. *Serrurier ;* rente de 25 °/₀ ; sans conséquences pour l'œil gauche; il demeure apte aux gros travaux auxquels il était employé lesquels demandent surtout une certaine force musculaire (*A. Rennes, 9 nov. 1903 : Recueil Rennes, 1903, I, 19*).

1310. *Tailleur de pierres ;* rente de 25 °/₀ (*A. Rennes, 19 nov. 1906 : Recueil Rennes, 1906, I, 42*).

1311. *Terrassier ;* rente de 45 °/₀ quoique cette profession n'exige qu'une vue ordinaire (*A. Dijon, 3 août 1903 : Dalloz, 1906, II, 331*).

1312. *Tourneur* de 15 ans; rente de 33,33 °/₀ (*A. Paris, 11 août 1902 : Bert, 1902, 348*).

1313. *Travailleur de précision ;* rente de 40 % (*A. Douai, 19 nov. 1901 : Sirey-Palais, 1903, II, 262*) *;* rente de 50 % ; son travail nécessite une attention continuelle et une grande fatigue pour les yeux (*A. Amiens, 20 fév. 1901 : Journal Amiens, 1901, 135*).

1314. *Travailleur non dénommé ;* rente de 20 % (*J. Marseille, 3 janv. 1902 : Recueil Aix-Marseille, 1902, 340*) *;* de 25 % (*J. Lyon, 30 nov. 1901 : La Loi, 8 janv. 1902*)*;* de 30 % (*A. Toulouse, 8 juin 1903 : Villetard, IV, 112*) *;* de 33 %, alors même que le patron le conserve au même salaire (*A. Douai, 13 nov. 1900 : Jurisprud. Douai, 1901, 59*)*;* de 40 % (*A. Amiens, 7 mars 1901 : Journal Amiens, 1901, 135*) *;* de 50 % (*A. Riom, 14 fév. 1901 et 8 janv. 1902 : Recueil Riom et Limoges, 1901-1902, 193, 67*).

DIMINUTION DE VISION ; PERTE PARTIELLE.

1315. Perte presque complète de la vision ; rente de 33 % à un chaudronnier (*J. Marseille, 15 janv. 1904 : Recueil Aix-Marseille, 1904, 393*)*;* de 30 % (*A. Amiens, 18 mai 1904 : Journal Amiens, 1904, 167*).

1316. Plaie scléro-cornéenne de 5 millimètres de longueur à la partie supéro-externe avec hémorragie intra-oculaire ; l'œil ne rend presque plus de services ; rente de 30 % à un ouvrier d'usine (*A. Amiens, 10 nov. 1910 (sur révision): Minutes*).

1317. Perte des 9/10 de la vision ; l'œil restera plusieurs années encore sensible à la lumière; constamment larmoyant il est une gêne pour les fonctions de l'autre œil ; rente de 50 % à un forgeron qui ne pourra plus se livrer qu'à des travaux grossiers comme manœuvre (*A. Riom, 13 mars 1902 : Recueil Riom et Limoges, 1901-1902, 193*).

1318. Brûlure et opacité de la cornée ; grande diminution de capacité de l'œil; rente de 25 % à un ouvrier d'usine (*J. Nancy, 11 fév. 1904 : Villetard, IV, 420*).

1319. Perte des 2/3 de la puissance visuelle ; l'œil doit cependant être considéré comme complètement perdu ; rente de 32 % à un chanfreineur (*A. Aix, 23 mai 1903 : Recueil Aix-Marseille, 1903, 289*).

1320. Lésion qui comporte une incapacité de 26 % ; en pratiquant l'iridectomie, opération simple, l'incapacité serait réduite; l'ouvrier en refùsant de se laisser opérer ne peut aggraver volontairement le dommage résultant de l'accident; rente de 10 % à un tailleur de pavés (*J. Lyon, 2 août 1901 : Recueil Assurances, 1902, 92*).

1321. Troubles visuels, particulièrement de l'éblouissement par suite de taie sur la moitié de la cornée : le métier de fondeur nécessite plus de force que d'adresse, et ne demande pas une acuité visuelle particulière; rente de 24,24 % diminuée de 1/5 à raison de la faute inexcusable de l'ouvrier (*J. Rennes, 28 nov. 1902 : Travail, 9, 54*).

1322. Réduction de l'acuité visuelle à 1/4; la perte entière étant de 25 %, la rente est de 18,75 %. à un manœuvre (*A. Rennes, 5 déc. 1904 : Recueil Rennes, 1904, I, 13*).

1323. Diminution de l'acuité visuelle subsistant pour 1/6, vaut 13 % (l'œil entier valant 25 %) pour un manœuvre (*A. Rennes, 25 janv. 1905 : Recueil Rennes, 1904-1905, I, 36*).

1324. Perte de la moitié de la vision, rente de 12,50 % (l'œil valant 25 %) à un contremaître fondeur quoiqu'il touche le même salaire. *Principes :* Ce n'est pas la réduction de salaire qu'il faut envisager mais la diminution de valeur industrielle (*A. Rennes, 9 janv. 1906 : Recueil Rennes, 1905-1906, I, 59*).

1325. Taie cornéenne qui abaisse l'acuité visuelle à 5/10; l'œil gauche est normal; rente de 5 % (*A. Nancy, 25 nov. 1909 : Villetard, X, 387*).

1326. Acuité physiologique réduite d'environ moitié sur l'autre œil par une taie de 2 millimètres laissant libre le tiers inférieur de la pupille, sans lésions ni troubles des membranes profondes; l'œil gauche est sain; rente de 5 % à un chaudronnier (*A. Nancy, 16 juil. 1906 : Villetard, VII, 219*).

1327. Diminution d'acuité visuelle; rente de 25 % à un charpentier (*J. Senlis, 21 déc. 1904 : Minutes*).

1328. Taie de la cornée diminuant la vision; rente de 27 % à un mineur (*A. Douai, 7 nov. 1900 : Jurisprud. Douai, 1901, 67*).

1329. Signes indiscutables de la présence d'un fragment de fer diminuant la vision de moitié; après extraction de ce corps étranger, l'acuité visuelle reste diminuée mais dans une proportion plus faible; rente de 10 % (*A. Paris, 10 déc. 1907 : Bert, 1907, 262*).

1330. Bride cicatricielle susceptible de s'aggraver et limitant les mouvements latéraux de l'œil; irritabilité de l'organe rendant difficilement supportable la vue d'un foyer lumineux et pouvant rendre le repos nécessaire; rente de 20 % à un forgeron (*A. Lyon, 1er mai 1901 : Moniteur Lyon, 21 oct. 1901*).

1331. Plaie à la cornée, cicatrice déprimée; diplopie d'acuité visuelle; rente de 25 % à un maçon (*J. Saint-Claude, 14 nov. 1907 : Minutes*).

1332. Perte partielle par suite de rupture de la sclérotique et suppression de l'iris à la partie supéro-interne de la cornée; il en résulte une gêne, des phénomènes d'éblouissement, de l'astigmatisme; rente de 20 % à un scieur de long qui ne se livre pas à des travaux délicats (*A. Rennes, 12 juil. 1905 : Recueil Rennes, 1905, I, 37*).

Incapacité permanente, nulle ou légère. Aucun droit à la rente :

1333. Traumatisme léger entraîne des troubles fonctionnels qui ne seraient peut-être pas apparus sans une cause prédisposante, et sont entretenus peut-être par une diathèse spécifique probablement fort ancienne ; l'incapacité serait de 5 %, en tenant compte de cette cause mais n'a pas d'influence sur le salaire d'un chargeur sur les quais (*A. Bordeaux, 8 juin 1910 : Recueil Bordeaux, 1910, I, 305*).

1334. Blessure à l'œil ayant laissé subsister l'acuité visuelle normale ; au cas où cet ouvrier viendrait à perdre l'autre œil, il pourrait gagner sa vie en se servant de l'œil blessé (*J. Seine, 17 août 1901 : Le Droit, 18 nov. 1901*).

1335. Diminution d'acuité visuelle de 2/10, résultant d'un traumatisme, mais seulement physiologique ; pas de diminution d'acuité professionnelle égale, pour un chaudronnier (*J. Valenciennes, 19 nov. 1908: Travail, 35, 35*).

Rente minime accordée :

1336. Taie superficielle de la cornée ; acuité visuelle physiologique égale à 6/20 de la normale et correspondant à une acuité professionnelle de 9/10 ; rente de 4 % (*A. Douai, 4 juil. 1910 : Villetard, XI, 281*).

La loi ne s'applique pas :

1337. Irido-choroïdite ancienne révélée chez un botteleur par un choc à l'œil ; perception lumineuse nulle ; la preuve d'un traumatisme n'est pas rapportée ; il y a simple coïncidence entre la manifestation de l'affection et l'accident ; la rame membraneuse n'a pu se constituer dans le court espace de temps qui a séparé l'accident du premier examen médical (*J. Senlis, 23 fév. 1909: Minutes*).

Sur l'œil droit : *Perte : V. 300; 628; énucléation : 1126.*

ŒIL GAUCHE. — *Incapacité permanente partielle :*

Perte complète, dans les professions de :

1338. *Apprenti* ; rente ramenée à 20 % par suite de la faute inexcusable de l'ouvrier (*A. Bordeaux, 24 nov. 1903 : Recueil Bordeaux, 1904, I, 109*).

1339. *Apprenti chaudronnier* de 16 ans; rente de 33 % (*A. Orléans, 23 mars 1904 et Cass. rejet, 29 mai 1906: Bert, 1906, 284*).

1340. *Cantonnier* : rente de 50 % (*J. Embrun, 30 mai 1906 : Recueil Grenoble, 1906, 215*).

1341. *Carrier* : rente de 25 % (*A. Rennes, 28 fév. 1907 et Cass. rejet, 23 mars 1908 : Bert, 1908, 100*) ; de 20 % ; en tenant compte de ce que l'œil a été énucléé par suite d'accident, mais avait été l'objet d'un premier accident qui lui avait fait perdre la presque totalité de la vision ; la réduction de capacité actuelle est moindre que s'il avait perdu un œil à vision entière (*A. Paris, 19 janv. 1909 : Bert, 1909, 200*) ; rente de 33.33 °/₀ (*A. Caen 13 janv. 1903 : Recueil Caen, 1903, 77* ; de 33 °/₀ (*J. Boulogne-sur-Mer, 29 janv. 1903 : Nord Judiciaire, 1903, 132*).

1342. *Chaudronnier* ; rente de 25 °/₀, quoique le patron offre de le reprendre au même salaire (*J. Marseille, 23 mars 1900 : Recueil Marseille, 1901, 79*).

1343. *Chauffeur* ; rente de 40 °/₀ (*J. Senlis, 3 mars 1903 : Minutes*) ; de 33 °/₀ ; sans tenir compte de ce que l'ouvrier était repris après l'accident au même salaire. *Pourvoi rejeté* : parce que le juge ne doit rechercher que la proportion dans laquelle la capacité a été diminuée par l'accident et quel abaissement correspondant de salaire doit en résulter, sans considérer exclusivement le salaire touché par cet ouvrier après la reprise du travail, salaire dont le taux peut dépendre de circonstances multiples (*A. Douai, 24 oct. 1900 et Cass. rejet partiel, 19 janv. 1903 : Bull. cass., 1903, 5*).

1344. *Cloutier* de 16 ans ; rente de 50 °/₀ (*A. Besançon, 30 juil. 1904 et Cass. rejet, 21 nov. 1905 : Bert, 1906, 68*).

1345. *Domestique de camionneur* ; rente de 40 °/₀ (*J. Lille, 4 avril 1901 : Nord Judiciaire, 1901, 161*).

1346. *Employée de batteuse* ; rente de 30 °/₀ (*A. Rouen, 15 avril 1910 : Recueil Rouen, 1910, 93*).

1347. *Employé de batteuse* ; rente de 50 °/₀ (*A. Orléans, 27 juil. 1901 : La Loi, 13 oct. 1901*).

1348. *Employé de chemin de fer* ; rente de 50 °/₀ (*J. Narbonne, 2 janv. 1901 : La Loi, 15 janv. 1901*).

1349. *Ferblantier* ; rente de 33 °/₀ (*A. Nîmes, 13 mars 1905 : Villetard, VI, 22*).

1350. *Forgeron et mineur* ; rente de 33,33 °/₀ (*J. Grenoble, 17 mai 1910 : Recueil Grenoble, 1901, 227*).

1351. *Forgeron ;* rente de 33,33 °/₀ sans tenir compte de l'offre du patron de reprendre son ouvrier au même salaire et bien que la guérison complète de l'infirmité soit possible (*A. Bordeaux, 19 mars 1901 : Recueil Bordeaux, 1901, I, 325*).

1352. *Fournier ;* rente de 25 °/₀ ; la réduction de l'acuité visuelle à 1/10 équivaut à la perte complète (*A. Rennes, 30 nov. 1903 : Recueil Rennes, 1903, I, 49*).

1353. *Journalier ;* rente de 33,33 °/₀ (*A. Riom, 21 nov. 1902 : Recueil Riom et Limoges, 1903-1904, 59*) ; de 33,33 °/₀ ; les conséquences ne sont pas aussi graves pour un simple manœuvre que pour un ouvrier exerçant un métier tout à fait spécial et délicat (*J. Grenoble, 19 janv. 1900 : Recueil Grenoble, 1901, 5*).

1354. *Machiniste ;* rente de 33 % (*J. Senlis, 12 nov. 1907 : Minutes*).

1355. *Manœuvre;* rente de 50 %, alors même que l'ouvrier peut reprendre son travail dans les mêmes conditions et que son patron offre de lui payer le même salaire après l'accident (*A. Orléans, 30 mai 1900 : Gaz. Palais, 1900, II, 434*).

1356. *Marinier ;* rente de 25 %; l'œil droit n'est pas menacé (*J. Marseille, 12 nov. 1901 : Recueil Aix-Marseille, 1902, 292*).

1357. *Mécanicien;* rente de 33 % (*A. Nancy, 10 mars 1908 : Bert, 1908, 151*);rente de 50 %(*A. Amiens, 4 mars 1903 : Journal Amiens, 1903, 43*).

1358. *Menuisier;* rente de 33,33 % (*J. Seine, 22 déc. 1906 : Recueil assurances, 1907, 382*).

1359. *Mineur;* rente de 50 % (*A. Douai, 25 juin 1900 : Jurisprud. Douai, 1900, 268*).

1360. *Monteur ;* ouvrier d'art ; rente de 25 % (*A. Rennes, 27 oct. 1906 : Recueil Rennes, 1905-1906, I, 72*).

1361. *Ouvrier de forges ;* rente de 40 % (*A. Riom, 17 juil. 1902 cassé par Cass., 4 mai 1904 : Dalloz, 1905 I, 289*); rente de 50 % quoique le même salaire soit continué après l'accident. *Pourvoi rejeté :* parce que pour apprécier la réduction qu'une incapacité partielle et permanente fait subir au salaire d'un ouvrier le juge n'est pas tenu de considérer exclusivement le salaire effectivement touché par cet ouvrier après la reprise de son travail, parce que son taux peut dépendre de circonstances multiples ; il doit rechercher dans quelles proportions la capacité professionnelle de l'ouvrier a été diminuée par suite de l'accident et quel abaissement de salaire doit en être la conséquence (*A Aix, 3 août 1900 et Cass. rejet, 13 janv. 1902 : Gaz. Tribunaux, 1902, II, 1, 5*).

1362. *Piqueur de meules ;* rente de 40 % ; la blessure peut inspirer des inquiétudes pour l'œil droit jusqu'ici indemne (*A. Bordeaux, 23 fév. 1904 : Recueil Bordeaux, 1904, 1, 336*).

1363. *Riveur;* rente de 40 % (*A. Amiens, 30 oct. 1901 : Journal Amiens, 1901, 217*).

1364. *Scieur-chef;* rente de 27 % (*A. Douai, 13 juin 1900 : Jurisprud Douai, 1900, 268*).

1365. *Serrurier ;* rente de 25 % ; après l'extirpation d'un éclat d'acier dans la cornée et guérison complète, la vue baisse peu à peu et la cataracte traumatique est opérée; la vision se trouve réduite à la simple perception des objets placés à 20 centimètres ; dans la pratique, l'organe n'est plus d'aucun secours (*J. Mirecourt, 20 nov. 1908 (sur révision) : Recueil Nancy, 1908-1909, 239*).

1366. *Tailleur de pierres* de 77 ans ; rente de 40 % ; pas d'altération de l'autre œil; (*J. Bayonne, 22 juin 1904 : Gaz. Tribunaux, 1905, I, 2, 45*).

1367. *Tisseur;* rente de 50 % (*A. Douai, 19 juin 1900 : Jurisprud. Douai, 1900, 268*).

1368. *Tourneur ;* rente de 30 % ; après une cataracte traumatique, l'œil blessé est en déviation externe et ne sert plus pour le travail (*A. Paris, 10 avril 1902 : Travail, 11, 139*).

1369. *Tourneur en cuivre ;* rente de 35 % ; la cataracte traumatique nécessite une opération ne pouvant avoir que des résultats incomplets au point de vue vision, un corps étranger traversant la cornée s'étant logé dans le cristallin (*J. Seine, 28 août 1901: Villetard, II, 255*).

1370. *Travailleur non dénommé ;* rente de 25 % (*A. Rouen, 26 mai 1900: Recueil Rouen, 1900, 124*); de 25 % ; la vision du même œil est déjà diminuée par un premier traumatisme ; la rente doit être moindre que si cet œil avait une vision entière. *Principes*: Si on ne doit pas tenir compte pour fixer l'indemnité des prédispositions maladives résultant d'un accident antérieur il y a lieu de s'attacher à l'état défectueux de la même partie du corps atteinte par le second accident (*A. Paris, 28 janv. 1908 : Bert, 1908, 85*); de 33 % (*J. Seine, 13 août 1902: Travail, 7, 119 ; J. Lille, 25 mai 1900 : Nord Judiciaire, 1900, 191*) ; de 33,33 % (*J. Fontainebleau, 26 déc. 1900 : Travail, 3, 486*); de 33,33 % alors même qu'on pourrait concevoir des craintes de lésions sympathiques de l'œil droit dont l'usage entier est conservé (*A. Toulouse, 20 juil. 1903 : Gaz. Midi, 15 nov. 1903*); de 33,33 %; ablation de l'œil malade serait nécessaire pour éviter des phénomènes sympathiques sur la vision de l'œil droit; le refus de l'ouvrier de se laisser opérer n'entre pas en ligne de compte (*J. Le Havre, 9 mai 1902: Travail, 7, 90*); de 33,50 %, sans tenir compte de ce que l'ouvrier touche le même salaire qu'avant l'accident. *Pourvoi rejeté :* parce que pour apprécier la réduction de capacité, on ne doit pas considérer exclusivement le salaire effectivement touché par l'ouvrier après la reprise du travail, qui peut dépendre de circonstances multiples, mais rechercher dans quelles proportions la capacité a été diminuée par l'accident et quel abaissement correspondant du salaire doit normalement s'en suivre (*A. Douai, 10 déc. 1900 et Cass. rejet partiel, 7 janv. 1902 : Dalloz, 1902, I, 339*); de 35 % (*J. Villefranche, 27 janv. 1900 : Travail, I, 158*) ; de 36,36 % (*J. Lille, 13 avril 1900 : Nord Judiciaire, 1900, 191*); de 47,50 % (*A. Douai, 18 janv. 1900 : Pandectes, 1901, II, 25*); de 48 % (*A. Douai, 28 fév. 1900: Sirey-Palais, 1901, II, 17*); de 50 % (*J. Albi, 3 juil. 1901: Le Droit, 29 août 1901*).

1371. *Tréfileur;* rente de 30 % (*J. Senlis, 11 nov. 1908: Minutes*) ; de 40 % (*J. Senlis, 4 août 1903 : Minutes*).

DIMINUTION DE VISION; PERTE PARTIELLE.

1372. Forte diminution permettant à un maçon de se conduire s'il venait à perdre l'autre œil; de plus il a une conjonctivite granuleuse chronique paraissant indépendante de la blessure mais que celle-ci a pu activer indirectement; rente de 40 °/₀ (*J. Chambéry, 4 déc. 1900 : Recueil Chambéry, 1901, 39*).

1373. Perte presque complète; une cataracte traumatique a été opérée avec succès, mais une cataracte secondaire est survenue, sans que l'œil droit resté parfaitement sain ait eu à souffrir de l'accident; rente de 39 °/₀ à un ouvrier agricole de 50 ans (*J. Grenoble, 13 fév. 1901 : Recueil Grenoble, 1901, 190*).

1374. Considérable diminution d'acuité visuelle par dacryocystite; rente de 33, 33 °/₀ (*A. Riom, 31 mars 1901 : Recueil Riom et Limoges, 1901-1902, 193*).

1375. Perte presque complète par plaie pénétrante de la cornée avec cataracte traumatique et iritis; la cataracte a été opérée; rente de 32 °/₀ à un chauffeur mécanicien (*A. Caen, 9 juil. 1906 et Cass. rejet, 20 fév. 1907 : Bert, 1907, 312*).

1376. Vision, réduite à la perception des mouvements de la main, ne peut plus servir aux besoins professionnels de l'ouvrier, maçon; rente de 30 °/₀ (*A. Amiens, 9 avril 1906 : Journal Amiens, 1907, 127*).

1377. Perte presque complète; il peut voir à courte distance seulement; rente de 30 °/₀ (*A. Nancy, 11 mai 1904 : Villetard, V, 74*).

1378. Perte partielle de la vision; il peut compter les doigts à 0 m. 30; la vision des deux yeux se contrarie mais l'accoutumance avec des verres appropriés doit empêcher cette divergence; rente de 25 °/₀ (*A. Rennes, 18 mars 1902 : Bert, 1902, 221*).

1379. Perte ne laissant plus que la faculté de se conduire en plein jour correspond à une rente de 20 °/₀ si on considère que la perte totale de la vision pour la profession de carrier est de 25 °/₀ (*A. Rennes, 27 déc. 1904 : Recueil Rennes, 1904-1905, I, 78*).

1380. Vision très diminuée par une taie couvrant toute la pupille. L'ouvrier ne saurait être contraint de subir une opération chirurgicale qui aurait pour résultat possible de diminuer son incapacité professionnelle; et il n'y a pas lieu de diminuer la rente par le fait de ce refus légitime mais seulement d'évaluer l'état actuel du blessé; rente de 25 °/₀ (*A. Limoges, 13 mai 1903; Recueil Riom et Limoges, 1902-1903, 304*).

1381. Vision diminuée au point que l'ouvrier n'en peut user qu'avec une loupe; rente de 15 °/₀ (*J. Seine, 6 août 1901 : Bert, 1902, 144*).

1382. Perte presque complète; rente de 33,33 °/₀ à un carrier (*J. Bourgoin, 4 août 1906 : Recueil Grenoble, 1906, 188*).

1383. Perte des 3/4 de la vision par taie de la cornée ; rente de 30 °/₀ (*A. Montpellier, 24 mai 1902 et Cass. rejet, 5 janv. 1904: Travail, 11, 174*); même perte, l'œil ne peut servir qu'à se conduire et à se livrer à des occupations grossières ; rente de 30 °/₀ à un manouvrier (*J. Grenoble, 3 déc. 1900 : Recueil Grenoble, 1901, 109*).

1384. Vision réduite au quart de sa valeur normale ; rente de 20 °/₀ à un carrier (*A. Grenoble, 27 mars 1901 : Recueil Grenoble, 1901, 138*).

1385. Valeur diminuée de 2/3 ; rente de 22 °/₀ à un apprenti mécanicien (*J. Coulommiers, 8 août 1902 : Travail, 7, 118*).

1386. Acuité visuelle réduite à 1/60 par une taie sur la cornée, d'où incapacité de 20 à 25 °/₀ ; la rente est de 12 °/₀ parce qu'une prédisposition du blessé a aggravé le caractère de la blessure (*J. Lorient, 13 déc. 1901 : Villetard, II, 411*).

1387. Tache cicatricielle de la cornée et diminution de l'acuité visuelle de 7/10 ; rente de 15 °/₀ à un maçon (*A. Grenoble, 18 nov. 1905 : Recueil Grenoble, 1906, 99*).

1388. Diminution des 6/10 de l'acuité visuelle ; l'incapacité ne serait que de 2 °/₀ après correction au moyen d'un verre de quatre dioptries. Rente de 6 °/₀ à un charretier en tenant compte de ce que la profession actuelle ne nécessite ni la vision binoculaire ni la vision rapprochée (*J. Lille, 3 fév. 1910 : Recueil judiciaire Nord, 1910, 66*).

1389. Réduction de la vision de 4/10 ; rente de 16 °/₀ à un cimentier (*J. Seine, 2 janv. 1904 : Villetard, IV, 415*).

1390. Réduction de la vision sans perte de l'œil ; rente de 30 °/₀ à un maréchal ferrant (*J. Senlis, 11 déc. 1907 : Minutes*).

1391. Leucôme de l'œil gauche ou tache blanche de la cornée produite par une cicatrice fort dommageable mais qui n'a fait que réduire la vision ; rente de 25 °/₀ à un ouvrier maréchal (*A. Caen, 10 août 1909 : et Cass. rejet, 5 juil. 1910 : Segard, 1910, I, 214*).

1392. Astigmatisme irrégulier de la cornée, taie cicatricielle linéaire barrant la pupille dans la partie inféro-externe sur 3 millimètres de longueur ; acuité visuelle évaluée à 1/6 à distance ; rente de 8 °/₀ à un tailleur de pierres (*J. Saint-Claude, 27 nov. 1907: Minutes*).

1393. Fente du globe oculaire ; petite taie cicatricielle sur la cornée ; gêne médiocre de la vision ; certain degré d'astigmatisme irrégulier ; rente de 6 °/₀ à un mineur (*J. Saint-Claude, 14 nov. 1907 : Minutes*).

Incapacité permanente nulle ou légère. — Aucun droit à rente :

1394. Taie légère et définitive sur la cornée ; diminution d'acuité visuelle physiologique; aucune atteinte à l'acuité visuelle professionnelle étant donnée la profession; la réduction est inférieure à 2 %; il n'y a pas de diminution appréciable du salaire d'un manœuvre (A. Chambéry, 10 fév. 1909 : Moniteur Paix, 1909, 303).

1395. Leucome central de la cornée; diminution d'environ 2/10 de l'acuité visuelle centrale; la vision reste de beaucoup supérieure à 5/10; la réduction de capacité ouvrière est infime pour un mateur; il n'y a pas lieu de tenir compte d'une diminution d'acuité visuelle purement médicale et scientifique; seule doit être envisagée la diminution de nature à atteindre les facultés de l'ouvrier (A. Douai, 1er mars 1909 : Jurisprud. Douai, 1909, 242).

Aucun droit à rente :
1396. Diminution notable de l'acuité visuelle, mais l'ouvrier burineur est conservé au même salaire après l'accident (J. Montluçon, 18 mai 1900 : Recueil Riom et Limoges, 1899-1900, 282).

SUR L'ŒIL GAUCHE : *Perte de la vision:* V. encore : *222; diminution de moitié de l'acuité visuelle : 481.*

ŒIL, OREILLE GAUCHES. — *Incapacité permanente partielle:*
1397. Perte de l'ouïe de l'oreille gauche et perte de l'œil gauche. L'accident n'a pas hâté l'évolution d'un état morbide préexistant; rente de 66,66 % à un sculpteur (A. Amiens, 6 juin 1902: Journal Amiens, 1902, 189).

ŒSOPHAGE. — *Incapacité permanente partielle :*
1398. Rétrécissement de l'œsophage par ce fait que l'ouvrier a absorbé une partie du contenu d'une bouteille contenant de l'acide antitartrique servant à une machine à vapeur et qui lui brûla la gorge, alors qu'il croyait boire le vin d'une bouteille par lui apportée; rente de 33,33 % à un terrassier (A. Paris, 21 janv. 1908 et J. Pontoise, 2 juil. 1907 et 4 août 1908 : Bert, 1908; 125 et Minutes).

1399. Rétrécissement de l'œsophage par le fait, par un peintre, de boire de l'eau sur le lieu et à l'heure du travail, par une chaleur excessive, afin de pouvoir continuer à travailler, après s'être désaltéré, et qui boit par erreur, une solution de potasse employée dans l'exercice de sa profession; rente de 45 % (A. Paris, 26 janv. 1909 et J. Melun, 16 juil. 1909 : Travail, 37,99 et Minutes).

La loi est applicable :
1400. Tissus de l'œsophage corrodés à la suite d'absorption par le cuisinier du buffet d'une gare et par mégarde au cours de son travail, d'un liquide corrosif placé à son insu dans une bouteille d'Eau de Vichy qu'il avait lui-même achetée, qui en portait l'étiquette et à laquelle il avait l'habitude de boire; décès des suites de ces blessures (A. Pau, 4 janv. 1909 et Cass. rejet, 22 nov. 1909 : Dalloz, 1911, I, 91).

OLÉCRANE. — *Brisure : 339.*

OMOPLATE. — *Tuberculose : 1665 ;* V. aussi *Épaule.*

ONGLES : DES MAINS. — *Perte : 1544 ; arrachement : 62; 924; perte de deux ongles : 497 ; lésions : 508; section : 1210; eczéma : 578 ; repoussé en partie : 1554 ; ongle rudimentaire : 55 ; ongle déformé : 434 ; 544; 887 ; 905 ; 918; 1531 ; réduction de la moitié de ses dimensions: 909 ; perte partielle : 1178.* DES PIEDS : *des quatrième et cinquième orteils, perte : 1415 ; l'un regarde en haut et en dedans : 1478.*

OPÉRATION. — V. *Refus d'opération.*

OPHTALMIE SYMPATHIQUE. — 1720; 1731 ; 1744; 1749; 1751; 1757.

OPHTALMOPLÉGIE — 1741.

ORCHITE. — *1618 à 1620 ; 1624; tuberculose : 1650; 1675.*

OREILLES. — *Incapacité permanente partielle :*

1401. Fracture du tympan de l'oreille droite, avec complication certaine de la fêlure du rocher; surdité complète; l'incapacité est due à l'inertie volontaire dans laquelle l'ouvrier a cru devoir se maintenir à la suite de l'accident ; rente de 20 % (*A. Bordeaux, 2 juil. 1901, et Cass. rejet, 13 juil. 1903 : Travail, 9, 250*).

1402. Diminution considérable de la faculté auditive gauche; audition déjà un peu diminuée à l'oreille droite par suite de maladie ; rente de 12 % (*A. Paris, 11 juil. 1910 : Villetard, XI, 214*).

1403. Perforation de l'oreille gauche par une explosion; rente de 10 % à un mécanicien (*J. Senlis, 18 déc. 1907 : Minutes*).

1404. Surdité du côté droit considérée comme conséquence de l'accident et affaiblissement du côté droit du corps; quoique la cause de l'accident soit étrangère au travail (vertige gastrique ayant fait tomber un chauffeur de sa machine) certaines conséquences graves proviennent du travail et donnent droit à rente parce que les conséquences préjudiciables quoique indépendantes à l'origine du travail se rattachent ensuite au travail ou à la situation de l'ouvrier; si l'incapacité avait uniquement sa cause dans l'étourdissement, il n'aurait droit à rien ; rente de 25 % (*A. Aix, 2 mars 1901 : Villetard, I, 351*).

La loi est applicable :

1405. Tumeur gazeuse de la parotide gauche; affection professionnelle qui peut se manifester brusquement, d'une façon inattendue, à la suite d'un effort de souffle, chez les souffleurs de verre atteints préalablement de suppuration du canal parotidien dont la tumeur gazeuse n'est que l'extension; cette lésion n'est pas une maladie mais un accident visé par la loi. *Principes :* la maladie professionnelle en effet est un état lent et continu né d'une cause également lente et durable. (*J. paix, Denain, 15 déc. 1909 : Revue Paix, 1910, 331*).

Aucun droit à rente :

1406. Ouvrier devenu sourd en persistant à se soigner d'une manière défectueuse malgré les avis réitérés des médecins experts, alors qu'il aurait presque sûrement guéri s'il avait suivi le traitement conseillé *(J. Seine, 6 juin 1908 : Villetard, IX, 150).*

Sur les oreilles : *Troubles de l'ouïe :* V. encore : *267 ; diminution de l'acuité auditive : 284; surdité complète : 289 ; surdité relative : 91 ; surdité: 616; 629; 849 ; 1397 ; déformation : 647 ; plaies contuses : 845.*

OREILLES, VERTIGES. — *Incapacité permanente absolue.* Rente des 2/3 :

1407. Surdité et vertiges rendant tout travail impossible à un roulier *(A. Bordeaux, 30 oct. 1907 : Recueil Bordeaux, 1908, 1, 194).*

OREILLES, VERTIGES, YEUX. — *Incapacité permanente partielle :*

1408. Surdité presque complète. La partie auditive de l'oreille gauche est nulle pour les voix haute et chuchotée ; la partie auditive de l'oreille droite est nulle pour la voix haute et de 30 centimètres seulement pour la voix chuchotée ; maux de tête, vertiges, pression intellectuelle, diminution de mémoire, ne peut se livrer à aucun travail nécessitant un effort quelconque ; vision suffisante pour reprendre l'ancien métier mais elle n'est égale qu'au tiers de la normale ; rente de 75 °/₀ *(J. Seine, 10 mars 1903: Travail, 9, 88).*

ORTEILS. — *Incapacité permanente partielle :*

1409. Ankylose des deuxième et quatrième orteils ; amputation des deux dernières phalanges du troisième orteil ; ont seuls conservé leurs fonctions physiologiques le cinquième doigt non atteint et le pouce qui atteint seulement dans ses parties molles n'apporte pas de gêne pour la marche et son fonctionnement. La marche est gênée à cause des deuxième, troisième, quatrième orteils seulement ; rente de 13 °/₀ à un terrassier *(J. Narbonne, 25 juil. 1900 : Travail, 3, 393).*

1410. Amputation du gros orteil et écrasement des deux orteils suivants ; rente de 9 °/₀ à un apprenti graveur de 12 ans 1/2 *(J. Saint-Malo, 8 mai 1903 : Gaz. Tribunaux, 1903, II, 2, 249).*

1411. On ne peut obliger un ouvrier, pour procurer un léger bénéfice à un patron, à s'exposer au péril, à l'angoisse morale et à la douleur physique qui peuvent résulter d'une opération chirurgicale, alors que cette opération comporte l'anesthésie et l'ablation par désarticulation de deux doigts du pied ; la rente est de 45 °/₀ *(J. Bourg, 13 avril 1906 : Recueil Assurances, 1906, 294).*

Orteils droits.

1412. Amputation de la première phalange des deux premiers orteils ; rente de 15 °/₀ à un ouvrier de marchand de bois *(A. Nancy, 20 nov. 1902 : Recueil Nancy, 1901-1902, 304).*

1413. Amputation de la phalangette du gros orteil et des deux phalangettes des deux orteils suivants. Faute inexcusable de l'ouvrier réduit la rente de 20 à 15 °/₀ à un apprenti lamineur (*J. Seine, 18 mai 1903 : Villetard, IV, 69*).

1414. Amputation des deux dernières phalanges du deuxième orteil, et de la phalangette du troisième orteil ; de plus le gros orteil se déjette de côté et n'est plus maintenu en sa position normale par le deuxième orteil ; la perte de phalanges de deux orteils intermédiaires n'entraîne pas par elle-même une diminution de capacité professionnelle sensible, mais la déviation seule du gros orteil par le fait de la suppression partielle de ses voisins entraîne une réduction sensible ; le gros orteil est en effet le doigt qui maintient l'équilibre de l'homme debout ; ainsi il n'a plus qu'un aplomb à faux, ce qui l'expose à des inconvénients multiples en considérant surtout sa profession (monteur-mécanicien) qui l'astreint à des travaux dans la station debout, précis, minutieux, s'exerçant quelquefois à des hauteurs notables, sur des échelles, des échafaudages où l'équilibre du corps est de première nécessité. *Principes :* L'ouvrier étant repris au même salaire qu'avant l'accident, le patron n'est condamné à payer la rente que du jour où pour une raison quelconque l'ouvrier ne touchera plus le salaire antérieur à l'accident ; rente de 12 °/₀ (*J. Senlis, 2 mai 1911 : Minutes*).

1415. Perte de la substance des quatrième et cinquième orteils droits et de l'ongle : rente de 10 °/₀ à un arrimeur (*A. Bordeaux, 24 oct. 1910 : Recueil Bordeaux, 1911, I, 126*).

Sur les orteils droits : *Amputation : de trois :* V. encore : *387 ; de deux : 1077 ; orteil en marteau : 1022.*

Orteils gauches.

1416. Amputation de deux orteils ; gêne considérable dans la marche ; rente de 30 °/₀ à un charretier (*A. Aix, 4 mai 1901 : Recueil Aix-Marseille, 1902, 97*).

1417. Ecrasement du gros orteil, dont la phalange peut fléchir et s'étendre, et des deux orteils suivants dont les moignons ne font que des mouvements incomplets ; marche et station douloureuses ; rente de 18 °/₀ à un aide-couleur (*J. Senlis, 21 juin 1910 : Minutes*).

1418. Cicatrice du gros orteil n'apportant aucun obstacle à la marche parce qu'elle n'est pas soumise à la pression du sol ; le deuxième orteil affecte la forme spatulée et il existe une ankylose entre la première et la deuxième phalange ; ablation des deux dernières phalanges du troisième orteil avec ankylose entre la première et la seconde phalange du quatrième orteil ; la troisième phalange est fortement déviée en dedans et vient en contact avec la dernière phalange du deuxième orteil ; marche seule un peu gênée étant donné la profession de terrassier ; rente de 13,32 % (*J. Narbonne, 25 juil. 1900 : La Loi, 10 nov. 1900*).

1419. Désarticulation du gros orteil atteint d'ostéite ; les quatre autres orteils ont des blessures cicatrisées ; gêne pour la marche ; rente de 12 % à un ouvrier d'usine (*J. Senlis, 5 juin 1907 : Minutes*).

1420. Fracture de la première phalange des deux premiers orteils ; rente de 10 % (*J. Marseille, 12 juil. 1904 : Recueil Aix-Marseille, 1905, 114*).

Gros orteil.

1421. Ablation ; la diminution de l'aptitude est évidente à cause de l'obligation de se tenir debout et de parcourir souvent de grandes distances ; rente de 11,11 % à un manœuvre (*A. Bordeaux, 11 déc. 1902 : Recueil Bordeaux, 1903, I, 171*).

Gros orteil gauche.

1422. Amputation de dernière phalange ; rente de 20 % (*J. Seine, 3 juil. 1901 : Le Droit, 10 août 1901*).

1423. Amputation de partie de la phalangette ; rente de 6 % (*A. Poitiers, 12 fév. 1906 : Recueil Assurances, 1906, 494*).

Sur les orteils gauches : *Perte de tous :* V. encore : *1467 ; 1479 ; ablation des deux premiers : 1070 ; amputation des premières phalanges des deux doigts du milieu : 1027 ; déformation, ankylose des premières phalanges du gros orteil et du deuxième : 1078 ; torsion du gros orteil : 1478 ; rétraction des deuxième et troisième : 1478.*

Rentes minimes accordées :

1424. Amputation de la phalangette du gros orteil droit ; rente de 5 % à un manouvrier (*J. Senlis, 31 oct. 1906 : Minutes*).

1425. Ablation des deux dernières phalanges du troisième orteil gauche qui garde de la sensibilité ; station debout détermine de la fatigue ; la capacité professionnelle n'est pas intacte quelque restreintes que soient ses conséquences ; rente de 2 % (*A. Rennes, 2 mars 1909 : Recueil Rennes, 1909, 152*).

Incapacité permanente nulle ou légère. Aucun droit à rente :

1426. Amputation de la phalangette du gros orteil droit ; infirmité insignifiante entraînant réduction de 2 à 3 % sans influence sur le salaire d'un imprimeur (*J. Saint-Etienne, 30 nov. 1910 : Villetard, XI, 378*).

1427. Amputation d'une phalange d'un orteil ; pas de réduction appréciable (*J. Seine, 22 fév. 1911 : Villetard XI, 444*).

1428. Simple gêne résultant de l'amputation de la phalangette du gros orteil gauche en son milieu, de sorte que la phalange unguéale est diminuée de 1 centimètre et demi alors que l'orteil ne présente ni atrophie ni gonflement ; que les mouvements des autres doigts et du pied se font facilement et complètement et que la marche et aisée, sans claudication (*J. Briey, 7 oct. 1910 : Gaz. Tribunaux, 23-24 janv. 1911*).

. **1429.** Simple désarticulation du troisième orteil gauche ; l'opération a laissé une cicatrice dorsale, étendue, mobile et souple, sans affecter les mouvements du pied et sans claudication ; il ne subsiste qu'un affaiblissement léger de la solidité du pied (*J. Briey, 7 oct. 1910 : Gaz. Tribunaux, 23-24 janv. 1911*).

1430. Petite hyperostose sur l'extrémité antérieure du gros orteil ; la rente serait de 2 à 3 °/₀ (*A. Paris, 26 janv. 1909 : Villetard, X, 52*).

OS. — *Incapacité permanente partielle* :

Ostéite.

1431. Amputation au-dessus du genou de la jambe droite ; une ostéite se déclare dans le fémur sectionné et rend nécessaire une deuxième amputation 5 centimètres au-dessus de la première ; l'ostéite persistant, il est à craindre qu'on ne soit amené à une résection de la hanche ; grande anémie de l'ouvrier à cause de la longue suppuration ; ce charretier ne pourra plus se livrer qu'à des travaux très légers, dans la position assise ; dénué d'instruction, hors d'état de se livrer à aucun travail utile. L'ouvrier aurait droit à une rente calculée sur une incapacité absolue (2/3) mais à raison de la faute inexcusable par lui commise, la rente d'incapacité absolue doit être réduite de 1/4 (*J. Béziers, 20 mai 1902 : Travail, 9, 34*).

1432. Perte de l'usage du pouce, de l'index et ankylose du médius, avec ostéite dans la région métacarpienne entraîne un droit à 60 °/₀ de réduction, bien que cette diminution puisse se réduire à 40 °/₀, par l'effet de la nouvelle opération chirurgicale à laquelle l'ouvrier refuse de se prêter ; l'ouvrier n'a rien négligé pour atténuer les conséquences du traumatisme et a déjà subi une opération chirurgicale ; il ne saurait être contraint de se soumettre de nouveau à une opération (*A. Bordeaux, 12 fév. 1908 : Recueil Bordeaux, 1908, 1, 236*).

Ostéo-arthrite.

1433. Fracture de la cuisse gauche avec écrasement du péroné. Raccourcissement de la cuisse de 3 centimètres, avec un peu d'incurvation au-dessous du trochanter ce qui entraîne de la claudication ; ostéo-arthrite chronique du cou-de-pied qui ne permet plus que des occupations sédentaires ; rente de 60 °/₀ à un charretier de 38 ans (*A. Rennes, 13 mai 1903 : Recueil Rennes, 1902, I, 114*).

1434. Entorse ayant entraîné par suite de l'état de santé de la victime une ostéo-arthrite tuberculeuse de la cheville gauche qui l'oblige à se servir de béquilles; rente de 60 % à un peigneur (*J. Lille, 4 avril 1901 : Nord Judiciaire, 1902, 62*).

1435. Ostéolyélite : Fracture comminutive de la jambe gauche compliquée grave; consolidation chirurgicale vicieuse; déplacement et chevauchement considérable des fragments, raccourcissement de 10 à 12 centimètres de la jambe ; équinisme prononcé du pied dont l'extrémité n'atteint pas le sol; suppuration du foyer de la fracture; ostéolyélite traumatique; jambe perdue et inutilisable; travail assis seul possible; béquilles indispensables; amputation au tiers supérieur réduirait l'incapacité et permettrait l'emploi d'un pilon; refus de l'ouvrier de se laisser opérer; celui-ci ne peut être contraint de subir une opération même classique et sans difficulté, mais dans ce cas, il est équitable de réduire le taux de la rente, par le fait du préjudice que ce refus cause au patron, à 55 % (*J. Briey, 10 avril 1908 : Villetard, IX, 83*).

1436. Ostéo-myélite : Ostéo-myélite du fémur gauche caractérisée par des déformations osseuses dont le développement est en relation avec un coup très violent reçu à la cuisse gauche ; la spontanéité d'une pareille lésion est inadmissible ; rente de 35 % (*J. Abbeville, 8 août 1905 : Minutes*).

Ostéo-périostéite.

1437. Piqûre au bras gauche ; phlegmon; raideur du poignet et des doigts; ostéo-périostéite du radius, amaigrissement du bras; pronation et supination se font à demi; déformation de l'avantbras; flexion du poignet ne se fait qu'au quart ; médius maintenu en demi-flexion phalango-phalanginienne ; éminences thénar et hypothénar atrophiées; traitement mécano-thérapique suivi irrégulièrement ; réduction de la rente de ce chef à 25 % à un aide-tôlier (*J. Seine, 8 nov. 1902 : Villetard, III, 261*).

1438. Tuméfaction douloureuse de la jambe gauche due à un point d'ostéo-périostéite, sans fracture, avec tuméfaction et raideur de l'articulation tibio-tarsienne gauche et anesthésie du gros orteil; rente de 5 % à un camionneur par ce fait que le patron ne saurait être tenu des conséquences du refus de son ouvrier de se laisser soigner, astreindre à un repos rigoureux, et se laisser hospitaliser sans frais pour lui, alors que ce repos de l'hôpital améliorerait notablement son état. Le quantum de la rente doit être calculé en tenant compte de l'amélioration qui aurait été produite par des soins appropriés sans le refus de l'ouvrier (*J. Lyon, 24 mars 1902 et A. Lyon, 10 janv. 1903 : Minutes et Gaz. jud.com.Lyon, 24 fév. 1903*).

1439. Périostéite : Périostéite circonscrite et limitée à la face interne et moyenne du tibia. Impotence du membre à la suite d'une marche et d'une station debout prolongée. Mauvaise nutrition du membre par suite de varices laisse supposer que cet état se prolonge très longtemps ; il peut se livrer à des travaux plus sédentaires ; rente de 30 % (*J. Seine, 11 juil. 1903: Travail, 11, 32*).

1440. NÉCROSE : Ankylose irrémédiable du coude gauche dans une situation telle que l'avant-bras fait avec le bras un angle droit diminuant les mouvements de supination de moitié; abolition complète de ceux de flexion et d'extension ; fracture de l'os coxal gauche ayant entraîné de la claudication ; suppuration entretenue par la nécrose de l'os coxal (du bassin) exigeant des soins très longs et mettant l'ensemble de l'organisme dans un état de moindre résistance. Rente de 75 % à un manœuvre. *Principes :* La rente se fixe sur l'état actuel et non d'après les risques et prévisions de l'avenir. Il n'y a pas lieu de la réduire pour refus de l'ouvrier de se laisser opérer parce que l'opération comporte un aléa et peut mettre les jours de l'ouvrier en péril aux dires mêmes des médecins. (*A. Rennes, 27 fév. 1906 : Recueil Rennes, 1905-1906, I, 77*).

SUR LES OS : *Sarcome : V. encore 1564 ; os iliaque : fracture : 180 ; os malaire : enfoncement : 627 ; blessure : 1249 ; os maxillaire :* V. *Mâchoire; os propres : 1125 ; os temporal : fracture : 933.*

OSTÉITE. — *1431 ; 1342 ; tuberculose, 1647 ; 1676.*

OSTÉO-ARTHRITE. — *1433 ; 1434; tuberculose : 1648 ; 1666 ; 1677.*

OSTÉO-LYÉLITE. — 1435.

OSTEO-MYELITE. — 1436.

OSTÉO-PÉRIOSTÉITE. — 1437 ; 1438.

OTITE DOUBLE. — 91.

OUIE — V. *Oreilles.*

OXYDE DE CARBONE. — V. *Asphyxie.*

PALAIS. — *Anesthésie : 1249.*

PARALYSIE. — *Incapacité permanente partielle :*

1441. Paraplégie incomplète avec troubles graves du mouvement et de la sensibilité ; impossibilité d'exercer une profession exigeant la marche ou la station verticale prolongée ou le développement d'une force musculaire considérable ; instruction insuffisante limite considérablement le choix d'une profession nouvelle ; rente de 90 % à un maçon (*A. Amiens, 17 oct. 1904 : Journal Amiens, 1905, 95*).

La veuve a droit à une rente :

1442. Paralysie générale; conséquence d'un épanchement cérébral à la suite d'une chute sur la tête ; incurabilité ; internement dans un hospice, incapacité absolue d'abord et ensuite après décès dans le délai de révision remplacement de la première rente par une rente de 20 °/₀ (*J. Nantes, 31 juil. 1902: Villetard, III, 264*).

La loi ne s'applique pas :

1443. Ebranlement peu violent chez un manœuvre à la suite duquel on remarque symptômes nerveux et psychiques qui ne laissent pas de doute sur l'existence d'une paralysie générale progressive : la minime importance de l'accident contraste avec l'intensité et la rapidité d'évolution des phénomènes accusés : aucun lien de cause à effet entre la paralysie et le traumatisme ; le choc éprouvé a pu avoir une influence sur une paralysie générale latente qu'il a aggravée, en précipitant son évolution, mais il est impuissant à entraîner les conséquences constatées ; la paralysie est une maladie et le traumatisme ne peut être qu'un épisode occasionnel qui n'a fait que modifier un état-pathologique qui devait se révéler inévitablement à plus ou moins brève échéance (*J. Senlis, 21 déc. 1910 : Minutes*).

Sur la paralysie ; V. encore : *277* ; *1568*.

PARAPLÉGIE. — *1441* ; *spasmodique : 319*.

PARIÉTAL. — *Enfoncement : 354.*

PAROI ABDOMINALE. — *Déchirure, 1* ; V. aussi : *Hernies.*

PAROLE. — 284 ; 1117.

PAROTIDE. — *Tumeur : 1405.*

PAUPIÈRE. — *Autoplastie : 1126.*

PEAU — V. *Ampoule. Dermatite.*

PÉRINÉE. — *Incapacité permanente partielle :*

1444. Rupture périnéale en tombant à cheval sur le rebord d'un bateau ; rente de 14 °/₀ à un manœuvre (*J. Lyon, 26 juil. 1907: Villetard, VIII, 179*).

Sur le périnée : *Plaie :* V. encore : *84 ; fistule urinaire : 178.*

PÉRIOSTÉITE. — 1439.

PERITONITE. — *L'ascendant a droit à une rente de 10 °/₀ :*

1445. Décès des suites d'une péritonite provoquée par un coup de couteau au ventre de l'ouvrier de batteuse âgé de 16 ans qui est à sa charge (*A. Poitiers, 2 déc. 1907 : Bert, 1908, 170*).

Le veuf a droit à une rente de 20 °/₀ :

1446. Décès de sa femme, ouvrière d'usine, des suites d'une péritonite d'origine traumatique deux mois après une lésion interne provoquée en soulevant une caisse, alors qu'avant l'accident l'ouvrière ne s'était plainte d'aucune maladie (*A. Lyon, 7 juin 1900: Sirey-Palais, 1901, II, 282*).

La veuve n'a aucun droit :

1447. Décès de son mari à la suite d'une péritonite alors qu'elle ne prouve pas suffisamment la cause du décès par le certificat initial sommaire délivré au moment de l'admission à l'hôpital, et alors qu'il n'a pas été procédé à l'autopsie et qu'ainsi l'origine traumatique de l'affection morbide n'est pas définitivement établie (*J. Soissons, 1ᵉʳ avril 1903 : Sommaires, 1903, 4915*).

PÉRONÉ. — *Fracture.: 990 ; 995 ; 996 ; 999 ; 1023; 1026 ; 1040 ; 1047 ; 1048; 1058 ; cal volumineux : 999.*

PHARYNX. — *Insensibilité: 854 ; anesthésie: 1249.*

PHLÉBITE. — *Incapacité permanente partielle :*

1448. Phlébite d'origine traumatique par suite de choc ; prédisposition morbide (par suite de varices anciennes) éliminée de l'impotence fonctionnelle dans l'appréciation de la réduction de capacité; efforts des membres inférieurs impossibles ; rente de 33,33 % à un manœuvre. *Arrêt cassé:* parce que la détermination de l'indemnité dépend de deux éléments : le salaire annuel de l'ouvrier, les facultés de travail que lui laisse l'accident ; il n'est donc pas permis d'évaluer les capacités de travail d'après les suites que l'accident aurait eues sans les prédispositions morbides ; on ne doit s'occuper que de la comparaison du salaire ancien et du salaire nouveau ; il ne doit donc pas être statué en éliminant autant que possible de l'impotence fonctionnelle l'élément imputable aux prédispositions morbides (en l'espèce des varices) (*Nîmes, 31 mai 1904, cassé par Cass., 31 juil. 1906 : Travail, 29,87*).

1449. Plaie contuse de la jambe gauche et phlébite des veines profondes du mollet suivie d'une oblitération de ces veines, d'où un œdème dur et persistant qui gêne les fonctions de ce membre et diminue la capacité de travail ; rente de 15 % à un conducteur d'automobile (*J. Seine, 18 mai 1907 : Bert, 1907, 282*).

La loi ne s'applique pas :

1450. Une cécité complète imputable à une phlébite ne donne pas droit à une rente alors que la réalité de l'accident n'est pas démontrée, et que le serait-elle, le simple glissement d'une corde (avec laquelle un maçon hisse un poids de 140 kilogs aidé de 3 camarades) contre la jambe est impuissant à l'avoir provoquée ; il n'y a pas eu atteinte au corps humain provenant de l'action soudaine et violente d'une cause extérieure, ni effort anormal auquel elle pourrait se rattacher (*A. Amiens, 9 mai 1911 : Minutes*).

1451. L'ouvrier qui prétend avoir été atteint d'une phlébite au cours de son travail doit prouver la relation de cause à effet entre son travail et la phlébite alors qu'il est reconnu variqueux et dès lors constitutionnellement prédisposé à la phlébite. *Principes posés:* Si le législateur a voulu exclure du risque professionnel les maladies qui sont la conséquence lente, certaine et presque fatale de la pratique normale de la profession, il a laissé au juge le soin d'apprécier si telle autre maladie qui se manifeste au cours du travail est ou n'est pas accident : on doit admettre qu'il y a accident lorsqu'il est possible d'assigner à la maladie une origine et une date déterminées. (*J. Saint-Etienne, 28 juil. 1902 : Pandectes, 1905, 2, 378*).

PHLEGMON. — *1633 ; à l'épaule : 1562 ; à la main : 7 ; 17 ; 18 ; 21 ; 22 ; 23 ; diffus de la main et de l'avant-bras : 593 ; du pouce droit : 1524.*

PHOTOPHOBIE. — 1750.

PIED. — *Incapacité permanente partielle :*

1452. Amputation ; rente de 65 °/₀ (*J. Bourg, 25 mai 1906 : Villetard, VII, 251*) ; rente de 50 °/₀ à un rattrapeur de rognures de fer qui peut encore trouver une profession lucrative (*J. Lorient, 12 juin 1900 : Villetard, I, 146*).

1453. Fracture ; luxation partielle de l'astragale sur le calcanéum ; effacement de la voûte plantaire ; déviation du pied en dedans ; raideur articulaire de la région tibio-tarsienne et astragalo-calcanéenne ; claudication douloureuse ; rente de 25 °/₀ à un maçon (*J. Senlis, 3 fév. 1904 : Minutes*).

1454. L'infirmité qui rend, sinon, tout à fait impossible, du moins très douloureuse la station debout de la victime donne droit à une rente de 40 °/₀ (*A. Nancy, 9 mai 1901 : Bert, 1901, 287*).

1455. Boiterie : rente de 20 °/₀ (*A. Nancy, 28 juin 1901 : Bert, 1901, 387*) ; de 25 °/₀ (*J. Seine, 7 août 1901 : Bert, 1901, 288 ; J. Lille, 28 juin 1900 : Travail, III, 361*) ; de 33 °/₀ (*A. Paris, 7 juil. 1900 : Travail, III, 475*) ; de 50 °/₀ (*A. Montpellier, 12 juil. 1900 : Travail, III, 384*).

1456. Fracture de l'articulation ; gonflement et raideur articulaire qui peuvent être réduits par un traitement mécanothérapique ; la rente est réduite par le fait du refus de l'ouvrier de la subir, de 8 °/₀ à 4 °/₀ (*A. Toulouse, 4 août 1903 : Villetard, IV, 218*).

1457. Écrasement du pied laisse une cicatrice irrégulière et cornée qui se termine en avant par un pli cutané siégeant sur la partie moyenne de la face plantaire ; lorsque le blessé appuie le pied à terre, ce pli est pincé violemment et provoque de vives douleurs ; la marche a lieu sur le bord externe du pied ; une opération aurait permis d'étaler ce pli, mais l'ouvrier se refuse à la laisser pratiquer quoique bénigne ; un durillon se forme sur le bord extérieur et aggrave l'état de la première lésion : deux opérations seraient nécessaires actuellement sans gravité, ou le port d'une chaussure orthopédique ; le nouveau durillon ne s'est formé que par le refus de subir le traitement nécessaire et cette aggravation n'est pas la conséquence normale de l'évolution du traumatisme ; c'est pourquoi la demande en révision doit être rejetée (*A. Paris, 20 juil. 1909 (sur révision) et Cass. rejet, 15 fév. 1910 : Travail, 41, 158*).

SUR LE PIED : *Articulation tibio-tarsienne : entorse :* V. *1160 ; tuberculose : 1656.*

PIED BOT. — 1065.

PIED DROIT. — *Incapacité permanente partielle :*

1458. Amputation ; il ne peut désormais se mouvoir qu'en faisant usage d'une jambe artificielle dite de Panos, mais ne peut se livrer ainsi à aucun travail exigeant la marche prolongée, la station debout ou toute autre occupation entraînant rapidement la fatigue du membre inférieur; rente de 75 % à un agent de chemin de fer (*A. Bordeaux, 11 mai 1905 : Recueil Bordeaux, 1906, I, 14*).

1459. Amputation sous-astragalienne ; rente de 60 % à un car-- rier dont l'état est plus préjudiciable que s'il eût été amputé de la cuisse et marchât avec un pilon (*A. Rennes, 25 nov. 1902 : Recueil Rennes, 1902, I, 18*).

1460. Amputation de la moitié ; rente de 40 % à un poseur de rails (*J. Senlis, 23 déc. 1903 : Minutes*).

1461. Amputation de trois orteils avec désarticulation tarso-métatarsienne ; rente de 66 % (*J. Sarlat, 13 déc. 1899 : Travail, I, 86*).

1462. Amputation du pied ; rente de 60 % ramenée par la faute inexcusable de l'ouvrier de 19 ans à 40 % (*A. Rennes, 24 juin 1902 : Recueil Rennes, 1902, I, 10*).

1463. Déformation entraînant la station debout prolongée pénible ; rente de 25 % à un serrurier (*A. Grenoble, 11 nov. 1907 : Recueil Grenoble, 1908, 9*).

Rente minime accordée :

1464. Entorse tibio-tarsienne avec lésions persistantes de synovite chronique ; rente de 5 % (*A. Rennes, 14 mars 1906 : Villetard, VII, 251*).

Sur le pied droit : *Perte de l'usage :* V. encore : *1090 ; déviation : 622 ; 1014 ; 1095 ; demi-ankylose : 364 ; troubles trophiques : 622; limitation des mouvements de l'articulation tibio-tarsienne : 622 ; gêne : 997 ; 1022 ; arthrite : 185 ; 1009 ; ankylose : 998 ; 1125 ; raideur : 1011 ; atrophie : 1012.*

PIED GAUCHE. — *Incapacité permanente partielle :*

1465. Amputation ; rente de 80 % à un carrier (*J. Senlis, 10 juin 1903 : Minutes*).

1466. Amputation au=dessus du cou-de-pied ; rente de 50 % à un charretier (*A. Nancy, 8 mars 1901 : Recueil Nancy, 1900-1901, 112*).

1467. Perte des orteils et des métatarsiens ; l'état du pied nécessite l'emploi de béquilles ; rente de 55 % à un terrassier (*A. Paris, 26 mars 1904 : Dalloz, 1906, II, 87*).

1468. Section du pied, à la scie, du gros orteil au talon ; rente de 50 % à un scieur à la mécanique (*A. Rennes, 20 juin 1905 : Recueil Rennes, 1905, I, 26*).

1469. Amputation d'une partie du pied ; l'astragale et le calcanéum ont pu être conservés; la marche reste libre dans une certaine mesure mais il n'en reste pas moins une notable diminution de capacité ; rente de 40 % à un employé de chemin de fer (*A.*

Nancy, 27 avril 1901 : Recueil Nancy, 1900-1901, 291).

1470. Fracture par écrasement des deux calcanéums ; ankylose du pied ; rente de 50 % à un peintre (*J. Seine, 10 mai 1910 : Gaz. Palais, 1910, I, 735).*

1471. Ankylose incomplète de l'articulation tibio-tarsienne conséquence d'une arthrite suppurée ; celle-ci n'a pas été la conséquence fatale de l'entorse ; cependant sans l'entorse, elle ne serait probablement pas développée ; le malade portait en lui la prédisposition à l'arthrite et c'est incontestablement l'entorse qui a éveillé la diathèse. *Principes :* Dans le règlement de l'indemnité il ne doit pas être tenu compte des prédispositions morbides, latentes ou non, grâce auxquelles les suites de l'accident ont pu se trouver considérablement aggravées et sans lesquelles l'état d'incapacité de la victime aurait été moindre ; il n'y a pas de cause d'atténuation dans la loi ; de plus, en tenant compte des prédispositions morbides latentes chez certains ouvriers, à leur insu, alors qu'en limitant leurs capacités de travail, elles peuvent avoir affecté déjà leur salaire, on s'exposerait à faire produire deux fois effet à la même cause ; rente de 50 % (*J. Boulogne-sur-Mer, 7 déc. 1901 : Gaz. Tribunaux, 1902, I, 2, 449).*

1472. Raccourcissement du pied avec saillie osseuse sur le pied qui rend la marche difficile et rend obligatoire le port d'une chaussure spéciale ; gêne dans les mouvements de la jambe ; rente de 50 % à un manœuvre (*J. Marseille, 7 nov. 1900 : Recueil Marseille, 1901, 324).*

1473. Bris du pied avec ankylose du cou-de-pied et léger renversement du pied en arrière ; rente de 45 % (*A. Rennes, 4 mars 1902 : Recueil Rennes, 1902, I, 34).*

1474. Fracture ordinaire ; rente de 33 % (*A. Caen, 23 févr. 1903 : Recueil Caen, 1903, 71).*

1475. Fracture de la cheville ; il n'a plus l'usage complet et absolument libre de ce membre ; il ne peut plus se livrer aussi facilement à sa profession ; rente de 25 % à un ouvrier maréchal de 19 ans (*A. Paris, 27 juil. 1901 : Bert, 1901, 257).*

1476. Gêne dans la marche et dans le pied à la suite d'une fracture de la cheville ; rente échelonnée de 50 % pendant quinze mois et ensuite de 10 % à un charpentier. *Pourvoi rejeté :* parce que lorsque l'incapacité de l'ouvrier, tout en demeurant permanente s'est atténuée au cours de l'instance en fixation de rente, on peut par un seul et même arrêt attribuer au demandeur une certaine rente depuis le jour de la consolidation de la blessure jusqu'au jour de l'atténuation de l'incapacité, et une rente moindre à partir de cette dernière époque ; on ne fait ainsi que réviser, pour cause d'atténuation, la rente qu'on vient de fixer (*A. Paris, 4 avril 1903 et Cass. rejet, 27 fév. 1905 : Dalloz, 1906, I, 17).*

1477. Diminution sensible dans l'amplitude du mouvement de flexion du pied ; rente de 20 % à un couvreur (*J. Senlis, 4 mars 1908 (sur révision) : Minutes*).

1478. Raccourcissement du pied de 2 centimètres; marches prolongées impossibles : déplacement du point d'appui de la voûte plantaire, de la tête du premier métatarsien sur celles des troisième et quatrième; le gros orteil est tordu sur son axe; 'ongle regarde en haut et en dedans; saillie au-dessus de la base de l'orteil du fragment supérieur du premier métatarsien ; extension limitée; les deuxième et troisième orteils sont rétractés ; cal osseux englobe le premier et le deuxième métatarsien ; rente de 16,50 % à un charretier (*J. Senlis, 18 juin 1902 : Minutes*).

1479. Amputation des orteils et métatarses du pied gauche d'un ouvrier presseur de 15 ans; rente de 60 % pour la première année parce que l'état de gêne est plus grand, de 40 % pour les années suivantes ce qui n'est en rien contraire au principe forfaitaire de la loi (*J. Toulouse, 30 juil. 1903 : Minutes*).

1480. Fracture et tuméfaction sensible du premier métatarsien de sorte que les mouvements du pied sont limités et douloureux; arthrite avec épaississement des capsules articulaires d'où résulte une gêne réelle et une certaine douleur pendant la station debout et pendant la marche; à raison de ce que les phénomènes de l'arthrite céderont progressivement; la rente est échelonnée de 20 % la première année, de 15 % les années suivantes (*J. Nancy, 30 oct. 1902 : Recueil Nancy, 1902-1903, 30*).

1481. Claudication; flexion et extension diminuées; rente de 30 % à un couvreur (*J. Senlis, 5 avril 1910 : Minutes*).

1482. Claudication continue; quoique susceptible d'atténuation possible dans un an, la rente doit être fixée d'après l'état présent, sauf révision; rente de 50 % à un mineur (*J. Gex, 3 juil. 1901 : Bert, 1901, 303*).

1483. Limitation des mouvements de flexion et d'extension; marche prolongée impossible ; station verticale prolongée très pénible; rente de 50 % à un maçon (*J. Senlis, 5 mai 1903 : Minutes*).

1484. Entorse, marche difficile; rente de 15 % à une employée de batteuse (*J. Senlis, 26 mai 1909 : Minutes*).

1485. Pied plat vulgus droit d'origine non traumatique, antérieure à l'accident, se révèle à la suite d'une fracture de la jambe gauche qui a imposé un travail exagéré à la jambe droite et devient douloureux; troubles permanents de marche : chaussure orthopédique nécessaire ; l'apparition précoce, due à un accident du travail, de troubles qui seraient survenus normalement plus tard par le fait de l'âge doit être considérée comme une incapacité permanente et donne droit à une rente de 6 % à un ouvrier de constructeur-mécanicien (*J. Seine, 20 fév. 1907 : Gaz. Tribunaux, 1907, II,2, 48*).

Sur le pied gauche : *Déviation* : V. encore : *1060 ; raideur : 1040 ; ankylose : 1050 ; subluxation : 1048 ; projection en dehors : 386 ; atrophie : 1053 ; dilatation veineuse : 1045 ; déplacement de l'aplomb, équinisme : 1059 ; tuberculose : 1677 ; articulation tibio-tarsienne : ankylose : 268 ; lésion : 1041 ; pseudarthrose : 1043 ; raideur : 1060 ; épaississement : 1067.*

PIED PLAT VULGUS. — 1485.

PIEDS. — *Incapacité permanente absolue.* Rente des 2/3 :

1486. Amputation des deux pour un homme d'équipe dont l'instruction est rudimentaire ; apprentissage de métier sédentaire impossible à l'âge de 43 ans (*J. Lyon, 1er avril 1907 : Gaz. Tribunaux, 1907, II, 2, 302*).

Incapacité permanente partielle :

1487. Fracture du calcanéum droit avec aplatissement de la voûte plantaire, ankylose des articulations médio-tarsienne et astragalo-calcanéenne, œdème chronique et douleurs réelles mais exagérées (Rente de 15 à 18 °/₀ de ce chef seul). Grâce à un premier accident survenu pendant son service militaire qui a compromis le pied gauche, il lui est impossible d'exercer une profession exigeant la marche ou la station debout prolongée ; la somme de ces incapacités lui donne droit à une rente de 65 °/₀ pour l'ensemble de l'impotence fonctionnelle et sans tenir compte de la pension militaire qu'il touche du chef du premier accident. *Principes :* On ne doit pas rechercher l'état d'infériorité physique antérieur à l'accident : la seule base d'appréciation est la différence entre le salaire avant l'accident et le salaire futur (*A. Paris, 31 mai 1910 : Segard, 1910, I, 114*).

PLEURÉSIE. — *Incapacité permanente partielle :*

1488. Contusion grave du thorax à la base du poumon gauche ; lésions de pleurite adhésive de ce poumon ; diminution du pouvoir d'ampliation normale, tiraillements douloureux dans les aspirations fortes ; cet état présente le caractère de véritables lésions cicatricielles définitives ; rente de 45 °/₀ (*A. Montpellier, 17 déc. 1904 : Villetard, V, 407*).

1489. Épanchement pleurétique à la suite de la fracture d'une côte droite ; souffle et frottements pleurétiques avec légère déformation du côté ; légère déviation de la colonne vertébrale ; troubles respiratoires pouvant occasionner une gêne sérieuse et un état de faiblesse générale ; le traumatisme a mis la plèvre et le poumon droit dans des conditions de moindre résistance et a été tout au moins la cause occasionnelle de l'incapacité subie ; les troubles pourront disparaître peut-être totalement ; rente de 25 °/₀ (*J. Gannat, 20 juil. 1904 : Travail, 17, 39*).

La veuve a droit à une rente de 20 °/₀ :

1490. En faisant une chute l'ouvrier se contusionne le poumon droit qui était le siège de lésions tuberculeuses insoupçonnées et qui, suivie de congestion a eu pour conséquence le développement d'une pleurésie droite à laquelle l'ouvrier succombe un mois après. La marche de cette maladie a été un peu plus lente qu'à l'ordinaire, mais la succession des accidents, leur apparition dans leur ordre normal doit faire admettre qu'entre l'accident et la pleurésie, puis la mort, il y a eu relation de cause à effet. Le décès est la suite d'un accident du travail (*A. Paris, 4 mai 1906 : Bert, 1906, 250*).

1491. Complications pleuro-pulmonaires déterminées par une fracture d'une côte droite qui entraînent la mort ; relation de cause à effet entre l'accident (manœuvre d'un poids de 400 kilos avec d'autres ouvriers) et la mort. *Pourvoi rejeté* : parce que les juges du fait constatent souverainement la relation de cause à effet entre le travail et l'accident (*A. Caen, 19 mars 1902, et Cass. rejet, 18 juil. 1904 : Dalloz, 1906, I, 107*).

PLEURITE. — 1488.

PLEURODYNIE. — 1111.

PLÈVRE — V. *Pleurésie*.

PNEUMONIE. — *Incapacité permanente partielle :*

1492. Pneumonie grave à la suite d'une chute sur le côté gauche a mis l'ouvrier en danger à cause de son grand âge ; mais il est complètement guéri ; s'il eût été plus jeune il aurait pu revenir à son état normal et reprendre son travail habituel mais il ne pourra dans l'avenir avoir la même force qu'autrefois ; son grand âge a joué un grand rôle dans sa diminution de capacité ; rente de 50 % à un journalier qui à cause de sa vieillesse avait un salaire réduit. *Principes :* La loi ne contient aucune disposition énonçant qu'en cas d'aggravation de l'incapacité de travail suite d'un accident, aggravation provenant de lésions, d'infirmités préexistantes, de l'âge de la victime, les indemnités qu'elle accorde pourront être supprimées ou réduites : on ne saurait rechercher si à côté de l'accident il n'existe pas dans la constitution physique de la victime des motifs d'atténuation ou de suppression de la responsabilité patronale (*A. Lyon, 7 août 1901 : Minutes*).

La veuve a droit à une rente de 20 % :

1493. A la suite d'une chute grave d'un contremaître, et d'un traumatisme violent dans la région thoracique, de contusions à la nuque et aux reins, le décès survient après des crachements de sang, par pneumonie du poumon droit laquelle s'est révélée dans le délai normal d'évolution et qui est bien la conséquence de l'accident. Si l'accident n'a pas directement causé la pneumonie, il a du moins favorisé son développement et lui a donné une gravité spéciale. *Principes :* Il suffit que la relation de cause à effet soit établie dans une mesure appréciable entre la maladie cause du décès et l'accident pour que le droit à rente soit acquis alors qu'il est certain que l'accident ne serait que pour partie la cause de la mort (*A. Rennes, 20 juin 1905 : Recueil Rennes, 1905, I, 29*).

1494. Poignet droit mutilé avec grande perte de sang; l'amputation devient nécessaire et le scieur de long décède des suites d'une pneumonie survenue à la suite d'une attaque d'influenza ; l'énorme perte de sang subie le jour de l'accident, la suppuration prolongée du membre amputé ont mis le blessé dans les conditions les plus défavorables pour résister à une maladie qui en temps d'épidémie, enlève à peu près toutes les personnes débilitées qui en sont atteintes ; la pneumonie consécutive à l'attaque d'influenza a constitué une complication de l'opération qui n'a pu être évitée; la forte perte de sang est une des causes déterminantes du décès (*J. Mirecourt, 19 juil. 1900 : Recueil Nancy, 1900-1901, 13*).

1495. Décès des suites d'une pneumonie double avec endocardite provenant d'un refroidissement général par suite de la chute de l'ouvrier dans une rivière, au cours de son travail. *Principes :* L'accident consiste dans toute lésion corporelle provenant de l'action soudaine d'une cause antérieure à l'exclusion de toute maladie professionnelle provenant d'une cause lente et durable (*A. Rennes, 14 janv. 1903 : Recueil Rennes, 1902, I, 52*).

1496. Décès d'un fumiste des suites d'une pneumonie infectieuse provoquée par une chute (*A. Paris, 2 nov. 1901 : Bert, 1902, 141*).

1497. Contusions graves chez un maçon, notamment au thorax amènent l'inflammation des poumons dont les symptômes apparaissent trois jours après l'accident, et déterminent une fluxion de poitrine qui entraîne la mort (*A. Grenoble, 4 avril 1900 : Recueil Grenoble, 1901, 41*).

La loi est applicable :

1498. Décès d'une pneumonie de caractère traumatique déterminée par des lésions thoraciques, fracture de plusieurs côtes sur le côté droit du thorax ; il y a relation de cause à effet entre la mort et l'accident ; l'accident a été la cause directe de sa mort (*A. Nancy, 19 juil. 1901 : Recueil Nancy, 1900-1901, 212*).

La veuve n'a aucun droit :

1499. Décès des suites d'une broncho-pneumonie grippale, de forme infectieuse qui s'est déclarée au cours du traitement d'une fracture transversale de la rotule ; pas de relation directe de cause à effet entre la fracture et la mort survenue un mois après; l'accident n'a pas été la cause déterminante de la mort quoique l'ébranlement nerveux produit par la fracture et l'obligation de rester couché pendant le traitement de la fracture aient placé le malade dans des conditions d'infériorité physique pour lutter contre une maladie aiguë, alors qu'il existe une épidémie de grippe infectieuse à ce moment dans la ville (*A. Toulouse, 5 janv. 1904 : Ville-tard, V, 2, et 11, 39*).

POIGNET. — *Incapacité permanente partielle :*

1500. Fracture de l'extrémité inférieure du radius avec entorse du poignet, non réduite et consolidée. Mouvements du poignet encore gênés et pénibles; amélioration progressive possible mais aléatoire; rente de 15 % à un journalier (*A. Rouen, 4 avril 1908 : Recueil Rouen, 1908, 12*).

*Incapacité permanente **nulle ou légère**.* Aucun droit à rente:

1501. Fracture ; réparation parfaite sans déplacement par un cal peu appréciable ; mouvements de l'articulation radio-carpienne normaux; gêne momentanée subsiste, mais trop faible pour influer sur le salaire (*A. Rouen, 5 déc. 1908 : Villetard, X, 214*).

Sur le poignet : *Déformation :* V. encore : *1028.*

POIGNET DROIT. — *Incapacité permanente partielle :*

1502. Amputation ; rente de 75 % à un manœuvre (*A. Paris, 18 janv. 1910 : Travail, 41, 107*); à un ouvrier de papeterie (*A. Grenoble, 27 mars 1901 : Recueil Grenoble, 1901, 152*); à un conducteur de train, pour lequel l'incapacité ne saurait être absolue parce que son état général de santé n'a pas été atteint, et que jeune encore il est pourvu d'une certaine instruction (*A. Dijon, 2 avril 1900 : Gaz. Palais, 1900, I, 617*).

1503. Perte complète de l'usage du poignet et de la main ; rente de 80 % à un tailleur de pierres (*A. Caen, 21 juil. 1902 : Recueil Caen, 1902, 134*).

1504. Ankylose du poignet avec état inerte de quatre doigts de la main, le pouce pouvant exécuter quelques mouvements de préhension ; rente de 60 % à un ouvrier de scierie (*A. Grenoble, 7 avril 1905 : Recueil Grenoble, 1905, 100*).

Sur le poignet droit : *Amputation :* V. encore: *1130 ; raideur : 224 ; déviation et non flexion : 206 ; déformation : 157 ; ankylose : 342 ; diminution des mouvements : 218 ; manque de souplesse : 1151.*

POIGNET GAUCHE. — *Incapacité permanente partielle :*

1505. Amputation de la main et du poignet ; rente de 60 % à un tuilier (*A. Grenoble, 15 juin 1906 : Recueil Grenoble, 1906, 228*).

1506. Kyste synovial ; paralysie du nerf cubital; rente de 25 % (*A. Douai, 23 mars 1903 et Cass. rejet, 9 janv. 1906 (sur révision) : Dalloz, 1907, I, 181*)

1507. Saillie marquée du bord antérieur de l'extrémité du radius ; légère déviation de la main en dehors ; limitation de la flexion de la main sur l'avant-bras; rente de 15 % à un maçon (*J. Senlis, 26 mai 1903 : Minutes*).

1508. Luxation irréductible alors qu'il était atteint d'une difformité du poignet depuis quatre ans ; l'ouvrier peut reprendre sa profession qui n'est que de surveillance, sa capacité n'étant diminuée que dans une très faible mesure. *Principes* : On ne doit pas s'inspirer du changement de profession ou de toutes autres causes que la réduction de salaire provenant directement du fait de l'accident ; rente de 10 % à un contremaître (*J. Grenoble, 14 janv. 1901 : Recueil Grenoble, 1901, 187*).

1509. Entorse ; raideur insignifiante ; épaississement du cal de la main ; rente de 10 % à un maçon (*A. Lyon, 18 oct. 1905 : Villetard, VII, 260*).

1510. Entorse ; fracture du radius gauche par cause directe au quart inférieur ; perturbation interarticulaire dans les os du carpe ; arrachement de l'apophyse styloïde ; gêne dans les mouvements ; rente de 7 % à un chauffeur (*A. Amiens, 20 nov. 1909 : Minutes*).

Sur le poignet gauche : *Ankylose :* V. encore : *1164 ; raideur : 66 ; 166 ; 244 ; luxation et déformation : 251 ; disjonction : 246 ; entorse : 255 ; déformation : 388 ; faiblesse : 496 ; limitation des mouvements : 502 ; extension limitée : 526.*

POIGNETS. — *Incapacité permanente partielle :*

1511. Perte de la valeur fonctionnelle du poignet droit en grande partie et perte de l'usage du poignet gauche ; rente de 68 % (*J. Lille, 26 avril 1900 : Travail, III, 209*).

POLYURIE. —.398.

POTT (Mal de). — *320 ; tuberculose : 1651.*

POUCE. — *Incapacité permanente partielle :*

1512. Perte de la phalangette avec troubles vasculaires et trophiques du moignon atrophié ; rente de 12 % à un rattacheur (*J. Lille, 13 mai 1910 : Recueil judiciaire Nord, 1910, 319*).

Incapacité permanente nulle ou légère. Aucun droit à rente :

1513. Section de l'extrémité, un peu au-dessus de la première articulation (*J. Seine, 16 janv. 1901 : Villetard, II, 52*).

1514. Gêne subsistante qui sera insignifiante dans l'avenir surtout pour un charretier ; réduction serait de 3 % (*A. Montpellier, 20 janv. 1910 : Moniteur Midi, 27 mars 1910*).

Sur le pouce : V. aussi *Doigts. Main.*

POUCE DROIT. — *Incapacité permanente partielle :*

Amputation complète.

1515. Rente de 33,33 % à un scieur (*A. Riom, 30 janv. 1904 : Recueil Riom et Limoges, 1903-1904, 64*) ; de 33 % à un vannier (*A. Nancy, 9 nov. 1903 : Recueil Nancy, 1902-1903, 298*) ; de 16,66 % (*J. Toulouse, 13 janv. 1900 : Nord Judiciaire, 1900,*

140) ; de 10 °/₀ à un mineur (*J. Béthune, 18 janv. 1900 : Bert, 1900, 296*).

1516. Rente de 40 °/₀, sans tenir compte de ce que le salaire de l'ouvrier aurait été augmenté dans un avenir prochain (*J. Bordeaux, 7 mai 1900 : Travail, 3, 297*).

1517. Perte par suite de désarticulation ; rente de 16,66 °/₀ (*J. Lille, 13 janv. 1900 : Nord Judiciaire, 1900, 140*).

1518. Arrachement complet ; par la faute inexcusable de l'ouvrier de mine la rente est réduite de 20 °/₀ à 10 °/₀ (*A. Douai, 27 nov. 1906 : Travail, 29, 71*).

Amputation partielle.

1519. Amputation des deux phalanges et de la tête du premier métacarpien ; le pouce est indispensable pour la préhension et le moignon qui subsiste ne peut produire aucune force de préhension ; rente de 83,30 °/₀ à un raboteur (*J. Lectoure, 3 janv. 1900 : Travail, 3, 148*).

1520. Section des tendons extenseurs rendant les mouvements de préhension impossibles ; rente de 30 °/₀ à un terrassier de 58 ans (*A. Nancy, 15 janv. 1901 : Travail, 3, 723*).

1521. Perte de la deuxième phalange ; entraînerait une réduction de 50 °/₀ ; l'ouvrier refuse de se soumettre à une opération exempte de toute gravité qui ramènerait à 10 ou 15 °/₀ l'incapacité. L'ouvrier est dans son droit, mais le patron n'est tenu que du préjudice résultant directement de la blessure et non de l'aggravation due au mauvais vouloir de l'ouvrier : rente de 15 °/c à un ouvrier des ports (*A. Aix, 21 déc. 1901: Gaz. Palais, 1902, I, 187*).

1522. Désarticulation de la deuxième phalange ; rente de 20 °/₀ (*J. Bordeaux, 21 janv. 1901: Recueil Bordeaux, 1901, II, 31*).

1523. Perte de la première phalange ; rente de 15 °/₀ à une ouvrière (*A. Bordeaux, 5 fév. 1903 : Recueil Bordeaux, 1903, I, 312*).

1524. Perte de la première phalange avec légère ankylose consécutive à un phlegmon déterminé par un choc violent sur le doigt déjà ulcéré par la nature du travail exécuté ; l'ouvrier peintre a droit à une rente. *Principes :* La loi comprend dans les risques de l'industrie toutes les incapacités résultant d'accident du travail, sans qu'il soit nécessaire que l'accident ait été la cause exclusive de l'infirmité, pourvu qu'il en ait été la cause efficiente (*A. Douai, 25 fév. 1902 : Jurisprud. Douai, 1902, 140*).

1525. Perte de la moitié de la première phalange ; rente de 12 °/₀ à un conducteur typographe quoique son patron ne lui fasse subir aucune réduction de salaire. *Principes :* Les tribunaux, en tenant compte des divers éléments d'appréciation résultant de l'âge, de la situation actuelle, des aptitudes de l'ouvrier fixent dans quelle mesure l'accident a diminué la capacité professionnelle du blessé et doit par une conséquence nécessaire entraîner dans l'avenir une diminution proportionnelle de son salaire normal (*A. Paris, 5 janv. 1901 : Bert, 1901, 125*).

ANKYLOSES ; RAIDEURS.

1526. Ankylose de l'articulation de la première phalange sur la seconde avec impossibilité des mouvements de flexion et d'extension de cette phalange ; faculté de préhension diminuée sensiblement ; rente de 20 °/₀ à un tailleur de pierres (*A. Rennes, 24 janv. 1905 : Recueil Rennes, 1904-1905, I, 38*).

1527. Raideur très accentuée de l'articulation de la première et de la deuxième phalange sans ankylose cependant ; arthrite chronique du pouce ; cet état doit s'améliorer mais sera longtemps d'une grande gêne pour l'ouvrier-fondrier ; rente de 10 °/₀ (*A. Nîmes, 5 juin 1901 et Cass. rejet, 24 fév. 1902 : Dalloz, 1902, I, 339*).

1528. Fracture de la première phalange occasionnant une ankylose qui peut durer longtemps ; rente de 11,11 °/₀ à un manœuvre (*A. Bordeaux, 20 déc. 1900 : Recueil Bordeaux, 1901, I, 88*).

1529. Diminution de la flexion ; rente de 8 °/₀ à un manœuvre (*A. Chambéry, 1ᵉʳ mai 1907 : Gazette Tribunaux, 1907, II, 2, 204*).

Rente minime accordée :

1530. Rigidité complète et définitive ; rente de 5 °/₀ (*J. Lyon, 2 mars 1900 : Moniteur Lyon, 28 juil. 1900*).

Incapacité permanente nulle ou légère. Pas de droit à rente :

1531. Raccourcissement de 6 millimètres environ du pouce ; ongle repoussé et restera difforme ; extrémité du pouce est rouge, revêtue d'une peau mince et sensible à la pression ; incapacité serait de 1 à 2 °/₀ ; simple gêne momentanée qui ne diminue pas la capacité de travail (*J. Montluçon, 25 juin 1910 : Gaz. Palais, 1910, II, 650*).

POUCE GAUCHE. — *Incapacité permanente partielle :*

AMPUTATION COMPLÈTE.

1532. Rente de 15 °/₀ à un tailleur de pierres (*J. Senlis, 17 mai 1907 : Minutes*) ; rente de 20 °/₀ à un manœuvre dans une fabrique de porcelaine, en prenant en considération que cette amputation ne peut avoir pour un non gaucher des conséquences aussi graves que l'amputation du pouce droit (*A. Limoges, 3 nov. 1902 et Cass. rejet, 12 janv. 1904 : Dalloz, 1909, I, 444*) ; rente de 25 °/₀ à un tonnelier (*A. Grenoble, 19 mai 1905 : Recueil Grenoble, 1905, 240*) ; de 30 °/₀ à une ouvrière fileuse (*J. Marseille, 26 déc. 1902 : Recueil Aix-Marseille, 1903, 150*) ; de 33,33 °/₀ à un ouvrier brocheur qui ne peut reprendre son métier (*A. Nancy, 23 mai 1900 : Recueil Nancy, 1899-1900, 257*).

AMPUTATION PARTIELLE.

1533. Amputation presque au niveau de l'articulation méta-carpo-phalangienne ; le moignon mobile est utile ; rente de 16 % à un ouvrier d'usine (*J. Senlis, 27 juil. 1910 : Minutes*).

1534. Amputation de la deuxième phalange ; rente de 20 % à un rogneur (*J. Seine, 16 mai 1905 : Bert, 1905, 372*).

1535. Perte de la moitié de la deuxième phalange; rente de 8 % (*J. Marseille, 30 déc. 1902 : Recueil Aix-Marseille, 1903, 154*).

1536. Perte de la dernière phalange ; rente de 20 % (*J. Saint-Omer, 15 mars 1900 : Travail, III, 147*) ; de 7,50 % à une laveuse (*J. Senlis, 4 mars 1902 : Minutes*).

1537. Même accident. Rente de 10 % à un contremaître et dessinateur. *Principes :* La réduction de capacité est appréciée en tenant compte de ce que le patron offre de reprendre l'ouvrier au même salaire (quoiqu'en réalité l'ouvrier soit employé ailleurs) et sans envisager les causes de diminution de salaires dérivant de toutes autres causes que du fait de l'accident, telles que le changement volontaire de profession, le désir de se rapprocher de sa famille dans une région où des industries similaires ne payent pas le même salaire à la même catégorie (*A. Grenoble, 27 nov. 1900 : Recueil Grenoble, 1901, 34*).

1538. Même accident. Rente de 40 % à un homme d'équipe ; l'importance du pouce est celle des quatre autres doigts réunis, mais n'équivaut pas à la perte complète de l'usage de la main (*J. Carcassonne, 23 nov. 1900 : Bert, 1901, 80*).

1539. Perte de la phalangette et gêne dans les articulations subsistantes; rente de 5 % (*J. Seine, 18 déc. 1909 : Villetard, X, 352*).

1540. Ablation de la moitié de la première phalange ; rente de 10 % à un journalier (*A. Nîmes, 24 juin 1902 : Travail, 7, 244*).

1541. Privation de partie de la phalangette ; le pouce est raidi et partiellement atrophié ; rente de 10 % à un apprenti (*J. Saint-Etienne, 13 mai 1901 : Bert, 1901, 278*).

1542. Section oblique de la phalangette ; rente de 8 % à un mécanicien que le patron a repris au même salaire (*J. Lyon, 21 mars 1900 : Dalloz, 1900, II, 449*).

1543. Perte de l'articulation de la phalangette ; rente de 12 % (*J. Beauvais, 9 mars 1906 : Recueil Assurances, 1906, 236*) ; rente de 5 % à un mécanicien (*J. Lille, 23 nov. 1905 : Travail, 20, 68*).

1544. Perte de l'ongle, déformation du doigt ; rente de 10 % à un employé de tramway, quoique le patron ait augmenté les salaires (*A. Bordeaux, 7 mai 1901 : Recueil Bordeaux, 1902, 1, 20*)

1545. Ecrasement de la face palmaire; rente de 15 % à un maçon (*J. Senlis, 29 nov. 1904 : Minutes*).

1546. Blessures à la phalangette ; capacité professionnelle recouvrée progressivement ; rente échelonnée décroissante à un scieur à la mécanique ; 30 % la première année, s'écoulant entre l'accident et le prononcé du jugement ; 8 % les années suivantes (*A. Rennes, 7 nov. 1905 : Recueil Rennes, 1905, I, 42*).

ANKYLOSES.

1547. Ankylose et renversement en arrière ; rente de 12,50 % à un tourneur sur métaux (*A. Rennes, 16 janv. 1901 : Recueil Rennes, 1902, I, 32*).

1548. Ankylose ; rente de 21 % (*J. Lunéville, 3 mai 1900 : Travail, III, 224*).

1549. Déformation et ankylose presque complète de la deuxième phalange. Privation d'une partie importante des fonctions du doigt; rente de 60 % à une ouvrière glaceuse de 19 ans (*A. Lyon, 25 mars 1902 : Gaz. Palais, 1902, I, 671*).

1550. Ankylose de la dernière phalange ; la main se trouve privée d'une partie de ses moyens d'action ; rente de 30 % à un mineur (*J. Seine, 13 janv. 1900 : Dalloz, 1900, II, 81*) ; rente de 15 % (*A. Paris, 23 juin 1900 : Travail, III, 470*).

1551. Perte de consistance avec atrophie des articulations par suite de l'enlèvement des os brisés ; la diminution ne saurait être supérieure à 25 % pour un ouvrier d'usine car les ouvriers privés d'un doigt surtout gauche arrivent à acquérir la même habileté que par le passé alors surtout qu'il s'agit de travaux ne nécessitant aucune aptitude spéciale et qui peuvent être confiés au premier journalier venu (*J. Corbeil, 20 juil. 1900 : Travail, 3, 386*).

FAUTE INEXCUSABLE.

1552. Amputation presque complète du doigt ; gêne assez considérable ; la capacité de l'ouvrier doit être fixée sans tenir compte du salaire touché après la reprise du travail; par la faute inexcusable de l'ouvrier ; la rente est réduite de 25 % à 10 % à un apprenti (*J. Bourg, 22 déc. 1903 : La Loi, 29 déc. 1903*).

1553. Amputation de la deuxième phalange chez un enfant de 13 ans ; la rente de 25 % est élevée à 36,50 % par la faute inexcusable du patron (*J. Valenciennes, 3 mai 1900 : Gaz. Tribunaux, 1902, 2, 2, 384*).

Rentes minimes accordées :
1554. Amputation de la phalangette ; l'ongle a repoussé en partie ; gêne dans la préhension; rente de 2 % à un manouvrier (*J. Senlis, 4 fév. 1905 : Minutes*).

1555. Lésion de l'articulation métacarpo-phalangienne ; rente de 5 °/₀ à un terrassier parce que l'appui de l'outil sur le doigt traumatisé se fait avec une force moindre et que la main gauche est plus faible qu'avant (*A. Paris, 6 déc. 1910 : Journal Assurances, 1911, 189*).

Incapacité permanente nulle ou légère. Pas de droit à rente :
1556. Section de l'extrémité de la dernière phalange (*J. Verdun, 27 déc. 1910 : Villetard, XI, 444*).

1557. Ankylose incomplète de l'articulation interphalangienne (*J. Bordeaux, 29 mars 1909 : Recueil Bordeaux, 1909, II, 44*).

POUMONS. — V. *Apoplexie pulmonaire; Asphyxie; Bronchite; Broncho-pneumonie ; Congestion pulmonaire ; Emphysème pulmonaire ; Fluxion de poitrine ; Grippe infectieuse ; Influenza ; Pleurite ; Pneumonie.*

POUSSIÈRES NUISIBLES. — 1278; 1571; 1737; 1775.

PRÉDISPOSITIONS MORBIDES. — *Principes :* Arthrite : *1471 ; faiblesse : 575; hernie : 662; 700 ; 730 ; 734 ; 738 ; 788 ; hystérie : 840 ; noyau cancéreux: 1252; œil : 1273 ; phlébite : 1448; tuberculose : 1636 à 1639; 1641; 1642; 1644; 1645; 1648; 1658 ; 1680; 16.87; varices : 1702 ; vieillesse : 1492. Applications différentes : Affection cardiaque: 303 ; 304 ; 306; 308; 309; 595 ; affection cérébrale : 287; albuminurie : 7; alcoolisme : 281 ; aliénation mentale : 8 ; 9 ; 1582 : anévrisme : 45 ; aortite : 1558; artério-sclérose : 88 à 95; arthritisme, alcoolisme : 621 ; cirrhose du foie : 630; congestion cérébrale : 329 à 332; congestion pulmonaire : 336; 337; delirium tremens : 389; 391 ; 393; 395 ; dépérissement : 623; diabète : 398 à 401; eczéma : 579; 580; épilepsie : 615 à 617; état défectueux : 635; éthylisme : 301 ; étourdissements : 573; hernies : 270; 659; 661; 664; 679; 680; 682; 697; 704; 713; 717 à 750; 753; 755; 768; 769; 786 à 806; 807; 808 à 811; 812 à 819; 820 à 829; 831; 832; 1601 ; 1629; hypertrophie du cœur, emphysème pulmonaire : 310; hystérie : 837 à 839; hystéro-traumatisme : 855 ; maladie de cœur : 41 ; myocardite, alcoolisme : 305 ; paralysie : 277; 1443; pleurésie : 1490; reins : 1108 ; 1562 ; sarcome : 1564; sclérose : 1573; sinistrose : 1584; syphilis, neurasthénie : 1605; tabes : 1606; 1607; 1610; tempérament nerveux : 601; troubles intellectuels : 285; troubles nerveux : 1603; 1604; troubles non définis : 646; 944; 1110 ; 1225; tuberculose : 1634 à 1680 ; tumeur de la parotide : 1405; tumeur maligne : 1692; utérus : 1701 ; varices : 1451 ; 1621 ; 1702 à 1708.* V. *Infirmités, maladies, aggravées par l'accident; Rente est fixée.*

PRÉEXISTANT (État). — V. *Infirmités aggravées par l'accident. Infirmités préexistantes. Prédispositions morbides.*

PSYCHASTHÉNIE. — 1578.

PSYCHOSE. — *Incapacité permanente partielle :*
1558. Psychose traumatique consistant dans la raideur de la nuque et la faiblesse de la jambe et du bras gauches, à la suite de chute sur la tête. Il n'y a pas lieu de tenir compte de modifications éventuelles dans son état lesquelles donneraient seulement lieu à révision, pas plus que d'une aortite chronique susceptible de provoquer chez lui des syncopes, alors que rien ne tend à faire supposer qu'une syncope ait été cause de la chute ; rente de 50 % à un maçon (*A. Rennes, 22 fév. 1904 : Recueil Rennes, 1903-1904, I, 76*).

La loi ne s'applique pas :
1559. Psychose émotionnelle, parfaitement curable, dont l'ouvrier blessé est atteint et qui doit persister tant qu'il ne fera pas un effort de volonté pour reprendre son travail ne saurait être prise en considération dans l'évaluation de l'incapacité permanente résultant de l'accident (*A. Paris, 4 avril 1911 : Villetard, XII, 70*).

PUBIS. — *Saillie : 178.*
PUPILLE. — *Déformation : 1274.*
PURPURA INFECTIEUX. — 926.
PYÉLO-NÉPHRITE. — 1562.
RACHIS. — *1605 ; déformation : 1106.*
RADIUS. — *Fracture : 147 ; 157 ; 242 ; 488 ; 1510 ; fracture au quart inférieur: 255 ; fracture de l'extrémité inférieure: 251 ; 1500 ; consolidation avec difformité : 173 ; soudure mauvaise: 206 ; vice de forme : 253 ; saillie marquée: 1507.*
RAGE. — *La loi est applicable :*
1560. Veuve d'un piqueur mordu par un chien enragé amené par un ouvrier d'une autre entreprise et qui décède avec tous les symptômes de la *rage* (*J. com. Seine, 23 mars 1905 : Pandectes, 1907, II, 340*).

RAMOLLISSEMENT CÉRÉBRAL. — 283 à 287; 288; 332.
REFROIDISSEMENT. — *327 ; tuberculose : 1690.*
REFUS DE TRAITEMENT PAR L'OUVRIER. — *Il en est tenu compte : Bassin : 179 ; bras : 266; coude gauche : 346 ; cuisse droite : 376 ; doigts droits : 433 ; doigts, épaule : 488 ; épaule gauche: 610 ; index droit : 874; jambe : 971 ; jambe gauche : 1049; 1075; mâchoire : 1122; main droite : 1143 ; 1155; oreilles : 1401; 1406; os : 1437; 1438; pied : 1456; sinistrose: 1576 ; tétanos : 1626 ; 1628. Il n'en est pas tenu compte : Bras : 247; épaule, hanche: 612 ; hanche : 361 ; hystéro-traumatisme: 854: jambe droite: 1008 ; jambe gauche: 1047; névrite: 1235.*
REFUS D'OPÉRATION PAR L'OUVRIER. — *Il en est tenu compte : Doigts droits : 432 ; doigts gauches : 551 ; hernie : 672 ; index droit : 869 ; index gauche : 905 ; main droite : 1142; médius droit: 1197; médius gauche: 1211; œil droit: 1320; os : 1435;*

*pied : 1457 ; pouce droit : 1521: tétanos : 1626. **Il n'en est** ***pas tenu compte** : Crâne : 352 ; cuisse : 373 ; doigts : 484 ; 485; doigts droits : 459 ; épaule, hanche : 612; genou : 639 ; hernie : 665; 813; 835; jambe : 966; jambe gauche : 1048 ; main droite : 1139; médius gauche : 1212; œil gauche : 1370; 1380; orteils : 1411 ; os : 1432; 1440; urètre : 1694; 1698; 1699; varicocèle : 1706; yeux : 1750; 1751.*

REINS. — *Incapacité permanente partielle :*

1561. Ablation du rein droit nécessitée par les hématuries abon-dantes survenues à la suite d'une chute et qui mettaient le blessé en danger de mort ; l'opération a eu lieu avec succès et a fait dis-paraître les accidents qui s'étaient produits, et rendu la vie au blessé, laissant celui-ci cependant en état d'infériorité parce que, privé d'un organe essentiel, il est obligé de réduire son travail, d'éviter tout refroidissement, toute espèce de fatigue sous peine de s'exposer aux complications les plus graves, la cicatrice opératoire ayant produit des adhérences profondes inévitables, une gêne cons-tante et définitive car certains mouvements du corps brusques ou énergiques sont douloureux et dangereux ; rente de 50 % à un char-pentier (*J. Aurillac, 28 fév. 1902 : Minutes*).

La veuve a droit à une rente de 20 % :

1562. Décès d'un mécanicien quinze jours après un coup violent qui détermine un phlegmon diffus, à l'épaule gauche ; le décès est dû à une lésion rénale droite ancienne des plus graves qui est le résultat d'une pyélo-néphrite suppurée du rein droit ; suppura-tion provenant du phlegmon par migration des microbes ; le trau-matisme est une des causes coopérantes de la mort ; sans trauma-tisme, il pouvait vivre encore ; sans lésion rénale il ne serait pas mort du traumatisme (*J. Seine, 1er déc. 1905 : Bert, 1906,130*).

La loi ne s'applique pas :

1563. Chute du rein gauche dans la cavité abdominale par suite d'un effort normal qui est le simple exercice de la profession, d'ail-leurs sans danger, d'un ouvrier de négociant en vins (*J. Bordeaux, 7 janv. 1901, Recueil Bordeaux, 1901, II, 42*).

Sur les reins: *douleurs.* V. encore : *301 ; 1108 ; 1123 ; insuf-fisance rénale : 93 ; manque de souplesse : 1106 ; effort : 1110 ; tour de reins : 1113 ; tuberculose : 1637 ; 1668.* V. encore : *Lumbagos.*

RENTE DÉCROISSANTE. — *Principes: 1476 ; Applications : Avant-bras : 155 ; bassin: 174 ; bras : 210 ; jambe droite: 995 ; ménin-ges: 1224; pied gauche : 1476 ; 1479 ; 1480 ; pouce gauche : 1546.*

RENTE EST FIXÉE (*abstraction faite de l'état antérieur*). — *D'après la diminution de capacité (facultés de travail) et la réduction de salaire correspondante : 135 ; 403 ; 487 ; 561 ; 709 ; 730 ;*

*879 ; 909 ; 1097 ; 1203 ; 1216 ; 1252 ; 1273 ; 1343 ; 1361 ;
1370; 1448; 1525; 1642; 1658; 1702; 1712; 1716; 1724;
1727 ; 1729 ; 1741 ; 1742 ; 1752. D'après le salaire antérieur et postérieur : 403 ; 458 ; 486 ; 1007; 1023 ; 1035 ;
1080; 1185; 1203; 1487; 1642; 1716; 1730; 1739; 1740;
1745.* V. *Rente minime accordée et refusée. Salaire semblable.*

RENTE MINIME ACCORDÉE. — *Principes : 479 ; 487 ; 55; 377 ;
565; 879; 880; 909; 910; 1159; 1216; 1217.* **Applications** *: Annulaire droit : 55 ; 56 ; annulaire gauche : 70 à 72 ;
auriculaire droit : 114 à 119 ; auriculaire gauche : 128 à 130 ;
cuisse droite, fesses : 377 ; doigts : 487 ; doigts droits : 479; 480;
doigts gauches : 565 ; genou droit : 644 ; hernie : 789; index
droit : 879 à 883 ; index gauche : 909 à 915 ; jambe gauche :
1071 ; mâchoire : 1121 ; main droite : 1159 ; médius droit :
1190 à 1193; médius gauche : 1216 à 1218 ; nez : 1250: œil:
1277; œil droit : 1336; orteils : 1424 ; 1425 ; pied droit :
1464 ; pouce droit : 1530 ; pouce gauche : 1554 ; 1555.*

RENTE MINIME REFUSÉE. — *Principes: 486 ; 561 ; 135; 1220;
Applications : Annulaire droit : 57 à 65 ; annulaire, épaule,
hanche, poignet : 66 ; annulaire gauche : 73 à 83 ; auriculaire
droit : 120 à 124; auriculaire gauche: 131 à 136 ; bras droit:
215; cuir chevelu : 360; cuisse droite : 374 à 376 ; doigts :
486; doigts droits : 474 à 477 ; doigts gauches : 561 à 564 ;
épaule droite : 602; épaule gauche : 609; figure : 624 à 627;
genou droit : 645; genou gauche : 652; hernie : 676 à 678;
681; 683; 684; index droit : 884 à 890; index gauche : 916
à 924; jambe : 973; 974; jambe droite: 1026; jambe gauche:
1073 ; 1074; mâchoire : 1122 à 1124; main droite, pied :
1160; médius : 1176 à 1178 ; médius droit : 1194 à 1201;
médius gauche : 1219 à 1223; névrite : 1236; 1237; névropathie : 1243 à 1247; nez : 1251; œil : 1275; 1276; œil
droit : 1333 à 1335; œil gauche ; 1394; 1395; oreille gauche:
647; orteils : 1426 à 1430; poignet : 1501; pouce : 1513 ;
1514; pouce droit : 1531; pouce gauche : 1556; 1557; reins:
1106; sourcils : 1585; testicules : 1616 à 1622; urètre : 1700;
yeux : 1776 à 1778.*

RENTE TEMPORAIRE. — 1630.

RESPIRATION. — *Gêne : 628 ; 1488 ; 1489.* V. *Asphyxie;
Dyspnée.*

RETARD DANS LE TRAITEMENT. — *Du fait de l'ouvrier : œil droit:
1286; 1294.*

RÊVES. — *91 ; zoopsiques: 845.*

RHINOPLASTIE. — *624.*

ROCHER. — V. *Oreilles.*

ROTULE. — *Fracture : 638 ; 641 ; 648 ; 650; 989* bis; *luxa-*

*tion : 1052; consolidation osseuse : 1103 ; soulèvement par du
liquide : 651 ; fracture des deux : 639.*

SALAIRE SEMBLABLE OU SUPÉRIEUR APRÈS L'ACCIDENT. — *Il en est
tenu compte : Auriculaire : 135 ; avant-bras : 147 ; doigts
droits : 477; doigts gauches : 564 ; épaule droite : 602 ; index
gauche : 894; 916 ; 917; médius : 1177; médius gauche : 1223;
œil droit : 1294 ; œil gauche : 1396; orteils : 1414; pouce
gauche : 1537 ; 1542. Il n'en est pas tenu compte : Annulaire : 67; auriculaire : 126 ; brûlures : 272; doigts droits :
406; 419 ; 425 ; 465 ; doigts gauches : 521; 550 ; 562 ;
index droit : 862; index gauche : 893 ; main droite : 1141 ;
1149 ; médius droit : 1180 ; 1185 ; médius gauche : 1204;
œil : 1274; 1277; œil droit : 1288 ; 1314; œil gauche :
1342 ; 1343 ; 1351 ; 1355 ; 1361 ; 1370 ; pouce droit :
1516 ; 1525 ; pouce gauche : 1544. V. Rente minime.*

SANG. — V. *Artères ; Cœur ; Diabète ; Hématurie ; Hémorragie ;
Infection générale ; Saturnisme ; Septicémie ; Varices ; Veines.*

SARCOME. — *La loi ne s'applique pas :*
1564. Fracture de l'avant-bras gauche survenue en soulevant
une pierre alors qu'un sarcome (tumeur) préexistant a rendu fragile
la substance de l'os, et a hâté la fracture (*J. Seine, 20 mai 1904 :
Villelard, V, 122*).

SATURNISME. — *Incapacité permanente partielle :*
1565. Intoxication saturnine dans une de ses formes les plus
sérieuses et les plus rebelles ; rien dans le passé de l'ouvrier et dans
son état antérieur ne semble avoir pu l'y prédisposer ; maladie professionnelle qui entraîne une rente de 75 °/₀ (*J. Seine, 2 mars
1904 : Travail, 13, 38*).

1566. Intoxication saturnine par les émanations méphitiques et
nocives des vapeurs se dégageant des fours industriels pour le traitement des matières aurifères et argentifères ; accident professionnel; affaiblissement des facultés physiques ; guérison complète impossible ; impossibilité d'exercer les fonctions d'ingénieur à l'avenir ;
rente de 50 °/₀ à un directeur d'établissement métallurgique
(*J. Vienne, 24 janv. 1903 : Travail, 9, 72*).

La loi ne s'applique pas :
1567. Intoxication saturnine provenant de l'emploi quotidien du
plomb et de la céruse dans sa profession de lampiste et ayant entraîné une paralysie quasi-complète des deux bras par empoisonnement par le plomb : c'est une maladie professionnelle ; l'impotence fonctionnelle n'a pas un accident du travail pour cause (*J. Le
Havre, 4 mars 1905 : Travail, 20, 45*).

1568. Paralysie droite produite par une lésion cérébrale et une
intoxication lente par les émanations du plomb que l'ouvrier d'usine
de plomb manipule depuis trente ans; ses facultés intellectuelles sont

atteintes; on ne peut assigner une date à l'origine de ce mal; c'est une maladie professionnelle contractée au cours et par l'exercice de la profession (*J. Paix Marseille, 11 déc. 1909 : Recueil Aix-Marseille, 1910, 96*).

La veuve n'a aucun droit :

1569. Intoxication lente et chronique de plomb contractée par un manœuvre nettoyant une batterie d'accumulateurs et ayant entraîné la mort. C'est une maladie professionnelle et non un accident, elle n'est pas caractérisée notamment par une cause violente, fortuite et extérieure, par un traumatisme et une lésion physique (*A. Bordeaux, 25 mai 1910 : Recueil Bordeaux, 1910, I, 252*).

1570. Intoxication plus ou moins rapide par les émanations se dégageant de matières nocives ne constitue pas, en l'absence d'une lésion corporelle due à un événement soudain, un accident du travail, mais une maladie résultant de la profession de peintre en bâtiments (*A. Douai, 17 mars 1902 : Jurisprud. Douai, 1902, 320*).

La loi ne s'applique pas :

1571. Maladies professionnelles provenant d'une cause telle que la manipulation de substances vénéneuses, l'air vicié des locaux où s'effectue le travail, l'absorption de poussières nuisibles à la santé: il n'y a pas là accident mais maladie qui a opéré lentement (*J. Seine, 30 avril 1901 : Minutes*).

SCIATIQUE. — *Incapacité permanente nulle :*

1572. La sciatique n'entraîne pas d'incapacité permanente (*J. Lille, 29 mars 1906 ; Recueil Assurances, 1906, 682*).

Sur la sciatique : V. encore : 1108

SCLÉROSE EN PLAQUES. — *La loi ne s'applique pas :*

1573. Première manifestation au cours du travail de sclérose en plaques, dont un riveur aurait pu être la victime à tout autre moment de son existence et qui n'a aucun lien avec le travail ; les accidents cérébraux ne sont pas imputables à un accident : c'est une maladie constitutionnelle (*A. Amiens, 23 juil. 1902 : Journal Amiens, 1902, 110*).

SCROTUM. — *Perte des téguments : 1616.*

SEPTICÉMIE. — *633.* V. encore : *Gangrène.*

SIMULATION. — *Bras : 214 ; hystéro-neurasthénie : 845 ; hystéro-traumatisme : 858 ; index droit : 890 ; jambe droite : 1026 ; névropathie : 1242 ; 1247 ; yeux : 1778.*

Simulation inconsciente : V. *Sinistrose.*

SINISTROSE. AUTO-SUGGESTION. OBSESSION TRAUMATIQUE. — *Incapacité permanente absolue*. Rente des 2/3 :

1574. Débilité mentale, congénitale, délire de la persécution un peu spécial qui malgré son ancienneté ne saurait d'ores et déjà être déclaré incurable et qui sans disparaître radicalement peut cependant s'atténuer assez pour permettre la sortie de l'asile et la reprise du travail. Il y a relation de cause à effet entre ce délire et l'accident dont il n'a gardé aucune infirmité. Il est avant tout préoccupé de la solution de son affaire et un règlement même provisoire doit contribuer beaucoup à sa guérison. Dans l'évaluation de la rente il n'y a pas lieu de tenir compte d'une guérison possible, formulée d'une façon purement hypothétique par les experts (*A. Paris, 23 avril 1907 : Bert, 1907, 297*).

Incapacité permanente partielle :

1575. Taie légère de la cornée de l'œil droit complètement guérie ne saurait par elle-même entraîner qu'une faible incapacité permanente; il a déjà perdu l'œil gauche ; il se croit menacé de perdre l'œil droit et est tombé dans un état d'abattement et de découragement qui l'empêche de se livrer à aucun travail ; ce fait ne saurait ouvrir à son profit le droit à une rente dès lors qu'il ne présente ni troubles de sensibilité générale, ni signes probants de neurasthénie et qu'il ne rapporte la preuve d'aucune lésion nerveuse pouvant être retenue comme conséquence de l'accident. La rente n'est ainsi fixée que d'après les seules conséquences de la blessure, abstraction faite des diverses complications alléguées et qui n'ont avec cette blessure aucun rapport démontré ; rente de 6 °/₀ (*A. Paris, 28 fév. 1911 : Recueil Assurances, 1911, 259*).

1576. Obstination irraisonnée à immobiliser la main droite par suite d'état psychique spécial, mais qui doit s'atténuer par un traitement rationnel prescrit par le jugement; lorsque l'ouvrier a refusé de suivre un traitement prescrit et s'est dérobé à l'expertise ordonnée à l'effet de rechercher si ce refus était dû à une volonté libre ou à un état psychique morbide, le patron ne saurait être rendu responsable d'une situation créée par la seule volonté de l'ouvrier; il y a lieu par suite de réduire dans de notables proportions l'évaluation de la réduction résultant de l'accident mais en tenant compte cependant de ce que l'état psychique de l'ouvrier n'a pas été sans influer dans une certaine mesure sur le libre arbitre de celui-ci; cette obstination à se soustraire aux investigations prescrites semble indiquer de sa part l'intention de laisser subsister volontairement, et dans le but d'obtenir une rente, l'incapacité permanente dont il est atteint, incapacité qui disparaîtrait s'il consentait à recevoir les soins prescrits ; rente de 10 °/₀ (*A. Nancy, 24 oct. 1910 : Sirey-Palais, 1911, II, 110*).

1577. Aucun signe d'une véritable impotence tenant à une lésion quelconque des centres nerveux ou des nerfs périphériques; en dehors des douleurs accusées au niveau du genou et qui ne peuvent être attribuées qu'à de l'arthrite rhumatismale, toutes les autres douleurs paraissent de nature purement auto-suggestive aussi bien que l'impotence fonctionnelle des membres inférieurs; s'il ne marche pas sans béquilles c'est uniquement parce qu'il est dominé par la conviction erronée d'être atteint d'une grave lésion par suite de son accident. Ce phénomène d'auto-suggestion et cette conviction erronée constituent un état morbide permanent directement engendré par l'accident et réduisant la capacité de travail; rente de 40 % (*A. Amiens, 4 oct. 1910 : Recueil Assurances, 1911, 68*).

1578. Accident entraîne des blessures consolidées et ne laisse aucune lésion organique; il subsiste cependant des troubles moteurs, sensitifs, sensoriels, psychiques qui sont sous la dépendance de l'hystéro-traumatisme curable dans la majorité des cas et sur laquelle le règlement de l'affaire a tout lieu d'exercer une heureuse influence; la réduction de capacité est évaluée d'après le degré de psychasthénie, c'est-à-dire d'après cet état permanent d'insécurité et d'apathie fonctionnelle fréquents chez les accidentés; dans cette réduction n'est pas comprise la sinistrose qui fait qu'il s'est abandonné peu à peu lui-même et est victime d'un état morbide nouveau qui ne peut être considéré comme un résultat de l'accident; rente de 10 % (*A. Paris, 6 avril 1909 : Bert, 1909, 216*).

1579. L'effet immédiat du traumatisme est une commotion cérébrale par une chute sur la tête dont il ne subsiste pas d'autre signe qu'une obsession traumatique et une neurasthénie qui n'auraient pas éclaté sans l'accident et dont l'accident a été ainsi la cause occasionnelle ce qui donne droit à rente quand une relation même éloignée existe entre le traumatisme et la maladie; une réduction de 4 % est accordée d'abord pour cette obsession; l'incapacité actuelle consiste dans une débilité de la volonté, dans l'obsession d'une infirmité incurable et dans une aggravation de la neurasthénie; rente de 25 % (*A. Paris, 7 avril 1908 (sur révison): Bert, 1908, 76*).

1580. Mouvements de l'épaule droite limités à la sensibilité obtuse dans la totalité du bras droit, surtout à la partie inférieure; ongles de l'index et du médius arrachés et cicatrisés; ongle de l'annulaire incarné en avant et cicatrisé; ces troubles sont dus à une auto-suggestion morbide (sinistrose) atteignant souvent les accidentés, dont il faut tenir compte parce qu'ils sont la conséquence indirecte de l'accident; c'est la névrose des sinistrés, qui peut disparaître à une date indéterminée; rente de 40 % (*J. Brest, 4 mai 1910 : Travail, 41,79*).

1581. Courbure de la colonne vertébrale; abolition du réflexe achilléen gauche et affaiblissement du réflexe achilléen droit; lésion organique des racines spinales des nerfs sciatiques provoquée par le traumatisme, résultat de la chute; l'ouvrier est affecté d'auto-suggestion (simulation inconsciente) qui ne doit pas être mise à la charge de celui-ci parce qu'elle est liée à la lésion des fibres nerveuses et parce qu'une irritation du sciatique est capable de produire une déformation du tronc et de donner naissance à des douleurs ; tout travail pénible à éviter ; valeur notablement amoindrie ; rente de 66,66 % à un manœuvre (*A. Caen, 6 août 1902 : Sirey-Palais, 1902, II, 25*).

1582. Arrachement du pouce droit et écrasement de l'extrémité du médius donnent droit à une rente de 50 % à un conducteur de batteuse à vapeur, sans tenir compte : 1° d'une légère blessure à la tête qui a été la conséquence de l'accident et ne saurait entraîner une incapacité de travail à elle seule, étant cicatrisée ; 2° d'aliénation mentale constatée trois mois après l'accident qui a entraîné son internement dans un asile d'aliénés, ne paraît être que le résultat soit de dispositions morbides, soit de préoccupations causées par les conditions de survenance de l'accident et qui ne peut être considérée comme conséquence directe de l'accident, alors qu'il avait antérieurement manifesté des signes d'exaltation paraissant provenir d'inquiétudes sur l'issue du procès en paiement ̦de rente et sur l'imprudence qui pouvait lui être reprochée. Il ne doit en effet être tenu compte que des conséquences directes de l'accident. (*A. Bourges, 4 nov. 1901 : Minutes*).

1583. Diminution très notable de l'énergie fonctionnelle de la main gauche étendue à la totalité de la musculature et à la flexion du médius et de l'annulaire dans la paume de la main au premier examen ; ces phénomènes affectent des caractères d'inégalité d'intermittence remarquables aux différents examens qui provoquent une émotion manifeste chez le blessé, se traduisant par tremblement, accélération du pouls ; état pathologique dû au traumatisme ; rente de 15 % (*J. Seine, 22 juin 1903: Villetard, IV, 121*).

La loi n'est pas applicable :

1584. Méditation continuelle, obsédante et maladive d'un peintre ; conviction qu'une maladie authentique s'est constituée depuis l'accident ; cette affection n'a rien à voir avec l'hystéro-traumatisme ni avec la neurasthésie traumatique, ni avec la psychosthénie traumatique ; l'obsession a pour point de départ et pour but l'idée fixe que tout accident au cours du travail constitue un dommage comportant réparation, mais cette idée n'est pas une conséquence nécessaire de l'accident en lui-même ; l'accident n'en est que le prétexte ; l'idée vient après coup ; elle est voulue, réfléchie, méditée et le traumatisme ne l'impose pas au blessé par une force inéluctable ; la prédisposition individuelle ne saurait non plus être invoquée comme une cause accessoire à moins qu'on n'assimile la complaisance du blessé à une prédisposition ; peu à peu l'idée absorbe toute l'activité psychique ; l'obsession a créé la douleur, et, postérieure à l'accident, n'est pas imputable à l'accident mais à l'accidenté ; c'est la sinistrose ; la loi n'accorde d'indemnités que pour les incapacités qui sont la suite directe d'un accident (*A.Paris, 1er déc. 1908 : Recueil Assurances, 1911, 63*).

Sur la sinistrose : V. encore : 1242.

SOLEIL. — *334.* V. *Insolation.*

SOURCILS.—*Incapacité nulle ou légère.* Aucun droit à rente :

1585. Plaie contuse des sourcils gauches; la rente serait de 2 %; on ne peut tenir compte de si minime incapacité pour un forgeron (*J. Lille, 16 janv. 1908 : Recueil Assurances, 1908, 357*).

SPHINCTERS. — V. *Anus.*

STERNUM. — *Tuberculose : 1639.* V. *Thorax.*

SUBMERSION. — V. *Asphyxie.*

SUBSTANCES VÉNÉNEUSES. — V. *Charbon. Saturnisme.*

SUFFOCATION. — V. *Asphyxie.*

SUICIDE. — *La veuve a droit à une rente :*

1586. Troubles cérébraux, névrose, troubles tétaniques et mélancoliques éprouvés par un ouvrier d'usine à la suite d'un accident au cours duquel le crâne et la face ont été labourés par une courroie de transmission ; ces troubles sont la conséquence directe du traumatisme et donnent droit à une rente, sur révision, de 77 %; il se suicide ensuite deux ans et trois mois après l'accident par suite de ses atroces souffrances; il est atteint à ce moment de déséquilibrement mental et de folie partielle avec impulsion au suicide ; rente de 20 %. *Pourvoi rejeté :* parce qu'il est établi que le suicide est la conséquence directe des troubles cérébraux et des douleurs éprouvés à la suite du traumatisme causé par l'accident (*A. Rouen, 5 nov. 1904 et Cass rejet, 25 oct. 1905 : Gaz. Palais, 1905, I, 7 et II, 515*).

1587. Contusions graves à la tête ; choc violent; paralysie; troubles cérébraux ; troubles délirants, amenant des idées de suicide ; hystéro-traumatisme, diminution de capacité de 50 % à un employé de moulin ; suicide ; conséquence directe du traumatisme ; faute inexcusable réduit de 20 % à 18 % la rente (*J. Marseille, 9 mars 1909 : Travail, 37, 66*).

La veuve n'a pas droit à une rente :

1588. Le charpentier qui dans une chute se fracture la jambe et se fait des contusions multiples, se suicide cinq mois après, alors qu'il n'est pas établi que l'accident ait occasionné des troubles cérébraux le poussant au suicide; la relation de cause à effet entre l'accident et le suicide n'est pas démontrée (*A. Douai, 29 janv. 1902 : Jurisprud. Douai, 1902, 284*).

1589. Suicide au cours du travail, sur le lieu du travail d'un conducteur de train, même atteint d'aliénation mentale, parce qu'il a provoqué intentionnellement l'accident (*J. Seine, 17 mars 1900 : Dalloz : 1901, II, 11*).

La loi est applicable :

1590. — Si le suicide peut donner lieu à une action en révision au profit des ayants droit, c'est à la condition que ceux-ci démontrent d'une façon absolument certaine l'existence d'une relation de cause à effet entre l'accident et le suicide (*A. Montpellier, 12 mars 1910 : Moniteur Midi, 22 mai 1910*).

SURDITÉ. — V. *Oreilles.*

SYMPHYSE TENDINEUSE. — 461.

SYNCOPE. — *13 ; 572 ; 615 ; 1558 ; cardiaque : 40 ; 307.* V. encore : *Eblouissements.*

SYNOVITE. — *La loi est inapplicable :*

1591. Synovite tendineuse de l'avant-bras, due à un effort par l'ouvrier, et considérée par l'expert comme créée graduellement par l'exercice du métier ; c'est une maladie professionnelle et non un accident (*J. Seine, 27 fév. 1906 : Villetard, VI, 457*).

1592. Synovite tendineuse de certains groupes musculaires des membres supérieurs constitue une maladie professionnelle plutôt qu'un accident alors que l'infirmité ne s'est pas produite avec la soudaineté, l'imprévu d'une violence extérieure qui caractérise l'accident du travail (*J. Lille, 30 juil. 1908: Villetard, IX, 288*).

Sur la synovite : *Des tendons fléchisseurs de la main :* V. encore: *35; du coude gauche : 344 ; du pied droit : 1464 ; tuberculeuse : 1678 ; 1679.*

SYPHILIS. — *Incapacité permanente partielle :*

1593. Syphilis contractée dans l'accomplissement d'un acte professionnel par un verrier donne droit à une rente de 20 °/₀ ; c'est une maladie guérissable ; elle n'est contagieuse que jusqu'à la terminaison des accidents secondaires ; en admettant même la curabilité théorique de la maladie, il est impossible d'en assigner le terme chez un sujet déterminé ; elle comporte des récidives ou accidents ultérieurs quelquefois à des dates éloignées de la période aiguë ; il en résulte pour le malade un état d'amoindrissement ou d'infériorité même en se plaçant au seul point de vue de sa valeur professionnelle, état qui est susceptible de durer autant que sa vie et qui constitue à son détriment une véritable infirmité permanente ; cependant on ne saurait considérer l'ouvrier comme atteint d'incapacité absolue et comme inapte désormais à tout travail quelconque, car il pourra au bout d'un certain temps, moyennant des soins appropriés et persévérants recouvrer un état de santé qui sans être sûrement définitif, lui permettra de reprendre sûrement ses occupations sans risque de contagion pour ses compagnons de travail (*A. Bordeaux, 24 fév. 1910 : Sirey-Palais, 1910, II, 168*).

1594. Syphilis contractée par un verrier, en pressant sur les lèvres la canne contaminée par un camarade ; il reste atteint d'une incurable faiblesse ; l'ouvrier n'est plus atteint d'accidents syphilitiques et a recouvré sa capacité de travail ; l'incapacité permanente est constituée par la possibilité d'accidents postérieurs, accidents tertiaires plus ou moins graves, ce qui constitue un amoindrissement de la valeur professionnelle ; rente de 10 % (*A. Lyon, 27 nov. 1908 : Pandectes, 1909, II, 308*).

1595. Maladie syphilitique contractée en soufflant le verre; rente de 25 % à un ouvrier verrier souffleur (*J. Marseille, 23 déc. 1902 : Villetard, III, 386*).

La loi est applicable :

1596. Syphilis contractée par un verrier, en pressant entre ses lèvres une canne de verre souillée par un de ses camarades, constitue un accident; il a droit à l'indemnité journalière jusqu'au jour où la disparition de tous symptômes morbides de nature à faire prévoir un danger de contagion permet à l'ouvrier de reprendre son travail ; le principe de l'incapacité permanente n'est pas douteux étant donné que la science ne permet pas d'affirmer la guérison des syphilitiques à la suite de la disparition des accidents secondaires de la maladie; que des retours offensifs du mal sont possibles, sinon probables; que le malade reste soumis à des traitements prolongés, à des précautions incessantes, qu'il est continuellement sous le coup de menaces qui, en altérant son moral, ont une répercussion sur son état physique; qu'il est strictement tenu d'éviter tout effort prolongé, tout excès de travail et qu'enfin le terrible assaut qu'il a subi a certainement porté atteinte à sa constitution qui reste frappée d'une incurable faiblesse. *Principes :* La loi ne s'applique pas aux maladies dites professionnelles, c'est-à-dire à celles qui proviennent d'une cause lente, durable et persistante, envahissant peu à peu l'organisme sans qu'il soit possible de préciser la date et le point de départ de leur invasion, et résultant de l'exercice même de la profession, en sont une conséquence en quelque sorte fatale. Mais la syphilis n'est pas une maladie professionnelle parce qu'elle a envahi subitement l'organisme de l'ouvrier contaminé ; on peut fixer avec une précision suffisante la date et le point de départ de l'invasion ; elle ne résulte en aucune façon de l'exercice régulier de la profession de verrier et n'en est pas forcément la conséquence ; elle est au contraire le résultat d'un acte grave commis par un compagnon ; c'est là une affection pathologique accidentelle contractée dans l'accomplissement d'un travail industriel qui prend son origine et sa cause dans un fait déterminé et ne rentre pas dans les conditions normales de l'exercice de ce travail ; on y trouve l'atteinte à l'intégrité du corps humain, l'action soudaine d'une cause extérieure dans le contact du virus avec les lèvres de la victime qui s'est produit de façon inopinée pendant un temps très court qui a suffi pour inoculer les germes du mal (*A. Lyon, 26 mars 1907 : Moniteur Paix, 1907, 257*).

1597. Syphilis contractée par un verrier en soufflant dans une canne contaminée par un ouvrier syphilitique ; bien que les verriers soient particulièrement exposés à la contagion de ce mal, la syphilis ne peut être considérée comme la conséquence fatale de l'exercice de la profession ; elle ne doit pas être exclue du risque professionnel ; elle est plutôt le résultat d'une atteinte non pas violente mais insidieuse et soudaine au corps humain provenant de l'action extérieure du virus syphilitique ; s'il est établi que c'est l'instrument de travail qui a été pour l'ouvrier, l'agent de propagation de ce virus, il faudra voir entre le travail et la manifestation de la maladie une relation directe et immédiate de cause à effet, donnant lieu à application de la loi de 1898 ; si cette relation n'existait pas, la demande même fondée sur l'article 1382 du Code civil ne serait pas fondée ; jusqu'alors aucune faute du chef d'industrie ne pourrait apparaître ; les faits, s'ils étaient établis, constitueraient les éléments constitutifs d'un accident dont l'ouvrier aurait été victime dans. son travail, donnant lieu pour la recherche de la preuve et l'appréciation du dommage à l'application de la loi de 1898 (*A. Lyon, 5 août 1903 : Gaz. Tribunaux, 1904, I, 2, 176*).

1598. Blessures avec excoriations au pouce droit d'un ajusteur mécanicien après un heurt contre un coussinet de cuivre ; cette blessure accidentelle détermine une maladie de nature syphilitique due à ce traumatisme contre un objet probablement infecté. *Principes :* Doit être considérée comme étant le résultat d'un accident du travail la maladie syphilitique contractée par un ouvrier qui touche dans l'exercice de son travail un objet contaminé, alors qu'il existe une relation probable de cause à effet entre la maladie constatée et cet attouchement ; et en cas de rechutes de cette maladie spéciale, l'indemnité pour incapacité temporaire est due par le patron, la victime ayant l'obligation de prouver que les rechutes sont la conséquence directe de cet accident initial (*J. Lyon, 7 août 1902 : Le Droit, 15 fév. 1903*).

1599. Chancre syphilitique chez un verrier ; s'il est vrai que les ouvriers peuvent contracter la syphilis par plusieurs modes d'infection, il est certain que l'un des plus fréquents est la contamination chez les verriers par la canne au moyen de laquelle ils soufflent le verre et qui passe successivement d'un ouvrier à un autre ; l'ouvrier ainsi atteint doit établir que le mal a été communiqué dans l'atelier par des ouvriers eux-mêmes contaminés ; peu importe qu'il ait été impossible de déterminer comment s'est produit le premier cas alors que d'après les constatations médicales faites dès l'origine, l'ouvrier n'était pas syphilitique (*J. Montbrison, 24 déc. 1903 : La Loi, 14 janv. 1904*).

La loi ne s'applique pas :

1600. Avarie à la bouche contractée par un verrier chez ses patrons en se servant d'une canne que lui passait, suivant la coutume, un autre souffleur ; il doit prouver l'accident et la relation entre cet accident et le travail ; il n'a aucun droit à rente s'il ne rapporte pas

la preuve que l'affection est survenue à l'occasion de son travail
chez son patron et s'il est établi que l'ouvrier qui la lui aurait com-
muniquée a été reconnu indemne de tout symptôme de la nature de
ceux produits par cette maladie spécifique (*J. Seine, 10 sept. 1903,
La Loi, 15-16 janv. 1904*).

SUR LA SYPHILIS : 1605 ; 1610.

SYSTÈME NERVEUX, TROUBLES NERVEUX. — *Incapacité permanente partielle :*

1601. L'apparition d'une hernie peut être considérée comme la
conséquence d'un accident de travail lorsqu'elle s'est produite dès
le lendemain de l'accident, que la violence de celui-ci suffit à l'expliquer et que d'autre part il est avéré que l'ouvrier n'en était pas
atteint auparavant ; il importe peu que l'organisme y fût prédisposé par sa constitution même, cette circonstance étant sans influence sur l'appréciation de la réduction de la capacité professionnelle qui doit être fixée de ce chef seulement à 30 % ; des troubles nerveux survenus également après l'accident qui en sont la
conséquence et qui ont pour résultat d'empêcher l'ouvrier de se
livrer à des travaux ordinaires, par impotence presque complète des
membres inférieurs, permettent, joints à la réduction résultant déjà
de la hernie, d'estimer la réduction totale (des deux chefs) à 80 %
à un terrassier (*A Rennes, 28 nov. 1905 : Recueil Rennes, 1905,
I, 51*).

La loi ne s'applique pas :

1602. — Doivent être considérés, non comme les conséquences
d'un accident mais comme une maladie professionnelle, alors même
qu'ils seraient les effets de la pression d'air, dans un caisson, les
troubles nerveux, visuels et les vertiges dont un mécanicien a été
atteint progressivement en travaillant dans le souterrain Nord-sud
qui se sont manifestés les jours précédents et qui ne se sont pas
produits au moment précis où il est revenu à l'air libre comme
cela se produit généralement dans les accidents de ce genre (*A.
Paris, 24 mai 1910 : Segard, 1910, I, 190*).

1603. Ulcération de la cornée avec tache cicatricielle entraînant
la perte de la vue de cet œil chez un ouvrier d'usine ; il est établi
que l'atrophie du nerf optique est déterminée par une maladie antérieure du système nerveux et non par l'accident ; il n'y a pas de
relation de cause à effet entre l'atrophie pupillaire et la taie cornéenne (*A. Nancy, 3 déc. 1903 : Bert, 1904, 88*).

1604. Léger écrasement du pied, suivi trois jours après d'une
maladie nerveuse, d'une lésion du système nerveux central ; une
paralysie de tout le côté correspondant à la blessure se déclare ensuite ; l'accident sans gravité ne saurait être considéré comme cause
première de la maladie nerveuse. *Principes :* Sont exclues des dis-

positions de la loi les incapacités résultant de vice de tempérament, de maladie constitutionnelle antérieure quelles que soient les conséquences qu'elles aient entraînées (*A. Bordeaux, 18 déc. 1900: Villetard, I, 296*).

TABES. — *Incapacité permanente partielle :*

1605. Tabes d'origine syphilitique demeuré latent et aggravé à la suite d'un traumatisme rachidien : s'il existait une prédisposition neurasthénique chez l'ouvrier, tant à cause d'une syphilis antérieure que de l'alcoolisme et d'une hérédité de dégénérescence, en réalité le tabes évoluait déjà de façon très latente au moment de l'accident puisque depuis cinq ou six ans il éprouvait par intervalles des douleurs fulgurantes dans les membres inférieurs et supérieurs et se plaignait d'un certain degré de paresse vésicale ; il n'existait aucun trouble de la motilité avant l'accident et l'ouvrier se trouvait en possession de tous ses moyens de travail ; l'accident est ainsi seul la cause de la diminution de travail ; rente de 80 % à un charretier qui ne pourra plus se livrer à un travail manuel alors qu'à raison de son instruction ce sont les seuls travaux qui lui étaient permis (*J. Montpellier, 11 déc. 1909 : Minutes*).

1606. Fracture au-dessus de la cheville ; atrophie marquée des muscles de la jambe et cuisse ; déviation du pied et du genou en dehors. Tabes ou ataxie locomotrice se révèle cinq mois après la consolidation et rend l'ouvrier inapte à tout travail ; relation certaine entre le tabes et la fracture injustifiée ; diminution de capacité fixée en tenant compte de l'état de la jambe seulement ; rente de 30 % à un employé de gare. Dans l'état actuel de la science on ne peut établir une relation certaine entre un traumatisme, particulièrement la fracture d'un des membres inférieurs, et le tabes ou ataxie locomotrice dont le blessé est ensuite atteint ; on peut seulement supposer que le traumatisme a pu faciliter l'éclosion de la maladie sans pouvoir légalement établir entre eux une relation de cause à effet ; c'est à l'ouvrier victime d'un accident à prouver que son infirmité est la conséquence certaine de cet accident (*A. Grenoble, 31 janv. 1908 : Dalloz, 1909, II, 158*).

1607. Luxation de la hanche droite avec raccourcissement de 3 centimètres du membre inférieur droit, d'où claudication persistante ; le défaut de proportion entre l'accident et la luxation s'explique par la constatation chez le blessé de symptômes de tabes dorsal, d'abolition des réflexes tendineux ; rente de 30 %. *Principes :* Etant donné le caractère forfaitaire de la loi, il n'y a pas lieu de tenir compte, pour apprécier les conséquences d'un accident, des prédispositions morbides de l'ouvrier, de sa débilité physique ; notamment la lésion produite chez un ouvrier atteint de tabes par un traumatisme insignifiant, doit être appréciée sans tenir compte de l'état préexistant; (*J. Seine, 1er juin 1906 : Moniteur Lyon, 16 juil. 1907*).

La loi s'applique :

1608. Symptômes d'ataxie et d'hydarthrose présentant une relation de cause à effet telle avec les traumatismes subis qu'il est impossible de ne pas incriminer le traumatisme tout au moins dans une certaine mesure ; si scientifiquement le tabes d'origine purement traumatique n'existe pas d'après certaines opinions, d'autres autorités scientifiques l'admettent cependant, et citent des exemples où le traumatisme a démasqué un tabes à la période préataxique et d'autres espèces où il a créé le tabes (*A. Paris, 22 fév. 1910 : Minutes*).

La loi ne s'applique pas :

1609. Charpentier précipité dans le vide, se rattrape dans sa chute avec la main gauche à une échelle avant d'atteindre le sol ; il est atteint postérieurement de tabes dorsalis ; il n'est pas fondé à attribuer à cette maladie une origine traumatique alors que l'accident n'a pu agir sur le système nerveux comme choc physique ; aucune trace ancienne ou récente d'une fracture de la colonne vertébrale, aucune déformation, courbure ou anomalie révélant un traumatisme sur cette partie du corps ; ces constatations matérielles concordent soit avec la nature de l'accident exclusif en lui-même de tout heurt direct de la région dorso-lombaire, soit avec l'état du blessé qui n'a ressenti aucun trouble de la sensibilité ou de la motilité immédiatement après le traumatisme ni même pendant les mois qui ont suivi ; cette absence de troubles nerveux doit faire écarter l'hypothèse d'une lésion médullaire provenant d'une élongation du plexus brachial qui aurait pu être elle-même consécutive à la tension excessive subie par le bras gauche pour retenir à lui seul le corps lancé dans l'espace ; un traumatisme de ce genre aurait nécessairement déterminé une myélite dont on ne trouve aucune trace ; l'effroi éprouvé au moment de cette chute émouvante est à coup sûr de ceux qui peuvent avoir une répercussion sur les centres nerveux et contribuer à y provoquer l'éclosion d'une affection médullaire ou y aggraver une affection déjà à son début, mais en pareil cas on ne peut conclure à une relation de cause à effet que lorsque les premières manifestations de la maladie nerveuse ou les phénomènes constitutifs de son aggravation suivent de près l'émotion violente ; en effet le choc est antérieur de trente mois à la manifestation du tabes et n'a provoqué aucun trouble pendant cette période ; les premières constatations de la manifestation de la maladie nerveuse n'ont en rien suivi de près l'émotion violente et les signes prodromiques de cette ataxie ne coïncident pas avec la période voisine du traumatisme ; le virus ou le microbe du tabes n'a pas encore été isolé ; on ne peut, en l'état de la science, rien affirmer sur sa nature ; la controverse médicale qui s'élève à ce sujet est sans intérêt au procès puisque le traumatisme litigieux n'a été accompagné d'aucune plaie et ne saurait être ainsi incriminé d'avoir inoculé le germe du tabes ; à la vérité la présence d'un germe morbide dans l'organisme ne constitue pas à elle seule une maladie infectieuse, ce germe pouvant y rester à l'état inoffensif et être éliminé par les voies naturelles sans avoir causé le moindre désordre; en réalité, l'affection ne commence que du jour où le microbe a trouvé un milieu favorable à son développement et forme une colonisation au détriment des cellules vitales et dans les faits de la cause on ne peut imputer au traumatisme que la préparation de ce terrain de culture par l'affaiblissement de la substance médullaire dans laquelle le tabes s'est déclaré, mais les considérations énoncées plus haut montrent qu'une telle hypothèse n'est pas établie, ni susceptible d'être prouvée (*A. Grenoble, 27 oct. 1908 : Minutes*).

1610. Tabes (ataxie locomotrice) d'origine syphilitique chez un épicier, demeuré latent et bénin et aggravé par un choc traumatique sur les reins. Prédisposition au tabes par ses antécédents héréditaires, une syphilis et un alcoolisme persistants ; l'état actuel n'est pas la suite de l'accident ; il n'a pas de droit à rente alors même que l'accident aurait aggravé une affection demeurée latente et bénigne (*A. Montpellier, 12 mars 1910 : Villetard, XI, 78*).

1611. Fracture chez un tabétique et qui n'est que la manifestation de sa maladie personnelle, dont le travail a été tout au plus le prétexte ou l'occasion et qui s'est produite en dehors de toute action externe, soudaine et imprévue (*J. Toulouse, 9 avril 1908 : Gaz. Midi, 27 sept. 1908*).

TALON. — *Tuberculose : 1640.*

TENDON D'ACHILLE. — *Mauvais fonctionnement : 1059.*

TESTICULES. — *Incapacité permanente absolue.* Rente des 2/3 :

1612. Epididymite double, empêchant tout travail à un fileur, alors qu'il n'est pas établi qu'il ait été atteint d'affection tuberculeuse avant l'accident (*J. Lille, 11 mars 1902 : Nord Judiciaire, 1903, 92*).

Incapacité permanente partielle :

1613. Ablation du testicule droit cause des troubles dans les régions vésicale et lombaire ; l'accident provient d'une contusion qui fait naître les manifestations d'une diathèse qui jusqu'alors ne s'est révélée par aucun symptôme caractéristique ; rente de 20 °/₀ à l'ouvrier qui ne peut plus se livrer aux gros travaux de sa profession (*A. Bordeaux, 7 avril 1908 : Recueil Bordeaux, 1908, I, 319*).

1614. Ablation du testicule gauche ; si une semblable mutilation n'entraîne pas d'habitude chez un homme d'âge mûr une diminution de sa capacité de travail, il en est autrement lorsqu'elle se produit sur un garçon de 16 ans qui par le fait de cette lésion se trouve atteint dans son développement général ; rente de 20 % à un ouvrier de forges (*A. Nancy, 19 oct. 1904 : Minutes*).

1615. Ablation de l'un entraîne une diminution de forces ; rente de 8 % (*J. Seine, 30 mars 1901 : Villetard, II, 52*).

Incapacité nulle ou légère. Aucun droit à rente :

1616. Perte des deux testicules et des téguments du scrotum laissant à un jeune homme une capacité entière pour les travaux de sa profession, et ne lui faisant subir aucune diminution de salaire (*A. Paris, 4 mai 1906 : Bert, 1906, 259*).

1617. Ablation de l'un ; aucune diminution de salaire ; aucune réduction de capacité pour un lamier (*J. Lille, 10 déc. 1909 : Villetard, X, 393*).

1617 bis. Ablation du testicule droit chez un débardeur (*J. Boulogne-sur-Mer, 7 août 1908 : Villetard, IX, 215*).

1618. Petite augmentation du testicule droit ; orchite traumatique sans hernie, chez un terrassier (*J. Senlis, 15 juin 1909 : Minutes*).

1619. Orchite double constitue un état inflammatoire mais passager et guérissable (*J. Tulle, 20 mars 1902 : Travail, 9, 30*).

1620. Lorsqu'un ouvrier se prétend atteint d'une orchite par effort, l'épididymite dont il est atteint ne peut donner lieu à indemnité parce qu'elle n'est pas de nature à créer une impotence fonctionnelle et parce que l'ouvrier s'était livré à un travail habituel et normal (*A. Douai, 9 mars 1910 : Villetard, X, 303 et XI, 3*).

1621. Varicocèle à la suite d'un effort ; prédisposition à toutes les formes de varices ; il n'y a pas de relation entre l'effort ancien ou récent et le varicocèle actuel ; un traumatisme ne peut ni provoquer ni augmenter un varicocèle par simple effort (*J. Lille, 7 déc. 1905 : Villetard, VI, 326*).

1622. Troubles de la fonction génésique au point de vue social (*J. Béziers, 5 déc. 1903 : Villetard, V, 4*).

La loi ne s'applique pas :

1623. Varicocèle alors que rien ne fait apparaître cet état comme ayant une cause traumatique et que la preuve d'un accident n'est pas rapportée (*J. Bordeaux, 24 déc. 1900 : Villetard, I, 321*).

Sur les testicules : *Atrophie :* V. encore : *261 ; tuberculose : 1650 ; 1657 ; 1658 ; 1669 ; 1682.* V. *Varicocèle.*

TESTICULES, VERGE. — *Incapacité permanente partielle :*

1624. Plaies de la verge et de la région inguino-pubienne droite ; orchite, funiculite ; érection de la verge anéantie ; marche avec claudication, gêne pour s'accroupir et douleurs de la hanche ; rente de 12 % à un chauffeur (*A. Amiens, 17 nov. 1910 : Minutes*).

TÉTANOS. — *La veuve a droit à une rente :*

1625. Décès à la suite d'une crise de tétanos cinq jours après un accident au bras droit (trois égratignures par une scie). Cette crise est la conséquence de blessures reçues au cours du travail d'un scieur de long ; rente de 20 °/₀ (*A. Amiens, 21 fév. 1906 : Journal Amiens, 1906, 207*).

1626. Décès d'un chargeur des suites du tétanos contracté à la suite d'un écrasement de deux doïgts droits ; cette mort est due en majeure partie à la négligence de l'ouvrier, à son manque de soins, à sa mauvaise volonté dans l'observation du traitement prescrit, à son refus de rester à l'hôpital et de subir l'amputation du pouce jugée nécessaire. La rente de la veuve doit être réduite par suite de cette faute (*J. Marseille, 15 janv. 1901 : Recueil Marseille, 1901, 436*).

La veuve n'a droit à aucune rente :

1627. Décès d'un poseur de chemin de fer des suites du tétanos cinq mois après une blessure à l'auriculaire gauche, alors qu'il n'est pas démontré dans l'état actuel de la science qu'une période d'incubation de quatre mois et demi, du tétanos de l'homme, ait existé dans la cause : il n'y a pas de preuve de relation de cause à effet entre le traumatisme et la mort (*J. Périgueux, 22 avril 1904 : Minutes*).

La loi n'est pas applicable :.

1628. Décès d'un maçon, du tétanos, quinze jours après une blessure à l'ongle du pouce droit; la mort n'a pas été occasionnée par l'accident insignifiant dont il a été victime, ni par une faute inexcusable commise dans le travail, mais est le résultat unique d'une négligence et d'une imprudence personnelles de l'ouvrier, en ne prévenant pas son patron et en ne prenant aucune des précautions de traitement et de repos que nécessitait son état; la mort ne se serait certainement pas produite s'il s'était soigné d'une manière suffisante (*A. Angers, 11 août 1902 : Sirey-Palais, 1903, II, 208*).

Sur le tétanos : 1586.

TÊTE. — *Tuberculose : 1641 ; diminution des mouvements de flexion : 217 ; chute sur la poitrine : 315 ; mal de tête : V. Céphalalgie.*

THORAX. — *Incapacité permanente partielle :*

1629. Fracture des côtes guérie ayant entraîné une déformation du thorax ; une hernie stomacale qui a pu exister originairement et sous une forme restreinte et latente a été nécessairement aggravée par l'accident; rente de 15 °/₀ à un charpentier. *Pourvoi rejeté :* parce que les juges du fond font une appréciation souveraine des faits de la cause en fixant la réduction de la capacité de travail (*A. Paris, 16 fév. 1901, et Cass. rejet, 3 déc. 1901 : Bert, 1902, 28*).

1630. Déchirure et décollement des muscles de la paroi thora-

cique antérieure ; des sensations douloureuses peuvent se repro-
duire par l'effort brusque, le travail prolongé, ou les traumatismes
pendant quelques mois après la guérison apparente ; rente temporaire de 10 °/₀ pendant six mois après la consolidation (*J. Briey,
10 mars 1910 : Villetard, XI, 38*).

1631. Contusions du thorax avec emphysème sous-cutané ; état
maladif persistant, perte de force musculaire ; rente de 10 °/₀ à un
rattrapeur (*J. Senlis, 17 juin 1903 (sur revision): Minutes*).

1632. Dépression de la paroi thoracique en dehors du sternum
au niveau de la troisième côte, de 4 à 5 centimètres de long sur 3
ou 4 dans le sens transversal qui est due soit à une luxation en
arrière de la troisième côte, soit à une fracture avec enfoncement
de cette côte ; il n'y a pas de vestige d'hématose ou de lésions broncho-pulmonaires ; cependant à raison de la déformation de la paroi
thoracique et des lésions broncho-pulmonaires qu'il a présentées
pendant un certain temps et qui rendent le poumon plus vulnérable dans l'avenir, la rente est de 15 °/₀ (*A. Riom, 10 avril 1909 :
Gaz. Palais, 1909, II, 11*).

La loi ne s'applique pas :

1633. Contusions du côté gauche, suivies de phlegmon révélé
après l'accident ; manœuvre (*A. Amiens, 20 oct. 1908 : Minutes*).

SUR LE THORAX : *Tremblement de tous les muscles du thorax : V.
262 ; fractures multiples : 1107 ; côtes : fractures : 183, 301 ;
fracture de 4 : 172 ; fracture de 2 : 611 ; déformation d'une :
181 ; fracture du sternum : 663 ; tuberculose : 1636 ; 1638 ;
1641 ; 1643 ; 1659.*

TIBIA. — *Fracture : 990 ; 995 ; 996 ; 1002 ; 1012 ; 1013 ;
1023 ; 1040 ; 1060 ; 1104 ; fracture en deux endroits : 991.*

TIBIO-TARSIENNE (Articulation). — V. *Pied.*

TORPEUR. — 11 ; 14 ; 89 ; 283 à 287.

TORSE. — *Entorses et arrachements de ligaments. 174.*

TRAITEMENT. — V. *Accident de traitement. Refus de traitement.
Retard dans le traitement.*

TREMBLEMENT CHORÉIQUE. — 839.

TRÉPANATION. — 277 ; 289 ; 349 ; 350 ; 1230.

TRONC. — *Sensibilité excessive : 261 ; flexion : 1106.*

TROUBLES NERVEUX. — V. *Système nerveux.*

TROUBLES SUBJECTIFS. — 1244 à 1246.

TUBERCULOSE LATENTE RÉVEILLÉE, ET PRÉEXISTANTE AGGRAVÉE.

Incapacité permanente absolue — Rente de 2/3 :

1634. Tuberculose du poumon droit antérieure à l'accident ;
l'accident a accéléré l'évolution de l'affection ; elle ne l'empêchait
pas d'exercer sa profession avant l'accident ; la lésion est du troisième degré ; de plus le sommet du poumon gauche est devenu

malade à son tour depuis l'accident (*A. Paris, 10 mai 1910 : Travail, 41, 119*).

1635. ARTHRITE TUBERCULEUSE n'a pas été créée par la chute mais a pu réveiller une tuberculose latente qui ne s'est pas manifestée avant l'accident et qui sans le choc serait toujours restée latente ; le traumatisme a été l'occasion déterminante de l'incapacité totale subie (*A. Bordeaux, 15 déc. 1908 : Recueil Bordeaux, 1909, I, 168*).

1636. ARTHRITE TUBERCULEUSE ; CÔTE ; JAMBE : L'élévation du pied gauche à faux d'un fendeur de pierres, entraîne une entorse qui s'aggrave et devient une arthrite tuberculeuse ; l'amputation de la jambe est pratiquée ; puis une arthrite de la sixième côte droite se déclare ; il est procédé à la résection de 8 à 10 centimètres de cette côte ; enfin on constate une tuberculose généralisée dont il était atteint à l'état latent avant l'accident ; cette tuberculose qui ne s'est révélée que par suite ou à l'occasion d'un traumatisme ne saurait être prise en considération pour faire échec à l'application de la loi ; le traumatisme a éveillé une tuberculose qui ne se serait peut-être jamais manifestée ; ce traumatisme aurait entraîné une légère incapacité de travail chez un sujet sain. *Principes :* Il suffit pour que cette loi soit applicable qu'il y ait relation de cause à effet entre l'accident et les manifestations morbides qui l'ont suivi, alors même que la tuberculose latente eût manifestement aggravé ses conséquences (*A. Rennes, 8 mai 1905 : Recueil Rennes, 1905, I, 5*).

1637. COLONNE VERTÉBRALE ; REINS : Par suite d'un effort qui a causé des douleurs aux reins, un portefaix est atteint d'un abcès froid costo-lombaire, conséquence de l'accident ; il est reconnu atteint de tuberculose de la colonne vertébrale avec tuberculose pulmonaire certaine et rénale probable ; lorsque tout en ne pouvant rapporter à l'accident la cause suffisante d'une tuberculose dont un ouvrier est atteint, les experts constatent que l'effort fait au moment de l'accident a très bien pu être le signe révélateur du mal qui évoluait d'une façon latente et qu'en tous cas il l'a certainement aggravé et en a accéléré l'évolution, il y a bien accident du travail. *Principes :* Il n'y a pas à tenir compte dans le calcul de la rente de ce que la part réelle revenant à l'accident, dans la réduction de capacité professionnelle de l'ouvrier ne présenterait que la moitié de cette réduction, l'autre moitié devant être attribuée aux conditions organiques du sujet ; le législateur de 1898 a en effet fixé à forfait les indemnités dues aux ouvriers victimes d'accidents dans le but de supprimer toute discussion entre les parties portant sur l'état organique et les prédispositions morbides de chaque ouvrier dans chaque espèce particulière (*A. Montpellier, 3 nov. 1905 : Sirey-Palais, 1907, II, 99*).

1638. Côtes ; THORAX : Fracture d'une ou plusieurs côtes, compression violente de la cage thoracique, contusion des poumons ; le manœuvre est dans un état de débilité extrême et incapable de tout travail ; l'accident a aggravé une tuberculose préexistante ou réveillé une tuberculose latente de telle sorte que le traumatisme a été la cause médiate et indirecte de l'infirmité actuelle ; avant l'accident, sa santé était imparfaite et sa valeur industrielle se trouvait assez réduite ; les graves lésions éprouvées ont été la cause déterminante de la maladie qui a produit une incapacité absolue ; elles ont aggravé le mal qui sommeillait, l'ont fait apparaître et en ont facilité la marche ; sans elles l'état de l'ouvrier aurait pu rester stationnaire et pendant longtemps peut-être il aurait pu se livrer à un travail rémunérateur; il y a relation de cause à effet entre l'accident et l'incapacité absolue. *Principes :* On ne doit pas se préoccuper de la prédisposition de la victime aux lésions consécutives à l'accident, pas plus comme cause d'exclusion de l'applicabilité de la loi que comme élément d'atténuation dans la fixation de l'indemnité : il est contraire au caractère forfaitaire de cette indemnité de tenir compte d'une prédisposition qui aurait aggravé les conséquences de l'accident (*A. Nancy, 7 août 1906 : Recueil Nancy, 1905-1906, 285*).

1639. STERNUM : Fracture laisse un peintre de 41 ans atteint d'hémorragies à répétition, de tremblements nerveux, de lésions des bronches et des poumons qui le laissent dans un état d'incapacité absolue. L'état dans lequel il se trouve est en relation avec l'accident ; le choc traumatique produit par la chute, l'immobilité au lit, le séjour dans l'air confiné d'une chambre ont contribué dans une certaine mesure à aggraver les dispositions naturelles et à favoriser l'apparition des hémoptysies, alors qu'avant l'accident il n'avait jamais été atteint d'aucune manifestation de la maladie actuelle; le traumatisme a donc révélé les lésions demeurées latentes et dont l'évolution aurait pu être définitivement retardée et même ne jamais se produire ; elles s'y rattachent et en sont la suite directe et immédiate. On ne saurait, comme le fait le jugement attaqué, attribuer l'incapacité absolue de 40 % aux suites indirectes de l'accident et pour le surplus aux défectuosités de l'appareil pulmonaire, de l'appareil nerveux, des fonctions de nutrition et fixer ainsi la rente à 40 %. *Principes:* La loi comprend dans les risques de l'industrie, pour un ensemble d'ouvriers de santé et de tempérament divers, toutes les incapacités résultant d'accidents du travail; l'indemnité est fixée par la loi sans aucune distinction ; aucune cause d'atténuation n'a été spécifiée, hors le cas de faute inexcusable et il n'y a pas lieu de tenir compte, pour fixer l'indemnité, de l'influence que peut avoir exercé sur l'état de l'ouvrier, telle ou telle infirmité antérieure (*A. Douai, 3 juin 1908 : Minutes*).

1640. Talon gauche : Plaie par écrasement, chez un manœuvre, sans fracture. Aggravation progressive de cette blessure, infection tuberculeuse de l'os. Le traumatisme a aggravé les phénomènes tuberculeux antérieurs ; bien que dus à une maladie préexistante, on ne saurait pour apprécier les suites de l'accident, séparer ces phénomènes tuberculeux de la blessure elle-même (*A. Bordeaux, 25 fév. 1902 : Recueil Bordeaux, 1902, I, 227*).

1641. Tête ; thorax : La tuberculose latente existant chez un manœuvre antérieurement à un accident et qui ne s'est révélée que par suite ou à l'occasion d'un traumatisme (pression violente de la tête et du thorax qui produisit des crachements de sang assez nombreux et fut suivie de tuberculose pulmonaire) ne saurait être prise en considération pour faire échec à l'application de la loi au profit de cet ouvrier. *Principes :* Il suffit pour que la loi soit applicable qu'il y ait relation de cause à effet entre l'accident et les manifestations morbides qui l'ont suivi, alors même que la tuberculose latente eût manifestement aggravé ces conséquences (*A. Rennes, 25 nov. 1903 : Recueil Rennes, 1903, I, 28*).

Incapacité permanente partielle :

1642. Contusion bénigne crée un foyer de résorption tuberculeuse ; tuberculose osseuse puis tuberculose pulmonaire grave et rapide ; pleurésie guérie avant l'accident est tenue comme première manifestation de la tuberculose : l'accident a fait évoluer cette tuberculose préexistante et il y a lieu de prendre pour base d'évaluation de la rente due la différence entre le salaire touché avant l'accident et celui qui est encore possible après ; rente de 83 %. *Pourvoi rejeté :* parce que la Cour de Paris sans contester la préexistence d'une tuberculose à l'état latent, a apprécié que l'accident en avait déterminé l'évolution et avait été ainsi la cause de l'invalidité ; elle s'est appuyée sur ces constatations de fait pour accueillir la demande en prenant pour base d'évaluation de la rente due la différence entre le salaire touché avant l'accident et celui encore possible après ; aucun texte de loi n'est violé ; l'état de maladie de la victime avant l'accident ne saurait être pris en considération pour éluder les conséquences légales de l'incapacité de travail constatée par le juge du fait ; le salaire que touche l'ouvrier donne la mesure légale de sa valeur professionnelle (*A. Paris, 26 juil. 1905 et Cass. rejet, 12 avril 1907 : Bert, 1907, 166*).

1643. Côtes ; thorax : Contusions multiples sur le corps, fracture de deux côtes ; il est actuellement guéri de ces blessures ; cependant il est atteint de lésions tuberculeuses qui déterminent des malaises, de la faiblesse ; l'hémoptysie qui s'est produite après l'accident a été la manifestation symptomatique d'une tuberculose préexistante ; le traumatisme de la cage thoracique et des côtes peut avoir favorisé l'apparition des crachements de sang en déterminant, du côté des poumons, un état congestif et activé la marche de la tuberculose en diminuant sa force de résistance ; le traumatisme a favorisé l'évolution de la phtisie dont il était atteint et lui a imprimé le caractère de gravité actuel ; à raison de sa forte constitution, il avait toutes les chances de guérison s'il n'avait pas été blessé ; l'état actuel doit être pour partie rattaché à l'accident ; en tenant compte de l'état antérieur, l'invalidité doit être fixée à 40 % à un mineur (*A. Paris, 22 mars 1902 : Travail, 7,204*).

1644. Jambe : Contusion du genou gauche ; résection du genou ; amputation de la jambe à la hauteur de la cuisse ; l'ouvrier avait de l'eau dans le genou avant l'accident et ce genou était atteint d'une tumeur blanche tuberculeuse qui par l'évolution de la maladie a donné lieu aux graves désordres qui ont nécessité l'amputation. *Principes :* Il suffit pour que la loi soit applicable que l'infirmité ait été la conséquence directe d'un accident survenu par le fait ou à l'occasion du travail ; la circonstance que l'infirmité a été aggravée par l'état de santé antérieur de la victime est sans influence sur le droit à indemnité ; il est seulement de nature à influer sur la détermination de la rente ; il faut tenir compte pour évaluer la rente de ce que l'aggravation de la blessure est due dans une certaine mesure à son état antérieur ; rente de 20 % à un ouvrier confiseur (*A. Nancy, 10 nov. 1902 : Recueil Nancy, 1902-1903, 83*).

1645. Jambe : Entorse très légère qui n'entraîne d'abord qu'une légère impotence ; puis l'articulation du pied devient douloureuse et l'amputation de la jambe est rendue nécessaire ; l'ouvrier était atteint de tuberculose des articulations à l'état latent ; si on ne peut affirmer que cet état a provoqué l'accident, au contraire l'accident a tout au moins révélé une diathèse latente dont l'évolution a amené l'état grave actuel ; rente de 50 % à un forgeron. *Principes posés :* Il suffit pour que la loi soit applicable qu'il y ait relation de cause à effet entre l'accident et les manifestations morbides qui l'ont suivi, que l'accident ait été l'agent révélateur d'une affection qui eût pu rester latente et il importe peu que la tuberculose ait manifestement aggravé les conséquences de l'accident. La tuberculose latente et qui ne se révèle que par suite ou à l'occasion du traumatisme ne saurait être prise en considération pour faire échec à l'application de la loi au profit de l'ouvrier (*A. Rennes, 18 juil. 1906 : Recueil Rennes, 1906, I, 21*).

1646. Main droite : Il y a relation de cause à effet entre l'accident (retour de manivelle sur la main) et l'apparition d'une tuberculose du membre atteint par le traumatisme (la main droite) quand il est établi qu'avant l'accident le membre ne présentait pas de signes apparents de tuberculose bien que la victime ait porté antérieurement les germes latents de cette maladie ; rente de 60 %

à un wattman (*A. Paris, 19 janv. 1909 : Bert, 1909, 190*).

1647. Ostéite du pied droit : Impotence presque complète par suite de fracture du métatarse droit avec ostéite consécutive ; il n'y a pas lieu de faire état, dans le calcul de l'indemnité, d'antécédents tuberculeux et du tempérament de l'ouvrier qui auraient rendu plus graves les conséquences de l'accident ; rente de 40 % (*J. Seine, 9 déc. 1901 : Le Droit, 18 juin 1902*).

1648. Ostéo-arthrite du pied gauche : Faux pas et entorse légère n'empêchant pas l'ouvrier de travailler, s'aggrave progressivement et le conduit en neuf mois à l'ankylose et à l'impotence du pied gauche déterminée par une ostéo-arthrite tuberculeuse de l'articulation tibio-tarsienne ; l'accident a relevé une tuberculose latente ; les troubles actuels sont les conséquences de l'accident. Sans la tuberculose, il n'y aurait eu qu'un léger traumatisme ; rente de 50 % à un cocher. *Principes :* Les prédispositions morbides antérieures et qui ont pour conséquence d'aggraver un accident ne sauraient être prises en considération pour limiter le champ d'application de la loi ; pour que la loi s'applique, il faut qu'il y ait relation de cause à effet entre l'accident et les manifestations morbides qui l'ont suivi (*A. Rennes, 27 nov. 1906 : Recueil Rennes, 1906, I, 46*).

1649. Testicule : Tuberculose des organes génitaux ; ablation du testicule droit rendue nécessaire parce que les lésions y étaient prédominantes ; les lésions tuberculeuses persistent dans l'épididyme gauche et dans la prostate ; l'affection tuberculeuse préexistait à l'accident, mais celui-ci a imprimé aux lésions une évolution plus rapide ; incapacité presque absolue en ce moment ; l'ablation d'un testicule atteint l'ouvrier dans sa force et a une répercussion sur les salaires ; rente de 75 % (*A. Amiens, 17 oct. 1905 : Journal Amiens, 1906, 148*).

1650. Testicules : Orchite traumatique à la suite d'un coup aux testicules ; l'ouvrier mouleur a droit à rente que cette orchite ait pour unique origine le coup reçu ou bien que le coupait imprimé à l'affection tuberculeuse des testicules préexistant un développement immédiat et rapide qui sans cela ne se serait pas produit. Dans l'une ou l'autre hypothèse, l'état actuel est la conséquence immédiate et directe de l'accident (*A. Riom, 20 nov. 1901 : Recueil Riom et Limoges, 1900-1901, 505*).

1651. Vertèbres : Tuberculose vertébrale ; rupture musculaire à la région lombaire droite ; mal de Pott dorsal ; fracture légère du tissu osseux friable. On ne doit pas tenir compte des prédispositions morbides dont il était atteint alors surtout que le délai dans lequel se seraient montrés les premiers signes de la lésion préexistante à l'accident est incertain et que c'est l'accident qui en a provoqué la manifestation ; la totalité de l'indemnité forfaitaire prévue par la

loi doit, en ce cas, être allouée au blessé ; rente de 60 °/₀ à un
coltineur (*A. Paris, 19 nov. 1907 (sur révision)*: *Travail, 31,
67*).

La veuve a droit à une rente :

1652. Tuberculose à l'état latent, avant l'accident ; les graves
lésions éprouvées ont été la cause déterminante de l'éclosion de la
maladie qui a produit une incapacité absolue ; elles ont aggravé le
mal qui sommeillait, l'ont fait apparaître et en ont facilité la marche ; sans elles l'état de l'ouvrier aurait pu rester stationnaire et
pendant de longues années, peut-être, il aurait pu se livrer à un
travail rémunérateur ; il est donc prouvé qu'entre l'accident et l'incapacité absolue il y a une relation de cause à effet comme il en
existe une avec son décès actuel ; rente de 20 °/₀ (*A. Nancy,
13 août 1906 : Bert, 1907, 35*).

1653. Décès dû pour un tiers à l'accident, et pour deux tiers à
une tuberculose dont il était atteint antérieurement : la veuve a
droit à une rente en proportion avec l'influence de l'accident sur
le décès et dans l'espèce au lieu de 20 °/₀, à 6,66 °/₀. *Principes :*
Le législateur n'a entendu accorder une pension égale à 20 °/₀ du
salaire à la veuve que lorsque l'accident est la cause directe et unique du décès et non lorsqu'il n'avait eu d'autre effet que d'accélérer le dénouement final d'une situation qui devait fatalement entraîner la mort ; le patron ne doit supporter les conséquences de
l'accident que proportionnellement à l'effet que cet accident a produit directement sur son ouvrier (*A. Aix, 8 août 1902 : Minutes*).

1654. Lorsqu'un accident n'est devenu mortel que par l'aggravation d'une tuberculose latente, la part de responsabilité du patron
et par suite la rente à allouer à la veuve doivent être diminuées de
moitié ; rente de 10 °/₀ (*J. Lyon, 8 août 1904 : Sommaires, 1906,
5870*).

1654 *bis*. Côte : Fracture d'une côte par suite de chute se guérit vite mais se complique de pleurésie traumatique qui a été suivie assez promptement d'accidents de tuberculose pulmonaire à
marche aiguë ; l'accident a manifestement aggravé l'état général et
a donné un violent coup de fouet à la tuberculose à laquelle il a
succombé cinq mois après l'accident ; celui-ci a eu pour conséquence exclusive l'accélération d'une maladie mortelle, dont il était
atteint avant l'accident, et à laquelle il a succombé prématurément ;
ainsi il y a lieu de réduire de moitié l'indemnité allouée à la veuve ;
rente de 10 °/₀ (*A. Rennes, 6 janv. 1902 : Recueil Assurances,
1902, 23*).

1655. Hanche droite : Blessure à la hanche droite. Décès des
suites d'une tuberculose ostéo-articulaire de cette hanche qui a été
réveillée par le traumatisme ; la mort a été causée par la tuber-

culose; cette tuberculose doit être considérée comme causée directement par l'accident et le chiffre de la rente fixé en conséquence ; soit à 20 °/₀ (*J. Périgueux, 27 juin 1907 : Le Droit, 13 août 1907*).

1656. Pied : Contusion profonde par suite de choc ; grosse tuméfaction de l'articulation métatarso-phalangienne ; la situation s'aggrave, trois opérations sont pratiquées, les poumons se prennent et il meurt de tuberculose pulmonaire ; le traumatisme a déterminé l'explosion d'un état dont son organisme était atteint à l'état latent. La relation de cause à effet entre l'accident et la mort de l'ouvrier est considérée comme établie parce que la blessure ne s'est jamais complètement guérie, a été le siège d'aggravations continuelles et successives qui ont déterminé l'explosion d'une maladie latente qui a entraîné la mort ; rente de 20 °/₀ (*A. Rennes, 12 mars 1907 : Recueil Rennes, 1906-1907, I, 58*).

1657. Testicules : Effort dans les parties sexuelles chez un serrurier ; castration totale opérée ; décès neuf mois après l'accident de tuberculose généralisée ; cette tuberculose existait avant l'accident à l'état latent, et était localisée dans l'épididyme ; son évolution a été intimement liée au traumatisme ; celui-ci peut être considéré comme la cause déterminante et directe de cette maladie dont la généralisation a eu pour conséquence la mort du blessé ; rente de 20 °/₀ (*J. Pontoise, 14 nov. 1905 : Travail, 20, 63*).

1658. Testicule : Une orchite se déclare à la suite de la chute de bicyclette d'un employé de commerce ; relation de cause à effet établie entre cet accident et le décès de la victime survenu par suite de phtisie aiguë ; la désorganisation du testicule par le choc a nécessité son ablation et a provoqué le développement de l'affection latente qui s'était rapidement étendue à l'état général ; sans le choc il n'aurait pas eu de tuberculose pendant longtemps. L'infection du poumon qui a entraîné le décès est la conséquence directe du choc subi au testicule du même côté. *Principes :* On ne peut réduire la rente sous le prétexte de prédispositions morbides latentes ayant aggravé le résultat de l'accident ; on ne peut faire état que du salaire et des facultés de travail laissées par l'accident; rente de 20 °/₀ (*J. Blois, 14 nov. 1908 : Minutes*).

1659. Thorax : Traumatisme de sa partie droite ; décès d'une phtisie pulmonaire aiguë consécutive à ce traumatisme qui avait provoqué des hémoptysies abondantes révélant, en en provoquant l'aggravation, des lésions tuberculeuses demeurées jusque-là latentes et dont l'évolution aurait pu être indéfiniment retardée et même ne jamais se produire si le traumatisme n'était pas apparu ; il y a relation de cause à effet établie entre le traumatisme et la phtisie pulmonaire dont il est mort ; rente de 20 °/₀ (*A. Paris, 31 mai 1902 : Bert, 1902, 248*).

La veuve n'a aucun droit :

1660. Décès de tuberculose pulmonaire d'un employé de chemin de fer ; l'accident a fait évoluer la tuberculose vers la mort ; décès non imputable au traumatisme, alors même que l'accident en diminuant les forces du blessé et en le retenant au lit ait déterminé une évolution plus rapide de la maladie et hâté un dénouement fatal. *Pourvoi rejeté :* parce que la mort n'est pas la suite directe de l'accident (*A. Paris,. 13 juin 1903 et Cass. rejet, 27 juil. 1905 : Sirey-Palais, 1908, I, 284*).

1661. Décès plus de quatre mois après l'accident et plus de trois mois après la cicatrication de ses blessures, des suites de la tuberculose pulmonaire dont il était atteint bien antérieurement ; cette affection a été la cause directe de la mort et il n'a pu être prouvé qu'elle ait contribué en quelque façon à accélérer le dénouement fatal (*A. Douai, 3 mai 1904 : Recueil Assurances, 1904, 267*).

1662. Annulaire droit écrasé, chez un ouvrier aux fabriques de fer ; tuberculose préexistante ; décès des suites de la tuberculose qui n'a pas été engendrée par l'accident. Aucun droit à rente, alors même que la blessure ait mis le blessé en état de moindre résistance et ait hâté la marche de la maladie ; la mort n'est pas la suite directe de l'accident, mais la suite de la tuberculose latente, à marche rapide (*A. Douai, 7 juil. 1909 : Jurisprud. Douai, 1910, 271*).

1663. Chute dans un étourdissement, d'un tuberculeux ancien, âgé de 65 ans, est une cause d'aggravation de la tuberculose mais n'en est pas la cause unique ; les artères du cœur rigides constituent une lésion susceptible d'entraîner une syncope ou un étourdissement ; relation de cause à effet entre l'accident et la mort non établie (*A. Paris, 30 mars 1909 : Recueil Assurances, 1910, 346*).

1664. Genou contusionné ; cet accident n'a pu être l'agent créateur d'une tuberculose pulmonaire à laquelle l'ouvrier a succombé, qui était latente et constitutionnelle et qui s'est manifestée peu de temps après l'accident, alors que l'ouvrier ayant toutes les apparences de santé avait une constitution et un organisme sains et indemnes de toutes tares antérieures et que l'accident n'a pu être la cause de la mort (*A. Rennes, 5 janv. 1904 : Recueil Rennes, 1903-1904, I, 87*).

1665. Omoplate droite : Il n'y a pas de relation de cause à effet entre un accident du travail (chute de 1 m. 50 de hauteur et traces de traumatisme à l'omoplate droite) et le décès de l'ouvrier de forges qui en a été victime lorsque ce décès survenu six mois après doit être attribué à une affection de nature chronique des poumons, tuberculeuse préexistante et qui a pris une marche suraiguë ; on ne saurait, en l'absence de toute preuve certaine, considérer comme causée par l'accident la mort de celui qui n'a été atteint que d'un traumatisme si léger qu'il n'aurait eu vraisemblablement

pour un homme sain aucune conséquence appréciable (*A. Paris,
9 juil. 1904 : Journal Assurances, 1905, 188*).

1666. Ostéo-arthrite de la jambe rend l'amputation de la jambe
nécessaire; prédisposition à faire de la tuberculose; maladie latente
chez un chef d'atelier aux mines cause le décès que le traumatisme (blessure au cou-de-pied gauche) n'a pu amener ; le décès
provient de la maladie latente (*A. Nancy, 29 nov. 1906 et Cass.,
28 juil. 1908 : Bert, 1909, 53*).

1667. Lumbago par effort violent; l'ouvrier est atteint de tuberculose antérieure ; décès un an après l'accident de tuberculose généralisée qui n'a pas été provoquée par l'accident; il n'y a pas de
relation de cause à effet entre l'accident et le décès. Pas d'influence
du traumatisme sur l'évolution de la maladie préexistante (*A. Rouen,
24 mars 1910 : Recueil Rouen, 1910, 90*).

1668. Reins: Il n'y a pas de relation de cause à effet entre l'accident de peu d'importance (blessures aux reins) ayant provoqué
une contusion lombaire et la mort lorsque le traumatisme (congestion pulmonaire avec hémoptysie) n'a fait que révéler une tuberculose latente qui pouvait demeurer telle de longues années sans com-
promettre la vie de l'ouvrier. *Pourvoi rejeté:* parce que la Cour
a fait de son pouvoir souverain d'appréciation un usage légitime
qui échappe au contrôle de la Cour de cassation, en déclarant qu'il
résultait des rapports médicaux l'impossibilité de rattacher la maladie devenue rapidement grave au traumatisme de peu d'importance subi par l'ouvrier et que la relation de cause à effet entre
l'accident et la mort n'était pas établie (*A. Paris, 4 déc. 1906 et
Cass. rejet, 2 déc. 1908 : Dalloz, 1910, I, 125*).

1669. Testicules atteints par le traumatisme ; il s'ensuit à cet
endroit une manifestation locale de tuberculose générale préexistante ; de ce que cet ouvrier atteint de tuberculose pulmonaire, et
de crises fréquentes d'hémoptysie avant l'accident a obtenu une rente
à cause de l'aggravation et de l'accélération de la maladie causée
par cet accident, il ne s'ensuit pas qu'après le décès, sa veuve puisse
réclamer une rente ; cette demande doit être rejetée alors que le
traumatisme sans influence sérieuse, d'après sa nature, sur un homme
sain, n'a pas déterminé la tuberculose et n'a pu avoir pour effet dé-
cisif et direct le décès d'un homme voué à une mort certaine et
rapprochée par le seul fait de la maladie grave dont il était irré-
médiablement atteint. *Pourvoi rejeté :* parce que la preuve doit
être rapportée que le mal dont a été atteint l'ouvrier se rattache
par un lien de cause à effet au travail et qu'il en est la conséquence ; cette démonstration n'ayant pas été faite les juges du
fond ont apprécié souverainement la question (*A. Toulouse,
16 déc. 1907 et Cass. rejet, 29 juil. 1908 : Dalloz, 1910, I,
125*).

Les ascendants n'ont aucun droit :

1670. HÉMOPTYSIE OU HÉMORRAGIE BRONCHO PULMONAIRE au cours d'une tuberculose pulmonaire ulcéreuse entraîne le décès d'un manœuvre ; il en était déjà atteint au moment de l'accident ; encore que l'accident ait pu jouer le rôle d'agent aggravateur, et, en amoindrissant les forces du blessé, en gênant son alimentation, ait pu accentuer la marche de la maladie et précipiter le dénouement fatal, la mort ne serait point encore, en cette hypothèse, la suite directe et immédiate de l'accident, condition nécessaire pour que la loi s'applique (*A. Lyon, 7 déc. 1909 : Moniteur Lyon, 14 janv. 1910*).

La loi est applicable :

1671. Il n'y a pas lieu de tenir compte d'une lésion pulmonaire préexistante, aggravée par le traumatisme ; l'ouvrier, quelles que fussent les lésions dont il était atteint, travaillait comme en pleine santé au moment de l'accident et cet accident lui a d'un seul coup, supprimé la capacité entière de travail (*J. Saint-Étienne, 21 nov. 1901 : Moniteur Lyon, 5 déc. 1901*).

1672. EPIDIDYMITE DOUBLE engendrée par une faible contusion dans la région scrotale chez un ouvrier de filature probablement en puissance de tuberculose ; les conséquences de l'accident n'auraient pas été telles s'il n'avait été atteint de tuberculose ; cet ouvrier a droit à son indemnité temporaire quoiqu'il soit soutenu que les phénomènes morbides constatés soient les conséquences d'un état de son organisme tout à fait indépendant du traumatisme (*J. Paix Lille, 27 déc. 1901 : Revue Paix, 1902, 183*).

La loi n'est pas applicable :

1673. MALADIE D'ORIGINE TUBERCULEUSE d'un ouvrier d'usine de peinture, qui se localise en un point, pouvait se produire en l'absence de tout accident et qui allait éclore là ou ailleurs ; le jour de la manifestation du mal, il n'est pas établi qu'il y ait eu effort anormal auquel l'infirmité pourrait se rattacher. *Pourvoi rejeté* : parce que cette maladie ne peut être considérée comme étant la suite d'un accident du travail (*A. Lyon, 11 avril 1906, et Cass. rejet, 18 juin 1908 : Sirey-Palais, 1908, I, 468*).

1674. TUBERCULOSE PULMONAIRE à la suite d'un traumatisme ; la preuve n'est pas faite qu'il est atteint d'incapacité permanente quand l'expert constate que l'accident a pu aggraver la tuberculose, mais ne l'a pas causée (*A. Paris, 22 déc. 1908 : Bert, 1909, 95*).

1675. EPIDIDYMITE ET ORCHITE révélées par un effort normal au cours du travail d'un ouvrier d'usine ; lésions épididymiques tuberculeuses antérieures à l'accident et non traumatiques ; impossibilité de se livrer à un travail avec efforts ; l'effort n'est pas la cause de cette tuberculose testiculaire (*J. Lyon, 31 janv. 1906 : Villetard, VI, 435*).

1676. OSTÉITE. Tuberculose latente avant l'accident. La preuve n'est pas rapportée qu'une ostéite dont il souffre postérieurement à l'accident provienne de celui-ci et non de la maladie dont il était antérieurement atteint (*A. Rennes, 16 janv. 1906 : Recueil Rennes, 1906, I, 49*).

1677. Ostéo-arthrite du pied gauche ; léger traumatisme ; révélation d'une tuberculose latente (*J. Lorient, 6 mars 1906 : Villetard, VII, 73*).

1678. Synovite tuberculeuse. Douleur au poignet : il n'est pas établi que ce léger effort ait été la cause d'une synovite tuberculeuse ni même que ce traumatisme initial, si peu important, ait activé l'évolution de cette tuberculose localisée ; la présence d'un abcès froid à la paroi thoracique fait affirmer une tuberculose préexistante ; il n'est pas établi qu'il s'agit d'une tuberculose révélée ou aggravée (*A. Douai, 21 juin 1910 : Jurispr. Douai, 1910, 271*).

1679. Synovite tuberculeuse n'a pas été créée par le traumatisme ; celui-ci en a aggravé la marche ; pas de relation de cause à effet entre l'accident et l'infirmité (*J. Dunkerque, 10 fév. 1910 : Villetard, XI, 3*).

1680. Vertèbres ; ouvrier peintre atteint de tuberculose dès son jeune âge subit un traumatisme ; les ankyloses vertébrales ont disparu, l'état vertigineux n'est pas définitif et le traumatisme subi par le squelette constitue une aggravation de la tuberculose. *Principes :* Les maladies professionnelles résultant d'une cause lente et durable les maladies constitutionnelles, inhérentes à l'individu et antérieures à l'accident sont exclues du bénéfice de la loi (*J. Condom, 27 déc. 1901 : Travail, 9, 22*).

Sur la tuberculose latente : *Lésions : V. 1490.*

TUBERCULOSE PROVOQUÉE PAR L'ACCIDENT OU CONSÉCUTIVE.

Incapacité permanente absolue. Rente de 2/3 :

1681. Epaule gauche ; arthrite tuberculeuse. Luxation de l'épaule gauche ; réduction simple et facile en seize jours ; la luxation entraîne une arthrite tuberculeuse suppurée de l'épaule à marche chronique ; l'ouvrier de ce chef est incapable de tout travail pendant peut-être plusieurs années ; une opération n'améliorerait pas l'état ; il n'y a pas lieu d'attendre que les troubles aient disparu : la blessure est consolidée cependant (*A. Rouen, 7 janv. 1905 : Recueil Rouen, 1905, 67*).

1682. Epididymite tuberculeuse du testicule droit : malgré une opération chirurgicale elle a rapidement évolué et s'est généralisée au sommet du poumon droit ; la maladie est la conséquence directe de l'accident ; l'infirmité peut être considérée comme permanente bien qu'on ne puisse pas se prononcer définitivement sur l'état ultérieur du blessé, si d'ores et déjà, l'ouvrier est dans l'impossibilité de travailler (*A. Lyon, 19 déc. 1902 : Moniteur Lyon, 5 mars 1903*).

1683. Lésions pulmonaires survenues à la suite de plusieurs opérations nécessitées par un accident doivent être considérées comme causées par cet accident, alors que ces lésions ont été occasionnées par l'affaiblissement résultant de fréquents séjours dans un hôpital et d'une broncho-pneumonie contractée à la suite d'une opération et que l'ouvrier est affaibli par une cystite chronique avec suppuration datant de plus de trois ans et qu'il a été obligé de se confiner dans un petit logement, au lieu de vivre au plein air comme précédemment et qu'ainsi il offrait un terrain tout préparé à l'affection bacillaire ; l'affection tuberculeuse se rattache à l'accident par un lien de cause à effet (*A. Nancy, 2 mai 1910 : Recueil Nancy, 1909-1910, 158*).

Incapacité permanente partielle :

1684. BRAS GAUCHE. Ankylose et perte de son usage par suite de complications tuberculeuses provoquées par le traumatisme du coude (entorse, avec arrachement du ligament latéral externe) ; rente de 65 % (*A. Paris, 27 avril 1909 ; Bert, 1909, 228*).

1685. TRAUMATISME DU CRANE chez un calfat vigoureux, sans tare constitutionnelle, a pour effet direct un état de dépression neurasthénique très accentué ; la diminution des facultés de travail est fixée à 50 % et sans tenir aucun compte d'une tuberculose pulmonaire, postérieure à l'accident, qui était venue s'implanter sur un terrain tout préparé, à la recevoir, par un état fort déprimé ; cette tuberculose qui dans la période de temps entre l'accident et la mort avait rendu l'ouvrier incapable de tout travail est sans relation directe avec l'accident (la cour de Rennes n'avait pas à décider si la veuve avait droit à une rente, mais seulement si, à la suite de l'accident, l'ouvrier était atteint d'incapacité permanente totale ou partielle) (*A. Rennes, 21 nov. 1905 et Cass. rejet, 8 nov. 1909 : Travail, 41, 125*).

La veuve a droit à une rente :

1686. ARTHRITE TUBERCULEUSE, conséquence d'une contusion sans importance, entraîne le décès ; l'affection grave qui s'est déclarée n'est pas une prédisposition morbide ; elle n'existait pas, même à l'état latent avant l'accident ; peu importe que les conséquences paraissent d'une gravité exceptionnelle eu égard à la nature de l'accident, du moment qu'il est certain que l'accident a été leur cause occasionnelle (*A. Rennes, 3 fév. 1903 : Recueil Rennes, 1902, I, 68*).

1687. AVANT-BRAS, BRAS, ÉPAULE, MAIN DROITES. Phlegmon se propage dans tout l'avant-bras et l'épaule, envahissant tout le bras, à la suite d'un heurt de la main droite et d'une forte hémorragie attribuée à un corps étranger dans l'annulaire droit ; ce phlegmon était consécutif à la blessure faite au cours du travail ; au cours de la cicatrisation des plaies opératoires nécessitées par le traitement du phlegmon, l'ouvrier de fabricant verrier est atteint de tuberculose qui amène sa mort ; l'apparition de la tuberculose doit être attribuée à l'affaiblissement de son organisme pendant la longue maladie consécutive à son phlegmon ; il y a un lien direct entre le traumatisme et la manifestation aiguë de la phtisie pulmonaire à laquelle il a succombé. *Principes :* Il faut en principe que l'accident ait été la cause génératrice de la lésion, c'est-à-dire du décès, mais il n'est pas nécessaire qu'il en ait été la cause unique et exclusive. Toute réduction ou limitation de l'indemnité légale est interdite par la loi et on ne doit pas dans l'évaluation de l'indemnité tenir compte de la maladie préexistante et scinder la lésion de la victime en deux parts, une part morbide et une part traumatique et ne calculer l'indemnité que sur cette dernière ; rente de 20 % (*J. Marseille, 29 nov. 1904 : Recueil Aix-Marseille, 1905, 186*).

1688. Hémoptysie ; complication cardiaque ; emphysème. En portant une caisse de 80 kilogrammes, l'ouvrier tombe et est frappé par la caisse à la poitrine; il a une hémoptysie violente consécutive au traumatisme avec complication cardiaque et emphysème quelques jours après, et il décède un an après de tuberculose avancée. Il y a preuve suffisante que l'accident a entraîné le décès dans cette constatation que l'hémoptysie a été la conséquence de l'accident et le premier symptôme grave de la maladie qui a occasionné la mort. Il n'y a pas la preuve d'une maladie préexistante dont l'accident aurait seulement hâté l'évolution ; rente de 20 % (*A. Paris, 30 juil. 1902 : Gaz. Palais, 1902, II, 612*).

La veuve n'a aucun droit :

1689. Troubles nerveux graves et persistants à la suite d'une décharge électrique. Décès quatre ans après de tuberculose pulmonaire; l'accident a pu abattre le moral et le physique du blessé, celui-ci a pu ainsi devenir un terrain plus facile à la tuberculose, mais ce n'est pas là une présomption grave de relation, même indirecte de cause à effet entre le traumatisme et la mort (*A. Paris, 23 mars 1909 : Villetard, X, 109*).

1690. Refroidissements répétés d'un scaphandrier entraînant son décès après des imprudences successives au cours des plongées ; tuberculose graduelle et progressive, il n'y a pas de traumatisme c'est-à-dire pas d'action soudaine et violente d'une force extérieure avec lésion consécutive de date et d'origine certaines (*A. Bordeaux, 29 mars 1907 : Travail, 31, 55*).

La loi est applicable :

1691. Décès des suites d'un coup de pied de cheval ayant provoqué la tuberculose lorsque cette tuberculose n'a commencé à se manifester qu'à la suite du traumatisme et sous son influence (*A. Bordeaux, 11 août 1908 : Sommaires, 1909, 53*).

TUMEUR MALIGNE. — *La veuve n'a aucun droit :*

1692. Décès d'une tumeur maligne existant plusieurs mois avant l'accident et qui est survenue au cours du travail. L'accident en a déterminé une évolution plus rapide, a précipité le dénouement fatal dont il se trouvait menacé ; mais la mort n'est pas la suite immédiate et directe de l'accident et elle se serait produite en dehors même de l'accident, à une date assez rapprochée. *Pourvoi rejeté :* parce qu'il n'y a pas de relation de cause à effet entre l'accident et la maladie (*A. Rennes, 21 janv. 1908 et Cass. rejet, 2 déc. 1908 : Dalloz, 1910, I, 125*).

TYMPAN. — V. *Oreilles.*

URÈTRE. — *Incapacité permanente absolue.* Rente des 2/3 :

1693. Rupture et rétrécissement de l'urètre, accompagnés de complications graves et multiples : il marche courbé, la sortie de l'urine se fait assez facilement quoique la sonde ne pénètre pas jusqu'au rétrécissement cicatriciel ; cette sortie se fait quelquefois par une fistule urinaire ; il reste exposé aux graves conséquences d'une rétention d'urine et même opéré conservera un état de gêne dans la région du bas-ventre qui entrave indéfiniment ses mouvements et ne lui permet aucun effort sérieux ; par suite de cette maladie le carrier illettré doit être considéré comme incapable de trouver une place et de se livrer à des occupations lui permettant de subvenir à ses besoins (*A. Nancy, 28 avril 1902 : La Loi, 2 juil. 1902*).

Incapacité permanente partielle :

1694. Rupture et rétrécissement cicatriciel de l'urètre, nécessitant dans l'avenir des séances de dilatation, même après l'opération que le blessé devrait subir ; cette opération délicate et offrant du danger ne saurait du reste être imposée à l'ouvrier, alors que la guérison est douteuse après qu'il y aurait été procédé ; rente de 10 % à un contremaître (*J. Lille, 3 fév. 1910 : Journal Assurances, 1910, 555*).

1695. Rétrécissement de l'urètre sans espoir d'amélioration entraînant quinze jours de chômage annuels pour soins et séances de dilatation ; rente de 20 % (*J. Boulogne-sur-Mer, 4 mars 1910 : Sommaires, 1910, 2309*).

1696. Grosse déchirure de l'urètre : la cicatrisation se produit dans des conditions assez favorables pour qu'il reprenne son service ; quoique présentant l'aspect d'un homme en parfaite santé, il n'en demeure pas moins astreint à suivre un traitement chirurgical toute sa vie et des soins incessants et délicats ; rente de 30 % à un commandant de bateau (*A. Dijon, 28 déc. 1904 : Dalloz, 1906, II, 13*).

1697. Brisure de l'urètre ; la consolidation ne sera jamais complète à cause des soins incessants et minutieux nécessaires et d'un traitement spécial et périodique ; la santé est à jamais compromise ; rente de 40 °/₀ à un charpentier (*A. Nancy, 28 nov. 1900 : Recueil Nancy, 1900-1901, 9*).

1698. Rupture et déchirement de l'urètre déterminant une infection urineuse purulente ; cette grave affection ne céderait que devant une opération fort délicate ; on ne saurait imputer à faute à l'ouvrier sa répugnance à se soumettre à cette opération et le refus ne saurait entrer en ligne de compte, l'opération présentant des aléas de réussite qui peuvent justifier le refus ; rente de 75 °/₀ à un ouvrier carrier (*A. Besançon, 27 nov. 1901 : Gaz. Palais, 1902, I, 187*).

1699. Rupture de l'urètre ; urétrotomie externe pratiquée ; symptômes d'inflammation chronique du côté des voies urinaires ; cystite chronique sans rétention ; ces complications sont la conséquence éloignée mais directe de l'accident ; une intervention chirurgicale de résultat aléatoire ne saurait être imposée ; rente de 90 °/₀ à un manœuvre (*A. Lyon, 23 mars 1909 : Travail, 37, 57*).

Incapacité permanente nulle ou légère. Aucun droit à rente :

1700. Rupture de l'urètre ayant entraîné un rétrécissement partiel ; la diminution de valeur ne résultera que des quelques absences nécessaires aux soins (*J. Lille, 25 mars 1909 : Villelard, X, 4*).

Sur l'urètre : *Catarrhe purulent :* V. 180 ; *rupture :* 179.

URIANESTHÉSIE. — 1240.

URINE. — *Incontinence :* 179 ; 180. V. *Dysurie. Hématurie. Polyurie. Urètre. Urianesthésie.*

UTÉRUS. — *Incapacité permanente partielle :*

1701. Léger prolapsus utérin et relâchement général des tissus ; il est impossible de déterminer si entre ces lésions organiques, d'ailleurs fréquentes chez les femmes multipares, et le fait de l'accident il y a relation de cause à effet ; l'effort, s'il ne suffit pas à lui seul à occasionner le prolapsus utérin peut en être la cause occasionnelle ; l'effort brusque en l'espèce qu'a fait l'ouvrière a pu aider, hâter ou provoquer un prolapsus utérin, en forçant la résistance d'organes déjà antérieurement affaiblis et prédisposés ; rente de 20 °/₀ (*A. Chambéry, 27 juil. 1910 : Moniteur Lyon, 22 avril 1911*).

VALEUR INDUSTRIELLE de l'ouvrier. — *En cas d'accident unique :* 621 ; 1052 ; *en cas de deux accidents :* 381 ; 403 ; 1080 ; 1097 ; 1725 ; 1758 ; 1773. V. *Rente est fixée. Salaire semblable.*

VARICES. — *Incapacité permanente partielle :*

1702. Entorse tibio-tarsienne droite ayant entraîné des complications favorisées par l'état variqueux antérieur ; l'inflammation provoquée par cette entorse s'est étendue aux veines de la région que le traumatisme avait atteintes et a par un effet de la prédis-

position des tissus, gêné la circulation de la jambe droite, amené
de l'œdème et nui au fonctionnement de l'articulation tibio-tarsienne ; rente de 35 %. *Principes :* Il n'y a pas lieu de tenir
compte des prédispositions morbides de la victime même si elles ont
favorisé les complications de l'accident ; le salaire reçu avant l'accident et les facultés de travail dont elle dispose après, sont les
seuls éléments que les juges doivent prendre en considération (*A.
Bordeaux, 14 fév. 1905 : Recueil Bordeaux, 1905,1, 262*).

1703. Fracture de la jambe gauche ; consolidation complète :
légère raideur dans l'articulation tibio-tarsienne ; œdème généralisé
et ulcération sur les deux jambes ; varicosités sur le pied droit,
dues à un état variqueux antérieur à l'accident qui diminuent notablement les facultés de travail : l'infirmité antérieure n'a pas
d'influence sur la fixation de la rente ; mais s'il ne faut pas tenir
compte de cet état ancien, encore faut-il tenir compte de ce que
c'est sous l'influence des désordres provoqués par la fracture dans
la circulation du sang que cet œdème, ces ulcérations, varicosités ont
pris le développement actuel. L'incapacité serait de 25 % si l'on
tient compte des suites directes seulement, c'est-à-dire de l'état
de la fracture ; la rente est de 50 % (*A. Caen, 24 juin 1908 :
Recueil Caen, 1908, 251*).

1704. Fracture de la jambe ; consolidation complète ; raccourcissement ; par suite de grosses varices, d'emphysème pulmonaire,
de surcharge graisseuse du cœur, la dyspnée est telle qu'il ne peut
se livrer à aucun travail ; jambe non blessée aussi variqueuse que
la jambe blessée ; état d'impotence complète s'explique dans une
certaine mesure par la longue inaction qui fut la conséquence de
l'accident ; l'état invoqué est imputable pour 1/3 à l'accident. On
ne doit pas tenir compte des prédispositions congénitales de l'ouvrier qui le rendent plus susceptible de contracter une affection
accidentelle ; rente de 33,33 % à un terrassier (*A. Poitiers, 7 juin
1905 : Gaz. Palais, 1905, II, 285*).

1705. Ulcère variqueux à la jambe gauche est la cause principale
et unique d'un violent traumatisme et alors que l'ouvrier était atteint de varices antérieures à l'accident. Il faut réduire la rente
lorsque le traumatisme a été aggravé dans une certaine mesure par
l'existence antérieure de varices ; le patron ne saurait être rendu
entièrement responsable des suites fâcheuses des blessures lorsque
l'ouvrier s'il avait joui d'une santé normale au moment de l'accident, n'aurait pas eu diminution de capacité aussi considérable ;
rente de 12,50 % à un mineur (*J. Florac, 14 nov. 1902 : Moniteur Lyon, 12 mars 1903*).

1706. Contusion des parties génitales ; varicocèle peu volumineux au testicule gauche ; prédisposition aux varices ; relation de
cause à effet entre la chute qui a causé la contusion, et le varicocèle ;

rente de 25 °/₀ à un ouvrier maçon de 19 ans malgré son accep-
tation de se faire opérer, ce qui supprimerait toute incapacité radicalement (*J. Besançon, 13 mars 1902 : Travail, 7,
61*).

La loi n'est pas applicable :
1707. Varices sans relation avec l'accident et antérieures à celui-ci ; l'aggravation depuis l'accident est purement fortuite (*A. Grenoble, 19 déc. 1902 : Travail, 9, 145*).

1708. Poche variqueuse isolée sur la cuisse droite révélée par
l'accident chez un aide de cuisine. Varices volumineuses sur les
deux jambes antérieurement à l'accident ; prédisposition au développement des lésions ; rien ne justifie même que ces lésions n'exis-
taient pas avant le traumatisme ; du reste ces lésions à elles seules
sont incapables à déterminer le moindre trouble fonctionnel (*J. Senlis, 20 juil. 1909 : Minutes*).

Sur les varices : V. encore : 90; 1439 ; 1448.

VARICOCÈLE. — 830 ; 1621 ; 1623.

VARIOLE. — *Incapacité permanente absolue.* Rente des 2/3 :
1709. Variole d'un terrassier contractée en démolissant les murs
d'un hôpital de contagieux; quoiqu'il y ait impossibilité d'assigner
une date à la cause qui produit cette maladie et que l'ouvrier ait
été atteint avant l'accident de tuberculose sans symptômes clini-
ques présentés jusqu'alors il y a là une affection pathologique contractée accidentellement dans l'accomplissement d'un travail industriel et qui a son origine dans un fait déterminé ne rentrant pas
dans les conditions normales de l'exercice de ce travail (*A. Paris,
4 mai 1906 : Travail, 23, 40*).

La veuve n'a aucun droit :
1710. Décès de la variole qui sévit dans l'hospice où l'ouvrier
est conduit pour une fracture du crâne ; le décès ne provient pas
de la fracture et n'est pas le contre-coup du traumatisme (*A. Rouen,
28 juil. 1905 : Villetard, VI, 258*).

La loi ne s'applique pas :
1711. La variole n'est pas un accident car elle est le résultat
d'une cause qui peut n'être pas accidentelle. *Principes :* L'accident
est en principe un événement imprévu et subit dont il doit être
possible de préciser le moment exact (*J. Seine, 5 déc. 1905 : Sommaires, 1906, 3002*).

VEINES. — V. *Phlébite. Varices.*

VERGE. — 1624.

VERTÈBRES. — *Tuberculose : 1651 ; 1680 ; cervicales : subluxation : 315 ; 316 ; dorsales : fracture : 322 ; lombaires : symptômes de fracture : 321 ; douleurs vives : 1106.*

VERTIGE. — 92 ; 316 ; 332 ; 351; 1125 ; 1404; 1407; 1408; 1602.
V. *Eblouissements.*

VESSIE. — *Catarrhe purulent : 180 ; paresse vésicale : 1605 ; troubles : 1613.* V. *Urètre. Urine.*

VIEILLESSE. — Rente accordée en en tenant compte. — *Artério-sclérose : 90 ; 94 ; avant-bras : 160 ; bras : 181 ; 187 ; 191 ; 226 ; doigts droits : 456 ; doigts gauches : 537 : émotion : 594 ; jambe : 962 ; 968 ; jambe droite : 977 ; 1006 : jambe gauche : 1029 ; jambes : 1093 ; 1097 ; 1104 ; 1106 ; névrite : 1232 ; œil : 1269 ; pneumonie : 1492 ; pouce droit : 1520 ; yeux : 1748.*

Il n'en est pas tenu compte : *jambes : 1106.*

VOUTE PLANTAIRE. — *Effondrement : 1038 ; effacement : 1453 ; aplatissement : 1487 ; déplacement du point d'appui : 1478.*

YEUX. — Perte complète des deux.

Incapacité permanente absolue : Rente des 2/3.

1712. Perte par accident du deuxième œil pour un ouvrier verrier déjà borgne. *Principes :* L'indemnité doit être fixée eu égard
au salaire de l'ouvrier et aux facultés de travail ; s'il est dans l'impossibilité absolue de travailler, il a droit à la rente d'incapacité
absolue sans s'occuper de son état antérieur (*A. Amiens, 19 fév.
1903 sur renvoi après Cass , 23 juil. 1902 d'A. Paris, 16 fév.
1901 : Sirey-Palais : 1904, II, 26 ; 1903, I, 271 ; 1903, II,
49*). D'après l'A. de Paris, l'incapacité est permanente partielle et
s'élève à 66,66 % parce que l'incapacité absolue à raison de la cécité n'est pas pour le tout la conséquence immédiate de l'accident
actuel ; par l'accident l'ouvrier a perdu un œil, ce qui aurait entraîné une incapacité partielle s'il n'avait déjà été privé de l'autre
œil antérieurement ; il n'aurait droit à la même indemnité que s'il
avait par ce seul accident perdu les deux yeux, mais dans le calcul
de l'indemnité à laquelle lui donne droit l'incapacité permanente,
seule conséquence directe de l'accident, il faut tenir compte de ce
que l'œil intact avait pour l'ouvrier borgne une valeur double de
ce qu'il aurait eu pour un ouvrier ayant l'usage des deux yeux ; la
diminution de capacité étant évaluée ordinairement à 33,33 % pour
un œil, doit être fixée au double, soit 66,66 %. *Cassé :* parce que
l'indemnité à allouer dépend de la combinaison de deux éléments:
le salaire effectif de l'ouvrier et les facultés de travail que lui laisse
l'accident ; si donc le juge constate qu'un ouvrier est à la suite d'un
accident désormais dans l'impossibilité de travailler, il ne peut
éluder les conséquences légales de ce fait et ne lui allouer que l'indemnité fixée par la loi pour l'incapacité permanente et partielle,
sous prétexte que telles eussent été les suites de l'accident si cet
ouvrier n'eût été déjà infirme au moment où il a été blessé. L'état
d'infirmité antérieur importe peu au point de vue de la détermination de son état actuel et de l'indemnité à lui allouer : si cette infirmité influait sur la valeur professionnelle de l'ouvrier, son salaire
en donne la mesure légale ; au surplus dans l'application de la loi

le juge n'est pas appelé à rechercher si une faute a été commise et quelles responsabilités elle entraîne : son rôle se borne à constater la nature du préjudice souffert et à en assurer la réparation forfaitaire à l'aide de calculs dont les données lui sont imposées. Spécialement lorsque à la suite d'un accident, un ouvrier déjà borgne est devenu aveugle, les juges ne peuvent, tout en déclarant permanente et totale l'incapacité de travail de cet ouvrier, lui allouer l'indemnité prévue pour l'incapacité partielle par ce motif que l'accident n'eût entraîné pour lui qu'une incapacité de cet ordre si auparavant il n'eût perdu un œil.

1713. Perte par accident du deuxième œil pour un ouvrier déjà borgne. *Principes :* Il n'y a pas lieu pour déterminer les conséquences légales de l'accident de fixer l'état d'infirmité dans lequel peut se trouver l'ouvrier avant qu'il ne se produise ; son salaire annuel donne la mesure de sa valeur professionnelle et les facultés de travail qui lui subsistent après l'accident établissent la mesure de la perte subie (*A. Rennes, 25 fév. 1903 :. Recueil Rennes, 1902, I, 91*).

1714. Même cécité d'un mineur. *Principes :* On doit tenir compte uniquement de l'incapacité résultant de l'accident, sans rechercher si par suite de l'état antérieur, l'accident pouvait avoir pour lui des conséquences plus graves que pour un autre ; la rente ne saurait être ainsi diminuée à raison de cette infirmité préexistante (*A. Montpellier, 22 mars 1901 : Sirey-Palais, 1903, II, 49*).

1715. Même cécité. *Principes :* Cette situation ne saurait être considérée comme n'entraînant qu'une incapacité permanente et partielle mais bien une incapacité absolue parce qu'il faut prendre pour base de l'indemnité due l'incapacité résultant de l'accident sans rechercher si par suite de l'état antérieur, l'accident pouvait avoir pour lui des conséquences plus graves que pour un autre. Si la perte d'un œil n'entraîne qu'une diminution de 1/3, la perte de deux yeux devrait donc entraîner le double, c'est-à-dire deux fois la moitié du 1/3 du salaire (ou 66,66 %), tandis que l'ouvrier devenant aveugle par suite d'un seul accident a droit à l'intégralité des 2/3 de son salaire, ce qui serait arbitraire et illégal, la loi ne prenant pas pour base générale la valeur du membre ou de l'organe, mais seulement son utilité au point de vue de la capacité de travail (*A. Lyon, 27 mars 1901 : Travail, 3,778*).

1716. Même cécité, pour un casseur de pierres. *Principes :* Pour déterminer l'état actuel d'une victime d'accident, et par suite l'indemnité à laquelle elle a droit, il n'y a pas lieu de prendre en considération l'état d'infirmité antérieur ; le juge doit se borner à constater le préjudice réellement souffert par le fait de l'accident et à en assurer la réparation forfaitaire suivant les données imposées par la loi et sans tenir compte de la rente qui peut être touchée pour

un accident antérieur; ces deux rentes correspondent à des réduc-
tions de salaires distinctes et ne pouvant se confondre parce que le
salaire qui a servi de base à la première évaluation et celui sur
lequel on calcule l'indemnité due à raison du deuxième accident
constituent deux mesures qui n'ont rien de commun entre elles; le
fait que le blessé a pu grâce à son énergie ou à un changement de
profession obtenir un accroissement de rémunération ne saurait
lui préjudicier; le salaire annuel touché par la victime au moment
du deuxième accident qui l'a rendue totalement impotente donne
seul à l'égard du patron la mesure de sa valeur professionnelle et
détermine par suite le chiffre de la rente à laquelle celui-ci doit être
personnellement condamné et dont il ne peut faire reporter la charge
partiellement ou en totalité sur des tiers absolument étrangers aux
conséquences du deuxième accident (*J. Châteaubriant, 3 mars
1910 : Recueil Rennes, 1910, 153*).

1717. Même cécité pour un maçon. *Principes :* Le chef d'entreprise pour le compte duquel il travaillait au moment où il a
perdu le deuxième œil est tenu de l'indemnité prévue, sans impu-
tation de la rente qu'il touchait en vertu de l'article 1382 du Code
civil à la suite du précédent accident, sur la rente pour incapacité
absolue (*A. Paris, 27 fév. 1903 : Villelard, III, 438*).

1718. Même cécité pour un tailleur de pierres, à la suite de
deux accidents : confusion des deux rentes en une seule pour incapacité absolue; la première rente doit être défalquée de la deuxième
(*J. Mayenne, 9 mai 1902 : Gaz. Palais, 1902, I, 803*).

1719. Même cécité pour un mineur (*A. Grenoble, 24 déc. 1907 :
Recueil Grenoble, 1908, 9*); même cécité (*J. Seine, 22 oct. 1902 :
Villelard, III, 180 ; J. Tarascon, 23 mars 1900 : Travail, III,
171*).

1720. Perte totale de l'œil droit a pour conséquence la perte de
la vue de l'œil gauche déjà gravement malade antérieurement à
l'accident d'un tailleur de pierres (*J. Montbrison, 28 mai 1904 :
Bert, 1905, 77*).

1721. Lésions très graves aux deux yeux d'un carrier (*A. Caen,
15 juin 1904 : Recueil Caen, 1904, 46*).

1722. Perte des deux yeux pour un apprenti manœuvre du fond
aux mines (*J. Laval, 31 déc. 1908 : Gaz. Palais, 1909, I, 243*).

1723. Perte des deux yeux ; rente des 2/3 augmentée de 30 %
à un mineur, à raison de la faute inexcusable du patron (*A. Riom,
4 avril 1900 : Gaz. Palais, 1900, I, 805*).

Incapacité permanente partielle :

1724. Perte par accident du deuxième œil pour un ouvrier déjà
borgne depuis l'âge de 9 ans. Rente de 75 % à un marinier. L'état
antérieur à ce dernier accident importe peu au point de vue de la
détermination de l'état actuel qui n'est que partiel ; le patron ne

peut supporter la faute d'autrui de laquelle est résultée la privation du premier œil. L'œil intact avait une valeur supérieure à
celle qu'il aurait eue pour un ouvrier ayant l'usage complet des
deux yeux. *Arrêt cassé :* parce que l'indemnité se calcule en com-
binant le salaire effectif de l'ouvrier et les facultés de travail que
lui laisse l'accident ; s'il est constaté que l'ouvrier est dans l'impossibilité de travailler, les conséquences de ce fait ne peuvent
être éludées sous prétexte que telles eussent été les conséquences
de l'accident si cet ouvrier n'eût été déjà infirme au moment où il
a été blessé ; l'état dans lequel était la victime avant l'accident
importe peu au point de vue de l'appréciation de son état actuel et
par suite de l'indemnité à laquelle il a droit ; cette infirmité influait
sans doute sur la valeur professionnelle mais son salaire en donnait la mesure légale (*A. Paris, 2 mai 1902, cassé par Cass.,
11 nov. 1903 : Travail, 11, 142*).

1725. Perte par accident du deuxième œil pour un ouvrier déjà
privé du premier œil par accident antérieur à la loi de 1898; il est
injuste de mettre à la charge du patron les conséquences de l'incapacité si elle est absolue puisqu'il ne s'est blessé qu'à un œil à son
service. Il y a donc lieu ou bien de considérer la perte du deuxième
œil comme incapacité partielle élevée puisque cet œil avait une
valeur plus grande ou bien de considérer l'incapacité comme absolue mais que le patron ne peut supporter complètement et alors
dans ce cas il y a lieu de réduire des 2/3 (de l'incapacité absolue),
une quotité égale à l'indemnité obtenue ou qu'il aurait pu obtenir
pour le premier œil. Des experts sont nommés pour apprécier la
rente qui est due et rechercher quel est l'état des deux yeux, le
degré de puissance de travail que l'ouvrier a perdu à la suite du premier accident et pour pouvoir apprécier ainsi l'indemnité partielle
que l'ouvrier aurait obtenue si ce premier accident s'était produit
sous le régime de la nouvelle loi (*A. Rouen, 22 mars 1901 : Sirey-Palais, 1903, II, 49*).

1726. Perte des deux yeux ; rente de 70 °/₀ à un encaisseur (*J.
Lyon, 28 déc. 1909 : Villetard, X, 435*).

ˏ Perte complète de l'un, presque complète de l'autre.

Incapacité permanente absolue. Rente des 2/3 :
1727. Perte par un terrassier borgne de son dernier œil, au point
de ne conserver que la faculté de se conduire et de manger seul.
Principes : Il serait contraire à l'esprit de la loi d'apprécier le degré
de gravité de l'incapacité dont est frappé l'ouvrier victime d'accident en tenant compte des circonstances antérieures à l'accident
et extrinsèques aux suites mêmes de cet accident; il importe peu
qu'il fût borgne avant l'accident, le patron en ayant certainement
tenu compte en lui donnant un salaire au-dessous de la normale ;

il ne saurait être soutenu que c'est aggraver pour le patron les suites d'un accident qui pour tout autre ouvrier non borgne, n'aurait entraîné qu'une incapacité partielle, car l'indemnité attribuée est calculée exclusivement d'après ce salaire déjà réduit, le taux de la réparation quoique motivée par un état d'incapacité absolue n'est pas inférieur au taux qu'aurait atteint la réparation due à un ouvrier gagnant un salaire normal. *Pourvoi rejeté :* parce qu'il y a lieu de ne considérer que le préjudice souffert au point de vue des facultés de travail que l'accident laisse à l'ouvrier, cette constatation faite, on doit en assurer la réparation forfaitaire à l'aide de calculs dont les données sont imposées au juge et ne lui permettent pas de tenir compte de l'action plus ou moins considérable que l'état antérieur a pu exercer sur les conséquences directes et actuelles de l'accident; le patron a certainement tenu compte de la mutilation au premier œil (*A. Caen, 25 juin 1901, et Cass. rejet, 10 déc. 1902 : Sirey-Palais, 1903, II, 49 et I, 271*).

1728. Perte pour un scieur de l'œil droit alors qu'il est privé à peu près complètement de la vision de l'œil gauche (*A. Lyon, 1er juin 1904 sur renvoi après Cass., 25 nov. 1903, d'un A. Riom, 3 juin 1902 : Recueil Assurances, 1904, 247*). Les motifs de l'A. Riom qui fixait l'incapacité partielle à 66,66 % et les motifs de la cassation sont les mêmes qu'au n° 1724).

1729. Perte presque totale de l'œil gauche (dont l'acuité visuel e a été réduite à 1/20) pour un mineur déjà borgne de l'œil droit depuis l'âge de 16 ans. *Principes :* Le juge n'a d'autre mission que de constater la nature et l'étendue du préjudice souffert et à en prononcer la réparation d'après les bases du calcul que la loi lui impose, c'est-à-dire en tenant compte seulement du salaire gagné par l'ouvrier au moment de l'accident et des facultés de travail que l'accident lui a laissées. En conséquence la considération d'une infirmité antérieure ne doit pas entrer en ligne de compte pour l'estimation de la réduction de capacité causée par l'accident (*A. Rennes, 3 fév. 1903 : Recueil Rennes, 1902, I, 71*).

1730. Ouvrier déjà borgne ne conserve de vision de l'autre œil, par accident, que pour se conduire et manger seul; cette rente ne saurait être diminuée à cause de l'état antérieur parce que le salaire servant de base à la fixation des rentes s'entend dans tous les cas de la rémunération effective qui lui est allouée (*J. Cherbourg, 11 fév. 1901 : Gaz. Tribunaux, 5 mars 1901*).

1731. Perte de l'œil gauche d'une ouvrière d'usine de verrerie avec vision de l'œil droit presque nulle, par suite d'ophtalmie sympathique (*A. Douai, 7 août 1900 et Cass. rejet, 23 avril 1902 : Dalloz, 1901, II, 85 et 1902, I, 273*).

1732. Perte d'un œil et des 9/10 de l'autre pour un mineur (*A. Grenoble, 24 déc. 1907 : Recueil Grenoble, 1908, 9*).

1733. Perte d'un œil, jointe à la réduction à moins d'1/10 de la vision de l'autre (*A. Nancy, 16 juil. 1903 : Villetard, IV, 201*).

1734. Enucléation d'un œil par accident alors qu'il y a sur l'autre œil une taie de la cornée permettant à peine de compter les doigts à 50 centimètres (*A. Besançon, 2 juil. 1902 : Recueil Besançon, 1902, 169*).

Incapacité permanente partielle :

1735. Perte de l'œil gauche, perte presque complète de l'œil droit ; rente de 90 % à un ouvrier carrier (*A. Aix, 14 mars 1903 : Recueil Aix-Marseille, 1903, 249*).

1736. Capacité visuelle de l'œil gauche étant réduite des 4/5 avant l'accident, par suite de l'accident l'acuité visuelle de l'œil droit est perdue (traumatisme de la cornée) ; le patron ne saurait être tenu complètement de cet état qui est une incapacité absolue puisque l'œil gauche était presque perdu avant l'accident. La diminution à sa charge n'est que de 66,66 % pour terrassier (*A. Riom, 13 mars 1902 : Recueil Riom et Limoges, 1901-1902, 193*).

1737. Perte de l'œil droit, alors que l'œil gauche était lui-même presque entièrement perdu ; il y a faute inexcusable de l'ouvrier de continuer d'exercer un métier qui devait fatalement par l'abondance des poussières de charbon, amener les conséquences constatées ; rente de 30 %. *Principes invoqués :* Il n'y a pas lieu de tenir compte des maladies ou infirmités antérieures à l'accident quoiqu'en refusant de faire entrer comme élément d'appréciation dans l'allocation d'une rente, les effets d'un accident antérieur ou l'état de maladie déclarée et en évolution de l'ouvrier, l'on mette les travailleurs atteints de tare physique, dans l'impossibilité de trouver à s'employer, par crainte de la part des patrons, des conséquences pécuniaires beaucoup plus graves, d'un accident postérieur possible (*J. Nice, 31 déc. 1908 : Recueil Alpes, 1909, 61*).

PERTE PRESQUE COMPLÈTE DES DEUX.

Incapacité permanente absolue. Rente des 2/3 :

1738. Perte ne laissant plus que la possibilité de se conduire et empêchant tout travail (*A. Riom, 7 août 1902 : Travail, 9, 33 : J. Nantes, 10 janv. 1901 : Gaz. Tribunaux, 1901, I, 2, 267*); pour un terrassier (*A. Rennes, 1er mai 1906 : Recueil Rennes, 1905-1906, I, 83*); pour un carrier (*A. Rennes, 8 déc. 1903 : Recueil Rennes, 1903, I, 53*).

Incapacité permanente partielle :

1739. Antérieurement à un accident qui lui a enlevé les 5/6 de l'acuité visuelle d'un œil, il était déjà privé de la presque totalité de la vision de l'autre œil. L'ouvrier n'est pas aveugle, il peut se

conduire et se livrer à certains travaux et n'est pas atteint d'incapacité absolue ; rente de 98 % à un maçon. *Principes :* La réduction de capacité doit être fixée par la seule comparaison du salaire
gagné au moment du sinistre avec celui qu'il sera en mesure d'obtenir ultérieurement, abstraction faite de tout autre accident antérieur qui aurait pu l'atteindre (*A. Rennes, 9 déc. 1902 : Recueil
Rennes, 1902, I, 20*).

PERTE COMPLÈTE DE L'UN. DIMINUTION DANS LES FACULTÉS DE L'AUTRE.

Incapacité permanente partielle :

1740. Perte complète de l'œil gauche ; avant cet accident, la vision de l'œil droit se trouvait, par suite d'une tare constitutionnelle,
réduite de moitié. La capacité professionnelle est de 60 %, mais la
loi ayant pour objectif d'assurer la réparation de la diminution de
force de production provenant du fait du travail, il n'y a pas lieu
de tenir compte de l'état d'infériorité plus grande dans lequel il a
pu être mis par suite de l'affaiblissement d'un de ses organes avant
l'accident et par suite, l'incapacité n'est que de 25 % pour un chaudronnier. *Cassé :* parce que la valeur professionnelle d'un ouvrier
victime d'un accident est donnée par le salaire effectif qu'il touchait auparavant et le juge qui constate que son salaire devra normalement subir, après l'accident, une certaine diminution, ne peut
réduire la rente que donne le rapprochement des deux salaires sous
le prétexte que l'accident aurait eu des suites moins graves si la
victime n'eût été déjà infirme. Le salaire annuel de l'ouvrier antérieur à l'accident donne la mesure légale de sa valeur professionnelle ; le rôle du juge est de constater la nature du préjudice souffert et d'en assurer la réparation forfaitaire à l'aide de calculs dont
les données lui sont imposées (*A. Rennes, 12 avril 1904, cassé
par Cass., 18 juil. 1905 : Bert, 1906, 45*).

1741. Perte de l'œil gauche par accident alors qu'une ophtalmoplégie de l'œil droit diminue l'acuité visuelle avant l'accident ;
il n'y a pas lieu de faire supporter au patron les conséquences d'une
maladie qu'il ignorait et qui n'a même pas été contractée par l'ouvrier
pendant qu'il était à son service ; rente de 50 % à un chauffeur.
Cassé : parce que la détermination de l'indemnité dépend de la combinaison de deux éléments : le salaire effectif de l'ouvrier et les
facultés de travail que lui laisse l'accident. L'état d'infirmité antérieur importe peu au point de vue de la constatation de son état
actuel et de la fixation de l'indemnité ; le juge n'a pas à rechercher
si une faute a été commise et quelle responsabilité elle entraîne ;
son rôle se borne à constater le préjudice souffert et à en assurer
la réparation forfaitaire à l'aide de calculs dont les données lui sont
imposées. On ne saurait faire subir une diminution à l'indemnité
accordée par la loi à raison de l'affection contractée antérieurement

à l'entrée au service (*A. Douai, 10 déc. 1901, cassé par Cass., 25 juil. 1904 : Travail, 17, 123*).

1742. Perte de l'œil gauche en tenant compte de la faible acuité de l'œil droit qui est atteint d'hypertrophie et d'astigmatisme à un degré élevé qui se sont accrus par l'âge; rente de 50 % à un casseur de pierres. L'arrêt cassé constate que le patron ne saurait être tenu de réparer une défectuosité antérieure à l'accident à laquelle il n'a pas contribué et fixait la rente à 25 %. *Cassé :* parce que pour apprécier l'état d'incapacité le juge ne peut se référer à une sorte de tarif établi par lui. Il doit rechercher quel est l'état actuel de l'ouvrier au point de vue de ses facultés de travail et rapprocher le salaire antérieur de la victime du salaire normal qu'elle pourra gagner à l'avenir. Il ne saurait refuser de tenir compte de toute la différence qui existera entre ces deux salaires sous le prétexte qu'elle serait due en partie à un état d'infirmité antérieur à l'accident (*A. Caen, 17 juin 1909, après renvoi d'A. Rennes, 16 déc. 1907, cassé par Cass., 1er déc. 1908 : Recueil Caen, 1909, 100 et Bull. Cass., 1908, 114*).

1743. Diminution d'acuité visuelle de l'œil gauche; puis perte de l'œil droit par accident; rente de 51 % (mêmes motifs qu'au n° 1724) (*A. Rennes, 5 nov. 1901, cassé par Cass., 25 nov. 1903 : Travail, 11, 159*).

1744. Perte de l'œil gauche sans aucun signe d'ophtalmie sympathique ; l'énucléation devait mettre cet ouvrier dans l'avenir à l'abri de cette complication (Incapacité fixée à 33 %). Puis à la suite d'une demande en révision, l'acuité visuelle de l'œil droit descend à un quart de la normale par sympathie latente qui a provoqué une névrite optique ; il y a relation de cause à effet entre l'accident et l'affaiblissement de l'acuité visuelle de l'œil droit; rente de 65 %. *Pourvoi rejeté :* parce que l'appréciation souveraine des faits par les juges du fond échappe au contrôle de la Cour de cassation (*A. Montpellier, 27 déc. 1907 (sur révision) et Cass. rejet, 4 nov. 1908 : Dalloz, 1910, I, 500*).

1745. Perte d'une partie de l'acuité visuelle d'un œil alors que l'ouvrier était déjà privé de la totalité de la vision de l'autre œil ; rente de 80 %, à un ajusteur. *Principes :* La diminution de capacité doit être fixée par la comparaison du salaire antérieur avec celui qu'il sera en mesure d'obtenir ultérieurement, abstraction faite de tout accident antérieur qui aurait pu l'atteindre. Ce n'est pas l'état dans lequel il se trouvait avant l'accident mais son salaire annuel qui donne seul la mesure de ses facultés de travail et par suite l'indemnité à laquelle il a droit (*A. Rennes, 2 mars 1904 : Recueil Rennes, 1903-1904, I, 92*).

1746. Perte totale de la vision de l'œil droit et réduction de l'acuité visuelle de l'œil gauche à 1/6; rente de 70 % à un chanfreineur (*A. Rennes, 9 avril 1907 : Recueil Rennes, 1907, I, 67*).

1747. Perte de l'œil gauche et vision de l'œil droit diminuée ; rente de 75 °/₀ à un ouvrier fileur (*A. Grenoble, 18 nov. 1904 : Recueil Grenoble, 1905, 100*).

1748. Perte de l'œil droit par accident et faiblesse congénitale de l'œil gauche ; rente de 75 °/₀ à un fondeur âgé (*A. Amiens, 19 fév. 1901 : Journal Amiens, 1901, 135*).

1749. Perte totale de l'œil droit avec sensible diminution de l'acuité visuelle de l'œil gauche par l'âge avec menace d'une ophtalmie sympathique ; rente de 68 °/₀ à une ouvrière de filature qui n'a pas perdu totalement l'usage de la vue et pour laquelle l'éventualité de la diminution de l'œil gauche n'entre pas en ligne de compte (*A. Rouen, 7 avril 1900 : Gaz. Palais, 1900, II, 393*).

1750. Perte de l'œil droit ne saurait entraîner une incapacité absolue alors que l'acuité visuelle de l'œil gauche est légèrement diminuée avec photophobie ; la diminution est de 25 °/₀ en ce qui concerne l'œil gauche ; on ne peut pour apprécier la réduction faire grief du refus de se laisser enlever l'œil perdu quoique cette ablation doive avoir pour résultat de faire disparaître les troubles de l'autre œil, parce que ce résultat est hypothétique ; rente de 66,66 °/₀ à un mécanicien (*A. Grenoble, 16 avril 1901 : Recueil Grenoble, 1901, 93*).

1751. Perte de la vue de l'œil gauche avec troubles sympathiques de l'œil droit ; l'énucléation de l'œil gauche serait susceptible de diminuer le degré d'incapacité ; s'il y a refus de la subir la rente doit correspondre avec l'incapacité actuelle, c'est-à-dire de 66 °/₀ à un mécanicien (*J. Seine, 25 mai 1903 : Villetard, IV, 177*).

1752. Acuité visuelle de l'œil droit étant réduite à 1/10, l'ouvrier perd l'œil gauche par accident ; rente de 60 °/₀ à un contremaître. *Principes :* La rente se calcule d'après le rapport existant entre la capacité de travail antérieure à l'accident et sa capacité après l'accident, son salaire annuel donnant la mesure de ses facultés (*A. Rennes, 6 fév. 1905 : Recueil Rennes, 1904-1905, I, 46*).

1753. Hystéro-traumatisme de l'œil gauche ; en tenant compte de la perte de l'œil droit qui n'est pas la conséquence nécessaire de l'accident initial, rente de 60 °/₀ (*A. Lyon, 13 nov. 1907 : Bert, 1908, 141*).

1754. Perte d'un œil et des 6/10 de la vision de l'autre ; rente de 50 °/₀ à une piqueuse de chaussures (*A. Grenoble, 19 avril 1907 : Recueil Grenoble, 1908, 9*).

1755. Perte totale de l'œil gauche, alors que l'œil droit est déjà myope ; rente de 50 °/₀ à un plâtrier (*A. Caen, 22 juin 1904 : Recueil Caen, 1904, 137*).

1756. Perte totale de l'œil droit et diminution notable de l'acuité visuelle de l'œil gauche; rente de 50 % à un riveur (*A. Rennes, 7 mars 1904 : Recueil Rennes, 1903-1904, I, 96*).

1757. OEil gauche affaibli par suite de la perte de l'œil droit ; constants ménagements ; rente de 50 % à un menuisier (*J. Aix, 19 fév. 1900 : Gaz. Palais, 1900, I, 424*).

1758. Leucome de l'œil droit par un deuxième accident alors que l'ouvrier a déjà perdu l'œil gauche et touche une première rente de ce chef; rente de 50 % à un casseur de pierres de 15 ans. *Principes :* Il n'y a pas lieu de se préoccuper, en vue de diminuer la seconde rente qui lui est due, de l'infirmité préexistante, le salaire annuel de l'ouvrier devant seul servir de base au calcul de cette rente (*J. Cherbourg, 29 mai 1902: Gaz. Tribunaux, 13 juil. 1902*).

1759. Perte d'un œil avec troubles fonctionnels graves de l'autre œil dans sa vision ; rente de 40 % à un forgeron (*A. Bordeaux, 29 déc. 1903 : Recueil Bordeaux, 1904, I, 201*).

1760. Perte de l'œil gauche alors qu'il était atteint d'une infériorité commune aux deux yeux, par exemple de myopie; il n'y a pas lieu d'allouer une indemnité supérieure à celle communément admise pour la perte d'un œil, soit 25 %, l'œil perdu étant vraisemblablement atteint de la même infirmité (*A. Rennes, 9 nov. 1903 : Recueil Rennes, 1903, I, 3*).

1761. Perte totale de l'œil droit avec myopie antérieure de l'œil gauche; il ne peut être tenu compte ni des prédispositions morbides ni de l'état d'infirmité antérieur à l'accident; on doit évaluer la réduction actuelle en faisant état de la vision défectueuse de l'œil gauche et de la perte de l'œil droit (*A. Nancy, 20 nov. 1909 : Recueil Nancy, 1908-1909, 308*).

1762. Perte de l'œil droit avec prétention de diminution notable de l'acuité visuelle de l'œil gauche (réduction à 1/6 d'après lui); n'a droit qu'à la rente correspondant à la réduction de capacité subie s'il n'établit pas que cette diminution d'acuité visuelle est antérieure à l'accident ou qu'il s'y rattache par un lien évident ; rente de 25 % à un charpentier (*A. Rennes, 11 juil. 1905 : Recueil Rennes, 1905-1906, I, 49*).

1762 bis. Perte d'un œil avec diminution d'acuité visuelle de l'autre œil antérieure de l'accident; rente de 25 % à un scieur de long de 62 ans parce que l'usage de la vue ne joue pas un rôle prépondérant dans cette profession et qu'il n'est pas justifié d'une relation entre cette diminution et l'accident (*A. Rennes, 8 déc. 1903 : Recueil Rennes, 1903, I, 39*).

1763. Perte de l'œil gauche et léger affaiblissement de l'œil droit ; la faute inexcusable de l'ouvrier réduit la rente de 50 % à 46,50 (*J. Avranches, 2 mai 1902 : La Loi, 17 juil. 1902*).

DIMINUTION DANS LES FACULTÉS DES DEUX YEUX.

Incapacité permanente absolue. Rente des 2/3 :

1764. Atrophie des deux nerfs optiques d'un maçon. Acuité visuelle centrale (la seule utile pour le travail) de 1/100 à l'œil gauche et 1/40 à l'œil droit : on doit considérer comme aveugle au point de vue professionnel tout individu dont l'acuité centrale est au-dessous de 1/10 ; le champ visuel périphérique lui permet seulement de circuler dans les rues et d'éviter les obstacles (*A. Grenoble, 12 août 1908 (sur révision) : Recueil Grenoble, 1909, 19*).

Incapacité permanente partielle :

1765. Réduction au 1/6 des facultés de la vision ; rente de 85 % (*A. Toulouse, 22 janv. 1903 : Gaz. Midi, 8 fév. 1903*).

1766. Troubles nerveux, fonctionnels, par suite de commotion électrique, portant particulièrement sur les yeux, et qui a presque aboli la vision de l'œil droit et menace l'œil gauche ; rente de 50 % à un employé de chemin de fer (*A. Paris, 26 mars 1907 : Bert, 1907, 174*).

1767. Taies diffuses des deux yeux ayant diminué la vision au point d'entraîner la réforme, mais permettant à l'œil gauche de voir suffisamment pour l'exercice de la profession. Dans cet état un accident survient à l'œil gauche et diminue sa vision de 50 % ; sans qu'il y ait lieu de tenir compte des infirmités préexistantes parce qu'elles influaient sur la valeur industrielle de l'ouvrier et avaient pour effet d'abaisser son salaire en proportion ; la rente est de 50 % à un ajusteur (*A. Besançon, 11 juil. 1900 : Gaz. Pal., 1900, II, 248*).

1768. Blessure traumatique à l'œil gauche, ne laissant que 1/25 de la vision ; d'où perte pour le travail ; de plus conjonctivite chronique ancienne de l'œil droit diminuant de moitié son acuité visuelle ; cette diminution de capacité ancienne n'est pas ajoutée à la diminution de capacité résultant de l'accident ; l'infirmité préexistante si elle n'a pas elle-même une influence sensible sur la capacité de l'ouvrier donne à l'œil sain jusqu'à l'accident une importance et une valeur fonctionnelles plus grandes ; la perte presque complète de l'œil entraîne un degré d'invalidité supérieur à celui qui aurait été éprouvé à la suite du même accident si l'œil droit avait été intègre ; rente de 42 % (*J. Marseille, 25 mai 1909 : Villetard, X, 78*).

1769. Troubles hystéro-traumatiques oculaires, généraux, très réels, diminuant l'acuité visuelle et la motilité ; rente de 40 % à un employé du métropolitain (*A. Paris, 30 avril 1907 : Travail, 31, 56*).

1770. Diminution de 0,5 de l'acuité visuelle des deux yeux par la présence d'une taie sur chaque œil par suite d'un accident qui a visé les deux yeux ; rente de 40 % à un ouvrier d'usine à gaz (*A. Nancy, 22 juil. 1902 : Recueil Besançon, 1902, 172*).

1771. Au point de vue des lésions matérielles : paralysie complète et incurable du moteur oculaire externe droit. Pas de paralysie du côté gauche : de ce côté l'œil peut être entraîné facilement au dehors ; on ne constate que des légères secousses nystagmiques dans la position externe, reliquat fréquent des paralysies oculaires guéries ; au point de vue fonctionnel, la diplopie ou vision double est devenue beaucoup moins gênante à cause de l'écartement considérable des images, de la diminution de l'acuité visuelle de l'œil droit qui devient amblyope (ou faible de la vue) par défaut d'usage ; rente de 40 % à un mécanicien de 22 ans qui n'a pas été réformé du service militaire qu'il accomplit dans les services auxiliaires (*J. Senlis, 10 mai 1911 (sur révision) : Minutes*).

1772. Diminution de la vision assez grande de l'œil droit ; vision de l'œil gauche défectueuse parce que la rétine du nerf optique est englobée en partie dans une large plaque blanche située au-dessous d'elle ; leucome ancien à cet œil ; rente de 22 % à un ouvrier mineur (*A. Douai, 16 fév. 1909 : Travail, 37, 102*).

1773. Vision de l'œil gauche de un tiers à demi difficile ; par suite d'accident antérieur à l'œil droit, l'acuité visuelle est encore plus diminuée, elle n'est que de un tiers à un quart difficile ; l'incapacité est de 10 à 12 % si on n'envisage que l'œil gauche ; l'incapacité de l'œil droit fait déjà subir une diminution de 12 à 15 % ; la rente est fixée à 20 % en tenant compte de la diminution des deux yeux et quoique l'ouvrier ne demande qu'une rente de 8 % (*J. Seine, 21 déc. 1908 : Bert, 1909, 62*).

1774. Taie centrale de la cornée de l'œil gauche entraînant une diminution de capacité visuelle ; taie ancienne de l'œil droit en même temps ; rente de 15 % à un tréfileur (*J. Senlis, 15 déc. 1908 : Minutes*).

1775. Affection des deux yeux contractée au cours du nettoyage d'un serpentin d'où se dégageaient des émanations et des poussières. On ne doit pas qualifier uniquement d'accidents, les chutes, chocs et autres événements dommageables qui se produisent en un seul instant ; on doit également considérer comme résultant de véritables accidents les lésions dérivant d'une cause qui n'amène une lésion corporelle qu'après s'être un peu prolongée ; c'est ainsi que la loi s'applique aux ouvriers qui ont les mains gelées en transportant de la glace, à ceux qui contractent une maladie après un peu de temps passé dans un endroit trop chaud ou trop froid, ou au milieu de gaz méphitiques, ou aux lésions oculaires nées et développées dans des conditions anormales et pendant quelques heures de travail. Cet accident entraîne un droit à rente. (*J. Seine, 21 nov. 1908 : Minutes*).

Incapacité permanente nulle ou légère. Aucun droit à rente :

1776. Cinq petites taches (néphilions) dues à la pénétration des grains de poudre, dans les couches superficielles de la cornée droite ; cornée de l'œil gauche en présente quatre extrêmement réduites ; léger dépôt sur la cristalloïde de l'œil droit ; aucune lésion des milieux transparents, ni des membranes profondes ; l'œil gauche a une acuité de 5/10, l'œil droit de 4/10, acuités visuelles scientifiques ; l'acuité visuelle professionnelle étant considérée comme double de la première, la rente serait de 5 °/₀ ; l'incapacité professionnelle est trop minime pour donner droit à une rente ; elle est purement théorique pour un maçon (*J. Charolles*, *10 fév. 1910 : Travail, 41,65*).

1777. Léger trouble dans la distinction de certaines couleurs indépendant d'un traumatisme ; pas de gêne dans le travail de tourneur ; acuité visuelle normale et moyenne (*J. Senlis, 21 nov. 1905 : Minutes*).

1778. Œil droit n'a subi aucune diminution appréciable de ses facultés visuelles, et l'infirmité alléguée n'est que simulée, et ne peut avoir reçu aucune répercussion de l'œil gauche qui est affecté de cataracte depuis longtemps et n'a subi aucune aggravation du fait de l'accident (*A. Dijon, 22 fév. 1909 : Minutes*).

La loi n'est pas applicable :

1779. Hypermétropie aux deux yeux, révélée par l'accident ; c'est un vice de conformation congénitale existant dès la naissance et qui se révèle plus ou moins tôt ; faiblesse visuelle ne provient pas de l'accident (*A. Nancy, 21 mars 1905 : Bert, 1905, 176*).

1780. Cécité complète par l'action directe d'une tare physiologique ; glaucome absolu dont l'ouvrier portait le germe invisible ; l'accident a consisté dans une légère contusion à la tempe et à l'œil gauche et est moins la cause de l'infirmité actuelle que l'occasion pour elle de se déclarer ; le patron ne saurait être responsable d'un événement provoqué par l'état pathologique spécial de son ouvrier (*J. Troyes, 4 déc. 1901 : Recueil Assurances, 1902, 65*).

Sur les yeux : *Perte presque totale de la vue :* V. encore : *288.*

TABLE CHRONOLOGIQUE
DES ARRÊTS ET JUGEMENTS

*Le renvoi a lieu en même temps aux chapitres et aux numéros
en caractères gras
qui précèdent chaque paragraphe de l'ouvrage.*

1899

JUILLET

30. A. Lyon. Colonne vertébrale. Jambes, 321.

SEPTEMBRE

26. J. Paix Villejuif. Insolation, 951.

NOVEMBRE

23. J. Neufchateau. Doigts gauches, 500.

DÉCEMBRE

6. J. Prades. Doigts droits, 455.
12. J. Nancy Aliénation mentale, 14.
13. J. Sarlat. Pied droit, 1461.
21. J. Besançon. Bras gauche, 235.
28. A. Poitiers. Bras droit, 198.
28. J. Tournon. Œil, 1268.
29. J. Toulouse. Doigts gauches, 548.
29. J. Toulouse. Jambe, 963.

1900

JANVIER

3. J. Lectoure. Pouce droit, 1519.
4. J. Tonnerre. Œil, 1272.
5. J. Alais. Jambe, 963.
5. J. Vervins. Doigts gauches, 494.
10. J. Senlis. Index droit, 870.
11. J. Beauvais. Main droite, 1131.
11. J. Chambéry. Crâne, 349.
11. J. Le Havre. Index droit, 887.
11. J. Versailles. Bras droit, 189.

1900

JANVIER

13. J. Lille. Pouce droit, 1517.
13. J. Seine. Pouce gauche, 1550.
13. J. Toulouse. Pouce droit, 1515.
17. J. Péronne. Bras gauche, 239.
18. A. Douai. Doigts droits, 419.
18. A. Douai. Œil gauche. 1370.
18. J. Béthune. Pouce droit, 1515.
19. J. Grenoble. Œil gauche, 1354.
23. J. Narbonne. Œil droit, 1292.
23. J. Toulon. Index gauche, 916.
25. J. Cambrai. Main gauche, 1161.
25. J. Lille. Auriculaire droit, 110.
25. J. Lille. Bras gauche, 228.
25. J. Lille. Médius droit, 1184.
25. J. Narbonne. Orteils, 1418.
27. J. Villefranche. Œil gauche, 1370.
30. J. Bourg. Electrocution, 589.
30. J. Narbonne. Doigts droits, 419.

FÉVRIER

1. J. Besançon. Main gauche, 1161.
1. J. La Chatre. Bras droit, 192.
2. J. Riom. Doigts gauches, 507.
8. J. Lille. Bras gauche, 228.
8. J. Lille. Droits droits, 426.
8. J. Lille. Index gauche, 891.
8. J. Lille. Médius gauche, 1207.
8. J. Saint-Omer. Doigts gauches, 506.
9. J. Aix. Œil, 1268.
12. J. Angers. Jambe gauche. Yeux, 1079.
13. J. Narbonne. Epaule gauche, 608.
13. J. Narbonne. Doigts gauches, 529.

1900

14. A. BESANÇON. Doigts gauches, 523.
14. J. AUXERRE. Jambe droite, 982.
14. J. NANCY. Médius gauche, 1209.
15. J. BÉTHUNE. Jambe droite. Orteils gauches, 1027.
15. J. BRIEY. Main droite, 1156.
15. J. LILLE. Doigts gauches, 537.
17. J. LILLE. Médius droit, 1189.
17. J. LILLE. Auriculaire droit, 110.
17. J. LILLE. Doigts gauches, 504.
18. J. LILLE. Bras droit, 203.
19. J. AIX. Yeux, 1757
21. J. DOUAI. Doigts droits, 406.
21. J. NARBONNE Main droite, 1135.
22. A. DOUAI. Avant-bras droit, 137.
22. J. LILLE. Doigts gauches, 505.
22. J. LILLE. Auriculaire droit, 110.
23. J. TOULOUSE. Médius, 1178.
24. J. LYON. Doigts gauches, 496.
27. A. BOURGES. Doigts gauches, 519.
28. A. BESANÇON. Main gauche, 1161.
28. A. DOUAI. Œil gauche, 1370.
23. A. ROUEN. Asphyxie, 96.

MARS

1. J. LILLE. Médius droit, 1180.
2. J. CONFOLENS. Doigts droits, 407.
2. J. LYON. Pouce droit, 1530.
6. A. MONTPELLIER. Main droite, 1144.
6. A. POITIERS. Main droite, 1133.
6. A. TOULOUSE. Doigts droits, 420.
6. J. NARBONNE. Genou gauche, 651.
6. J. TOURS. Bras droit, 193.
7. A. NIMES. Hernie inguinale, 783.
7. J. SEINE. Main gauche, 1162.
8. J. BÉTHUNE Bras droit, 192.
8. J. LILLE. Abdomen, 2.
8. J. LILLE. Doigts droits, 409.
8. J. PAIMBOEUF. Jambe, 963
9. A. NANCY. Doigts gauches, 561.
12. J. SEINE. Jambe gauche, 1036.
12. J. SEINE. Main droite, 1132.
13. J. AIX. Œil, 1268.
15. J. SAINT-OMER. Pouce gauche, 1536.
16. J. AVESNES. Œil, 1268.
17. J. SEINE. Suicide, 1589.
20. J. BAYONNE. Insolation, 946.
21. J. LYON. Pouce gauche, 1542.
22. J. LILLE. Œil, 1268.
22. J. LILLE. Main gauche, 1162.
23. J. MARSEILLE. Œil gauche, 1342.
23. J. MAYENNE Bras droit, 192.
23. J. RENNES. Insolation, 943.
23. J. TARASCON. Yeux, 1719.
23. J. P. TROYES. Lumbago, 1113.
24. J. LILLE. Index gauche, 892.
24. J. SEINE. Bras droit, 192.
25. J. LILLE. Doigts droits, 473.
26. J. APT. Doigts droits, 406.
27. J LYON. Jambe, 963.
28. J. BORDEAUX. Jambe, 961.

1900

28. J. VOUZIERS. Jambe gauche, 1032.
29. J. SAINT-BRIEUC. Médius gauche, 1213.

AVRIL

2. A DIJON. Poignet droit, 1502.
2. J. GRENOBLE. Doigts gauches, 490.
4. A. GRENOBLE. Pneumonie, 1497.
4. A. RIOM. Yeux, 1723.
4. J. LYON. Index gauche, 903.
5. A. DOUAI. Jambes, 1093.
5. J. LILLE. Médius droit, 1180.
5. J. LILLE. Index droit, 867.
5. J. LILLE. Annulaire droit, 54.
5. J. LILLE. Doigts droits, 416.
6. J. DOULLENS Œil droit, 1304.
7. A. ROUEN. Yeux, 1749.
11. J. GRAY. Œil, 1268.
11. J. SAINT-GAUDENS. Hernie inguinale, 669.
12. J. LILLE. Index gauche, 898.
12. J. LILLE Médius gauche, 1214.
13. J. LILLE. Œil gauche, 1370.
23. J. GRENOBLE. Émotion, 596.
26. J. LILLE. Poignets, 1511.
27. J. VALENCE. Bras gauche, 234.

MAI

1. J. SENLIS. Doigts droits, 415.
2. J. CHERBOURG. Jambe, 963.
3. J. AVESNES. Médius gauche, 1220.
3. J. LILLE. Index gauche, 892.
3. J. LILLE. Index gauche, 902.
3. J. LILLE. Main droite, 1144.
3. J. LUNÉVILLE Pouce gauche, 1543.
3. J. VALENCIENNES. Index gauche, 903.
3. J. VALENCIENNES. Pouce gauche, 1553.
4. J. P. LE MANS. Albuminurie, 7.
5. A. ANGERS. Insolation, 933.
6. A. BESANÇON. Jambe droite, 984.
7. A. BORDEAUX. Pouce droit, 1516.
7. J. NANTES Jambe, 965.
8. J. P. COURBEVOIE. Mâchoire, 1124.
9. J. PRIVAS. Œil, 1268.
10. J. BRIEY. Doigts gauches, 564.
10. J. LILLE. Médius gauche, 1206.
10. J. VALENCIENNES Index droit, 872.
11. A. ROUEN. Main droite, 1129.
11. J. MONTPELLIER Main droite, 1140.
14. J. NEVERS. Doigts gauches, 541.
15. J. CHALON-SUR-SAONE. Bras gauche, 249.
16. J. NARBONNE. Jambe gauche, 1037.
18. A. AIX. Index gauche, 921.
18. J. MONTLUÇON. Œil gauche, 1396.
18. J. MONTLUÇON. Auriculaire gauche, 135.
20. J. AMIENS. Avant-bras droit, 137.
23. A. NANCY. Pouce gauche, 1532.
23. J. CASTRES. Main droite, 1134.

1900

25. A. Aix. Index droit, 862.
25. J. Lille. Annulaire droit, 51.
25. J. Lille. Index gauche, 908.
25. J. Lille. Hernie inguinale, 693.
25. J. Lille. Médius droit, 1192.
25. J. Lille. Œil gauche, 1370.
26. A. Rouen. Œil gauche, 1370.
28. J. Nancy. Cuisse droite, 366.
28. J. Nantes. Bras gauche, pied, 260.
28. J. Saint-Etienne. Œil, 1268.
29. J. Marseille. Auriculaire gauche, 126.
29. J. Tulle. Jambe droite, 977.
30. A. Douai. Avant-bras gauche, 160.
30. A. Orléans. Œil gauche, 1355.
30. J. Nancy. Doigts gauches, 532.
31. J. Epinal. Avant-bras droit, 154.
31. J. Grenoble. Œil droit, 1287.
31. J. Lille. Index droit, 865.

JUIN

1. J. Béthune. Bras droit, 197.
1. J. Laval. Œil, 1268.
5. J. Ambert. Index gauche, 891.
5. J. Ambert. Jambe gauche, 1043.
7. A. Lyon. Péritonite, 1446.
7. A. Riom. Main gauche, 1169.
7. J. Brioude. Auriculaire gauche, 125.
7. J. Narbonne. Annulaire gauche, 68.
12. J. Lorient. Pied, 1452.
13. A. Douai. Œil gauche, 1364.
14. A. Pau. Bras droit 188.
14. J. Valenciennes Œil, 1268.
15. J. Louviers. Bras Epaule droite, 224.
15. J. Marseille. Œil droit, 1288.
18. A. Nîmes. Bras gauche, 228.
19. A. Douai. Œil gauche, 1367.
19. A. Douai. Œil, 1274.
21. J. Toul Œil, 1268.
22. J. Montluçon. Jambes, 1096.
23. A. Paris. Avant-bras droit, 137.
23. A. Paris. Pouce gauche, 1550.
25. A. Douai. Œil gauche, 1359.
25. J. Nantes. Hernie inguinale, 682.
25. J. Saint-Etienne. Doigts droits, 464.
26. A. Amiens. Delirium tremens, 393.
26. A. Bordeaux. Jambe droite, 978.
28. J. Lille. Index droit, 867.
28. J. Lille. Pied, 1455.
29. A. Bordeaux. Jambe droite, 984.
29. J. Castres. Main droite, 1132.

JUILLET

2. J. Nancy Doigts gauches, 510.
2. J. Seine. Colonne vertébrale, 318.
3. A. Dijon. Auriculaire gauche, 130.
3. J. Lorient. Bras droit, 213.
4. A. Besançon. Index gauche, 893.

1900

5. A. Nancy. Bras droit, 192.
6. J. Brioude. Œil, 1268.
6. J. Montpellier. Œil, 1268.
6. J. Saint-Quentin. Avant-bras droit, 153.
7. A. Paris. Pied, 1455.
7. J. Seine. Médius droit, 1185.
7. J. Seine. Annulaire droit, 47.
9. A. Chambéry. Névrite, 1237.
9. A. Douai. Œil droit, 1299.
10. J. Ambert. Doigts droits, 445.
10. J. Senlis. Bronchite, 269.
11. A. Besançon. Yeux, 1767.
11. A. Besançon. Jambe droite, 1019.
12. A. Montpellier. Pied, 1455.
13. J. Le Havre. Doigts droits, 452.
13. J. Reims. Bras gauche, 241.
16. A. Limoges. Brûlures, 272.
17. J. Lorient. Doigts gauches, 490.
17. J. Narbonne. Index droit, 874.
18. A Douai. Avant-bras gauche, 160.
19. J. Lyon. Index gauche, 891.
19. J. Mirecourt. Pneumonie, 1494.
19. J. Mirmande. Avant-bras droit, 144.
19. J. Uzès. Œil droit, 1282.
20. J. Corbeil. Pouce gauche, 1551.
23. A. Dijon. Jambe droite, 983.
23. A. Douai. Main gauche, 1162.
23. J. Bordeaux. Avant-bras droit, 147.
23. J. Grenoble. Avant-bras gauche, 161.
24. J. Lons-le-Saunier. Doigts droits, 417.
25. J. Narbonne. Orteils, 1409.
26. A. Amiens. Bras droit, 197.
26. A. Orléans. Bras droit, 190.
27. J. Saint-Dié. Œil, 1268.
30. J. Marseille. Doigts droits, 416.
31. A. Paris. Doigts droits, 412.
31. J. La Roche-sur-Yon. Bras gauche, 228.

AOUT

1. J. Limoux. Index gauche, 895.
1. J. Lyon. Œil, 1268.
3. A. Aix. Médius gauche, 1204.
3. A. Aix. Œil gauche, 1361.
3. A. Corbeil Main droite, 1129.
4. A. Nancy. Doigts droits, 441.
4. A. Paris. Annulaire droit, 48.
4. J. Dinan. Œil droit, 1285.
4. J. Seine. Mâchoire, 1123.
6. J. Angers. Médius gauche, 1208.
6. J. Grenoble. Hernie inguinale, 811.
7. A. Douai. Yeux, 1731.
7. A. Nancy. Doigts droits, 456.
7. J. Lyon. Annulaire gauche, 71.
7. J. Seine. Colonne vertébrale, 312.
8. A. Besançon. Index droit, 859.

1901

JANVIER

2. J. Narbonne. Œil gauche, 1348.
2. J. Senlis. Jambe droite, 1020.
4. J. Marseille. Hernie crurale, 660.
4. J. Reims. Doigts gauches, 550.
5. A. Paris. Pouce droit, 1525
5. J. Rouen. Cuisse droite, 372.
7. J. Bordeaux. Rein, 1563.
8. A. Chambéry. Œil, 1268.
9. A. Rennes. Doigts gauches, 517.
10. J. Lyon. Congestion cérébrale, 327.
10. J. Nantes. Yeux, 1738.
11. A. Nancy. Hernie inguinale, 731.
11. A. Nancy. Index gauche, 917.
11. J. Le Havre. Bras droit, 210.
11. J. Marseille. Hernie inguinale double, 829.
12. A. Paris. Jambe droite, 986.
14. J. Bordeaux. Doigts gauches, 545.
14. J. Grenoble. Poignet gauche, 1508.
15. A. Grenoble. Doigts droits, 470.
15. A. Nancy. Pouce droit, 1520.
15. J. Marseille. Tétanos, 1626.
16. A. Rennes. Pouce gauche, 1547.
16. J. Seine. Pouce gauche, 1513.
21. J. Bordeaux. Pouce droit, 1522.
23. J. Angoulême. Cuisse gauche, 380.
23. J. Senlis. Annulaire droit, 40.
24. J. Fontainebleau. Main droite, 1132.
25. J. Evreux. Main droite, 1132.
28. J. Grenoble. Coude droit, 342.
29. Cass. Insolation, 951.
30. A. Caen. Bras droit, 187.

FÉVRIER

1. J. Marseille. Jambe droite, 992.
5. A. Douai. Index gauche, 892.
7. A. Bourges. Cerveau, 286.
7. A. Rennes. Mâchoire. Yeux, 1127.
8. A. Montpellier. Reins. Lumbagos, 1108.
11. J. Cherbourg. Yeux, 1730.
12. A. Douai. Hernie inguinale, 701.
13. J. Grenoble. Œil gauche, 1372.
14. A. Riom. Œil droit, 1314.
14. J. Dijon. Hernie inguinale, 696.
16. A. Nancy. Infection générale, 927.
16. A. Paris. Thorax, 1629.
16. A. Paris. Yeux, 1712.
19. A. Amiens Yeux, 1748.
19. J. Marseille. Main droite, 1143.
20. A. Amiens. Œil droit, 1313.
20. A. Angers. Bras droit, 198.
20. J. Vassy. Insolation, 942.
21. J. Lille. Jambe droite, 990.
21. J. Lille. Jambe droite, 991.
22. A. Amiens. Bras droit, 197.
22. J. Versailles. Bras gauche. 228.

1901

26. A. Bordeaux. Asphyxie, 104.
27. A. Limoges. Hernie inguinale, 800.
27. A. Rouen. Delirium tremens, 391.
27. A. Rouen. Cuisse gauche, 378.

MARS

1. A. Amiens. Œil droit, 1291.
2. A. Aix. Oreilles, 1404.
2. A. Nancy. Cuisse droite, 370.
2. A. Paris. Avant-bras droit, 142.
4. J. Guéret. Jambe gauche, 1038.
5. A. Grenoble. Bras droit, 212.
5. A. Paris. Bras droit. Jambe gauche, 219.
5. A. Rennes. Bras droit, 201.
6. A. Nancy. Œil droit, 1296.
7. A. Amiens. Œil droit, 1314.
7. J. Lille. Neurasthénie traumatique, 1229.
8. A. Nancy. Pied gauche, 1466.
8. J. Marseille. Bras droits. Epaule. Thorax, 262.
9. A. Lyon. Cuisse droite, 363.
11. J. Bordeaux. Hernie inguinale, 764.
11. J. Seine. Insolation, 949.
13. A. Amiens. Avant-bras gauche, 160.
14. J. Toulouse. Jambe gauche, 1029.
16. A. Paris. Doigts gauches, 498.
19. A. Bordeaux. Œil gauche, 1351.
19. A. Bordeaux. Hernie ventrale, 835.
22. A. Montpellier. Yeux, 1714.
22. A. Rouen. Yeux, 1725
25. A. Nancy. Congestion pulmonaire, 336.
26. A. Grenoble. Main gauche, 1163.
27. A. Grenoble. Œil gauche, 1384.
27. A. Grenoble. Poignet droit, 1502.
27. A. Lyon. Yeux, 1715
27. A. Nancy. Gangrène, 636.
27. A. Nîmes. Doigts droits, 443.
27. J. Bourgouin. Hernie inguinale, 699.
29. A. Limoges. Bras. Pied gauche, 268.
30. J. Seine. Testicules, 1615.
31. A. Riom. Œil gauche, 1374.

AVRIL

1. A. Lyon. Bras droit, 190.
1. J. Bordeaux. Jambes, 1090.
3. A. Nancy. Epaule droite, 601.
4. J. Lille. Œil gauche, 1345.
4. J. Lille. Os, 1434.
6. J. Chambéry. Œil droit, 1286.
16. A. Grenoble. Yeux, 1750.
16. A. Grenoble. Hernie inguinale double, 817.
23. J. Privas. Eblouissements, 571.
23. J. Seine. Jambe, 963.

1901

26. A. LIMOGES. Hernie. Thorax, 663.
27. A. NANCY. Pied gauche, 1649.
29. A. LIMOGES. Hernie inguinale, 779.
30. A. BORDEAUX. Doigts gauches, 543.
30. A. BORDEAUX. Insolation, 958.
30. J. SEINE. Saturnisme, 1571.

MAI

1. A. LYON. Œil droit, 1330.
2. A. LIMOGES. Hernie inguinale, 690.
3. J. GRENOBLE. Œil droit, 1286.
3. J. LYON. Insolation, 939.
3. J. TOULOUSE. Hernie inguinale, 692.
4. A. AIX. Orteils, 1416.
7. A. BORDEAUX Pouce gauche, 1544.
8. A. AMIENS. Jambe droite, 1016.
8. A. BESANÇON. Bras droit, 198.
8. A. BESANÇON. Index droit, 866.
8. A. NANCY. Genou, 637.
8. J. SEINE. Doigts, 404.
9. A. AMIENS. Jambes, 1102.
9. A. NANCY. Pied, 1454.
11. J. LE HAVRE. Cuisse gauche, 381.
13. A. NANCY Bras droit, 197.
13. A. TOULOUSE. Main droite, 1132.
13. J. SAINT-ETIENNE. Pouce gauche, 1541.
14. J. VILLEFRANCHE. Aliénation mentale, 15.
15. A. RENNES. Œil, 1268.
17. J. GRENOBLE. Œil gauche, 1350.
18. A. LYON. Doigts, 483.
20. A. DOUAI. Bras droit, 192.
21. J. SEINE. Œil, 1268.
22. A. LYON. Hernie inguinale, 712.
22. J. SEINE. Jambe gauche, 1034.
22. J. SENLIS. Bras gauche, 228.
24. A. ANGERS. Hernie inguinale, 756.
24. J. AVRANCHES. Congestion pulmonaire, 335.
25. A. AIX. Doigts droits, 425.
25. A. GRENOBLE. Colonne vertébrale, 317.
28. A. NANCY. Avant-bras droit, 149.
30. J. PÉRIGUEUX. Index gauc9e, 891.

JUIN

3. A. LIMOGES. Insolation, 952.
5. A. NIMES. Pouce droit, 1527.
6. J. BESANÇON. Doigts gauches, 524.
6. J. CAMBRAI. Jambe gauche, 1029.
6. J. CHERBOURG Œil droit, 1294.
8. A. PARIS. Hernie inguinale, 680.
13 A. NANCY. Bras gauche. Jambe droite, 258.
14. A. NANCY. Œil, 1271.
17. J. GRASSE. Médius droit, 1183.
18. J. DRAGUIGNAN. Doigts droits, 433.
19. J. SENLIS. Jambe droite, 981.
20. A. AIX. Bras droit, 197.

1901

22. A. LYON. Hernie inguinale, 707.
25. A. CAEN. Yeux, 1727.
26. A. RENNES. Index droit, 867.
28. A. NANCY. Pied, 1455.
28. J. SAINT-QUENTIN. Névropathie, 1240.
29. A. AMIENS. Hernie inguinale, 740.
29. A. NANCY. Avant-bras droit, 152.

JUILLET

2. A. BORDEAUX. Oreilles, 1401.
3. J. ALBI. Œil gauche, 1370.
3. J. GEX. Pied gauche, 1482.
3. J. SEINE. Orteils, 1422.
5. A PARIS. Insolation, 932.
6. A. AIX. Electrocution, 583.
10. A. AMIENS. Index gauche, 904.
10. A. NANCY. Jambe, 970.
15. J. SAINT-QUENTIN. Artério-sclérose, 93.
18. A. AMIENS. Médius droit, 1186.
19. A. NANCY. Pneumonie, 1498.
22. A. RENNES. Bras gauche, 228.
23. A. NANCY. Index droit, 859.
25. J. LE PUY. Grippe infectieuse, 653.
27. A. GRENOBLE. Hernie inguinale, 677.
27. A. ORLÉANS. Œil gauche, 1347.
27. A. PARIS. Pied gauche, 1475.
27. A. PARIS. Index droit, 875.
31. A. DOUAI. Jambe droite, 980.

AOUT

1. A. NANCY. Annulaire. Épaule. Hanche. Poignet gauches, 66.
2. A. GRENOBLE. Bras gauche, 227.
2. A. TOULOUSE. Œil droit, 1303.
2. J. LYON. Œil droit, 1320.
6. A. CHAMBÉRY. Avant-bras droit, 146.
6. A. TOULOUSE. Œil droit, 1299.
6. J. BÉTHUNE. Index gauche, 900.
6. J. MARSEILLE. Jambe gauche, 1045.
6. J. SEINE. Œil gauche, 1381.
7. A. LYON. Pneumonie, 1492.
7. J. SEINE. Pied, 1455.
8. A. NANCY. Doigts droits, 418.
13. A. AMIENS Névropathie, 1240.
17. J. SEINE. Œil droit, 1334.
28. J. SEINE. Œil gauche, 1369.

OCTOBRE

23. A. NANCY. Hernie inguinale, 744.
28. A. RENNES. Cuisse gauche, 385.
29. J. SEINE. Médius gauche, 1202.
30. A. AMIENS. Œil gauche, 1363.

NOVEMBRE

2. A. PARIS. Pneumonie, 1496.
2. A. PARIS. Doigts gauches, 530.
4. A. BOURGES. Sinistrose, 1582.

1902

30. A. Montpellier Main droite,1150.
30. A. Riom. Bras. Epaule droits, 223.

FÉVRIER

3. Cass. Hernie inguinale, 730.
4. J. Senlis. Index gauche, 908.
5. A. Besançon. Jambe gauche, 1052.
5. J. Senlis. Médius gauche, 1207.
6. A. Nancy. Congélation, 323.
8. A. Nancy. Auriculaire gauche, 134.
8. A. Paris. Hernie inguinale, 722.
11. A. Riom Avant-bras droit, 137.
15. A. Paris. Colonne vertébrale, 317.
17. Cass. Main gauche, 1164.
17. J. Bordeaux. Hernie inguinale, 748.
18. J. Narbonne. Jambe gauche. 1070.
19. A. Amiens. Jambe gauche, 1075.
19. A. Amiens. Insolation, 955.
21. A. Pau. Bras droit, 196.
24. Cass. Pouce droit, 1527.
24. Cass Cuisse droite, 363.
25. A. Bordeaux. Tuberculose latente, 1640.
25. A. Douai. Pouce droit, 1524.
26. A. Riom. Jambe droite, 1021.
28. A. Montpellier. Jambe droite, 1024.
28. J. Aurillac. Reins, 1561.

MARS

4. A. Douai. Bras. Œil. Oreille droits. Doigts. Epaule gauches. Thorax, 267.
4. A. Douai. Œil droit, 1293.
4. A. Rennes. Pied gauche, 1473.
4. J. Senlis. Pouce gauche, 1536.
5. A. Caen. Doigts droits, 453.
5. A. Rennes. Auriculaire droit, 115.
6. A. Montpellier. Jambe droite, 977.
10. A. Dijon. Jambe gauche, 1031.
10. A. Dijon. Jambes, 1085.
11. A. Douai. Epilepsie, 618.
11. J. Lille. Testicules, 1612.
13. A. Riom. Œil droit, 1317.
13. A. Riom. Annulaire gauche, 71.
13. A. Riom. Yeux, 1736.
13. J. Besançon. Varices, 1706.
17. A. Douai. Saturnisme, 1570.
17. A. Douai. Cerveau, 282.
18. A. Rennes. Hernie inguinale, 687.
18. A. Rennes. Œil gauche, 1378.
19. A. Caen. Pleurésie, 1491.
19. A. Toulouse. Hernie inguinale, 710.
20. A. Montpellier. Jambe, 960.
20. A. Rennes. Avant-bras gauche, 169.
20. A. Rennes. Jambe gauche, 1041.
20. J. Lille. Jambe, 971.

1902

20. J. Tulle. Testicules, 1619.
21. J. Fontainebleau. Doigts droits, 415.
22. A. Amiens. Bras gauche, 252.
22. A. Paris. Tuberculose latente, 1643.
22. A. Rouen. Doigts droits, 478.
24. J. Lyon. Os, 1438.
25. A. Douai. Hystéro-traumatisme, 850.
25. A. Lyon. Pouce gauche, 1549.
26. A. Lyon. Hystéro-traumatisme, 858.
26. A. Lyon. Médius gauche, 1207.

AVRIL

10. A. Paris. Œil gauche, 1368.
10. J. Le Havre. Avant-bras gauche, 160.
12. A. Paris. Doigts droits, 415.
15. A. Rennes. Jambe droite, 978.
16. A. Limoges. Hystérie, 838.
16. J. Dieppe. Médius gauche, 1211.
17. A. Riom. Hernie inguinale, 773.
21. A. Douai. Jambe droite, 1013.
22. J. Villefranche-sur-Saône. Hernie inguinale, 711.
23. Cass. Yeux, 1731.
23. A. Angers. Clavicule. Œil droit, 300.
25. A. Amiens. Jambes, 1094.
28. A. Nancy. Urètre, 1693.
29. A. Rennes. Main droite, 1132.

MAI

1. J. Remiremont. Jambes, 1104.
2. A. Montpellier. Aliénation mentale, 16.
2. A. Paris. Yeux, 1724.
2. J. Avranches. Yeux, 1763.
3. A. Rouen. Bras droit. Main gauche. 221.
6. J. Marseille. Cœur, 304.
7. A. Paris. Bras droit, 198.
7. A. Rennes. Jambe droite, 1015.
7. J. P. Roubaix. Hernie inguinale, 750.
9. J. Le Havre. Œil gauche, 1370.
9. J. Mayenne. Yeux, 1718.
10. A. Aix. Médius droit, 1179.
13. A. Amiens. Doigts droits, 439.
13. A. Rennes Doigts gauches, 492.
14. A. Caen. Doigts gauches, 552.
14. A Caen. Œil, 1263.
14. A. Rennes. Œil, 1273.
20. A. Rennes. Index gauche, 903.
20. J. Béziers. Os, 1431.
22. A. Lyon. Hernie inguinale, 732.
24. A. Montpellier. Œil gauche, 1383.
28. A. Paris. Index gauche, 907.
29. J. Cherbourg. Yeux, 1758.
29. J. Ribérac. Œil, 1268.

1902

30. A. Amiens. Doigts gauches, 557.
30. J. Marseille. Genou droit, 639.
31. A. Paris. Tuberculose latente, 1659.
31. J. Grenoble. Électrocution, 585.

JUIN

2. A. Rennes. Œil, 1266.
3. A. Rennes. Index droit, 860.
3. A. Riom. Yeux, 1728.
4. J. Seine. Genou droit, 643.
6. A. Amiens Œil et oreille gauches, 1397.
6. A. Paris. Insolation, 941.
10. A. Rennes Jambes, 1091.
11. J. La Roche-sur-Yon. Main droite, 1153.
12. J. Narbonne. Main gauche, 1164.
13. J. Le Havre. Jambe, 969.
14. J. Toulouse. Jambe. Main, 1080.
18. J. Senlis. Pied gauche. 1478.
19. A. Rennes. Œil, 1270.
19. J. Auch. Coude droit, 338.
21. A. Rouen. Cuisse droite, 364.
23. A. Nîmes -Foie, 630.
24. A. Bordeaux. Hystéro-traumatisme, 819
24. J. Douai. Cerveau, 284.
24. A. Nîmes. Pouce gauche, 1540.
24. A. Paris. Insolation, 937.
24. A. Rennes. Pied droit, 1462.
27. A. Paris. Infection générale, 925.
30. A. Nancy. Avant-bras droit, 137.

JUILLET

1. A. Bordeaux. Fièvre muqueuse, typhoïde, 623.
2. A. Besançon. Yeux, 1734.
2. J. Les Andelys. Brûlures, 276.
4. A. Paris. Doigts gauches, 527.
5. A. Amiens. Doigts gauches, 533.
5. A. Rouen. Médius gauche, 1212.
7. A. Douai. Œil droit, 1299.
8. Cass. Hernie inguinale, 756.
8. A. Bordeaux. Epaule gauche, 604.
9. A. Paris. Doigts, 603.
9. A. Riom. Jambes, 1105.
11. A. Amiens. Main, 1128.
11. A. Amiens. Doigts droits, 459.
11. J. Coulommiers. Jambe droite, 980.
12. J. Seine. Epaule gauche, 605.
15. A. Riom. Bras droit, 192.
16. A. Rennes. Doigts gauches, 491.
17. A. Riom. Œil gauche, 1361.
18. A. Nancy. Bras droit, 200.
21. A. Caen. Poignet droit, 1503.
22. A. Nancy. Yeux, 1770.
23. Cass. Congestion pulmonaire, 386.
23. Cass. Infection générale, 927.
23. Cass. Yeux, 1712.
23. A. Amiens. Sclérose en plaques, 1573.

1902

28. J. Saint-Étienne. Phlébite, 1451.
29. J. Les Andelys. Hernie inguinale, 713.
30. A. Paris Tuberculose provoquée, 1688.
30. J. Laon. Œil, 1260.
30. J. Seine. Jambe droite, 1025.
31. A. Douai. Jambe, 963.
31. J. Nantes. Paralysie, 1442.

AOUT

6. A. Caen. Sinistrose, 1581.
7. A. Lyon. Insolation, 938.
7. A. Riom. Yeux, 1738.
7. J. Lyon. Syphilis, 1598.
8. A. Aix. Tuberculose latente, 1655.
8. J. Coulommiers. Œil gauche, 1385.
9. A. Nancy. Main gauche, 1162.
9. J. Montluçon Estomac, Foie, 621.
11. A. Angers. Tétanos, 1628.
11. A. Paris. Œil droit, 1312.
13. A. Amiens. Doigts droits, 451.
13. J. Seine. Œil gauche, 1370.
15. A. Rennes Œil, 1268.

OCTOBRE

22. J. Seine. Yeux, 1719.
23. A. Amiens. Jambe gauche, 1036.
24. J. Dunkerque. Bras, 266.
24. J. Vienne. Hystérie. 839.
30. J. Lille. Hernie inguinale, 798.
30. J. Nancy. Pied gauche, 1480.
31. J. Niort. Hernie inguinale, 777.

NOVEMBRE

3. A. Limoges. Pouce gauche, 1532.
5. A. Paris. Crâne, 357.
5. J. Narbonne. Abdomen, 1.
6. A. Amiens. Cerveau, 285.
7. A. Paris. Neurasthénie traumatique, 1228.
7. A. Riom. Asphyxie, 99.
8. J. Seine. Os, 1437.
10. A. Nancy. Tuberculose latente, 1644.
10. A. Paris. Jambe droite, 985.
13. A. Riom. Œil droit, 1298.
14. A. Paris. Hernie inguinale, 788.
14. J. Florac. Varices, 1705.
21. A. Lyon. Hystéro-traumatisme, 856.
21. A. Riom Œil gauche, 1353.
24. A. Montpellier. Jambe gauche, 1055.
24. J. Saint-Etienne. Main droite, 1132.
25. A. Rennes. Pied droit, 1459.
26. A. Lyon. Aliénation mentale, 8.
28. J. Marseille. Jambes, 1088.
28. J. Rennes. Œil droit, 1321.
29. A. Nancy. Orteils, 1412.

1902

29. A. Paris. Cerveau. Cœur. Yeux, 288.

DÉCEMBRE

2. A. Rennes. Jambe gauche, 1054.
2. A. Rennes. Gangrène, 632.
2. J. Bastia. Index gauche, 897.
5. A. Riom. Epaule gauche. Thorax, 611.
5. J. Avranches. Figure. Oreille droite. Yeux, 629.
9. A. Rennes. Yeux, 1739.
9. A. Rennes. Diabète, 398.
10. Cass. Insolation, 952.
10. Cass. Yeux, 1727.
10. A. Nancy. Index gauche, 922.
11. A. Bordeaux. Orteils, 1421.
12. J. Valence. Main droite, 1155.
17. J. Senlis. Doigts gauches, 526.
18. A. Bordeaux. Hernie inguinale, 723.
18. J. Lille. Hystéro-traumatisme, 857.
18. J. Lille. Avant-bras gauche, 163.
19. A. Grenoble. Varices, 1707.
19. A. Lyon. Tuberculose, 1682.
23. J. Marseille. Main droite, 1145.
23. J. Marseille. Syphilis, 1595.
26. A. Lyon. Œil droit, 1297.
26. J. Marseille. Pouce gauche, 1532.
30. A. Paris. Jambe, 972.
30. J. Marseille. Pouce gauche, 1535.

1903

JANVIER

3. A. Paris. Œil, 1267.
3. J. Seine. Coude gauche, 346.
10. A. Lyon. Os, 1438.
10. A. Riom. Avant-bras droit, 143.
10. J. Paix Lorient. Ampoule forcée, 28.
12. A. Rennes. Doigts droits, 438.
13. A. Caen. Œil gauche, 1341.
13. A. Dijon. Hernie inguinale, 668.
13. J. Senlis. Doigts droits, 435.
14. A. Rennes. Pneumonie, 1495.
15. J. Dijon. Jambes, 1099.
19. Cass. Œil gauche, 1343.
19. Cass. Hernie inguinale, 779.
20. J. Senlis. Doigts droits, 446.
21. A. Amiens. Hernie inguinale, 755.
21. A. Nancy. Index droit, 876.
21. J. Rocroi. Cerveau, 277.
22. A. Toulouse. Yeux, 1765.
22. J. Bagnères-de-Bigorre. Jambe gauche, 1068.
23. J. Seine. Main gauche, 1162.
24. J. Vienne. Saturnisme, 1566.
28. Cass. Jambe, 976.
28. J. Seine. Aliénation mentale, 13.

1903

29. J. Boulogne-sur-Mer. Œil gauche, 1341.
30. A. Nancy. Cœur, 309.

FÉVRIER

2. Cass. Emotion, 596.
3. A. Rennes. Jambes, 1095.
3. A. Rennes. Tuberculose provoquée, 1686.
3. A. Rennes. Yeux, 1729.
3. J. Senlis. Cuisse gauche, 386.
5. A. Bordeaux. Pouce droit, 1523.
6. A. Orléans. Charbon, 291.
7. A. Paris. Avant-bras droit, 151.
12. A. Bordeaux. Epaule droite. Jambe, 603.
12. A. Nancy. Congestion cérébrale et pulmonaire, 334.
13. A. Douai. Doigts droits, 457.
14. A. Aix. Avant-bras droit. Jambe gauche, 159.
17. A. Rennes. Main droite, 1149.
18. J. Senlis. Doigts droits, 440.
18. J. Senlis. Doigts droits, 444.
18. J. Senlis. Jambe gauche, 1061.
19. A. Amiens. Yeux, 1712.
23. A. Caen. Pied gauche, 1474.
23. A. Rennes. Avant-bras, 173.
23. A. Rennes. Yeux, 1713.
25. J. Senlis. Index droit, 867.
25. J. Senlis. Doigts droits, 472.
25. J. Senlis. Abdomen. 3.
27. A. Paris. Yeux, 1717.
27. J. Bourg. Jambe gauche, 1057.

MARS

3. J. Senlis. Œil gauche, 1343.
4. Cass. Bras droit, 198.
4. A. Amiens. Œil gauche, 1358.
5. J. Remiremont. Doigts, 485.
6. A. Nancy. Doigts gauches, 490.
6. J. Montbéliard. Asphyxie, 103.
9. Cass. Jambe gauche, 1042.
9. A. Douai. Jambe droite, 1010.
10. J. Seine. Oreilles. Yeux. Vertiges, 1408.
13. A. Grenoble. Bras. Clavicule droits. Thorax, 181.
14. A. Aix. Yeux, 1735.
16. J. Saint-Etienne. Epilepsie, 619.
18. Cass. Annulaire droit, 47.
19. A. Rennes. Bras droit. Doigts droits. Epaule. Jambe droite, 218.
20. A. Besançon. Congélation, 325.
23. A. Douai. Poignet gauche, 1506.
25. J. La Roche sur-Yon. Jambe, 963.
26. J. Nîmes. Hernie inguinale double, 819.
30. Cass. Cuisse gauche, 383.

1903

5. A. AMIENS. Jambe droite, 1005.
9. A. NANCY. Pouce droit, 1515.
9. A. RENNES. Œil droit, 1309.
9. A. RENNES. Yeux, 1760.
10. CASS. Asphyxie, 104.
11. CASS. Yeux, 1724
11. A. NANCY. Figure, 627.
11. J. DÔLE. Hernie inguinale, 691.
12. A. RENNES. Doigts droits, 421.
16. A. NANCY. Congestion cérébrale, 329.
17. CASS. Œil droit, 1299.
17. A. RENNES. Œil, 1268.
17. J. LYON. Congestion cérébrale, 532.
18. A. RENNES. Œil droit, 1296.
18. J. SENLIS. Cuisse droite, 371.
24. A. BORDEAUX. Œil gauche, 1338.
24. A. RENNES. Gangrène, 633.
25. CASS. Yeux, 1728.
25. CASS. Yeux, 1743.
25. A. LYON. Asphyxie, 105.
25. A. RENNES. Tuberculose latente, 1641.
25. J. SENLIS. Doigts gauches, 531.
26. A. AMIENS. Hernie inguinale, 742.
26. A. NANCY. Foie, 631.
28. A. ROUEN. Charbon, 293.
28. A. ROUEN. Jambe, 975.
30. A. LIMOGES Hernie inguinale, 671.
30. A. RENNES. Cuisse droite, 367.
30. A. RENNES. Œil gauche, 1352.

DÉCEMBRE

1. J. MARSEILLE. Main droite, 1142.
2. J. SENLIS. Avant-bras droit, 157.
3. A. NANCY. Système nerveux, 1603.
5. J. BÉZIERS. Testicules, 1622.
7. A. NANCY. Jambe droite, 988.
8. A. RENNES. Yeux, 1738.
8. A. RENNES. Yeux, 1762 bis.
8. A. RENNES. Bras gauche, 237.
10. A. GRENOBLE. Hernie inguinale, 725.
15. A. BORDEAUX. Jambe gauche, 1049.
18. A. ORLÉANS. Avant-bras gauche, 165.
18. J. SEINE. Névrite, 1234.
21. A. DOUAI. Crâne, 356.
22. J. BOURG. Pouce gauche, 1552.
22. J. SEINE. Epilepsie, 614.
23. CASS. Hernie inguinale, 740.
23. J. SENLIS. Pied droit, 1460.
24. J. MONTBRISON. Syphilis, 1599.
29. A. BORDEAUX. Yeux, 1759.

1904

JANVIER

2. J. SEINE. Œil gauche, 1389.
5. CASS Œil gauche, 1383.
5. A. RENNES. Bras droit, 197.

1904

5. A. RENNES. Tuberculose latente, 1664.
5. A. TOULOUSE. Pneumonie, 1499.
5. J. MARSEILLE. Doigts droits, 476.
12. CASS. Pouce gauche, 1532.
12. J. MARSEILLE. Auriculaire droit, 114.
15. J. MARSEILLE. Œil droit, 1315.
18. J. SEINE. Hernie inguinale double, 816.
19. A. RENNES. Jambe gauche, 1059.
21. A. AMIENS. Doigts gauches, 521.
26. A. RENNES. Jambe droite, 989 bis.
30. A. GRENOBLE. Hernie inguinale, 793.
30. A. RIOM. Pouce droit, 1515.

FÉVRIER

3. J. SENLIS. Pied, 1453.
3. J. SENLIS Coude gauche, 343.
8. J. BORDEAUX. Jambes, 1092.
10. J. SENLIS. Doigts gauches, 560.
11. J. NANCY. Œil droit, 1318.
22. A. RENNES. Psychose, 1558.
22. J. NANCY. Bassin, 174.
23. A. BORDEAUX. Hernie inguinale, 765.
23. A. BORDEAUX. Œil gauche, 1362.
24. A. LIMOGES. Ampoule forcée, 18.

MARS

1. A. BORDEAUX. Doigts gauches, 515.
2. CASS. Insolation, 929.
2. A. RENNES. Yeux, 1745.
2. J. SEINE. Saturnisme, 1565.
5. A. AIX. Main gauche, 1161.
7. A. RENNES. Yeux, 1756.
23. A. ORLÉANS. Œil gauche, 1339.
23. J. SENLIS. Doigts droits, 430.
23. J. PAIX VERSAILLES. Congélation, 324.
26. A. PARIS. Pied gauche, 1467.
28. A. BESANÇON. Hernie inguinale, 782.
29. A. CAEN Index droit, 878.
20. A. CAEN. Bras droit, 195.
30. J. SENLIS. Cuisse droite, 365.
30. J. SENLIS. Médius gauche, 1215.

AVRIL

12. A. RENNES. Yeux, 1740.
18. CASS. Jambe droite, 985.
20. J. SENLIS. Index gauche, 897.
22. J. PÉRIGUEUX. Tétanos, 1627.
25. A. RENNES. Bras gauche, 242.
30. A. MONTPELLIER. Jambe gauche, 1062.

MAI

3. A. DOUAI. Tuberculose latente, 1661.

1905

27. A. GRENOBLE. Bras gauche, 230.
27. A. GRENOBLE. Main gauche, 1162.
27. J. MONTAUBAN. Bras, 265.
31. A. BORDEAUX. Hernie inguinale, 734.

FÉVRIER

1. A. NANCY. Asphyxie, 96.
1. A. NANCY. OEil, 1257.
6. A. RENNES. Yeux, 1752.
7. J. SENLIS. Pouce gauche, 1554.
8. A. CAEN. OEil droit, 1305.
9. A. RIOM. Artères, 87.
14. A. BORDEAUX. Varices, 1702.
14. J. MARSEILLE. Bronchite, 270.
17. A. GRENOBLE. Bras droit. Crâne, 216.
17. J. SEINE. Epilepsie, 614.
22. A. AMIENS. Doigts gauches, 556.
24. A. GRENOBLE. Bras droit, 211.
27. CASS. Pied gauche, 1476.
28. A. RENNES. Jambe droite, 1003.

MARS

3. A. GRENOBLE. Doigts gauches, 536.
4. J. LE HAVRE. Saturnisme, 1567
7. A. RENNES. Jambe droite, 1007.
7. A. RENNES. Jambe droite, 1023.
7. A. RENNES Jambe gauche. 1030.
7. J. SENLIS. OEil droit, 1296.
13. A. DOUAI. Hernie inguinale, 753.
13. A. NÎMES. OEil gauche, 1349.
21. A. NANCY. Yeux, 1779.
23. J. COM. SEINE. Rage, 1560.
28. A. BORDEAUX. Doigts gauches, 518.
29. A. NANCY. Doigts gauches, 494.
30. A. RENNES. Cuisse gauche. Orteils droits, 387.
30. A. RENNES. Hernie inguinale, 765.

AVRIL

7. A. GRENOBLE. Poignet droit, 1504.
7. A. GRENOBLE. Jambe droite, 1009.
7. J. PAIX Paris. Cerveau, 287.
10. A. DOUAI. Index droit, 869.
11. A. BORDEAUX. Mâchoire, 1116.
11. A. RENNES. Doigts gauches, 495.
11. J. SENLIS. Médius gauche, 1207.
12. J. LESPARRE. Diabète, 399.
15. A. GRENOBLE. Doigts droits, 431.
15. A. GRENOBLE. Doigts gauches, 551.
19. J. BAYONNE. Hernie inguinale, 672.

MAI

3. J. SENLIS. Colonne vertébrale, 316.
4. CASS. Insolation, 938.
6. CASS. Jambes, 1105.
8. A. RENNES. Tuberculose latente, 1636.
8. A. RENNES. Cuisse droite, 368.
8. A. RENNES. OEil droit, 1308.

1905

10. A. CAEN. Hernie inguinale, 726.
11. A. BORDEAUX. Pied droit, 1458.
12. A. GRENOBLE. Main droite, 1137.
12. A. GRENOBLE. OEil, 1254.
15. A. RENNES. Jambe, 967.
16. J. SEINE. Pouce gauche, 1534.
16. J. SENLIS. Index droit, 867.
17. A. RENNES. OEil droit, 1289.
18. J. AVESNES. Hernie inguinale, 746.
19. A. GRENOBLE. Pouce gauche, 1532.
19. A. PARIS. Hystéro-traumatisme, 847.
23. J. SENLIS. Doigts droits, 455.
26. A. GRENOBLE. OEil, 1269.
30. A. NANCY. Jambe gauche, 1066.
30. J. SEGRÉ. Asphyxie, 103.

JUIN

6. A. BORDEAUX. Artério-sclérose, 88.
7. A. CAEN. Cuir chevelu. Hanche gauche, 361.
7. A. POITIERS. Varices, 1704.
8. A. DOUAI. Hernie inguinale, 754.
13. A. RENNES. Bassin. Jambe droite, 176.
19. A. RENNES. Jambes, 1097.
20. A. BORDEAUX. Diabète, 399.
20. A. RENNES. Pied gauche, 1468.
20. A. RENNES. Pneumonie, 1493.
24. CASS. Hernie inguinale, 668.
28. A. BORDEAUX. Main gauche, 1161.

JUILLET

4. J. SEINE. Hystéro-neurasthénie, 842.
5. J. SENLIS. Jambe droite, 1014.
8. J. SEINE. Doigts droits. OEil gauche, 481.
10. A. RENNES. OEil droit, 1294.
11. A. RENNES. Yeux, 1762.
12. A. RENNES. OEil droit, 1332.
12. J. SENLIS. Avant-bras gauche, 160.
18. CASS. Estomac, Foie, 621.
18. CASS. Yeux, 1740.
22. A. NANCY. Doigts droits, 424.
26. CASS. Asphyxie, 105.
26. A. CAEN. Hystéro-traumatisme, 846.
26. A. PARIS. Tuberculose latente, 1642.
26. J. SENLIS. Hernie épiploïque, 664.
27. CASS. Tuberculose latente, 1660.
28. A. ROUEN. Variole, 1710.

AOUT

1. CASS. Clavicule droite, 299.
1. J. SENLIS. Doigts droits, 460.
2. J. SENLIS. Index gauche, 903 bis.
4. A. NANCY. Hernie inguinale, 765.
5. A. PARIS. Bras gauche, 251.
8. J. ABBEVILLE. Os, 1436.

1905

9. A. Lyon. Insolation, 931.
9. J. Senlis. Jambes, 1100.
11. A. Paris. Charbon, 296.

OCTOBRE

17. A. Amiens. Tuberculose latente, 1649.
18. A. Lyon. Poignet gauche, 1509.
20. A. Rennes. Cuisse gauche, 379.
23. J. Seine. Doigts gauches, 539.
24. J. Lyon. Médius droit, 1197.
25. Cass. Suicide, 1586.
30. A. Rennes. Crâne, 352.

NOVEMBRE

3. A. Montpellier. Tuberculose latente, 1637.
7. A. Rennes. Pouce gauche, 1546.
8. J. Roanne. Hystéro-neurasthénie, 844.
14. J. Pontoise. Tuberculose latente, 1657.
15. A. Amiens. Jambe gauche, 1046.
18. A. Grenoble. Colonne vertébrale, 315.
18. A. Grenoble. Œil gauche, 1387.
18. J. Lyon. Asphyxie, 100.
21. Cass. Œil gauche, 1344.
21. A. Rennes. Tuberculose provoquée, 1685.
21. J. Senlis. Yeux, 1777.
23. A. Aix. Insolation, 953.
23. J. Lille. Pouce gauche, 1543.
24. A. Grenoble. Main gauche, 1162.
25. A. Nancy. Annulaire droit, 56.
28. A. Bordeaux. Mâchoire, 1118.
28 A. Rennes. Système nerveux, 1601.
28. J. Senlis Mâchoire, 1120.
30. J. Arras. Matrice, 1175.
30. J. Valenciennes. Névropathie, 1246.

DÉCEMBRE

1. J. Amiens. Crâne, 350.
1. J. Seine. Rein, 1562.
4. A. Rennes. Bras gauche, 243.
4. J. Lille. Hernie inguinale, 776.
5. J. Seine. Variole. 1711.
7. J. Lille. Testicules, 1621.
11. A. Caen. Insolation, 930.
12. A. Rennes. Jambe gauche, 1035.
12. J. Seine. Annulaire droit, 64.
13. J. Senlis. Œil droit, 1306.
15. A. Grenoble. Hernie crurale, 658.
15. J. Limoges. Jambe, 974.
15. J. Marseille. Aliénation mentale, 9.
20. J. Senlis. Doigts gauches, 554.
20. J. Senlis. Jambe droite, 993.

1905

21. A. Toulouse. Genou, 638.
22. A. Montpellier. Hernie inguinale, 695.
23. A. Nancy. Hernie crurale, 659.
23. J. Seine. Electrocution, 592.
27. A. Nancy. Nez, 1251.
27. J. Senlis. Index gauche, 896.
28. A. Nancy. Œil, 1278.
28. J. Cambrai. Genou gauche, 650.
30. A. Toulouse. Hernie inguinale, 688.

1906

JANVIER

5. A. Grenoble. Médius droit, 1193.
6. A. Grenoble. Eblouissements, 567.
9. Cass. Poignet gauche, 1506.
9. A. Rennes. Œil droit, 1324.
13. A. Grenoble. Doigts gauches, 501.
13. A. Grenoble. Bras gauche, 246.
16. A. Dijon. Jambe gauche, 1069.
16. A. Rennes. Tuberculose latente, 1676.
23. J. Verdun. Congélation, 326.
25. J. Lille. Hernie inguinale, 774.
26. J. Paix Villeurbanne. Electrocution, 591.
30. J. Senlis Bras droit, 202.
31. J. Lyon. Tuberculose latente. 1675.
31. J. Senlis. Doigts droits, 408.
31. J. Senlis. Avant-bras gauche, 160.

FÉVRIER

1. J. Rouen. Clavicule. Thorax, 301.
7. A. Amiens. Doigts, 402.
7. A. Amiens. Auriculaire droit, 110.
8. J. Lille. Œil, 1263.
10. A. Douai. Bras droit, 197.
12. A. Poitiers. Orteils, 1423.
13. J. Seine. Ampoule simple, 36.
20. A. Rennes. Bras droit, 192.
20. A. Rennes. Jambes, 1101.
21. A. Amiens. Tétanos, 1625.
21. J. Corbeil. Hernie inguinale, 715.
21. J. Senlis. Mâchoire. Nez. Pied droit, 1125.
27. A. Rennes. Os, 1440.
27. J. Seine. Synovite, 1591.
27. J. Senlis. Doigts droits, 463.

MARS

6. J. Lorient. Tuberculose latente, 1677.
7. J. Senlis. Auriculaire gauche, 127.
7. J. Senlis. Cuisse gauche. Poignet gauche, 388.
9. J. Beauvais Pouce gauche, 1543.
14. A. Rennes. Pied droit, 1464.
27. A. Rennes. Hernie étranglée, 665.
27. A. Rennes. Doigts, 482.

1906

27. A. Toulouse. Doigts droits, 427.
29. J. Lille. Sciatique, 1572.

AVRIL

4. J. Senlis. Hernie inguinale. 706.
9. A. Amiens. Œil gauche, 1376.
10. J. Senlis. Doigts gauches, 555.
11. A Amiens. Colonne vertébrale. Jambes, 322.
11. A. Lyon. Tuberculose latente, 1673.
11. A. Poitiers Doigts droits, 428.
11. J. Senlis. Hernie inguinale, 698.
13. J. Bourg Orteils, 1411.
25. A. Douai Delirium tremens, 394.
25. A. Grenoble. Insolation, 938.

MAI

1. A. Rennes. Yeux, 1738.
3. J. Avesnes. Hernie inguinale, 789.
4. A. Paris Testicules, 1616.
4. A. Paris. Pleurésie. 1490.
4. A. Paris. Variole, 1709.
9. A. Amiens. Main gauche, 1166.
10. J. Nice. Electrocution, 588.
11. J. Avesnes. Hernie inguinale, 789.
14. A. Rennes. Hernie inguinale, 772.
14. A. Rennes. Jambe gauche. Main droite, 1076.
14. A. Rennes. Jambe gauche, 1051.
14. A. Rennes. Jambe droite, 1022.
20. J. Lyon. Epilepsie, 615.
23. A. Douai. Jambe droite, 995.
23. J. Marseille. Bras gauche. Main droite, 259.
25. J. Bourg. Pied, 1452.
26. A. Grenoble. Cuisse droite, 362.
29. Cass. Œil gauche, 1339.
30. J. Embrun. Œil gauche, 1340.

JUIN

1. J. Seine. Tabes, 1607.
2. J. Le Havre. Cœur, 308.
5. J. Marseille. Cerveau, 280.
9. A. Grenoble. Index gauche, 914.
13. A. Bordeaux. Hystéro neurasthénie, 843.
15. A. Grenoble. Poignet gauche, 1505.
15. A. Grenoble. Doigts gauches, 538.
16. A. Paris. Electrocution, 590.
23. J. Seine. Névropathie, 1245,

JUILLET

5. J. Trévoux. Doigts droits, 458.
6. A. Grenoble. Main droite, 1132.
9. A. Caen. Œil gauche, 1375.
9. J. Bourg. Index gauche, 905.
10. J. Roanne. Bras. Epaule gauche, 225.
13. A. Grenoble. Hernie crurale, 658.
16. A. Nancy. Œil droit, 1326.

1906

18. A. Rennes. Tuberculose latente, 1645.
20. A. Paris. Doigts droits, 417.
25. A. Rennes. Jambe droite, 1012.
26. A. Riom. Epaule gauche. 606.
30. A. Rennes. Insolation, 947.
31. Cass. Electrocution, 586.
31. Cass. Phlébite, 1448.
31. A. Rennes. Doigts gauches, 525.

AOUT

2. J. Paix Paris. Ampoule forcée, 27.
3. A. Grenoble. Bras droit, 209.
4. J. Bourgoin. Œil gauche, 1382.
7. Cass. Artères, 87.
7. A. Nancy. Tuberculose latente, 1638.
7. A. Paris. Doigts droits, 429.
7. J. Carpentras. Brûlures, 274.
8. J. Senlis. Index droit, 861.
10. A. Grenoble. Doigts droits, 406.
13. A. Nancy. Tuberculose latente, 1652.

SEPTEMBRE

6. J. Paix Paris. Eczéma, 580.

OCTOBRE

27. A. Rennes. Œil gauche, 1360.
30. J. Senlis. Avant-bras gauche, 166.
31. A. Bordeaux. Noyau cancéreux, 1252.
31. J. Senlis. Orteils, 1424.

NOVEMBRE

6. A. Douai. Hystéro-traumatisme 854.
7. J. Roanne. Névrose Œil gauche. Palais. Pharynx, 1249.
7. J. Senlis. Index droit, 877.
7. J. Senlis. Doigts droits, 462.
8. A. Nancy. Figure. Nez. Œil droit, 628.
17. A. Besançon. Jambe gauche, orteils et pied gauches, 1078.
19. A. Rennes. Œil droit, 1310.
19. A. Rennes. Bras droit, 207.
19. J. Seine. Hystérie, 841.
26. J. Seine. Auriculaire droit, 123.
27. A. Douai. Pouce droit, 1518.
27. A. Rennes. Tuberculose latente, 1648.
27. J. Senlis. Index droit, 871.
29. A. Nancy. Tuberculose latente, 1666.

DÉCEMBRE

4. A. Paris. Tuberculose latente, 1663.

1906

7. J. Vervins. Jambes. Hernie inguinale double. Reins, 1106.
12. J. Le Mans. Jambe, 963.
12. J. Senlis Index droit, 861.
13. J. Lille. Index droit, 860.
19. J. Caen. Annulaire droit, 50.
20. J. Corbeil. Hernie inguinale, 746.
22. J. Amiens. Cuisse droite, 373.
22. J. Seine. Œil gauche, 1358.
26. A. Lyon. Artério-sclérose, 95.

1907

JANVIER

3. J. Laval. Asphyxie, 97.
5. J. Rouen. Doigts droits. 467.
9. J. Paix Marseille. Ampoule forcée, 23.
12. J. Seine. Annulaire gauche, 79.
15. A. Paris. Colonne vertébrale,
320.
15. J. Bayonne. Index gauche, 913.
17. J. Vannes. Bras gauche, 231.
25. A. Grenoble. Dermatite, dermite.
396.
29. A. Paris. Doigts gauches, 499.
31. J. Valenciennes. Index droit, 861.

FÉVRIER

1. J. Boulogne - sur - Mer. Main
droite, 1158.
6. J. Senlis. Main droite, 1146.
8. J. Avranches. Anesthésie provoquée, 41.
12. A. Bordeaux Jambes, 1087.
20. Cass. Œil gauche, 1375.
20. J. Seine. Pied gauche, 1185.
21. J. Remiremont. Bras droit, 201.
22. A. Lyon. Hernie inguinale, 715.
26. A. Nancy. Artério-sclérose, 89.
26. J. Bourg. Insolation, 945.
26. J. Seine. Hernie inguinale double. Testicules, 830.
27. J. Senlis. Hanche, 656
27. J. Senlis. Bras gauche, 253.
28. A. Rennes. Œil gauche, 1311.
28. A. Rennes. Bras droit, 203.

MARS

4. J. Bordeaux. Hernie inguinale,
763.
8. J. Paix Paris. Hernie inguinale,
762.
12. A. Rennes. Tuberculose latente,
1656.
12. J. Marseille. Insolation, 957.
14. A. Rennes. Main droite, 1157.
18. A. Rennes. Jambe droite, 987.
21. A Amiens. Jambes. Hernie inguinale double. Reins, 1106.
21. J. Paix Paris Eczéma, 579.
23. A. Grenoble. Œil, 1262.

1907

23. J. Seine Ampoule simple, 37.
26. A. Bordeaux. Coude gauche, 345.
26. A. Lyon. Syphilis, 1596.
26. A. Paris. Yeux, 1766.
27. A. Caen. Œil droit, 1283.
27. J. Senlis. Auriculaire gauche,
128.
29. A. Bordeaux. Tuberculose provoquée, 1690.
29. J. Boulogne - sur - Mer. Jambe
gauche, 1067.

AVRIL

1. J. Lyon Pieds, 1486.
9. A. Rennes. Yeux, 1746.
10. J. Senlis. Index droit, 882.
11. J. Le Havre. Nez, 1250.
12. Cass. Tuberculose latente, 1642.
17. J. Troyes Doigts gauches, 490.
19. A. Grenoble. Hernie inguinale,
721.
19. A. Grenoble. Yeux, 1754.
23. A. Bordeaux. Emotion, 595.
23. A. Paris. Sinistrose, 1574.
23. A. Rennes. Jambe droite, 996.
23. J. Senlis. Bras gauche, 228.
23. J. Senlis. Genou gauche, 648.
23. J. Paix Nantes. Ampoule forcée, 23.
27. A. Nancy. Hernie inguinale double, 822.
30. A. Paris. Yeux, 1769.

MAI

1. A. Chambéry. Pouce droit, 1529.
7. A Amiens. Index gauche, 899.
7. A. Paris. Cerveau, 283.
8. A. Rennes. Annulaire droit, 47.
8. J. Senlis. Jambe droite, 998.
14. J. Senlis. Doigts gauches, 534.
16. A. Rennes. Hernie inguinale double, 818.
17. J Senlis. Pouce gauche, 1532.
17. J. Senlis. Annulaire. Coude.
Epaule gauche. Orteil, 46.
18. J. Seine. Phlébite, 1449.
23. J. Paix Versailles. Ampoule
forcée, 34.
24. A. Grenoble. Œil, 1258.

JUIN

4. A. Paris. Asphyxie, 103.
5. J. Senlis. Orteils, 1419.
6. J. Avignon. Ampoule forcée, 33.
11. J. Seine. Médius droit, 1187.
20. J. Laval. Avant-bras droit, 156.
26. A. Bordeaux. Hernie inguinale,
Jambe, 831.
27. J. Périgueux. Tuberculose latente, 1655.

1907

JUILLET

2. J. Pontoise. Œsophage, 1398.
5. J. Saint Calais. Jambe droite, 985.
9. A. Amiens. Main droite, 1130.
12. J. Marseille. Charbon, 295.
16. J. Bayonne. Doigts droits, 413.
18. J. Briex. Jambe gauche, 1074.
23. J. Bourg. Malaise, 1174.
23. J. Senlis. Doigts gauches, 520.
26. J. Lyon. Périnée, 1444.
30. A. Lyon. Œil, 1268.
30. J. Senlis. Genou droit, 641.
31. J. Pontoise. Doigts droits, 422.
31. J. Senlis. Doigts droits, 411.
31. J. Senlis. Hernie inguinale, 803.

AOUT

6. A. Bordeaux. Hernie inguinale, 768.
6. J. Senlis. Bras droit. Œil gauche. 222.
8. A. Amiens. Bassin. Cuisse gauche, 175.

OCTOBRE

5. J. Saint-Claude. Névrite, 1236.
16. A. Amiens. Doigts droits, 414.
23. J. Arras. Neurasthénie traumatique, 1231.
29. J. Paix Bordeaux. Lumbago, 1112.
30. A. Bordeaux. Oreilles. Vertiges, 1407.
31. J. Saint-Claude. Doigts gauches, 516.

NOVEMBRE

8. J. Marseille. Coude droit, 310.
11. A. Grenoble. Pied droit, 1463.
12. A. Paris. Bras gauche, 250.
12. J. Marseille. Index droit, 873.
12. J. Senlis. Œil gauche, 1354.
13. A. Lyon. Yeux, 1753.
13. J. Saint-Claude. Doigts gauches, 540.
14. J. Lille. Hernie inguinale, 782.
14. J. Nice. Hernie inguinale, 792.
14. J. Saint-Claude. Œil gauche, 1393.
14. J. Saint-Claude. Médius droit, 1188.
14. J. Saint-Claude. Œil droit, 1331.
19. A. Paris. Tuberculose latente, 1651.
27. Cass. Doigts droits, 429.
27. J. Saint-Claude. Œil gauche, 1392.
28. J. Saint-Claude. Doigts gauches, 502.

DÉCEMBRE

2. A. Poitiers. Péritonite, 1445.
4. J. Senlis. Asphyxie, 96.
10. A. Paris. Œil droit, 1329.

1907

11. J. Cherbourg. Névropathie, 1239.
11. J. Senlis. Œil gauche, 1390.
13. A. Montpellier. Charbon, 294.
13. J. Marseille. Genou gauche, 649.
16. A. Rennes. Yeux, 1742.
16. A. Toulouse. Tuberculose latente, 1669.
17. A. Grenoble. Œil, 1261.
18. J. Senlis. Main droite, 1138.
18. J. Senlis. Oreilles, 1403.
19. J. Saint-Claude. Index droit, 889.
22. A. Montpellier. Hernie inguinale, 694.
23. A. Douai. Jambe droite, 1026.
24. A. Grenoble. Yeux, 1719.
24. A. Grenoble. Yeux, 1732.
26. A. Orléans. Emotion, 594.
26. J. Lyon. Insolation, 928.
26. J. Saint-Claude. Doigts droits, 450.
27. A. Montpellier. Yeux, 1744.

1908

JANVIER

3. J. Marseille. Ampoule forcée, 30.
13. Cass. Œil droit, 1305.
14. A. Bordeaux. Doigts gauches, 514.
16. J. Lille. Sourcils, 1535.
21. A. Paris. Cuisse gauche, 384.
21. A. Paris. Œsophage, 1398.
21. A. Rennes. Tumeur maligne, 1692.
23. J. Dunkerque. Médius gauche, 1223.
23. J. Versailles. Eblouissements, 574.
28. A. Paris. Œil gauche, 1370.
29. J. Senlis. Genou droit. 640.
31. A. Grenoble. Tabes, 1606.

FÉVRIER

5. J. Grenoble. Hernie inguinale, 700.
8. A. Nancy. Névropathie, 1241.
11. A. Paris. Fesse. Jambe, pied droits, 622.
12. A. Bordeaux. Os, 1432.
12. A. Bordeaux. Asphyxie, 108.
12. J. Lyon. Durillon. Erysipèle, 566.
17. Cass. Hernie inguinale, 695.
18. Cass. Doigts droits, 417.
18. A. Paris. Hanche, 655.
18. A. Paris. Embolie, 593.
18. J. Senlis. Asphyxie, 103.
19. Cass. Colonne vertébrale, 320.
26. J. Senlis. Doigts gauches, 528.
29. A. Aix. Névropathie, 1242.

MARS

4. J. Senlis. Pied gauche, 1477.
10. A. Bordeaux. Jambe gauche, 1029.
10. A. Bordeaux. Bras droit, 196.

1908

19. J. Valenciennes. Œil droit, 1335.
20. J. Mirecourt. Œil gauche, 1365.
21. J. Chambéry. Hernie inguinale, 786.
21. J. Seine. Yeux, 1775.
27. A. Lyon. Syphilis, 1594.

DÉCEMBRE

1. Cass. Yeux, 1742.
1. A. Paris. Aorte, 85.
1. A. Paris Delirium tremens, 390.
1. A. Paris. Sinistrose, 1584.
1. J. Marseille. Index gauche, 923.
2. Cass. Tuberculose latente, 1668.
2. Cass. Tumeur maligne, 1692.
5. A. Rouen. Poignet. 1501.
7. A. Caen. Crâne, 355.
8. A. Paris. Main gauche, 1162.
10. J. Versailles. Annulaire droit, 65.
14. A. Douai. Anesthésie provoquée, 40.
15. A. Bordeaux. Tuberculose latente, 1635.
15. A. Paris. Hystérie, 836.
15. J. Senlis. Yeux, 1774.
21. A. Douai Médius droit, 1201.
21. J. Seine. Epaule droite, 602.
21. J. Seine. Yeux, 1773.
22. A. Paris. Tuberculose latente. 1674.
22. J. Marseille. Index gauche, 910.
22. J. Paix Rive-de-Gier. Ampoule forcée, 22.
23. A. Amiens. Jambe droite, 1002.
29. J. Senlis. Main droite, 1151.
31. J. Amiens. Hernie étranglée, 667.
31. J. Laval. Yeux, 1722.
31. J. Nice. Yeux, 1737.

1909

JANVIER

4. A. Pau. Œsophage, 1400.
5. A. Paris. Cuisse droite, 375.
5. J. Marseille. Œil, 1261.
6. A. Lyon. Hernie inguinale, 739.
8. A. Limoges. Index droit, 884.
13. J. Seine. Doigts droits, 410.
14. J. Le Havre. Index gauche, 920.
19. A. Paris. Œil gauche, 1341.
19. A. Paris. Tuberculose latente, 1646.
19. A. Rennes. Hernie inguinale, 770.
19. J. Lyon. Hernie inguinale, 759.
25. Cass. Jambe gauche, 1069.
25. J. Valenciennes. Œil 1276.
26. A. Paris. Œsophage, 1399.
26. A. Paris Orteils, 1430.
29. J. Lyon. Doigts gauches, 535.

FÉVRIER

2. A. Angers. Hernie inguinale double, 814.

1909

2. A. Paris. Emotion, 598.
2. A. Paris. Hernie inguinale, 679.
2. J. Senlis. Auriculaire droit, 113.
9. A. Paris. Coude droit, 341.
9. J. Senlis. Auriculaire droit, 52.
9. J. Senlis. Congestion cérébrale, 333.
10. A. Chambéry. Œil gauche, 1394.
16. A. Douai. Yeux, 1772.
16. A. Paris. Delirium tremens, 389.
16. A. Paris. Eblouissements, 575.
16. J. Nice. Cœur, 305.
17. A. Dijon. Médius gauche, 1216.
17. A. Douai. Hernie inguinale, 741.
22. A. Dijon. Yeux, 1778.
22. A. Dijon. Main gauche, 1170.
22. A. Rennes. Lymphangite, 1114.
23. J. Senlis. Œil droit. 1337.
23. J. Senlis. Asphyxie, 103.
24. A. Bordeaux. Eblouissements, 570.
24. J. Senlis. Main droite, 1147.
27. J. Seine. Cuir chevelu, 358.

MARS

1. A. Douai. Œil gauche, 1395.
2. A. Rennes. Orteils, 1425.
8. J. Seine. Epaule gauche, 609.
9. A. Rennes. Médius droit, 1200.
9. J. Marseille. Suicide, 1587.
10. J. Seine Auriculaire gauche, 133.
16. A. Paris Jambes, 1082.
23. A. Lyon. Urètre, 1699.
23. A. Paris. Tuberculose provoquée, 1689.
24. J. Chartres. Œil, 1275.
25. J. Lille. Urètre, 1700.
26. A. Amiens. Jambe gauche, 1071.
26. A. Amiens. Index gauche, 915.
29. J. Bordeaux. Pouce gauche, 1557.
30. A. Paris. Cœur, 306.
30. A. Paris. Tuberculose latente, 1663.
31. J Senlis. Doigts gauches, 512.

AVRIL

5. Cass. Hernie inguinale, 753.
5. A. Douai. Annulaire gauche, 81.
6. A. Amiens. Annulaire gauche, 69.
6. A. Paris. Mâchoire, 1117.
6. A. Paris. Sinistrose, 1578.
10. A. Riom Thorax, 1632.
15. J. Paix Paris. Ampoule forcée, 29.
21. A. Douai. Médius, 1177.
21. J. Arras. Auriculaire droit, 121.
21. J. Paix Cambrai. Ampoule forcée, 25.
27. A. Bourges. Mâchoire. Œil droit, 1126.
27. A. Paris Tuberculose provoquée, 1684.
27. J. Senlis. Bras gauche, 255.

1909

MAI

3. A. Poitiers. Cœur, 310.
5. A. Toulouse. Charbon, 292.
6. J. Lille. Médius droit, 1196.
8. A. Montpellier. Hernie inguinale, 703.
11. A. Bordeaux Jambe droite, 979.
11. A. Nancy. Hernie inguinale double, 812.
12. J. Paix Levallois-Perret. Ampoule forcée, 31.
13. J. Boulogne-sur-Mer. Bras droit, 197.
13. J. Lille. Jambe gauche, 1040.
18. J. Caen. Index droit, 880.
19. A. Amiens. Doigts gauches, 497.
19. J. Senlis. Jambes, 1098.
21. J. Toulouse. Doigts gauches, 522.
24. J. Seine. Hernie inguinale. 684.
25. A. Amiens. Médius droit, 1181.
25. A. Paris. Jambe gauche, 1073.
25. J. Marseille. Yeux, 1768.
25. J. Senlis. Annulaire droit, 62.
25. J. Senlis. Doigts droits, 466.
26. J. Les Andelys. Asphyxie, 103.
26. J. Senlis. Pied gauche, 1484.
27. J. Lille. Œil droit, 1304.

JUIN

2. A. Limoges. Névrite, 1238.
8. A. Paris Hernie inguinale double, 823.
8. A. Paris. Œil, 1265.
9. A. Amiens. Cuir chevelu, 360.
11. A. Montpellier. Hernie inguinale, 702.
14. J. Seine Annulaire gauche, 78.
15. A. Paris. Éblouissements, 576.
15. J. Senlis. Testicules, 1618.
16. J. Seine. Eblouissements, 577.
17. A. Caen. Yeux, 1742.
18. A. Caen. Jambe, 964.
22. J. Senlis. Index droit, 890.
23. A. Dijon. Auriculaire droit, 112.
26. A. Grenoble Hernie inguinale, 675.
26. A. Grenoble. Main droite, 1159.
28. J. Rodez Œil droit, 1281.
29. A. Paris. Hystéro-neurasthénie, 842.
29. J. Caen. Doigts droits, 479.

JUILLET

3. A. Lyon. Hernie inguinale, 736.
3. J. Lille. Hernie inguinale, 769.
6. A. Paris. Névropathie, 1244.
7. A. Douai. Tuberculose latente, 1662.
12. J. Bordeaux. Annulaire gauche, 70.
13. A. Amiens. Doigts droits, 471.

1909

13. J. Seine. Delirium tremens, 395.
13. J. Senlis. Doigts gauches, 558.
15. J. Arras. Médius droit, 1195.
16. J. Melun. Œsophage, 1399.
20. A. Paris Pied, 1457.
20. A. Paris. Médius droit, 1198.
20. J. Senlis. Varices, 1708.
22. J. Dijon. Médius gauche, 1217.
23. A. Nancy. Bronchite, 271.
23. A. Riom. Infection générale, 926.
23. J. Saint-Calais. Œil droit, 1286.
27. A. Amiens. Médius gauche, 1210.
30. A. Rennes. Annulaire droit, 58.
30. J. Lille. Doigts droits, 475.

AOUT

3. Cass. Hernie inguinale double, 814.
3. A. Paris. Anesthésie provoquée, 43.
3. J. Marseille. Abdomen, 4.
4. A. Amiens. Hernie inguinale double, 825.
6. J. Saint-Dié. Index droit, 886.
9. A. Dijon. Epilepsie, 616.
10. A. Caen. Œil gauche, 1391.
10. J. Senlis. Genou gauche, 652.
13. A. Riom. Index gauche, 913.

OCTOBRE

20. J. Lille. Neurasthénie traumatique, 1230.
25. A. Agen. Anévrisme, 45.
28. J Paix Clichy. Ampoule forcée, 20.
30. A. Rouen. Doigts gauches, 563.

NOVEMBRE

2. A. Paris. Genou droit, 644.
2. A. Paris. Jambes, 1086.
4. J. Lille. Annulaire droit, 59.
4. J. Saint-Pol. Index droit, 883.
8. Cass. Tuberculose provoquée, 1685.
12. J. Beauvais Médius gauche, 1219.
12. J. Sarlat. Mains, 1172.
16. J. Senlis. Crâne, 354.
18. J. Cambrai. Index gauche, 919.
20. A. Amiens. Hernie inguinale, 720.
20. A. Amiens. Poignet gauche, 1510.
20. A. Nancy. Yeux, 1761.
22. Cass. Œsophage, 1400.
23. Cass. Lumbago, 1112.
23. Cass. Névropathie, 1242.
23. A. Paris. Cœur, 307.
25. A. Nancy. Œil droit, 1325.
29. A. Dijon. Colonne vertébrale, 314.
30. J. Senlis. Médius gauche, 1218.

DÉCEMBRE

1. A. Bordeaux. Cerveau. Oreilles, 289.
1. A. Chambéry. Névropathie, 1243.

1910

25. A BORDEAUX. Saturnisme, 1569.
27. CASS. Artério-sclérose, 92.
27. CASS. Jambe et orteils, pied gauches, 1078.
31. A. PARIS. Pieds, 1487.

JUIN

3. J. TOULOUSE. Hernie inguinale, 752.
8. A. BORDEAUX. Œil droit, 1333.
9. A. PARIS. Hystéro-traumatisme, 851.
10. A. NANCY. Annulaire droit, 60.
13. A. CAEN. Annulaire droit, 63.
14. A. PARIS. Main gauche, 1161.
15. J. SENLIS. Névropathie, 1247.
15. J. PAIX ROQUEVAIRE. Hernie inguinale, 749.
17. J. BRIOUDE. Doigts droits, 474.
17. J. VALENCIENNES. Hernie inguinale, 780.
21. A. DOUAI. Tuberculose latente. 1678.
21. A. PARIS. Coude gauche. Cuisse droite, 347.
21. J. SENLIS. Orteils, 1417.
23. J. CHARLEVILLE. Dermatite dermite, 397.
24. A. RIOM. Congestion cérébrale, 328.
25. J. MONTLUÇON. Pouce droit 1531.
28. A. PARIS. Artério-sclérose, 91.
28. A. PARIS. Asphyxie, 103.
28. J. CHALON-SUR-SAÔNE. Index droit, 868.
29. A. AMIENS. Bras droit, 191.
29. A. DOUAI. Mains, 1173.
29. A. NANCY. Hernie inguinale, 794.

JUILLET

2. A. LYON. Index gauche, 909.
4. A. DOUAI. Œil droit, 1336.
5. CASS. Œil gauche, 1391.
5. J. LA FLÈCHE. Brûlures, 275.
6. A. DOUAI. Hernie inguinale, 716.
6. J. PAIX ROQUEVAIRE. Lumbago, 1109.
11. A. PARIS. Médius droit, 1194.
11. A. PARIS. Oreilles, 1402.
20. A. NÎMES. Jambe, 966.
27. A. AMIENS. Doigts gauches, 489.
27. A. CHAMBÉRY. Utérus, 1701.
27. A. NÎMES. Doigts gauches, 565.
27. J. SENLIS. Pouce gauche, 1533.

OCTOBRE

4. A. AMIENS. Sinistrose, 1577.
4. J. SENLIS Figure, 626.
7. J. BRIEY Orteils, 1428.
7. J. BRIEY. Orteils, 1429.
8. A. AMIENS. Avant-bras gauche, 168.

1910

8. J. LYON. Anesthésie provoquée, 42.
13. J. BRIEY. Doigts droits, 480.
13. J. VALENCIENNES. Hernie inguinale, 674.
19. A. AMIENS. Médius gauche, 1205.
19. J. NANCY. Annulaire gauche, 75.
19. J. SEINE. Hernie inguinale, 757.
20. A. AMIENS. Jambe gauche, 1050.
24. A. BORDEAUX. Orteils, 1415.
24. A. NANCY. Sinistrose, 1576.
25. A. PARIS. Épilepsie, 613.
25. J. VERDUN. Hernie inguinale, 775.
28. J. HAZEBROUCK. Hernie inguinale. 797.
28. J. LYON. Anesthésie provoquée, 44.
29. A. RIOM. Hernie inguinale, 685.

NOVEMBRE

2. J. SENLIS. Bassin. Jambe droite, 177.
3. J. LILLE. Figure, 624.
8. CASS. Ampoule forcée, 24.
8. A. PARIS. Électrocution, 587.
9. CASS. Névropathie, 1248.
9. J. NANCY. Médius gauche, 1222.
10. A. AMIENS. Œil droit, 1316
11. A. NANCY. Cerveau, 282 bis.
13. J. NANCY. Œil, 1255.
14. A. BORDEAUX. Annulaire gauche, 76.
16. J. PONTOISE. Cuisse droite. Fesses, 377.
17. A. AMIENS. Testicules. Verge, 1624.
23. A. CHAMBÉRY. Hernie inguinale, 790.
24. J. VALENCIENNES. Lumbago, 1109.
25. A. AMIENS. Jambe gauche, 1039.
25. A. AMIENS. Bras droit, 197.
30. J. SAINT-ÉTIENNE. Orteils, 1426.

DÉCEMBRE

1. J. TOURS. Émotion, 597.
1. J. VERSAILLES. Auriculaire droit, 124.
3. A. PARIS. Hernie musculaire, 833.
6. A. BORDEAUX. Médius droit, 1190.
6. A. PARIS. Pouce gauche, 1555.
7. A. PARIS. Gangrène, 634.
7. J. SENLIS. Doigts gauches, 559.
8. J. LILLE. Annulaire gauche, 82.
13. A. PARIS. Insolation, 936.
13. A. PARIS. Hernie inguinale, 681.
14. J. SENLIS. Hystéro-neurasthénie, 845.
16. J. BEAUVAIS. Avant-bras droit, 138.
19. A. BORDEAUX. Médius gauche, 1203.
19. A. DOUAI. Annulaire gauche, 83.
20. J. SENLIS. Jambe gauche, 1060.

1910

21. J. Senlis. Paralysie, 1443.
27. A. Paris. Index droit, 362 bis.
27. J. Verdun. Pouce gauche, 1556.
28. J. Rethel. Doigts droits, 432.
29. J. Cambrai. Hernie inguinale,781.

1911

JANVIER

3. A. Paris. Doigts gauches, 513.
11. A. Lyon. Index droit, 879.
18. A. Nimes. Jambe, 973.
23. A. Douai. Avant-bras gauche,171.
24. J. Senlis. Epaule droite, 600.
27. J. Seine. Asphyxie, 102.

FÉVRIER

2. J. Lille. Eblouissements, 572.
6. A. Dijon. Annulaire droit, 55.
7. A. Dijon. Auriculaire droit, 116.
7. A Nancy. Index gauche, 911.
7. J. Marseille. Hernie inguinale double, 821.
8. Cass. Eblouissements, 575.
15. A. Douai Hernie inguinale double, 824.
17. A Montpellier. Main gauche, 1162.
20. Cass. Doigts, 486.
21. J. Senlis. Index droit, 861.
22. A. Amiens. Avant-bras gauche, 162.
23. J. Seine. Orteils, 1427.
28. A. Paris. Sinistrose, 1575.

MARS

1. J. Senlis. Hernie inguinale, 809.
4. J. Lille. Médius, 1176.

1911

4. J. Seine. Mâchoire, 1121.
7. J. Senlis. Hernie inguinale double, 813.
9. A. Amiens. Index gauche, 912.
23. J. Lille. Hernie inguinale, 761.
24. J. Boulogne-sur-Mer. Doigts gauches, 509.
27. Cass. Infection générale, 926.
28. A. Paris. Hernie inguinale, 714.

AVRIL

4. A. Paris Psychose, 1559.
8. J. Seine. Brûlures, 273.
12. J. Senlis. Névrite, 1232.
25. A. Paris. Annulaire droit, 57.

MAI

1. Cass. Hernie inguinale, 794.
2. J. Senlis. Orteils, 1414.
2. J. Senlis. Doigts droits, 468.
9. A. Amiens. Phlébite, 1450.
9. A. Amiens. Cerveau, 290.
9. A. Amiens. Anus, 84.
10. J. Senlis. Yeux, 1771.
16. A. Paris. Index droit, 883.
24. J. Senlis. Hernie inguinale, 738.

JUIN

30. A. Amiens. Aliénation mentale, 10.

JUILLET

25. J. Senlis. Genou droit. Oreille gauche, 647.
26. A. Amiens. Méninges, 1225.

TABLE ALPHABÉTIQUE DES MATIÈRES

Le chiffre est celui du *numéro* en caractères gras qui précède chaque paragraphe de l'ouvrage; le chiffre est celui de la *page* de l'ouvrage lorsqu'il est précédé de l'abréviation : p.

Parties du corps, organes, atteints par l'accident.

Z.RYS

Maladies, affections, états morbides, phénomènes passagers, constatés sur l'ouvrier atteint par l'accident.

Principes, définitions dans cette matière et circonstances diverses et événements ayant ou non une influence.

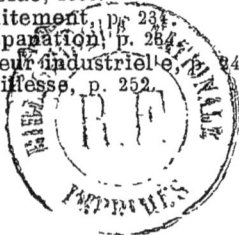

CORRIGENDA

Page 8. Après le n° 39. Ajouter : *Sur l'ampoule :* V. encore : 1457.

Page 51. Après le n° 348. Lire : *Cou-de-pied* au lieu de : Coup de pied, et intercaler le paragraphe avant : Coup de fouet.

Page 113. N° 788. Avant-dernière ligne. Lire : *Cassé par Cass.* au lieu de : Cass. par Cass.

MAYENNE, IMPRIMERIE CHARLES COLIN

www.ingramcontent.com/pod-product-compliance
Lightning Source LLC
Chambersburg PA
CBHW060356200326
41518CB00009B/1160